gênero e trabalho
no brasil e na frança

gênero e trabalho no brasil e na frança

perspectivas interseccionais

Alice Rangel de Paiva Abreu
Helena Hirata
Maria Rosa Lombardi
(organização)

gênero e trabalho no brasil e na frança

perspectivas interseccionais

Adriana Piscitelli • Ana Carolina Cordilha • Angelo Soares • Antonio Sérgio A. Guimarães • Aurélie Damamme • Bila Sorj • Danièle Kergoat • Débora de Fina Gonzalez • Florence Jany-Catrice • Gabriela Freitas da Cruz • Glaucia dos Santos Marcondes • Guita Grin Debert • Joice Melo Vieira • Jules Falquet • Laís Abramo • Lena Lavinas • Liliana Segnini • Luz Gabriela Arango • Marc Bessin • Margaret Maruani • Maria Betânia Ávila • Maria Coleta F. A. de Oliveira • María Elena Valenzuela • Monique Meron • Murillo M. Alves de Brito • Nadya Araujo Guimarães • Nathalie Lapeyre • Rachel Silvera

© desta edição, Boitempo, 2016
© Alice Rangel de Paiva Abreu, Helena Hirata e Maria Rosa Lombardi, 2016

Direção geral	Ivana Jinkings
Coordenação editorial	Isabella Marcatti
Edição	Frederico Ventura
Coordenação de produção	Juliana Brandt
Assistência editorial	Thaisa Burani
Assistência de produção	Livia Viganó
Tradução do francês	Carol de Paula
Revisão técnica	Maira Abreu
Preparação	Bruno Tenan
Diagramação	Luciano Malheiro
Capa	Antonio Kehl
	sobre postal *Escola de Datilografia Remington*, foto de Miguel Otero, 1902, do arquivo Cesar e Cia. Manaos (1ª e 3ª capas), e *Call Center num país hispânico*, de Vitor Lima, 2006 (2ª e 4ª capas)

Comissão editorial
Alice Rangel de Paiva Abreu, Bila Sorj, Helena Hirata,
Margaret Maruani, Maria Rosa Lombardi, Nadya Araujo Guimarães

Equipe de apoio (Boitempo)
Allan Jones, Ana Yumi Kajiki, Artur Renzo, Bibiana Leme, Eduardo Marques, Elaine Ramos, Giselle Porto, Ivam Oliveira,
Kim Doria, Leonardo Fabri, Marlene Baptista, Maurício Barbosa, Renato Soares, Thaís Barros, Tulio Candiotto

---

CIP-BRASIL. CATALOGAÇÃO NA PUBLICAÇÃO
SINDICATO NACIONAL DOS EDITORES DE LIVROS, RJ

G29

Gênero e trabalho no Brasil e na França : perspectivas interseccionais / organização Alice
Rangel de Paiva Abreu, Helena Hirata, Maria Rosa Lombardi ; tradução Carol de Paula. -
1. ed. - São Paulo : Boitempo, 2016.
(Mundo do trabalho)

Inclui bibliografia
Tradução de alguns artigos
ISBN 978-85-7559-489-6

1. Sociologia. 2. Sociologia do trabalho. 3. Comportamento organizacional. I. Alice
Rangel de Paiva Abreu. II. Helena Hirata. II. Maria Rosa Lombardi. III. Série.

16-32356   CDD: 301
                       CDU: 316

É vedada a reprodução de qualquer parte deste livro sem a expressa autorização da editora.

A tradução dos textos originalmente escritos em francês e a revisão de estilo dos capítulos desta obra foram possíveis graças
ao apoio recebido da Secretaria de Política para as Mulheres do Governo Federal (Convênio SPM-CEBRAP 020513/2014).

1ª edição: junho de 2016; 1ª reimpressão: fevereiro de 2025

BOITEMPO
Jinkings Editores Associados Ltda.
Rua Pereira Leite, 373
05442-000 São Paulo SP
Tel.: (11) 3875-7250 / 3875-7285
editor@boitempoeditorial.com.br | boitempoeditorial.com.br
blogdaboitempo.com.br | youtube.com/tvboitempo

SUMÁRIO

PREFÁCIO 9

AGRADECIMENTOS 11

INTRODUÇÃO 13

PARTE I: ENTRECRUZAR AS DESIGUALDADES

1 O cuidado e a imbricação das relações sociais 17
 Danièle Kergoat

2 Sociologia e natureza: classes, raças e sexos 27
 Antonio Sérgio A. Guimarães

3 Transformações neoliberais do trabalho das mulheres: liberação
 ou novas formas de apropriação? 37
 Jules Falquet

4 Carinho, limpeza e cuidado: experiências de migrantes brasileiras 47
 Adriana Piscitelli

PARTE II: MEDIR AS DESIGUALDADES

5 Como contar o trabalho das mulheres? França, 1901-2011 59
 Margaret Maruani e Monique Meron

6 Mercantilização no feminino: a visibilidade
 do trabalho das mulheres no Brasil 71
 Nadya Araujo Guimarães e Murillo Marschner Alves de Brito

7 O salário das mulheres na França no século XXI:
 ainda um quarto a menos 83
 Rachel Silvera

8 Assimetrias de gênero no mercado de trabalho no Brasil:
 rumos da formalização 93
 Lena Lavinas, Ana Carolina Cordilha e Gabriela Freitas da Cruz

PARTE III: TRABALHO E USO DO TEMPO

9 Tempo de trabalho remunerado e não remunerado na América Latina: uma repartição desigual 113
Laís Abramo e María Elena Valenzuela

10 Trabalho remunerado e trabalho doméstico na França: mudanças nos conceitos 125
Monique Meron

11 O tempo do trabalho doméstico remunerado: entre cidadania e servidão..................... 137
Maria Betânia Ávila

PARTE IV: O GÊNERO DAS CARREIRAS ARTÍSTICAS E CIENTÍFICAS

12 Presença feminina em ciência e tecnologia no Brasil 149
Alice Rangel de Paiva Abreu, Maria Coleta F. A. de Oliveira,
Joice Melo Vieira e Glaucia dos Santos Marcondes

13 Aviões e mulheres: política de igualdade profissional em uma empresa aeronáutica na França 161
Nathalie Lapeyre

14 Engenharia e gênero: as mutações do último decênio no Brasil 171
Maria Rosa Lombardi e Débora de Fina Gonzalez

15 Superar limites nas carreiras de mulheres musicistas.. 181
Liliana Segnini

PARTE V: CUIDADO, DINÂMICAS FAMILIARES E PROFISSIONAIS

16 O cuidado em domicílio na França e no Brasil 193
Helena Hirata

17 O cuidado em suas temporalidades e seus atores na França.. 203
Aurélie Damamme

18 Cuidados e confiança 213
Angelo Soares

19 Cuidado, emoções e condições de trabalho nos serviços estéticos no Brasil 223
Luz Gabriela Arango

PARTE VI: CUIDADO, POLÍTICAS SOCIAIS E CIDADANIA

20 Política da presença: as questões temporais e sexuadas do cuidado 235
Marc Bessin

21 Políticas públicas diante do envelhecimento no Brasil... 247
Guita Grin Debert

22 O cuidado na nova agenda de combate à violência no Brasil....................................... 257
Bila Sorj

23 Economia do cuidado e sociedades do bem viver: revisitar nossos modelos 267
Florence Jany-Catrice

LISTA DE SIGLAS... 277

SOBRE AS/OS AUTORAS/ES 281

PREFÁCIO

Debater experiências do Brasil e da França no mundo do trabalho nos faz refletir sobre a dimensão dos desafios para a construção de igualdade entre mulheres e homens. Os diversos âmbitos abordados neste livro aprofundam a compreensão de como a divisão sexual do trabalho opera nas dinâmicas de alocação, ascensão e remuneração das mulheres no mundo do trabalho nos dois países. Sem dúvida, realidades diferentes, que nos mostram, entretanto, o quanto as amarras das relações patriarcais continuam fortes nas diferentes sociedades.

Os capítulos nos permitem conhecer, comparar e analisar a situação das mulheres nas sociedades brasileira e francesa e revisitar abordagens teóricas sobre a divisão sexual do trabalho, como um fio condutor das relações sociais de desigualdades que conformam o trabalho das mulheres. Trazem o conhecimento atualizado de áreas importantes em que se movem as fronteiras de trabalho das mulheres, como a entrada em carreiras tecnológicas e científicas, processos de terceirização, implicações do acesso à educação e seus reflexos na vida profissional. Oferecem também um olhar crítico e estimulante sobre os cuidados, questão fundamental que hoje ressignifica o conhecimento das análises do trabalho cotidiano e das responsabilidades familiares. Esse tema é central em uma agenda para o presente e o futuro, fundamental para reconstruir paradigmas de uma sociedade em que as mulheres não aceitam mais a responsabilidade prioritária ou mesmo exclusiva sobre a vida familiar e as demandas do privado. Assim, perceber e reconhecer as desigualdades no uso do tempo, para mulheres e homens, é instrumental definitivo para a proposição de novas relações sociais e um novo desenho para as políticas públicas.

As análises são detalhadas, algumas minuciosas, e revelam uma inquietude característica de boa parte da abordagem feminista sobre o mundo do trabalho. Inquietude que, historicamente, desvendou desigualdades não percebidas e, acompanhando o presente, introduz novos temas em nossa pauta. Não se aceitam respostas simples: afinal, as estatísticas precisam ser lidas também nas entrelinhas; as políticas têm de ser questionadas em suas intenções e consequências; as novas dinâmicas de trabalho devem ser interrogadas à luz dos interesses a que respondem prioritariamente. E, se um aumento da participação das mulheres no trabalho assalariado ao longo de décadas introduz fissuras na dependência econômica, também ressalta a permanência de dinâmicas de discriminação que se reatualizam.

Perpassam o conjunto dos textos algumas interrogações sobre como novas configurações do trabalho das mulheres compõem o quadro da reorganização das relações de trabalho contemporâneas. As desigualdades de rendimento, a permanência das mulheres em maior percentual em atividades e empregos precários, o maior contingente em jornadas menores, a alocação ainda concentrada em setores específicos são persistências que parecem indicar que se chegou a um teto. Parece haver um limite para que os efeitos da incorporação das mulheres no trabalho realizado na esfera pública tensionem as desigualdades econômicas entre mulheres e homens nos marcos das sociedades capitalistas contemporâneas. Romper com esses possíveis limites é outro fio que alinhava grande parte dos textos. Seja na compreensão de como se configuram as dinâmicas de desigualdade, seja na análise das resistências coletivas e individuais, ou ainda na crítica aos marcos legais e às políticas que reafirmam relações sociais de subalternidade, cobrando sua alteração. Também é recorrente, nas análises, a imbricação das desigualdades étnico raciais nos distintos âmbitos em que o trabalho das mulheres se organiza.

Atualizar a agenda sobre as relações de trabalho tem sido uma preocupação constante das organizadoras deste livro. Um interesse que vai muito além da produção acadêmica, que estimula a formação de novas gerações de estudantes, pesquisadoras e pesquisadores, de militantes e de apaixonados pelo tema e inspira um pensamento crítico sobre relações capitalistas. Afinal, o mundo do trabalho não é só um campo de conhecimento, mas também caminho fundamental para mudar as desigualdades entre mulheres e homens.

Tatau Godinho

AGRADECIMENTOS

As organizadoras desta coletânea e a Comissão Editorial das publicações relacionadas ao Colóquio "Trabalho, cuidado e política social: Brasil-França em debate" gostariam de agradecer às seguintes instituições pelo seu decisivo apoio à preparação e edição dos livros *Gênero e trabalho no Brasil e na França: perspectivas interseccionais* (Boitempo/Editora da Unicamp) e *Genre, Race, Classe: Travailler en France et au Brésil* (L'Harmattan):

- Secretaria de Políticas do Trabalho e Autonomia Econômica das Mulheres, Ministério das Mulheres, Igualdade Racial e Direitos Humanos da Presidência da República do Brasil;
- Petrobras;
- Centro Brasileiro de Análise e Planejamento (Cebrap);
- Departamento de Sociologia da Universidade de São Paulo;
- Programa de Pós-Graduação em Sociologia e Antropologia da Universidade Federal do Rio de Janeiro;
- Réseau de Recherche International et Pluridisciplinaire "Marché du Travail et Genre" (Mage);
- Fundação Carlos Chagas;
- Fundação Universitária José Bonifácio.

Agradecimentos são igualmente devidos a Carol de Paula, pelo cuidadoso trabalho de tradução dos textos originalmente escritos em francês; a Maira Abreu, pelo apoio na revisão técnica de várias dessas traduções; e a Bruno Tenan e Frederico Ventura, pelo trabalho de revisão e edição do conjunto dos textos.

Alice Rangel de Paiva Abreu
Bila Sorj
Helena Hirata
Margaret Maruani
Maria Rosa Lombardi
Nadya Araujo Guimarães

INTRODUÇÃO

Brasil e França – dois países tão distantes, tão próximos e tão difíceis de comparar! Entretanto, não é propriamente uma comparação o que se faz aqui. Este livro, resultado do colóquio internacional "Trabalho, cuidado e políticas sociais: Brasil-França em debate"[1], busca fornecer uma visão geral dos temas, problemáticas e indagações sobre o lugar das mulheres e dos homens no mundo do trabalho no Brasil e na França. Mais exatamente, nos mundos do trabalho: o dos/as trabalhadores/as, migrantes e trabalhadores/as do cuidado, mas também o dos/as engenheiros/as, artistas e pilotos/as aéreos/as. Este livro mostra as segmentações e hierarquizações entre atividades masculinas e femininas, bem como as fraturas entre os mercados de trabalho femininos, aqueles em que as mulheres vencem, ganham a vida – embora não em igualdade com os homens –, e aqueles em que elas são submetidas a empregos precários, incertos, até indecentes. Ele trata da segregação ocupacional, das disparidades salariais, da divisão sexual do trabalho, da precariedade, do subemprego, do trabalho doméstico e do trabalho das domésticas. Em ambos os países. Mas, evidentemente, as fronteiras da desigualdade não seguem os mesmos caminhos, nem levam às mesmas situações sociais.

Os textos aqui reunidos falam dos problemas cruciais que afetam a dinâmica contemporânea das relações de gênero no trabalho: as mudanças do mercado de trabalho

---

[1] Colóquio realizado no Brasil, nas cidades de São Paulo e Rio de Janeiro, entre 26 e 29 de agosto de 2014. Trata-se do segundo evento do tipo, o qual vem reforçar o intercâmbio científico entre pesquisadores/as franceses/as da Rede Mage (Mercado de Trabalho e Gênero) e pesquisadores/as de diferentes universidades e institutos de pesquisa do Brasil. Nesta segunda ocasião, prolongamos e aprofundamos os debates iniciados em abril de 2007, durante um outro colóquio internacional organizado no Brasil, também realizado em São Paulo e no Rio de Janeiro, sob o tema "Mercado de trabalho e gênero: comparações Brasil-França", que foi o primeiro encontro dos/as pesquisadores/as franceses/as da Rede Mage com pesquisadores/as brasileiros/as. As comunicações apresentadas nesse colóquio foram publicadas em livro em 2008, simultaneamente na França (Helena Hirata, Maria Rosa Lombardi e Margaret Maruani (orgs.), *Travail et genre: regards croisés France, Europe, Amérique Latine*, Paris, La Découverte) e no Brasil (Albertina de Oliveira Costa, Bila Sorj, Cristina Bruschini e Helena Hirata (orgs.), *Mercado de trabalho e gênero: comparações internacionais*, Rio de Janeiro, Editora FGV). O segundo encontro, em 2014 – bem como os desdobramentos que dele resultaram, dentre os quais está este livro –, atesta a continuidade e o vigor dos intercâmbios franco-brasileiros com respeito aos temas ligados ao mundo do trabalho e ao gênero.

feminino e as desigualdades sociais; a evolução e os limites da integração das mulheres nas carreiras científicas, tecnológicas e artísticas; as interfaces entre vida profissional e vida familiar; o uso do tempo no espaço doméstico; o trabalho do cuidado e sua terceirização; o acesso das jovens à educação e a integração das mulheres no mercado de trabalho; a questão dos direitos, da cidadania e das políticas públicas. O objetivo do colóquio e deste livro é aprofundar o debate sobre essa vasta gama de temas à luz das experiências nacionais e internacionais recentes.

O livro está organizado em seis partes. A primeira delas, "Entrecruzar as desigualdades", coloca a questão – fundamental para nossa proposta – da articulação entre relações sociais de classe, raça e sexo.

A segunda, "Medir as desigualdades", trata do delicado problema da medida das coisas: como contabilizar o trabalho das mulheres no Brasil e na França? O que dizer e o que fazer a respeito do trabalho informal? Quando e como o trabalho se torna visível? Como apreender as disparidades salariais entre homens e mulheres? Por trás das tendências expressas pelas categorias estatísticas, surgem questões sociológicas importantes: o que é ter um trabalho, um emprego, uma atividade, no Brasil e na França, para um homem e para uma mulher?

A terceira parte, "Trabalho e uso do tempo", reúne textos que questionam a repartição dos tempos sociais: na França, no Brasil e, mais amplamente, na América Latina, a divisão sexual das tarefas domésticas revela-se extremamente resistente, embora a questão do trabalho doméstico – remunerado ou não – apareça em termos muito diferentes em cada país.

A quarta, "O gênero das carreiras artísticas e científicas", apresenta resultados de pesquisa sobre uma temática relativamente nova na sociologia: o lugar das mulheres nas profissões consideradas "superiores".

A quinta e a sexta partes, "Cuidado, dinâmicas familiares e profissionais" e "Cuidado, políticas sociais e cidadania", abordam as problemáticas do cuidado sob três perspectivas diferentes: a do trabalho emocional realizado por trabalhadores e trabalhadoras do cuidado; a das interações e relações sociais entre os diferentes atores do cuidado; e a das políticas públicas implementadas no Brasil e na França.

Os textos ora apresentados, tanto quanto os encontros científicos até aqui realizados, revelam a nossa preocupação em construir pontes duradouras entre a pesquisa brasileira e a francesa, bem como a vontade comum de acumular conhecimentos sobre nosso campo de estudo: trabalho, gênero, raça e classes sociais.

Alice Rangel de Paiva Abreu
Bila Sorj
Helena Hirata
Margaret Maruani
Maria Rosa Lombardi
Nadya Araujo Guimarães

Parte I

ENTRECRUZAR AS DESIGUALDADES

1

O CUIDADO E A IMBRICAÇÃO DAS RELAÇÕES SOCIAIS

Danièle Kergoat

"O cuidado não é apenas uma atitude de atenção, é um trabalho que abrange um conjunto de atividades materiais e de relações que consistem em oferecer uma resposta concreta às necessidades dos outros. Assim, podemos defini-lo como uma relação de serviço, apoio e assistência, remunerada ou não, que implica um sentido de responsabilidade em relação à vida e ao bem-estar de outrem."

Essa definição de cuidado, dada pelo colóquio internacional "Teorias e Práticas do Cuidado", realizado em Paris em junho de 2013, é a definição que subjaz a este texto.

Na verdade, não se trata aqui de dar uma nova definição de cuidado ou de lapidá-la. Eu não sou socióloga do cuidado, mas como socióloga do trabalho e do gênero não poderia senão ser interpelada por esse novo campo quando ele se abriu na França, particularmente pela desconstrução do conceito de trabalho. Portanto, não partirei das características do cuidado, seus limites ou definições, temas que serão discutidos em outros pontos desta obra. Tentarei antes propor um instrumento para pensar sua complexidade e as relações sociais* em que ele se insere: essa ferramenta será a consubstancialidade.

---

*   Em português traduzimos "*rapport*" e "*relation*" por "relação", embora os dois termos não tenham a mesma acepção em francês. Para a distinção entre *rapports sociaux* e *relations sociales* remetemos a um

18   *Gênero e trabalho no Brasil e na França*

Todos sabem que exercer um trabalho de cuidado, falar do cuidado ou pensar o cuidado remete a operações complexas. Complexas em função das diferentes disciplinas que é necessário mobilizar para abordar esse objeto; complexas porque se trata de "algo" difícil de compreender e identificar com as ferramentas de que os sociólogos dispõem. Assim, essa complexidade deve ser ordenada para poder ser pensada, falada, analisada. Há duas maneiras possíveis de fazer isso. Uma delas é enfatizar uma dimensão que parece crucial para pensar o cuidado e em torno dela ordenar a realidade. Para um sociólogo, isso seria, por exemplo, fazer tipologias por país. Mas há uma outra forma de proceder. Não se trata de organizar essa complexidade a partir de uma dimensão que consideramos decisiva, mas de abarcar a totalidade dessa complexidade. Assim, raciocinar em termos de imbricação das relações sociais, ou, se preferível, em termos de consubstancialidade. É esse o raciocínio que eu gostaria de desenvolver aqui.

Mas falar de imbricação remete a várias abordagens teóricas possíveis. É por isso que, em um primeiro momento, demarcarei as diferenças entre consubstancialidade e interseccionalidade, a fim de esclarecer o debate entre os dois termos a partir de uma descrição da consubstancialidade que combina abordagem genealógica e exposição de suas ramificações com outros *corpus* conceituais.

Porém, para dar conta da complexidade, da interpenetração dinâmica das relações sociais, é ainda necessário um analisador: mostrarei que o trabalho, definido como "produção do viver em sociedade", é um analisador privilegiado. E o trabalho do cuidado, melhor que qualquer outro, responde a essa definição.

Em seguida, aplicarei essa conceituação por meio de um paradigma: este demonstrará a imbricação das relações sociais operantes no trabalho do cuidado e o potencial heurístico da abordagem em termos de consubstancialidade.

Para concluir, falarei sobre emancipação.

A complexidade do cuidado

Ao longo dos anos e dos trabalhos feministas, o conceito de "trabalho" foi consideravelmente enriquecido: primeiro foi o trabalho doméstico, depois o trabalho de produção dos seres humanos (Tabet, 1998), o "trabalho doméstico de saúde" (Cresson, 1998), o trabalho militante (Dunezat, 2010), o trabalho do cuidado (Hirata e Molinier, 2012; Molinier, 2013), a divisão sexual do mercado de trabalho (Maruani, 2004)... Assim, um passo após o outro, caminhamos para uma definição que não se centrava mais unicamente na valorização do capital. O trabalho foi redefinido e mudou de estatuto: de uma simples produção de objetos, de bens, ele se transformou no que alguns chamam de "produção do viver em sociedade" (Godelier, 1984; Hirata e Zarifian, 2000) – trabalhar é transformar a sociedade e a natureza e, no mesmo movimento, transformar-se a si mesmo. O trabalho torna-se assim uma *atividade política*. Nessa perspectiva feminista

---

outro texto da autora: "As *relations sociales* são imanentes aos indivíduos concretos entre os quais elas aparecem. Os *rapports sociaux* são, por sua vez, abstratos e opõem grupos sociais em torno de uma disputa" (Kergoat, 2012, p. 128). (N. T.)

materialista, é a própria definição de trabalho que implode. E é essa dinâmica que perdura nas questões conceituais colocadas pelo trabalho do cuidado (Molinier, 2013).

Na verdade, o trabalho do cuidado pode ser considerado o paradigma dessa produção do viver. Contudo, deve-se destacar que, embora tal definição de trabalho confira dignidade tanto ao trabalho doméstico gratuito como ao trabalho doméstico remunerado e, mais amplamente, ao trabalho do cuidado, é indispensável observar que essa dignidade recuperada não oblitera o fato de que se trata – também – de trabalho não qualificado, mal pago, não reconhecido, e que as mulheres normalmente não têm a opção de escolher fazê-lo ou não.

Para justificar a necessidade de uma abordagem consubstancial no que concerne especificamente ao trabalho de cuidado, farei agora uma rápida enumeração de suas características mais marcantes.

A atividade concreta de trabalho, em primeiro lugar. Ela exige, para ser apreendida, uma análise imbricacional: sendo o trabalho do cuidado um trabalho relacional, ele supõe interações constantes. A trajetória social, a cor da pele, a etnia, a idade, só podem agir sobre essas interações.

Portanto, *os/as provedores/as do cuidado* remetem mais uma vez à complexidade. Muitas delas situam-se, em sua condição de dominadas, na tríplice confluência das relações sociais de raça, gênero e classe. Na verdade, muitas vieram do Sul ou do Leste Europeu para os países do Norte, ou do campo para as grandes metrópoles em países como o Brasil. Todas estão em condições precárias, e são majoritariamente mulheres: as cuidadoras são paradigmáticas da sociedade global (Hochschild, 2004). Desse modo, sua situação ilustra perfeitamente a necessidade de pensar as relações sociais de forma imbricada, se quisermos compreender o *movimento* que atravessa os espaços-tempos do cuidado globalizado. Globalização na qual se vê o desenvolvimento – e falo agora do *estatuto do emprego* – de formas híbridas de exploração (Galerand e Gallié, 2014), a saber, relações de trabalho nas quais o trabalho não é "nem realmente gratuito" nem "plenamente assalariado e proletário", retomando as palavras de Jules Falquet (2009).

Por fim, o *tipo de agência* (*agentivité*) que elas manifestam em seu trabalho deve ser interrogado sob o ângulo da consubstancialidade. Sua situação de trabalhadoras do cuidado não basta para unificar nem suas práticas de trabalho, nem as formas de coletivos que elas eventualmente criam, nem, obviamente, a relação subjetiva de trabalho (Avril, 2014). Seria um equívoco analisar esse trabalho apenas como um trabalho dominado. Mais que qualquer outro, ele é marcado pela agência. Mas isso não se dá do mesmo modo, dependendo do lugar ocupado na configuração complexa das relações sociais. Mais uma vez, portanto, é necessário pensar de maneira consubstancial.

Relações sociais consubstanciais[1]

Mas o que é a consubstancialidade? Por que não falar em interseccionalidade? Apresentarei inicialmente o conceito e esclarecerei suas propriedades quanto às tensões que

---

[1] As duas seções deste capítulo, "Relações sociais consubstanciais" e "Colocar a consubstancialidade concretamente em ação", são uma versão resumida e reorganizada do artigo de Galerand e Kergoat (2015).

atravessam a reflexão sobre a articulação das relações de poder, reflexão que às vezes parece unificada com excessiva rapidez sob o termo *interseccionalidade*. É verdade que o conceito ganhou tal extensão que acaba por englobar muitas acepções, algumas das quais se aproximam da análise em termos de consubstancialidade. No entanto, as referências à "abordagem interseccional" mascaram oposições persistentes no campo da teoria crítica em geral e particularmente nos estudos feministas: categorias × relações sociais; identidades × classes; subversão × emancipação.

Assim, neste momento, o conceito de interseccionalidade pode ser falsamente unificador.

Dito isso, do mesmo modo que a noção de interseccionalidade, a de consubstancialidade também remete a dois objetivos. O primeiro é o de conhecimento dos mecanismos de opressão, o qual requer que sua complexidade não seja negada, mas, ao contrário, que seja tomada como objeto central de análise. O segundo objetivo é – para falar de maneira rápida – o da saída desses sistemas tendo a emancipação como horizonte.

Foi justamente para dar conta desses dois objetivos que desenvolvi o conceito de consubstancialidade no fim dos anos de 1970, a fim de "articular" sexo e classe (Kergoat, 2012a). Mas essa noção de articulação logo se mostrou insuficiente: ela comportava o risco de remeter a uma simples lógica aditiva que consistia em reunir as mulheres em classes sem que isso modificasse a compreensão das relações de classe. Para apreender as práticas sociais das trabalhadoras, era necessário, portanto, não apenas convocar relações sociais de sexo e relações sociais de classe, mas colocá-las em relação.

Daí a "consubstancialidade". É verdade que o termo foi uma escolha quase natural. Seu empréstimo da teologia não era evidente, embora o utilize aqui em sua acepção mais banal, que enuncia a unidade e a identidade de substância das três pessoas da Trindade: o Pai, o Filho e o Espírito Santo. Ele significa a unidade de substância entre três entidades distintas, convida *a pensar o mesmo e o diferente em um só movimento*: 1) não obstante sejam distintas, as relações sociais têm propriedades comuns – daí o emprego do conceito marxiano de relação social com seu conteúdo dialético e materialista para pensar, também, o sexo e a raça; 2) as relações sociais, embora distintas, não podem ser entendidas separadamente, sob o risco de serem reificadas.

Para ser clara, farei aqui um parêntese sobre relação social × categoria. Em meu entendimento, uma relação social é uma tensão em torno da qual se criam grupos (eles não estão dados de início), enquanto uma categoria é apenas um marcador descritivo. Além disso, de acordo com a minha definição, para que se possa falar em "relação social", é necessário que esta domine, oprima e explore (Dunezat, 2009), o que não é, a meu ver, o caso de categorias como idade, religião ou deficiência, pelo menos em nossas sociedades.

Embora uma mesma necessidade de pensar a complexidade seja expressa na França e nos Estados Unidos, ela está, no entanto, enraizada em contextos e dinâmicas diferentes: o conceito de interseccionalidade – introduzido pela primeira vez em uma perspectiva jurídica e com um objetivo tático por Kimberlé Crenshaw (1989;

1991) e desenvolvido como teoria da articulação das opressões, sobretudo por Patricia Hilll Collins (1990) – tem suas origens em configurações de dominação oriundas da história da escravidão e do racismo pós-emancipação específicas dos Estados Unidos. Assim, não se trata, evidentemente, de dizer que o racismo e a escravidão são invenções estadunidenses, mas apenas de destacar que os processos de racialização são construídos socialmente e de maneira específica em cada país.

Ainda que essas configurações sejam feitas de racismo, colonialismo, capitalismo e sexismo, elas implicam relações sociais que refazem sua atuação e se recompõem continuamente ao longo das práticas sociais, além de ser variáveis no espaço e no tempo. Tal a razão por que é indispensável pensar os processos que *produzem* categorias de gênero, classe e raça em termos de relações sociais em vez de partir do trinômio "gênero, classe e raça".

Em outras palavras, o termo "interseccionalidade" me incomoda por remeter ao cruzamento de categorias. O que é absolutamente legítimo para algumas utilizações, por exemplo, com a finalidade de mostrar, como fez Crenshaw, que as mulheres negras e pobres estavam na intersecção de vários sistemas de dominação e que essa intersecção não era considerada pelo sistema jurídico estadunidense. Mas no que me diz respeito – eu sou socióloga –, a questão não é entrecruzar *categorias*, mas partir das *relações sociais que fabricam tais categorias*, rastrear os processos que estão na origem da produção de grupos e pertencimentos objetivos e subjetivos.

Para ilustrar isso, evocarei o trabalho de Angela Davis (2006), que analisa o sistema prisional estadunidense. A autora, em vez de cruzar categorias – negros, afro-americanos, homens, pobres –, parte do trabalho nas prisões – por quem ele é feito, por quê, quem se beneficia dele, qual é o seu lugar na economia – e mostra que essas características remetem às relações sociais. A categoria jovem afro-americano não explica nada se não a remontarmos à necessidade que a economia estadunidense teve, ao sair do sistema escravista, de encontrar uma mão de obra barata, ou mesmo gratuita, livremente explorável. Assim, o sistema de trabalho nas prisões é oriundo de relações sociais anteriores, ao mesmo tempo que reconfigura as atuais relações sociais de raça, sexo, classe...

Portanto, não há nem sobreposição nem competição entre interseccionalidade e consubstancialidade. Há ao mesmo tempo distância e proximidade. Proximidade na atitude crítica – em relação à tendência de tomar uma experiência particular de "opressão das mulheres" como a experiência de todas –; diferença entre os contextos de produção da crítica, distância na forma de pensar essa atitude crítica e de traduzi-la em práticas sociológicas.

Quer pensemos em termos de interseccionalidade ou de consubstancialidade, não há uma estrada real para analisar a realidade. No máximo, é possível apresentar aqui a pista de análise que utilizei ao longo de meus trabalhos: a do trabalho, tomado, é claro, na acepção que iniciou a reflexão feminista materialista, aquela a que me referia no início desta comunicação – o trabalho como produção do viver em sociedade.

Colocar a consubstancialidade concretamente em ação

Chego aqui às seguintes questões: como agir concretamente para fazer operar em conjunto as diferentes relações sociais? Como colocar em ação a consubstancialidade? De que ela pode servir para estudar o cuidado?

Com essas perguntas, ficamos diante de duas dificuldades: desconstruir a(s) categoria(s) para atingir o nível das relações sociais; pensar em conjunto diferentes relações sociais, respeitando, simultaneamente, o fato de que elas se coconstroem e de que são diferentes.

A sociologia feminista materialista é de grande utilidade aqui. Para ela, como já indiquei, o social estrutura-se em torno de tensões que produzem grupos sociais – as classes, classes sociais, mas também classes de sexo, classes de raça. Esses grupos sociais estão, assim, em uma relação de antagonismo, e se constituem em torno de uma questão: as formas da divisão do trabalho (Kergoat, 2012b). A ferramenta da divisão social do trabalho permite, portanto, pensar as relações sociais em suas analogias e em suas diferenças.

Quanto à desconstrução das categorias, sugiro conjugá-las ao negativo. Na verdade, acredito muito no poder da negação para superar as categorias e passar ao nível da relação social. Foi assim que pensei sobre as práticas de trabalho femininas: as trabalhadoras não eram trabalhadores, suas lutas e suas condições de trabalho revelavam e produziam uma "outra" classe trabalhadora. Mas, ao mesmo tempo, as trabalhadoras não eram mulheres. Quero dizer com isso que nem a categoria "trabalhadores", nem a categoria "mulheres", nem ainda a adição dessas categorias esgotavam a realidade da situação de trabalho concreta das trabalhadoras, nem seus deslocamentos no mercado de trabalho, nem suas práticas de resistência. Nesse nível, havia, na luta, a criação de um sujeito político autônomo.

É isso que permite a consubstancialidade: pensar conjuntamente as diferentes formas da divisão do trabalho *e* as divisões dentro de uma mesma classe.

Mas entrecruzar as relações sociais esbarra em um problema: é que elas, ao contrário das categorias, são abstratas, não apreensíveis empiricamente.

A análise das práticas de trabalho – exploradoras ou exploradas, dominantes ou dominadas, opressoras ou oprimidas – é preciosa aqui: quem trabalha para quem? Quem se beneficia com esse trabalho? Quem coloca quem para trabalhar? Essas são as perguntas que devem ser feitas. Mas convém, neste momento, voltar às implicações da palavra "trabalho" para uma sociologia feminista materialista.

A segunda onda do movimento feminista questionou desde o início a noção de trabalho. E o que é interessante para nós, aqui, é que esse questionamento se apoiava no trabalho doméstico, que é um trabalho de cuidado. Em um primeiro momento, tratou-se de conceituá-lo em termos de "modo de produção doméstico" (Delphy, 1998), enquanto Colette Guillaumin (1978a; 1978b) falava de "sexagem". Mas foi necessário o conceito de divisão sexual do trabalho (Kergoat, 2012a; Collectif, 1984) para que a continuidade entre trabalho assalariado e trabalho doméstico e entre fábrica/escritório e família fosse intelectualmente pensável.

Vamos desenvolver um pouco essas afirmações.

Entre as teorizações do trabalho doméstico, gratuito e presumidamente sem "valor", as análises oferecidas pelas feministas materialistas revelaram-se decisivas: as teorizações do *modo de produção doméstico* e da *sexagem* modificaram a definição clássica de trabalho, demonstrando que o trabalho doméstico gratuito, excluído do mercado, entrava plenamente na categoria do trabalho explorado, e que a figura do trabalhador "livre para vender sua força de trabalho" não era a única figura explorada em nossas sociedades. Quanto ao conceito de divisão sexual do trabalho, ele permitiu fazer a ponte entre trabalho doméstico e trabalho assalariado. Assim, parecia que os contornos da "divisão do trabalho", até então pensada apenas como trabalho produtor de valor (Delphy, 2003), deviam ser expandidos ao conjunto de todo o trabalho socialmente fornecido, quaisquer que fossem as suas formas.

Ou seja, o trabalho (das mulheres, mas também dos "subalternos") não podia mais ser definido apenas com base na noção de exploração, sendo preciso acrescentar-lhe, de maneira coextensiva, a noção de apropriação (Galerand, 2007; Galerand e Kergoat, 2013). Assim, tínhamos os meios de sair da figura única masculina do trabalho assalariado: há outras figuras, também exploradas, mas de modo diferente.

Essas duas modalidades de uso da força de trabalho feminina – a apropriação e a exploração – formam um todo coerente e devem ser consideradas quando se estudam as modalidades da divisão sexual do trabalho. "Trabalho" cuja definição é então completamente desencravada da exclusiva relação capital/trabalho e apoiada em uma definição renovada de exploração, que se aplica plenamente ao trabalho de cuidado (Glenn, 2009; 2010; Galerand e Gallié, 2014).

Então, de que pode servir a consubstancialidade para pensar o trabalho de cuidado?

Consubstancialidade e paradigma do cuidado[2]

Tomemos o exemplo da externalização do trabalho doméstico.

As mulheres das sociedades do Norte e das grandes metrópoles dos países do Sul trabalham cada vez mais; cada vez mais, também, elas ocupam postos de comando nas empresas e investem em suas carreiras. Assim – e como o trabalho doméstico não é considerado nas sociedades de mercado, e o envolvimento subjetivo é cada vez mais solicitado, senão exigido, pelas novas formas de gestão de negócios –, elas precisam externalizar "seu" trabalho doméstico. Para fazer isso, podem contar com a enorme reserva de mulheres pobres e em condições precárias, francesas e imigrantes.

Essa forte demanda é um enorme alívio para as mulheres migrantes que chegam às grandes metrópoles esperando encontrar um emprego de serviços (cuidado de crianças, limpeza, acompanhamento de idosos etc). Essas mulheres, muitas vezes com diploma de nível superior, entram em concorrência direta com as em condições precárias do próprio país, que têm uma escolaridade menor.

Duas relações sociais entre mulheres, historicamente inéditas, assim se estabelecem: uma relação de classe entre as mulheres do Norte, empregadoras, e essa nova classe

---

[2] Paradigma desenvolvido em Kergoat (2005).

servil; uma relação de concorrência entre mulheres em condições precárias, mas em diferentes condições de precarização.

As relações étnicas estão, portanto, se remodelando por meio das migrações femininas e do crescimento explosivo dos serviços à pessoa.

Quanto às relações de gênero, elas também se apresentam de uma maneira inédita: a externalização do trabalho doméstico tem uma função de apaziguamento das tensões nos casais burgueses e também permite uma maior flexibilidade das mulheres conforme as demandas de envolvimento das empresas. Em um nível mais macro, isso permite evitar uma reflexão sobre o trabalho doméstico. Mas essa pacificação das interações sociais nos casais e nas empresas não faz avançar um milímetro a luta pela igualdade entre mulheres e homens. Ao contrário, ela tem uma função regressiva a esse respeito, pois funciona no âmbito da dissimulação e da negação. Ao mesmo tempo, *as relações de classe* são exacerbadas: numericamente, pelo maior número de envolvidos/as nesse tipo de relação; concretamente, pelo contato físico – por meio do trabalho doméstico – das mulheres em condições precárias (econômica e/ou legalmente) e das mulheres abastadas.

Esse modelo foi pensado a partir do caso dos países do Norte e, mais especificamente, da Europa. Mas é evidente que pode ser extrapolado, com alguns ajustes, ao caso do Brasil, por exemplo (Ávila, 2014).

Esse modelo ilustra bem o propósito deste capítulo: em primeiro lugar, a analogia e a diferença entre relações sociais; em segundo, o isolamento recíproco dessas relações sociais e sua coextensividade – a classe ao mesmo tempo cria e divide o gênero e a raça, o gênero cria e divide a classe e raça, a raça cria e divide o gênero e a classe.

Mas a consubstancialidade não permite pensar apenas a dominação. Pelo contrário, uma vez que pensar em termos de relações sociais é, lembremos, pensar em termos de relações de força, em termos de resistência e de luta.

Como afirmei no início do texto, o segundo objetivo da noção de consubstancialidade é a saída dos sistemas de dominação, tendo a emancipação como horizonte. É disso que tratarei brevemente à guisa de conclusão.

Consubstancialidade e emancipação

As perguntas são as seguintes: como articular essa complexidade com a necessidade de definir um horizonte comum, sabendo que este é sempre parcial, localizado temporal e espacialmente? Como colocar o problema do sujeito político considerando essa complexidade? Como articular indivíduo e coletivo, subjetividade e materialidade, *rapport sociaux* e relação social? Decerto, não do modo como já se fez por demais, ao pensar em termos de "tomada de consciência", indo de um indivíduo abstrato, supostamente universal, em direção a um coletivo encantado no qual o indivíduo desaparece no grupo. Trata-se aqui de um outro sujeito, que não é uma soma (mulheres + trabalhadoras da limpeza + racializadas, nunca suficiente para fazer um sujeito político), mas um sujeito que se apoia em sua pluralidade intrínseca para se constituir (em vez de negar sua diversidade ou relegá-la à posição de efeito das "contradições secundárias"). Trata-se, afinal, de uma questão política que realmente faça trabalhar a dialética entre indivíduo e coletivo. Isso porque o processo emancipatório só pode existir se for desenvolvido simultaneamente no âmbito coletivo e no individual. E se esse processo, no caso das mulheres, conseguir conjugar consciência de gênero, consciência de classe e consciência de raça.

É por isso que voltamos ao trabalho, mas um trabalho "consubstancializado", que integra, entre outros, o trabalho doméstico, um trabalho que é ao mesmo tempo um fator de alienação e de liberação, que percorre sem cessar o espaço entre subjetividade e materialidade. Pois raciocinar em termos de relações sociais não significa descartar a subjetividade, ou considerar que os grupos e os indivíduos são heterônomos: o fato de que há dominação não elimina o poder de agir individual e coletivo. Essa agência é evidente no trabalho do cuidado.

O que é importante nessa definição de trabalho é que a heteronomia e a autonomia se conjugam no mesmo trabalho, para a mesma pessoa. Não há necessidade de opor o trabalho-obra ao trabalho alienado. É esse trabalho que permite organizar tanto novas formas de relacionamento consigo mesmo como novas formas de relações com os outros. O trabalho do cuidado é uma forma paradigmática, e sua análise tem tudo a ganhar, parece-me, com a adoção de uma abordagem consubstancial.

REFERÊNCIAS BIBLIOGRÁFICAS

ÁVILA, M. B. O tempo de trabalho doméstico remunerado: tensões entre cidadania e servidão. Seminário Internacional "Trabalho, cuidado e políticas sociais: Brasil-França em debate", São Paulo/Rio de Janeiro, 26-29 ago. 2014.

AVRIL, C. *Les aides à domicile*: un autre monde populaire. Paris, La Dispute, 2014.

BARRERE-MAURISSON, M.-A. et al. *Le sexe du travail*: structures familiales et système productif. Grenoble, Presses Universitaires de Grenoble, 1984.

COLLINS, P.-H. *Black Feminist Thought*: Knowledge, Consciousness, and the Politics of Empowerment. Boston, Unwin Hyman, 1990.

CRENSHAW, K. Demarginalizing the Intersection of Race and Sex: A Black Feminist Critique of Discrimination Doctrine, Feminist Theory and Antiracist Practice. *University of Chicago Legal Forum*, v. 89, 1989. p. 139-67.

_____. Mapping the Margins of Intersectionality, Identity Politics and Violence Against Women of Color. *Stanford Law Review*, v. 43, n. 6, 1991. p. 1.241-99.

CRESSON, G. *Le travail domestique de santé*. Paris, L'Harmattan, 1998.

DAVIS, A. *Les goulags de la démocratie*. Vauvert, Au Diable Vauvert, 2006.

DELPHY, C. L'ennemi principal. In: _____. *L'ennemi principal*, Tomo 1: *Économie politique du patriarcat*. Paris, Syllepse, 1998 [1970].

_____. Pour une théorie générale de l'exploitation (I): en finir avec la théorie de la plus-value. *Mouvements*, v. 26, 2003. p. 69-78.

DUNEZAT, X. Trajectoires militantes et rapports sociaux de sexe. In: FILLIEULE, O.; ROUX, P. (orgs.). *Le sexe du militantisme*. Paris, Presses de Sciences Po, 2009.

_____. Organisation du travail militant, luttes internes et dynamiques identitaires: le cas des "mouvements de chômeurs". In: SURDEZ, M.; VOEGTLI, M.; VOUTAT, B. (orgs.). *Identifier – s'identifier*: à propos des identités politiques. Lausanne, Publications Universitaires Romandes, 2010.

FALQUET, J. La règle du jeu: repenser la co-formation des rapports sociaux de sexe, de classe et de "race" dans la mondialisation néolibérale. In: DORLIN, E. (org.). *Sexe, race, classe*: pour une épistémologie de la domination. Paris, PUF, 2009. (Coleção Actuel Marx Confrontation.)

GALERAND, E. *Les rapports sociaux de sexe et leur (dé)matérialisation*. Tese de Doutorado, Versalhes, Université de Versailles Saint-Quentin-en-Yvelines, 2007.

GALERAND, E.; GALLIE, M. Le Live-In Care Program au Canada: un dispositif juridique au service d'une forme de travail non-libre. *Interventions Economiques/Papers in Political Economy*, n. 51, 2014.

GALERAND, E.; KERGOAT, D. Le travail comme enjeu des rapports sociaux (de sexe). In: MARUANI, M. (org.). *Travail et genre dans le monde*: l'état des savoirs. Paris, La Découverte, 2013.

_____. Consubstantialité vs. intersectionnalité? A propos de l'imbrication des rapports sociaux. *Nouvelles Pratiques Sociales*, v. 26, n. 2, 2014. p. 44-61.

GLENN, E.-N. Le travail forcé: citoyenneté, obligation statutaire et assignation des femmes au care. In: MOLINIER, P.; LAUGIER, S.; PAPERMAN, P. *Qu'est-ce que le care?* Paris, Payot/Rivages, 2009.

_____. *Forced to Care*: Coercion and Caregiving in America. Cambridge, MA, Harvard University Press, 2010.

GODELIER, M. *L'idéel et le matériel*: pensée, économies, sociétés. Paris, Fayard, 1984.

GUILLAUMIN, C. Pratiques du pouvoir et idée de Nature (I): l'appropriation des femmes. *Questions Féministes*, v. 2, 1978a. p. 5-30.

_____. Pratiques du pouvoir et idée de Nature (II): le discours de la Nature. *Questions Féministes*, v. 3, 1978b. p. 5-20.

HIRATA, H.; MOLINIER, P. Les ambiguïtés du *care*. *Travailler*, v. 28, 2012. p. 9-15.

_____. Travail (le concept de). In: HIRATA, H. et al. *Dictionnaire critique du féminisme*. 2. ed. Paris, PUF, 2000.

HOCHSCHILD, A. Le nouvel or du monde. *Nouvelles Questions Féministes*, v. 23, n. 3, 2004. p. 59-74.

KERGOAT, D. Ouvriers = ouvrières? Propositions pour une articulation théorique des deux variables: sexe et classes sociales. In: _____. *Se battre, disent-elles*. Paris, La Dispute, 2012a. (Coleção Le Genre du Monde.)

_____. Rapports sociaux et division du travail entre les sexes. In: _____. *Se battre, disent-elles*. Paris, La Dispute, 2012b. (Coleção Le Genre du Monde.)

MARUANI, M. Emploi. In: HIRATA, H. et al. *Dictionnaire critique du féminisme*. 2. ed. Paris, PUF, 2004.

MOLINIER, P. *Le travail de care*. Paris, La Dispute, 2013. (Coleção Le Genre du Monde.)

TABET, P. Fertilité naturelle, reproduction forcée. In: _____. *La construction sociale de l'inégalité des sexes*: des outils et des corps. Paris, L'Harmattan, 1998.

2

SOCIOLOGIA E NATUREZA

Classes, raças e sexos[1]

Antonio Sérgio A. Guimarães

A sociologia se constrói como reflexão científica à medida que demonstra o caráter fundamentalmente histórico e socialmente construído dos seus objetos, antes pensados como pertencentes à natureza. Classes, raças e sexos foram, de fato, considerados objetos naturais antes de serem transformados em artefatos culturais pelo pensamento sociológico.

O último deles – os sexos – ainda encontra muita resistência em ser pensado de outro modo que o natural fora dos círculos familiarizados com a teoria feminista contemporânea. As raças, ainda que tenham tido, desde o final do século XIX, a sua existência natural negada por antropólogos e sociólogos, ainda continuam a ter sua ontologia disputada nos meios científicos. As classes, entretanto, parecem ter perdido qualquer vínculo com o mundo natural desde o aparecimento das sociedades modernas, quando o direito divino, a biologia e a teologia deixaram de ser preponderantes na justificativa das hierarquias sociais.

---

[1] Essa reflexão está sendo desenvolvida no Centro de Estudos da Metrópole (CEM), financiado pela Fundação de Amparo à Pesquisa do Estado de São Paulo (Fapesp), processo n. 2013/07616-7.

A tese principal que defendo neste capítulo é de que o movimento de constituição da sociologia como uma disciplina que trata de fenômenos sociais independentes de sua articulação com o mundo natural ganha expressão plena apenas com o estudo da definição social dos sexos. Para entender mais claramente a "natureza social" e o caráter construído dos sexos e das raças, bem como compreendê-los como objeto da sociologia contemporânea, começo relembrando a primeira ruptura – aquela que criou as classes como objeto sociológico "puro".

As classes sociais

Como se sabe, Karl Marx (1974, p. 1.012-13) planejou um capítulo sobre as "classes sociais" para o Livro III de *O capital*, que ficou inconcluso, com apenas duas páginas. Essas duas páginas, entretanto, coalescem o entendimento de que as classes sociais, para ele, só poderiam ser sociologicamente definidas em relação a um determinado modo de produção, não apenas às formas particulares de renda e de suas fontes. Em outro trecho bastante conhecido, Marx (1963) reivindica não a originalidade do termo, já em uso por historiadores e economistas, mas a sua vinculação teórica e radical ao materialismo histórico. Poderia remeter a várias outras passagens da obra marxiana, o que não faz sentido aqui, pois quero estabelecer apenas um ponto: as classes sociais, em Marx, são definidas rigorosamente no interior de sua teoria da economia política, ou seja, de acordo com o sistema de produção capitalista e através da mudança histórica.

As implicações da abordagem marxista são várias, mas saliento aquela que mais resistiu ao tempo: a formação das classes, centrais à reprodução e à eventual revolução das sociedades capitalistas, estaria estritamente relacionada às suas formações sociais. Por um lado, Marx nos deixou de herança uma concepção totalmente sociológica das classes, sem nenhuma remissão a qualquer fato da natureza humana; por outro, porém, continuou aceitando que certas ideologias e hierarquias – como os sexos ou as raças – se assentavam na natureza, enquanto outras, tais como a religião, não seriam peculiares ao modo de produção capitalista, mas a modos anteriores.

Durkheim (1897) atribuía à "consciência coletiva" a explicação das ações individuais, ainda que recusasse explicitamente qualquer influência de Marx, mas reconhecia que o método pregado pelos marxistas, que ele chamava de naturalista, constituíra-se, na evolução do pensamento social e filosófico da metade do século XIX, em um método hegemônico no estudo da história. A sociologia que Durkheim institucionalizou nas universidades francesas foi, também, uma ciência social que recusava tanto as explicações psicológicas da vida social, isto é, vinculadas às consciências individuais, quanto explicações que utilizassem fatores da natureza física, tais como – para Durkheim – a raça, o clima, a geografia ou o sexo. O que Durkheim (1897, p. 5) louvou nos marxistas foi justamente a utilização dessa nova ontologia: a natureza histórica.

Como a sociologia nasceu com a formação dos Estados-nação, foi criada para explicar as sociedades europeias que estavam sendo rapidamente transformadas, reformadas a partir da repressão a todas as manifestações de solidariedade étnica e religiosa na esfera pública. Os estados modernos procuraram garantir a unificação linguística em seus territórios com o objetivo claro de formar comunidades nacionais, ou seja, de forjar um novo sentimento de pertença identitária, sobrepondo-o a todas as formas anteriores de sentimentos grupais. Para garantir a superioridade de seu projeto, além de deixar claro que a nação não seria apenas mais uma comunidade, o Estado moderno se empenhou, ao mesmo tempo, na formação do que Jeffrey Alexander (2008) chama de "esfera civil", constituindo seus membros, a um só tempo, como *indivíduos e cidadãos*. Os fundadores da sociologia, fossem franceses, ingleses ou alemães, pressupuseram que o mundo moderno ou prescindia dos antigos laços de solidariedade étnicos, religiosos, raciais, regionais etc., ou os inscreviam e os delimitavam em novas formas de sociabilidade.

Durkheim insistiu que, a partir da complexificação da divisão social do trabalho, uma nova forma de solidariedade, orgânica, baseada na crescente interdependência tecida pela divisão do trabalho social, substituíra as solidariedades mecânicas – aquelas baseadas na homogeneidade étnica ou comunitária. Tal desenvolvimento, para ele, não dependia da vontade política: seria uma lei social. Marx já havia apontado a formação da sociedade burguesa, fundada sobre a *exploração* capitalista, que tem como pressupostos o trabalho livre, o indivíduo e os mercados. Para ele, o mundo burguês seria um mundo das classes sociais, de associações políticas e econômicas, baseadas em interesses, tanto individuais quanto coletivos, definidos a partir de diferentes formas de inserção na esfera da produção material da vida social. Essa também seria uma lei social. Também em Weber prevaleceram as ideias da sociedade moderna como sociedade de mercados e do predomínio de uma nova forma de racionalidade – a instrumental – e de formação de burocracias estatais e empresariais, em detrimento de comunidades e de orientações de ação tradicionais, carismáticas ou de racionalidades finalísticas.

Esse movimento de constituição do mundo moderno, brevemente sugerido aqui, deu-se de modo muito claro na Inglaterra e na França – na Europa ocidental, enfim –, lugares em que a sociologia se instituiu em primeiro lugar. No entanto, esse mesmo mundo burguês que constituiu plenamente os indivíduos e os interesses que formam as classes sociais modernas, se estabeleceu sem que o mundo arcaico desaparecesse por completo. Este perdurou de diferentes maneiras: permaneceu, principalmente, pela expansão europeia (portuguesa, espanhola, francesa, inglesa, holandesa) sobre as Américas, onde se introduziram formas de produção já extintas no Ocidente e em declínio na Europa oriental, como a escravidão e a servidão – tanto dos indígenas como dos africanos.

Mas um outro limite de realidade para essa sociologia nascente, que baniu o conceito de etnias e das raças, foi o silêncio e a ausência de reflexão sobre as tensões nacionalistas entre os Estados europeus e as renovadas ondas de fervor étnico, expressas em formas de racialização como, por exemplo, o antissemitismo. Foram poucos os autores que entenderam a modernidade desses "arcaísmos". As exceções estiveram mais presentes na sociologia alemã, que desde seu nascimento teve de lidar com o fenômeno do conflito étnico entre alemães e poloneses, poloneses e russos etc. Weber, por exemplo,

30 *Gênero e trabalho no Brasil e na França*

sem dúvida a maior figura da sociologia alemã, teve o seu pensamento nutrido desde o início por questões raciais e étnicas: começou sua carreira acadêmica refletindo sobre a questão eslava na fronteira agrícola alemã (Nelson e Gittleman, 1973).

Raças e sociologia

As raças, quando deixaram de ser aceitas, no fim do século XIX, como divisões científicas da espécie humana, passaram a ser denunciadas como construções ideológicas, políticas, mobilizadas para a consolidação dos impérios europeus e sua expansão ultramarina, continuando a ser rejeitadas sistematicamente pela teoria sociológica. Mas é verdade que a sociologia que se fazia nesse momento na Inglaterra e na França ignorava por completo o mundo colonial e imperial, criado concomitantemente à sua institucionalização como ciência. Sua reflexão teórica e sua pesquisa empírica foram concentradas sobre a vida metropolitana, mormente a formação das classes sociais. Não apenas sociólogos europeus, mas o então jovem antropólogo Franz Boas (1911) e, entre nós, Manoel Bomfim (1903), entre outros, viram a raça como um conceito espúrio, sem fundamentação científica, utilizado para fins de opressão nacional ou de dominação imperial. Durkheim, saliente-se outra vez, via o conceito de raça simplesmente como uma intrusão da biologia e da geografia sobre explicações sociológicas. Uma de suas regras fundamentais foi exatamente que todo fato social só poderia ser explicado por outro fato social.

No entanto, a sociologia alemã, em especial a weberiana, apresentou uma pequena variação em relação à francesa. Para Weber, a recusa à ideia de "raça" se deu não porque ele considerasse que a biologia não pudesse ser um condicionante da explicação da ação social. Ele manteve a ideia de que uma sociedade de seres humanos se edifica tendo como substrato organismos vivos, cujo conhecimento reside na biologia; a recusa do Weber maduro à ideia de raça assentou-se no fato de que a biologia não dispunha ainda de um conceito científico de raça. O que ele chamou de "mística racial" na verdade nada mais era do que ideologias racistas que queriam atribuir à natureza biológica fenômenos explicáveis pela cultura. Ou seja, os racialistas queriam reduzir a cultura à biologia. Essa foi a discordância de Weber (1977, p. 43) ao uso da ideia de raça pela sociologia.

No entanto, depois da sua visita aos Estados Unidos, em 1904, Weber começou a operar uma inversão metodológica: em vez de pensar a raça como expressão de características imanentes de uma certa biologia humana, que condicionaria o comportamento social, passou a se perguntar sobre o que a crença na ideia de raça, na sua existência, poderia significar em termos de formação de comunidades. Tal inversão metodológica deveu-se, sem dúvida, não apenas às suas observações, mas também ao diálogo que manteve com líderes negros americanos, especialmente Du Bois, talvez a pessoa que mais tenha influenciado sua percepção da questão negra nos Estados Unidos (Weber, 2003; 2005a; 2005b). A compreensão da questão racial no país certamente o ajudou a rever a sua posição sobre os conflitos étnicos na Europa, principalmente na Alemanha.

Para o Weber maduro, a ideia de raça, nos Estados Unidos, acabara por formar comunidades humanas cuja compreensão seria imprescindível para entender a vida social norte-americana. Na época de sua visita, Robert Park ainda estava no Tuskegee Institute, no Alabama, e só alguns anos mais tarde testaria, em Chicago, a sua teoria de assimilação (Park e Burguess, 1921), na esperança de que a integração dos negros na sociedade norte-americana fosse uma questão de tempo, a qual seguiria, *grosso modo*, a mesma sequência dos grupos europeus imigrantes, no famoso ciclo "contato, conflito, competição e assimilação". Pode-se afirmar, então, que Weber desenvolveu, antes de Park, uma visão menos otimista e mais realista das bases duradouras das comunidades raciais.

Com Du Bois, Weber percebeu que não haveria assimilação e integração fáceis, que a formação comunitária racial seria algo duradouro na sociedade norte-americana. Inclusive, segundo alguns de seus biógrafos (Winter, 2004), muito das explicações de Weber sobre a formação das castas na Índia seria uma transposição teórica do que ele percebera na sociedade norte-americana; ou seja, de como raças invasoras, a partir de marcadores de cor, acabam se cristalizando em castas. Não deixa de ser irônico perceber um Weber muito pouco culturalista, que considera a cor um fenômeno natural, um marcador, digamos assim, indelével, que de certo modo impediria a integração e a assimilação rápidas. O mesmo Weber depois retomaria essas reflexões sobre etnias em seus estudos sobre o judaísmo e o modo como o antissemitismo desenvolvido na Europa acabou por gerar a segregação dos judeus; como crenças étnicas e raciais, por sua vez, acabaram por provocar certas especializações profissionais que de certa forma instituíram nichos e segmentos ocupacionais. Ou seja, estamos agora em presença do Weber que propugna que a cultura gera a economia.

Weber, portanto, inverteu tanto o método da biologia quanto o método de Marx. Para ele, as diferenças culturais que se cristalizam a partir de crenças em raças acabam gerando distinções reais no mundo econômico e social, e o racismo e o antissemitismo, para ele, são instrumentais – ponto de partida e de chegada – para atingir tal fim.

Weber foi o começo, portanto, de um difícil caminho que a sociologia trilhou pela ideia de raça. Na sociologia, a raça se desenvolveu como um conceito maduro apenas nos Estados Unidos, a partir não apenas dos escritos do primeiro sociólogo negro – Du Bois –, mas de uma reflexão sistemática de toda a academia norte-americana (Park e Burguess, 1921; Du Bois, 2004; Lipset, 1996; Parsons, 1968; 1993; Omi e Winant, 1986).

Pós-colonialismo

Uma segunda tese que estrutura este capítulo é a de que foram justamente as diversas modernidades coloniais e pós-coloniais, surgidas do avanço do capitalismo inglês e francês sobre novas áreas (Europa Central, Estados Unidos, América do Sul e Ásia), que revitalizaram formas de exploração que apenas pareciam arcaicas na França e na Inglaterra, como as etnias e as raças, e as tornaram visíveis. Uma breve incursão na literatura que inspirou a teorização em torno da colonialidade faz-se, portanto, necessária.

32   *Gênero e trabalho no Brasil e na França*

Enfocarei dois episódios do processo histórico de *descolonialidade*, envolvendo as lutas afro-brasileiras, que formam momentos de recepção de ideias que circularam internacionalmente. O primeiro deles se passou nos anos 1960 e 1970, sob a influência das lutas pelos direitos civis dos negros norte-americanos, e é sintetizado de algum modo pelo conceito de *colonialismo interno* (Casanova, 1965; Gutiérrez, 2004). Mais ou menos na mesma época, mas alongando-se até os anos 1980 e avançando aos dias atuais, o segundo momento é o da recepção de Frantz Fanon pela nova geração de ativistas negros brasileiros (Guimarães, 2008; Silva, 2011).

Na América Latina, como Quijano (2000) corretamente aponta, a noção de que grupos raciais permaneciam em relação de exploração e opressão coloniais já fora discutida por Mariátegui (1928) em *Siete ensayos de interpretación de la realidad peruana*. Do mesmo modo, a Internacional Comunista tentara impor a mesma diretiva interpretativa ao Partido Comunista dos Estados Unidos, mas sem grande repercussão (Sotero, 2013). Também no Brasil, a ideia de que uma opressão propriamente racial pesava sobre os negros e os indígenas, gerando uma forma particular de exploração colonial, ainda que pudesse ser encontrada em escritos comunistas dos anos 1920 – como, por exemplo, na autocrítica de Lêoncio Basbaum de 1934 (Sotero, 2013) – não teve maiores ramificações, nem acadêmicas, nem políticas. Nos anos 1940 prevaleceu a visão de que os negros deveriam ser tratados como parte das classes populares exploradas por relações de produção capitalistas, como evidenciou a análise do intelectual comunista negro Edison Carneiro (1964 [1953]). O que Edison apontava não era diferente do que a sociologia mais tarde teorizaria. Ou seja, em certas formações sociais, como a brasileira, grupos raciais – classificados e constituídos durante o período colonial – perdem sua especificidade étnica e são absorvidos nas classes dominadas, ou populares, deixando de ser grupos étnicos para os quais o conceito de colonialismo interno poderia ser aplicado. O PC lia desse modo a situação racial brasileira nos anos 1950. O conceito que emergiu da situação mexicana descrita por Casanova parece, todavia, mais aplicável à relação entre brancos e indígenas em vastas áreas do território brasileiro, para a qual, entretanto, um discípulo de Florestan Fernandes, Roberto Cardoso de Oliveira (1967), preferiu cunhar o termo "fricção interétnica", que realça mais os aspectos de lutas e disputas territoriais que os de colonialidade.

Se nos Estados Unidos havia uma rígida segregação territorial que fazia mais verdadeira a analogia com o colonialismo interno, apontado no México por Casanova (1965) e Stavenhagen (1965), em países como o Brasil o espaço de opressão e exploração parecia inteiramente social, ainda que se concretizasse eventualmente em favelas incrustadas nos tecidos urbanos. Eram as classes sociais, nesse caso, a forma de pulverização dos negros no tecido social e de reatualização de velhas relações coloniais de opressão, e não primeiramente a territorialização. Essas realidades diferentes convergiam em Fanon, pois, em seu pensamento, conviviam o anticolonialismo da luta de liberação nacional, as contradições de classe entre elites nacionais e povo e o antirracismo da luta pela suplantação da subjetividade do colonizado.

Silva (2011) afirma que o ativista e jornalista negro Geraldo Campos de Oliveira participou do II Encontro de Escritores e Artistas Negros em 1959, em Roma, onde

Fanon também também esteve, com atuação de destaque. Nos relatos de contemporâneos entrevistados por Silva ou nos documentos por ele encontrados não fica claro qual teria sido o impacto de Fanon sobre os intelectuais negros ligados à Associação Cultural dos Negros, no Brasil. É provável que, com o foco voltado para os heróis das lutas de libertação africanas, figuras como Patrice Lumumba, que organizava a guerra de independência do Congo, causassem muito maior impacto. Não há indícios, até agora, de que a primeira recepção de Fanon tenha se dado de modo diferente do que tracei anteriormente (Guimarães, 2008) – ou seja, de modo indireto, pelo impacto do seu pensamento sobre líderes políticos afro-americanos e africanos. A novidade, entretanto, é que Silva demonstra convincentemente como a leitura de Fanon foi importante, nos anos 1980, para que escritores afro-brasileiros como Márcio Barbosa e seus colegas reunidos no grupo literário QuilombHoje definissem o que seria uma *literatura afro-brasileira* e o que seria a *consciência negra*.

A luta política antirracista da década de 1980 esteve, portanto, na vanguarda do que mais tarde viria a constituir uma compreensão plenamente sociológica da articulação das relações de classes, raças e sexos. Herdeira da tradição brasileira fomentada por Florestan Fernandes desde a década de 1960 (Fernandes, 1965), que se consolidou mais tarde em sua reflexão sobre a revolução burguesa no Brasil (Fernandes, 1975), os ativistas negros que fundaram o Movimento Negro Unificado sofreriam rapidamente a contestação feminista por dentro de seu próprio movimento, fazendo-os recuar dos esquemas excessivamente centrados nas análises de classe.

A liderança feminina negra se impôs aos poucos, com tenacidade, capacidade organizativa e solidariedade, e já no começo dos anos 1980 vozes como a de Lélia Gonzalez (Rios e Ratss, 2014) passavam a ser proeminentes na apresentação pública do movimento.

É significativo o modo como desabrochou a consciência feminina negra. De acordo com Gonzalez (2011, p. 18):

> Cabe aqui um dado importante da nossa realidade histórica: para nós, amefricanas do Brasil e de outros países da região – assim como para as ameríndias – a conscientização da opressão ocorre, antes de qualquer coisa, pelo racial. Exploração de classe e discriminação racial constituem os elementos básicos da luta comum de homens e mulheres pertencentes a uma etnia subordinada.

Sem nenhuma pretensão de extrapolar tal fenomenologia, cabe frisar, entretanto, que formas de solidariedade entre mulheres de raças diferentes foram mais tardias talvez pela maior resiliência da naturalização do sexo. Explico-me: sendo consideradas diferenças de sexo dadas pela natureza e não questionadas como puramente políticas, formas de opressão raciais ou de classe puderam gerar mais rapidamente solidariedade entre as oprimidas. Apenas quando o sexo social é plenamente conceituado como relação de poder ele pode funcionar como conduto para a construção de solidariedade entre mulheres de diferentes raças e classes.

Sexos, gêneros, sociologia

A modernidade constituída pela expansão europeia ocidental formou-se *pari passu* à racialização dos demais povos em regimes de colonização e de escravização, os quais foram possibilitados por grandes migrações, forçadas ou não, e por regimes patriarcais de regulação da sexualidade. Foram esses regimes que constituíram as raças, demarcando as fronteiras de reprodução de grupos humanos considerados biológicos. Nesse sentido, a regulação social da sexualidade foi e continua sendo primordial para a constituição dos grupos humanos, sejam famílias, etnias, raças ou classes sociais. Longe de considerar o sexo um fenômeno biológico, natural e dado, sobre o qual se exerce a regulação social, ou seja, do modo estratigráfico criticado por Clifford Geertz (1977), é preciso compreender as relações sociais de dominação e de exploração como constituintes dos sexos e dos diferentes modos de regulação da sexualidade. As regras de classificação racial, por exemplo, tanto quanto as de classificação sexual, devem guardar correspondência com a regulação da sexualidade inter-racial.

O feminismo, entendido como a reivindicação política de igualdade de direitos entre os sexos, assim como a sociologia, desenvolveu-se primeiramente encapsulado em posições de classe, de raça, e de colonialidade. Tal encapsulamento foi rompido apenas paulatinamente, à medida que a política feminista se viu diante da necessidade de entender a imbricação de relações de opressão de gênero, raça e classe em que se encontram as mulheres em sociedades pós-escravistas ou pós-coloniais. Não é o caso, aqui, de tentar sintetizar, mesmo que brevemente, tal percurso. Quero, entretanto, concluir apontando dois desafios que a teoria feminista lançou para a sociologia em geral. O primeiro, de ordem epistemológica, foi bem resumido por Bilge (2010), que nos fala de três formas de conceber as relações de poder e de sexo na teoria feminista: a *monista*, que substituiu a primazia das relações de exploração de classe, ou o racismo, pela primazia do patriarcado; a *pluralista*, que introduziu uma lógica aditiva e cumulativa na explicação da articulação entre diversas formas de exploração e opressão (classe + raça + gênero), ou seja, a situação das mulheres resultaria da somatória de diversas situações de opressão; e, por fim, a *holista*, a qual concebe, tanto da perspectiva individual quanto da coletiva, as determinações como intrinsicamente articuladas ou imbricadas. No dizer de Kergoat (2010), trata-se da "consubstancialidade" das relações de poder. Um passo importante para tal entendimento, sem dúvida, foi dado pelo conceito de "interseccionalidade" (Crenshaw, 1991), que trouxe para o *mainstream* das ciências sociais o desafio de pensar conjuntamente como se articulam na prática social e como podem ser abordadas teoricamente diversas formas de subordinação, discriminação, exploração e de exercício de poder, sem recair seja numa somatória, seja num modelo causal de inter-relação entre variáveis.

Tal desafio epistemológico pode ser enfrentado com sucesso quando a ele se junta um outro, este de ordem ontológica. Aqui, chamo atenção para a reflexão de Elsa Dorlin (2008) sobre a historicidade do sexo: para a demonstração genealógica de que a definição sexual dos indivíduos passa pelo arbítrio social (Fausto-Sterling, 2001--2002), ou seja, pelas relações sociais de poder e de exploração, e de que a sexualidade é a forma de enquadramento da "sexuação", isto é, da capacitação biológica que precisa ser regulada socialmente para formar e funcionar como *sexo*.

Por analogia ao argumento de Geertz (1977, p. 33-54), o sexo poderia ser pensado como se fosse definindo concomitantemente à sexuação. Para esse autor, o ser humano desenvolveu o seu potencial biológico *pari passu* à sua cultura e, portanto, não se pode dizer que esta seja posterior àquele ou que a cultura seja possível apenas depois de constituído o aparato biológico humano. No caso do sexo, este não existe sem cultura, posto que sem ela não haveria definição, sendo apenas uma sequência de sexuação. Mas, sem entrar no terreno do realismo ontológico, poderíamos também dizer que o sexo, como objeto sociológico, é tão somente uma relação de poder a partir da qual operam outros processos sociais diversos.

REFERÊNCIAS BIBLIOGRÁFICAS

ALEXANDER, J. *The Civil Sphere*. Nova York, Oxford University Press, 2008.

BILGE, S. De l'analogie à l'articulation: théoriser la différenciation sociale et l'inégalité complexe. *L'homme et la société*, v. 43, n. 2, 2010. p. 176-7

BOAS, F. Preface. In: _____. *The Mind of Primitive Man*. Nova York, Macmillian, 1911.

BOMFIM, M. *A América Latina: males de origem*. Rio de Janeiro, Garnier, 1903.

CARNEIRO, E. *Ladinos e crioulos*. Rio de Janeiro, Civilização Brasileira, 1964 [1953].

CASANOVA, P. G. Internal Colonialism and National Development. *Studies in Comparative International Development*, v. 1, n. 4, 1965. p. 27-37.

CRENSHAW, K. Mapping the Margins: Intersectionality, Identity Politics, and Violence Against Women of Color. *Stanford Law Review*, v. 43, n. 6, 1991. p. 1.241-99.

DORLIN, E. Historicité du sexe. In: _____. *Sexe, genre et sexualités*. Paris, PUF, 2008.

DU BOIS, W. E. B. On the Meaning of Race. In: ZUCKERMAN, P. (org.). *The Social Theory of W. E. B. Du Bois*. Thousand Oaks, CA, Sage, 2004.

DURKHEIM, É. La conception matérialiste de l'histoire. *Revue philosophique*, n. 44, 1897. p. 645-51. Disponível em: <classiques.uqac.ca/classiques/Durkheim_emile/sc_soc_et_action/texte_2_09/conception_materialiste.html>. Acesso em: 14/5/2014.

FANON, F. *Les damnés de la terre*. Paris, Maspero, 1961.

FAUSTO-STERLING, A. Dualismos em duelo. *Cadernos Pagu*, v. 17-18, 2001-2002. p. 9-79.

FERNANDES, F. *A integração do negro na sociedade de classes*. São Paulo, Companhia Editora Nacional, 1965.

_____. *A revolução burguesa no Brasil*: ensaio de interpretação sociológica. Rio de Janeiro, Jorge Zahar, 1975. (Coleção Biblioteca de Ciências Sociais.)

GEERTZ, C. *The Interpretation of Cultures*. Nova York, Basic Books, 1977.

GONZALEZ, L. Mulher negra, essa quilombola. *Folha de S.Paulo*, 22 nov. 1981. Folhetim, p. 4.

_____. Por um feminismo afrolatinoamericano. *Caderno de Formação Política do Círculo Palmarino*, v. 1, 2011. p. 12-20.

GUIMARÃES, A. S. A. A recepção de Fanon no Brasil e a identidade negra. *Novos Estudos Cebrap*, v. 81, 2008. p. 99-114.

GUTIERREZ, R. Internal Colonialism: An American Theory of Race. *Du Bois Review*, v. 1, n. 2, 2004. p. 281-95.

KERGOAT, D. Dinâmica e consubstancialidade das relações sociais. *Novos Estudos Cebrap*, v. 86, 2010. p. 93-103

LIPSET, S. M. Two Americas, Two Value Systems. In: _____. *American Exceptionalism*: A Double-Edged Sword. Nova York, W. W. Norton, 1996.

MARX, K. Carta a Joseph Weydemeyer (em Nova Iorque), 5 de março de 1852. In: MARX, K.; ENGELS, F. *Obras escolhidas*, vol. 3. Rio de Janeiro, Vitória, 1963.

_____. Classes. In: _____. *O capital*: crítica da economia política, Livro III. Rio de Janeiro, Civilização Brasileira, 1974.

NELSON, B.; GITTLEMAN, J. (orgs.). Max Weber, Dr. Alfred Ploetz, and W. E. B. Du Bois (Max Weber on Race and Society II). *Sociological Analysis*, v. 34, n. 4, 1973. p. 308-12.

OLIVEIRA, R. C. Problemas e hipóteses relativos à fricção interétnica: sugestões para uma metodologia. *Revista do Instituto de Ciências Sociais*, v. 4, n. 1, 1967. p. 41-91.

OMI, M.; WINANT, H. *Racial Formation in the United States*: From the 1960s to the 1990s. Nova York, Routledge/Kegan Paul, 1986.

PARK, R.; BURGESS, E. *Introduction to the Science of Sociology*. Chicago, University of Chicago Press, 1921.

PARSONS, T. The Problem of Polarization on the Axis of Color. In: FRANKLIN, J. H. (org.). *On Color and Race*. Boston, Houghton Mifflin Company, 1968.

_____. Cidadania plena para o americano negro? Um problema sociológico. *Revista Brasileira de Ciências Sociais*, v. 22, n. 8, 1993. p. 32-61.

QUIJANO, A. Colonialidad del poder, eurocentrismo y America Latina. In: LANDER, E. (org.). *La colonialidad del saber*: eurocentrismo y ciencias sociales. Buenos Aires, Clacso, 2000.

RIOS, F. M.; RATTS, A. A perspectiva interseccional de Lelia Gonzalez. 2014. Disponível em: <disciplinas. stoa.usp.br/pluginfile.php/247560/mod_resource/content/1/A%20perspectiva%20interseccional%20 de%20Lelia%20Gonzalez.pdf>. Acesso em: 13/5/2014.

SILVA, M. A. M. *A descoberta do insólito*: literatura negra e literatura periférica no brasil (1960-2000). Tese de Doutorado, Campinas, Unicamp, 2011.

STAVENHAGEN, R. Classes, Colonialism and Acculturation. In: _____. *The Emergence of Indigenous Peoples*. Heidelberg/Dordrecht/Londres/Nova York, Springer, 1965.

TURE, K.; HAMILTON, C. *Black Power*: The Politics of Liberation in America. Nova York, Vintage, 1992.

UNESCO. Reunion d'experts pour les questions de race. *Unesco/SS/Conf.1/6*. Paris, 25 jan. 1950.

_____. La notion de race (Déclaration adoptée à l'issue de la Conférence organisée par L'Unesco à Moscou au mois d'août 1964). *Annales de Géographie*, v. 74, n. 404, 1966. p. 448-52.

WEBER, M. *Sobre a teoria das ciências sociais*. Lisboa/São Paulo, Presença/Martins Fontes, 1977.

_____. O Estado nacional e a política econômica. In: _____. *Max Weber*: sociologia. Org. Gabriel Cohn. São Paulo, Ática, 2003. (Coleção Grandes Cientistas Sociais.)

_____. On Race, the Complexity of the Concept of Ethnicty, and Heredity. In: KALBERG, S. (org.). *Max Weber*: Readings and Commentary on Modernity. Hoboken, NJ, Wiley-Blackwell, 2005a.

_____. On Race Membership, Common Ethnicity, and the "Ethnic Group". In: KALBERG, S. (org.). *Max Weber*: Readings and Commentary on Modernity. Hoboken, NJ, Wiley-Blackwell, 2005b.

WINTER, E. *Max Weber et les relations ethniques*: du refus du biologisme racial à l'État multinational. Quebec, Presses de l'Université de Laval, 2004.

3

TRANSFORMAÇÕES NEOLIBERAIS DO TRABALHO DAS MULHERES

Liberação ou novas formas de apropriação?

Jules Falquet

Historicamente, as análises feministas dominantes sobre as sociedades industriais afirmaram que o acesso a uma remuneração monetária (a entrada – mesmo que parcial – no mercado de trabalho) era um avanço para as mulheres, pois permitia que elas ganhassem autonomia em relação à instituição familiar, geralmente dominada por homens, desmistificando, ao mesmo tempo, o caráter supostamente natural, portanto gratuito, das atividades que lhes eram atribuídas (Delphy, 1970; de uma perspectiva diferente, Dalla Costa e James, 1972; Federici, 2012 [1975]). Na França, as primeiras análises destacaram o acesso crescente das mulheres ao mercado de trabalho (sobretudo o industrial) como um dos elementos positivos da globalização (Hirata e Le Doaré, 1998). Mas muito rapidamente chamaram a atenção o desenvolvimento dos "serviços" e a internacionalização da reprodução social. Na verdade, uma parte crescente do trabalho geralmente atribuído às mulheres[1] parece sair do contexto conjugal-familiar para ser realizado de maneira remunerada no mercado.

---

[1] Em outras sociedades e períodos, esse trabalho se atribui a grupos reduzidos à escravidão, particularmente às mulheres desses grupos.

Simultaneamente, é com uma retórica "pró-mulher" que as instâncias econômicas e políticas dirigentes promovem hoje o desenvolvimento do emprego feminino e sua formalização (profissionalização e reconhecimento). Assim, muitos países da Organização para a Cooperação e Desenvolvimento Econômico (OCDE) desenvolvem uma política explícita de importação de mão de obra (principalmente feminina) para o trabalho de limpeza e manutenção – seja atendendo particulares ou empresas – ou para cuidar de idosos, doentes e crianças, afirmando a necessidade de "aliviar" as esposas "nacionais" que exercem atividades remuneradas. Paralelamente, muitos setores defendem a ideia de que a prostituição deveria ser considerada um trabalho como outro qualquer, o qual permitiria às mulheres empobrecidas e não qualificadas um enriquecimento mais rápido e menos doloroso do que aquele promovido pelo serviço doméstico. O próprio aluguel do útero é apresentado como uma maneira de desnaturalizar a maternidade e até mesmo como um gesto humanitário para com as pessoas que não podem recorrer à adoção ou desejam filhos que perpetuem seu genoma[2].

Sem negar que o acesso a uma remuneração monetária e o desenvolvimento do trabalho assalariado permitiram uma saída gradual do feudalismo, do sistema escravista-colonial de *plantation* ou de outros sistemas sociais cujas relações econômicas estavam embutidas nas relações sociais (Polanyi, 1983 [1949]), pergunto-me aqui – apoiada no quadro teórico feminista-materialista e imbricacionista detalhado em minha tese de habilitação para orientar pesquisas (Falquet, 2012b) (*habilitation à diriger des recherches*)* – se o assalariamento/profissionalização das atividades "femininas" no contexto da globalização neoliberal permite um progresso para as mulheres (e para quais delas), ou se ele simplesmente organiza uma nova forma de obtenção de seu trabalho no prolongamento das lógicas patriarcais, além de racistas-coloniais e classistas, anteriores.

O quadro teórico feminista materialista

Guillaumin e a apropriação das mulheres

No final dos anos 1970, Guillaumin (1992 [1978]) sugeriu que as relações sociais que criam as mulheres e os homens[3], as quais ela chamou de relações de sexagem, são *relações de apropriação física direta*, que concernem toda a individualidade física, incluindo a mente e o corpo. Esse corpo apropriado não é visto prioritariamente como sexual ou procriador, mas mais globalmente como "corpo-máquina-de-trabalho": a apropriação não é uma relação interindividual libidinosa ou machista, mas "uma relação de classe geral na qual o conjunto de uma está à disposição da outra" (ibidem, p. 21-2). As relações de apropriação caracterizam-se, entre outros aspectos, pela ausência de mensuração do trabalho, fornecido sob a forma de uma infinidade de serviços diversos.

---

[2] Os casais homossexuais masculinos são o principal grupo em questão.

* Diploma francês que permite a orientação de teses de doutorado. (N. T.)

[3] Não se fala aqui, portanto, de modo algum, de mulheres ou homens no sentido "biológico".

Segundo Guillaumin, a apropriação tem quatro expressões concretas: a apropriação do tempo, a dos produtos do corpo, a coação sexual e, por fim, a carga física dos membros do grupo (incluindo os membros *válidos* masculinos do grupo) (ibidem, p. 19-29). Esta última dimensão é crucial. Trata-se na verdade de *um dos privilégios fundamentais dos homens*, que lhes permite ao mesmo tempo desencarregar-se de todo o trabalho de cuidado com o outro e contar eles próprios com tais cuidados, mesmo quando jovens e em plena saúde – cuidado que lhes é dispensado inclusive por mulheres mais velhas, mais pobres e doentes (sobretudo sua mãe).

Guillaumin distingue dois componentes da apropriação, estreitamente ligados: a apropriação *individual* ou *privada* e a apropriação *coletiva*. A apropriação individual ocorre por meio do casamento ou de seus avatares – a instituição matrimonial constitui apenas uma das superfícies institucionais possíveis da relação global de apropriação. As freiras e as prostitutas são os dois exemplos que Guillaumin dá para a apropriação coletiva, e Juteau e Laurin (1988) acrescentam a eles, mais tarde, o das "mães de aluguel". Guillaumin destaca que as contradições entre apropriação privada e coletiva são o motor das transformações das relações sociais de sexo.

Tabet: troca econômico-sexual e amálgama conjugal

Desde seus primeiros trabalhos, Tabet (1985) mostrou que algumas das atividades mais naturalizadas feitas pelas mulheres, mesmo não remuneradas, poderiam ser analisadas como trabalho no sentido marxista. Em primeiro lugar, a procriação: de acordo com as épocas e culturas, as trabalhadoras podem ser mais ou menos livres quanto ao momento de trabalhar, o tipo e a quantidade de produto a fornecer e, acima de tudo, ter mais ou menos reconhecidos os seus direitos sobre a sua "produção" (do direito de interromper uma gravidez ao dever de fornecer crianças a uma linhagem ou a um Estado). Tabet via então as novas tecnologias reprodutivas, dependendo de quem as domina e em que contexto, como potencialmente libertadoras para as trabalhadoras.

Em seguida, Tabet abordou o "trabalho do sexo" (2004). A fim de superar a falsa oposição das sociedades industriais ocidentais entre prostitutas e boas mulheres (esposas), ela forjou o conceito de *continuum de troca econômico-sexual*. Em uma extremidade, algumas mulheres fornecem um trabalho sexual bem delimitado em troca de uma remuneração pecuniária cujo montante é o mais elevado possível e que lhes pertence integralmente. Nas áreas intermediárias, prostitutas dependentes de "cafetões" dividem espaço com mulheres "ajudadas" por diversos amantes e outras de quem diferentes homens arrancam "favores sexuais" em troca de emprego ou moradia. Na outra extremidade do *continuum* estão as esposas, às quais o contrato de casamento garante uma "manutenção" mais ou menos consequente em troca do que Tabet chama de "amálgama conjugal". Este abrange uma ampla gama de prestações aparentemente inseparáveis, legitimadas pelo amor e/ou pelo dever, a qual a autora propõe separar em trabalho sexual, procriativo, doméstico e emocional.

Globalização neoliberal e transformação das atividades das mulheres

Juteau e Laurin, precursoras

Juteau e Laurin (1988) foram as primeiras a utilizar a perspectiva da apropriação para analisar, no Quebec dos anos 1980, as transformações da atividade das mulheres que prefiguram o esquema neoliberal. Eles constataram, primeiro, que embora cada vez mais mulheres estivessem no mercado de trabalho, elas ocupavam empregos precários, rebaixados e mal pagos. Elas também observaram a ligação recíproca existente entre as responsabilidades domésticas e familiares e os baixos salários:

> a apropriação privada e a apropriação coletiva das mulheres não são contraditórias, mas tornam-se francamente solidárias uma em relação à outra. As condições do assalariamento das mulheres são tais que elas devem, além de trabalhar fora de casa, permanecer a serviço dos homens na família, de modo a garantir sua subsistência e a de seus filhos. Em retorno, o peso das cargas domésticas e familiares faz delas recrutas ideais para esse mercado de trabalho [...] (ibidem, p. 199)

Assim, fica clara não uma oposição, mas uma articulação entre apropriação privada e coletiva. Articulação dinâmica, uma vez que, segundo Juteau e Laurin, a apropriação coletiva agora avança em relação à apropriação privada. Elas insistem no papel do Estado nesse sentido:

> A estreita dependência das mulheres e seus filhos em relação ao Estado é ao mesmo tempo indício, condição e consequência da generalização da apropriação coletiva das mulheres, sob diversas formas [...] Por intermédio do Estado, [...] a classe de homens compensa em parte as perdas [...] [geradas] para as mulheres. O seguro-desemprego, o auxílio para a maternidade e todas as outras formas de assistência do Estado proporcionam às mulheres e seus filhos o mínimo vital que nem seus patrões, nem seus pais, nem seus maridos ou amantes garantir-lhes-ão no longo prazo. (ibidem, p. 201)

Ao mesmo tempo, as autoras destacam que a crise do Estado que então se iniciava "levou também à reconstituição de diversas formas voluntárias de serviços, geridas pelas igrejas e outras organizações privadas, para as quais as mulheres são mão de obra gratuita e exército de reserva" (ibidem, p. 202).

Desse modo, Juteau e Laurin inscrevem o desenvolvimento dos serviços, remunerados ou não e fundamentalmente fornecidos por mulheres empobrecidas, em uma dinâmica econômica e histórica, caracterizada pelo desenvolvimento da apropriação coletiva das mulheres.

Das "mulheres globais" à "barriga de aluguel"

Em uma perspectiva teórica diferente, Ehrenreich e Hochschild (2003) ligaram a globalização ao surgimento de "mulheres globais", frequentemente migrantes, em torno de três figuras: babás, faxineiras e "trabalhadoras do sexo". A aproximação que as autoras operam entre essas figuras, geralmente opostas pela moral dominante, é interessante por várias razões. Em primeiro lugar, porque remete à evidência empírica: elas podem muito bem ser a mesma mulher, em diferentes momentos do dia ou de suas vidas. Mas frequentemente são estudadas como pessoas distintas – e por pesquisadores/as diferentes. Além disso, porque muitas vezes opõe trabalho doméstico (limpeza, cuidado das crianças) e trabalho sexual. Um é visto como banal, trazendo miséria e contrapondo as mulheres (patroas × domésticas), enquanto o outro é glamourizado, apresentado como muito lucrativo e às vezes prazeroso, e caminha no sentido da normalidade das relações entre mulheres e homens (ou, ao contrário, constitui o máximo da degradação e da exploração). Por fim, porque uma dessas duas atividades tem utilidade próxima de zero para a comunidade, enquanto a outra é indispensável para o próprio funcionamento social.

Apesar da aproximação proposta por Ehrenreich e Hochschild, as pesquisas tendem a se dividir em dois ramos que se comunicam pouco. De um lado, alguns/mas pesquisadores/as delimitaram um novo campo, o "trabalho do sexo", apresentado como um trabalho como outro qualquer, a ponto de as instituições internacionais estarem hoje fazendo pressão para incluí-lo no cálculo do produto interno bruto (PIB). Do outro, desenvolveu-se uma literatura substancial sobre a internacionalização da reprodução social. A Organização Internacional do Trabalho (OIT) e a OCDE, em particular, estão interessadas nas maneiras como os Estados planejam e regulamentam – mais ou menos – a privatização dos serviços e as transformações concomitantes das políticas públicas (Kofman et al., 2001; Walby, 1997). Outros alimentam os novos discursos das grandes formações social-democratas (como o Partido Socialista, de Martine Aubry, na França), apresentando o desenvolvimento do setor do cuidado, da sociedade do "cuidado" e do reconhecimento da vulnerabilidade (Tronto, 2009) como uma alternativa aos múltiplos impasses econômicos e civilizacionais do sistema. Assim, enquanto trabalho sexual, doméstico e de cuidado estavam claramente ligados na análise materialista, essas áreas são agora quase cindidas por razões que analisaremos adiante.

Quanto ao quarto elemento do amálgama, o trabalho procriativo, ele suscita cada vez mais pesquisas, sobretudo pelo rápido desenvolvimento da "barriga de aluguel". Alguns/mas destacam que as somas ganhas chegam a representar mais dinheiro do que as mulheres poderiam esperar ganhar em toda a sua vida (Rudrappa, 2014)[4]. Outros/as afirmam ainda que se trata de uma oportunidade notável para desnaturalizar a maternidade, tanto para aquelas que produzem crianças "fora da maternidade" como para aquelas que podem tornar-se mães sem passar pela gravidez. Convém lembrar, no entanto, que não há nada de novo no fato de uma mulher carregar uma criança e em seguida abandoná-la e/ou entregá-la voluntária ou involuntariamente a uma linhagem, a terceiros ou a uma instituição (religiosa, estatal ou militar) (Tabet, 1985). A novidade, aqui, reside nas tecnologias empregadas (que tornam impossível a auto-organização do trabalho pelas mulheres envolvidas), nos arranjos financeiros e jurídicos que substituem a gestação e no caráter cada vez mais impessoal e transnacional desses arranjos. Nota-se aqui, ainda, que, além do trabalho de Ekis Ekman (2013),

---

[4] Embora o salário por hora seja geralmente muito baixo caso se considere o trabalho noturno e em folgas e feriados etc.

42 *Gênero e trabalho no Brasil e na França*

o qual estabelece um paralelo entre a prostituição e a gestação por substituição como duas atividades particularmente alienantes para as mulheres, de maneira geral esse campo foi quase completamente separado do resto das análises sobre o devir do amálgama conjugal.

Avanços em ilusão de óptica: para quem o "grande golpe"?

Podemos então comemorar o afrouxamento da apropriação privada e o enfraquecimento dos laços do casamento e da conjugalidade heterossexual? A abordagem em termos de "desamalgamação" – a "profissionalização" crescente das tarefas das esposas – oferece uma visão mais nuançada.

Persistência das coerções estruturais

Observemos em primeiro lugar as condições subjacentes da apropriação das mulheres. Em 1978, Guillaumin a descreveu em cinco modos: mercado de trabalho; confinamento espacial; demonstração de força (espancamento); coerção sexual; arsenal jurídico e direito consuetudinário (Guillaumin, 1992 [1978], p. 39-45). Também para Tabet (2004), são condições estruturais bastante precisas que obrigam a maioria das mulheres a entrar no *continuum* da troca econômico-sexual: uma forte restrição de acesso aos recursos e conhecimentos e uma ameaça permanente de violência.

Essas condições parecem ter mudado pouco. A crise econômica profunda e prolongada que afeta a maioria dos países veio lembrar que o mercado de trabalho não tinha se tornado nem um pouco mais acolhedor para a maioria das mulheres não privilegiadas por "raça" e classe[5] do planeta. No que concerne ao confinamento espacial, embora algumas mulheres tenham cada vez mais liberdade e dinheiro para circular, viajar ou fazer turismo, o crescente endurecimento das leis migratórias internacionais – especialmente aquelas destinadas a prevenir o "tráfico" (Guillemaut, 2008) – ilustra muito claramente as novas modalidades do confinamento espacial de acordo com as velhas lógicas heterossexuais, sexistas, classistas e coloniais.

No que diz respeito à violência e à coação sexual, é delicado propor uma medida quantitativa unificada e universal. No entanto, apesar da multiplicação de leis nacionais e internacionais destinadas a proteger as mulheres, o crescimento do feminicídio na maioria dos países latino-americanos, em particular (Fregoso e Barejano, 2010), e as guerras em incontáveis países do Sul parecem ir no sentido de um aumento da violência contra as mulheres. No plano do acesso ao conhecimento, a despeito de campanhas pela escolarização das meninas e alfabetização das mulheres, a privatização e a crescente mercantilização aumentam o custo da educação, levando, em muitos

---

[5] Na verdade, a situação de *algumas* melhorou: as mulheres *brancas ocidentais de classe média e alta* vivem avanços importantes. Nos entanto, os avanços de algumas infelizmente costumam estar ligados aos recuos impostos às outras, no caso das pessoas proletárias e/ou racializadas e/ou do Sul – a menos que mecanismos sejam explicitamente pensados para evitar isso. É isso o que uma abordagem em termos de imbricação das relações sociais permite compreender.

países, a uma crescente desescolarização das meninas – quando não é a guerra que simplesmente as priva da educação.

Quanto ao acesso aos recursos, embora as instituições internacionais façam campanha pelo acesso das mulheres à propriedade (terra, moradia), de norte a sul observam-se fenômenos de expropriação massiva das mulheres mais pobres – camponesas autóctones expulsas por multinacionais extrativistas, barragens, guerras ou desastres ambientais, mas até famílias expulsas de suas casas pela crise do *subprime*.

Por fim, convém observar atentamente os muitos avanços do direito (inter) nacional, mas também suas dificuldades de aplicação e os parcos recursos a eles consagrados, ao lado de flagrantes retrocessos na área do direito de família e do estatuto pessoal das mulheres, em conexão com o fortalecimento das tendências mais conservadoras das religiões monoteístas – como revela a ameaça ao direito de interrupção voluntária da gravidez na Espanha e nos Estados Unidos ou a manutenção de sua interdição no Brasil.

Imbricação das relações sociais

É por isso que, em uma perspectiva de imbricação das relações sociais de sexo, "raça" e classe, é necessário analisar *quem* pratica a desamalgamação, e em que condições. A maioria dos serviços desamalgamados são, na verdade, fornecidos a preços muito baixos por mulheres racializadas e/ou proletarizadas, migrantes frequentemente em situação ilegal e/ou por trabalhadoras do Sul que atuam "a distância" (esse é particularmente o caso da gestação por substituição e do trabalho sexual pela internet). É importante examinar de perto as condições materiais de exercício dessas atividades, em particular o contexto jurídico e o estatuto legal das pessoas que as exercem (situação migratória e cidadania). As análises de Nakano Glenn (1992) sobre as instituições, leis e violência específicas historicamente empregadas nos Estados Unidos para *forçar* certos segmentos da população a realizar atividades de cuidado (mulheres negras, racializadas e/ou migrantes) devem estender-se à análise da organização atual da internacionalização da reprodução social. Na verdade, as leis que regem a mobilidade das mulheres – o que chamei de heterocirculação (Falquet, 2012a), ou seja, *as leis migratórias* e *os sistemas jurídicos* que as privam dos direitos de que gozam os cidadãos do sexo masculino e nacionais – são centrais para forçar algumas delas a vender, separadamente, no mercado, a preços baixos, os serviços habitualmente trocados no contexto conjugal.

A situação das mulheres não privilegiadas por sua posição de "raça" e de classe, as quais constituem a maioria da classe das mulheres e a parte dessa classe mais afetada pela globalização, deve ser colocada no centro da análise. Tal situação é profundamente diferente daquela das mulheres mais privilegiadas – embora todas sejam oprimidas nas relações sociais de sexo. Mas a maioria das mulheres não privilegiadas que oferecem no mercado algumas tarefas do amálgama conjugal ganha pouco e não se "liberta" da instituição familiar-conjugal. Algumas chegam mesmo a desejar ficar em casa, na esperança de escapar de condições de trabalho muito duras, ou de poder trabalhar em condições menos ruins. Assim, na França, Chaïb (2008) destacou que, embora muitas mulheres migrantes sejam obrigadas a trabalhar fora da família, os poderes públicos não contribuem em nada para desencarregá-las das tarefas do amálgama conjugal. De modo mais geral, diante da extrema flexibilidade e dos salários particularmente baixos, muitas caixas ou trabalhadoras da limpeza não têm tanto como ideal *escapar da família, mas conseguir sair, na medida do possível, do trabalho assalariado*, como salientou Morokvasic (2010) a respeito da incompreensão entre algumas feministas alemãs e algumas migrantes do Leste na década de 1970. Enfim, isso ilumina o paradoxo destacado por Moujoud (2008): muitas mulheres que as leis de migração privaram de documentos são obrigadas a se casar para obter os documentos que lhes permitem acessar um emprego formal. É óbvio que a instituição do casamento e da família pode, infelizmente, acabar se revelando um beco sem saída e um lugar de insegurança, violência e empobrecimento para as mulheres.

Desconstruir o discurso encantado da desamalgamação

Juteau e Laurin propunham distinguir dois modelos de sexagem. O primeiro, baseado na especialização e na diferenciação funcional das mulheres, confinava umas à apropriação privada e outras à apropriação coletiva. O segundo, em pleno desenvolvimento na década de 1980, implicava a cada mulher ser "tudo" ao mesmo tempo (donas de casa, mães, trabalhadoras no mercado, trabalhadoras voluntárias e prostitutas). Esse é o modelo que o neoliberalismo parece privilegiar. Essa concomitância, para as mesmas mulheres, da apropriação individual e coletiva pode ser lida como uma mobilidade crescente no *continuum* da troca econômico-sexual descrita por Tabet. Embora isso não seja grande novidade para a maioria das mulheres não privilegiadas e/ou dos países não ocidentais e/ou ex-colônias, trata-se, porém, de uma transformação notável para as mulheres de classe média ocidentais.

Primeira consequência, mostrada por Juteau e Laurin: essa transformação invisibiliza a opressão. E chega mesmo a dar-lhe ares de liberdade – uma das características mais marcantes da ideologia neoliberal:

> Em primeiro lugar, a apropriação coletiva, particularmente aquela que se efetua por meio das instituições, não é percebida como uma exploração ou dominação de classe [...] devido à invisibilidade e ao anonimato que garante aos dominadores. [...] Em segundo lugar, a apropriação privada é vivida no modo da liberdade: liberdade de escolher seu parceiro, o tipo de união com o parceiro, de ter filhos ou não com esse parceiro, de romper, divorciar-se, viver sozinha, recomeçar... (Juteau e Laurin, 1988, p. 202-3)

No entanto, a apropriação privada não desapareceu: ao contrário, "continua florescente, e suas práticas têm se diversificado: ao casamento e à família convencional somam-se o concubinato, o amor livre, a família reconstituída, a família monoparental etc." (ibidem, p. 199). Em compensação, ela tende a ser limitada no tempo, pontilhada, seriada, portanto menos "segura" economicamente para as mulheres, sobretudo para as não privilegiadas.

Enfim, agora o trabalho de reprodução social é extraído de maneira dobrada – pela classe dos homens e pelo Estado –, o que leva a uma maior extorsão do trabalho das mulheres, em particular as não privilegiadas, coletivamente designadas de maneira mais firme do que nunca à responsabilidade material cotidiana das crianças, das pessoas dependentes e dos homens em geral. Observa-se que, embora a maioria das mulheres passou a ter menos filhos, o número de pessoas idosas, dependentes ou doentes sob sua responsabilidade cresce muito rapidamente. Nesse sentido, ocorre hoje, no Estados Unidos, o maior programa de intervenção psicológica dirigida já realizado, chamando as famílias de ex-soldados (suas esposas, mães ou irmãs) a cuidar gratuitamente de seus sintomas de estresse pós-traumático. Também são muitas, embora não sejam contabilizadas em lugar nenhum, as esposas de migrantes e suas filhas crescidas que são cada vez mais chamadas a encarregar-se dos homens que retornam de seu périplo migratório e/ou da vida em migração inválidos, feridos ou com problemas de saúde mental – algumas mal chegam a (re)conhecê-los.

* * *

Mostrei aqui que os conceitos feministas materialistas de apropriação das mulheres e de amálgama conjugal constituem ferramentas particularmente poderosas para pensar as transformações neoliberais atuais do trabalho. Eles permitem decifrar a lógica global oculta pelo despedaçamento das análises do trabalho "desamalgamado" das mulheres. O importante não é tanto ser a favor ou contra esta ou aquela tarefa, mas conseguir identificar o principal inimigo que organiza todas elas: as coerções materiais e ideológicas que forçam as mulheres a entrar na troca econômico-sexual e nas relações de sexagem, isto é, nas relações de apropriação individual e coletiva.

Contudo, a classe das mulheres não é apropriada de maneira monolítica. Para aquelas que, nessa classe, não são privilegiadas por "raça" e classe, as mudanças são mínimas: elas continuam a transitar entre apropriação individual e coletiva, chegando a "preferir" às vezes a apropriação individual, embora sejam frequentemente empurradas na direção da apropriação coletiva pelo sistema jurídico e pelas necessidades de mão de obra das outras categorias sociais. Apenas as mulheres mais privilegiadas e/ou combativas e organizadas podem ter esperança de escapar da apropriação individual pela entrada nas relações assalariadas. Medir avanços para as mulheres apenas com a régua unívoca e restritiva do "gênero", negligenciando as relações de "raça" e classe, só pode induzir a erro.

Por fim, se a desamalgamação de determinadas tarefas pode às vezes permitir que as mulheres alcancem uma real autonomia econômica, isso ocorre somente com muita luta, como tão bem apontou Tabet (2004). Majoritariamente, essa desamalgamação implica uma inserção particularmente desconfortável tanto na instituição familiar degradada (deslegitimada, deslocada pela migração e pela crescente facilidade em quebrar os laços) como em um mercado de trabalho informalizado, no qual a situação das mulheres parece pouco invejável. Portanto, o entusiasmo de alguns/mas analistas, poderes públicos e empresários/as quanto à viabilização, profissionalização e perenização dessas formas de trabalho levanta questões. Quem se beneficia delas na vida cotidiana? E dos lucros individuais e coletivos realizados por causa dessas transformações na organização do trabalho?

Gênero e trabalho no Brasil e na França

REFERÊNCIAS BIBLIOGRÁFICAS

CHAÏB, S. Femmes immigrées et travail salarié en France. *Cahiers du Cedref*, v. 16, 2008. p. 209-29.

DALLA COSTA, M.-R.; JAMES, M.-R. *The Power of Women and the Subversion of the Community*. Frome/Londres, Butler and Tanner, 1972.

DELPHY, C. L'ennemi principal. In: _____. *L'ennemi principal 1: Économie politique du patriarcat*. Paris, Syllepse, 1998 [1970].

EHRENREICH, B.; HOCHSCHILD, A. R. *Global Woman*: Nannies, Maids and Sex Workers in the New Economy. Nova York, Metropolitan Books, 2003.

EKIS EKMAN, K. *L'être et la marchandise*: prostitution, maternité de substitution et dissociation de soi. Ville Mont-Royal, M Éditeur, 2013.

FALQUET, J. Lesbiennes migrantes, entre hétéro-circulation et recompositions néolibérales du nationalisme. In: COSSEE, C. et al. *Le genre au cœur des migrations*. Paris, Petra, 2012a. (Coleção IntersectionS.)

_____. *Les mouvements sociaux dans la mondialisation néolibérale*: imbrication des rapports sociaux et classe des femmes (Amérique latine-Caraïbes-France). Tese de habilitation à diriger des recherches, sob orientação de A.-M. Devreux. Paris, Université Paris VII Denis Diderot, 2012b.

FEDERICI, S. Wages Against Housework. In: _____. *Revolution at Point Zero*: Housework, Reproduction and Feminist Struggle. Oakland, PM Press, 2012 [1975].

FREGOSO, R.-L.; BEREJANO C. *Terrorizing Women*: Feminicide in the Americas. Durham, Duke University Press, 2010.

GLENN, E.-N. From Servitude to Service: Historical Continuities in the Racial Division of Paid Reproductive Labor. *Signs*, v. 18, 1992. p. 1-43.

GUILLAUMIN, C. *Sexe, race et pratique du pouvoir*: l'idée de Nature. Paris, Côté-femmes, 1992 [1978].

GUILLEMAUT, F. Mobilité internationale des femmes, échange économico-sexuel et politiques migratoires: la question du "trafic". *Cahiers du Cedref*, v. 16, 2008. p. 147-68.

HIRATA, H.; LE DOARE, H. (orgs.). *Les paradoxes de la mondialisation*. Paris, L'Harmattan, 1998. (Coleção Cahiers du GEDISST, n. 21.)

JUTEAU, D.; LAURIN, N. L'évolution des formes d'appropriation des femmes: des religieuses aux "mères porteuses". *Revue Canadienne de Sociologie et D'Anthropologie*, v. 25, n. 2, 1988. p. 183-207.

KOFMAN, E. et al. *Gender and International Migration in Europe*: Employment, Welfare, and Politics. Londres, Routledge, 2001.

MOROKVASIC, M. Femmes et genre dans l'étude des migrations: une rétrospective. In: FALQUET, J. et al. *Le sexe de la mondialisation*: genre, classe, race et nouvelle division du travail. Paris, Les Presses de Sciences Po, 2010.

MOUJOUD, N. Effets de la migration sur le femmes et sur les rapports sociaux de sexe: au-delà des visions binaires. *Cahiers du Cedref*, v. 16, 2008. p. 57-79.

POLANYI, K. *La grande transformation*: aux origines politiques et économiques de notre temps. Paris, Gallimard, 1983 [1949].

RUDRAPPA, S. Des ateliers de confection aux lignes d'assemblage des bébés. Stratégies d'emploi parmi des mères porteuses à Bangalore, Inde. *Cahiers du Genre*, v. 56, 2014. p. 59-86.

TABET, P. *La grande arnaque*: sexualité des femmes et échange économico-sexuel. Paris, L'Harmattan, 2004.

_____. Fertilité naturelle, reproduction forcée. In: MATHIEU, N.-C. (org.). *L'arraisonnement des femmes*: essais en anthropologie des sexes. Paris, Éditions de l'EHESS, 1985. (Coleção Cahiers de l'Homme, n. 24.)

TRONTO, J. *Un monde vulnérable*: pour une politique du *care*. Paris, La Découverte, 2009 [1993].

WALBY, S. *Gender transformations*. Londres, Routledge, 1997.

4

CARINHO, LIMPEZA E CUIDADO
Experiências de migrantes brasileiras

Adriana Piscitelli

Introdução

Em 2004, uma brasileira que aguardava clientes no Raval, o "barrio chino" de Barcelona, onde oferecia serviços sexuais na rua, me disse:

> Há jovens muito bonitas [aqui], realmente, cada menina que tem aí... Para Barbie só falta a caixa. São bonitas de cara, de cabelo, de corpo, de tudo. A maioria é da Romênia. Mas, aqui, eles [os clientes] não têm preferência de nada, nem de idade, nem de cor... A preferência deles é que a mulher seja carinhosa, trate eles bem e seja limpa... [Por isso] eles sempre ficam mais com a gente [as brasileiras].[1]

Essa mulher, uma baiana que se considerava morena e estava com 42 anos, aludia a ideias sobre a valorização da "brasilidade" no âmbito do sexo comercial na Espanha. Essas ideias, vinculadas a noções de domesticidade, estavam presentes no imaginário de diversas brasileiras que lá entrevistei. Tomo como referência essas noções para analisar, numa perspectiva antropológica, como a articulação entre categorias de diferenciação afetou as experiências de migrantes brasileiras que realizaram diversas

---

[1] Entrevista realizada em Barcelona em 2004.

48 *Gênero e trabalho no Brasil e na França*

atividades no setor de cuidados, na Espanha. Levando em conta as perspectivas que incluem o trabalho sexual nesse setor (Parreñas, 2012), considero principalmente a trajetória de mulheres que exerceram a prostituição na Espanha, mas também de brasileiras que se dedicaram ao cuidado de idosos.

Meu argumento é o de que a intersecção entre gênero, nacionalidade/etnicidade, "cor" e posição social, que, subalternizando tais mulheres, as destinou a certos nichos ocupacionais, não deixou de lhes oferecer significativas margens de agência (Mahmood, 2001). Desenvolvo esse argumento analisando o sentido da estratégia utilizada por essas migrantes para tornar rentáveis suas atividades no setor de cuidados, no marco da concorrência com mulheres de outras nacionalidades. Refiro-me à afirmação de uma especificidade nacional ancorada em qualidades que remetem ao doméstico: carinho, limpeza e cuidado.

A análise está baseada nos resultados de uma etnografia multissituada (Marcus, 1995) voltada para a compreensão da inserção do Brasil na transnacionalização dos mercados do sexo e do casamento, realizada durante dezoito meses, entre 2004 e 2012, em Barcelona, Madri, Bilbao, Granada e Antequera. Na primeira fase, até 2009, a pesquisa esteve centrada nas trajetórias de mulheres e algumas travestis inseridas no trabalho sexual na Espanha, originárias, sobretudo, de camadas médias baixas no Brasil. Na fase seguinte, o leque de entrevistadas foi ampliado com o objetivo de criar uma perspectiva para situar as experiências dessas trabalhadoras sexuais, e então incluiu brasileiras de origens diversificadas, trabalhando em diferentes setores de atividade[2].

Ao realizar a etnografia, eu estava interessada em apreender como os deslocamentos de brasileiras nos mercados transnacionais do sexo e do casamento (e nas imbricações entre ambos) se relacionam com a circulação de significados culturais, a recriação de marcas de diferenciação e a construção de espaços de agência. Minha intenção era compreender como as ideias "se comportam" (Strathern, 1992), acompanhando as ativações e ressignificações de noções e diferenciações nos contextos migratórios. Ao acompanhar essas brasileiras em diferentes cidades, em espaços de trabalho, de lazer e em diferentes cenários de sociabilidade, considerei a maneira como as articulações entre distinções eram ressignificadas no âmbito do trabalho e das relações conjugais/amorosas.

Na primeira e na segunda parte deste capítulo, exploro de que forma noções que remetem à domesticidade são utilizadas no universo contemplado e a força atribuída

---

[2] A primeira fase do trabalho de campo envolveu observação em espaços destinados à oferta desses serviços, na rua, em clubes e apartamentos; entrevistas em profundidade com dezenove mulheres e com cinco travestis brasileiras, com cinco clientes espanhóis e com quatro proprietários/as de estabelecimentos destinados à prostituição, e ainda com 28 agentes que trabalhavam com prostituição e/ou migração. Na segunda fase, entrevistei quinze brasileiras com origens em diversas camadas sociais no Brasil, que não trabalharam na indústria do sexo: estudantes de pós-graduação, professoras universitárias, médicas e enfermeiras que exercem suas profissões na Espanha depois de ter realizado esforços para homologar seus títulos brasileiros. Outras se dedicam a cuidar de idosos, trabalham na limpeza e, ocasionalmente, na agricultura.

a elas. Nas seções seguintes, considero as limitações desses usos, em termos de construção de espaços de agência, que se tornam particularmente evidentes no âmbito dos relacionamentos amorosos e conjugais.

Domesticidade, cuidado e brasilidade

Nas análises recentes sobre domesticidade, essa categoria é considerada um lugar de poder, imersa em processos regulatórios e na produção de economias morais nos quais estão envolvidas diferentes instituições (Goodfellow e Mulla, 2008). A domesticidade é também conceituada como experiência de intimidade que se diversifica em função do posicionamento social das pessoas. Essa experiência pode ser vinculada a noções de cuidado, à circulação de afetos, de emoções, de *relatedness* (Carsten, 2000) e, também, ao medo, à dor e ao ódio. Longe de se restringir ao âmbito do lar, ela está presente em diversos espaços (Das, Ellen e Leonard, 2008).

Algumas pesquisas chamam a atenção para as articulações entre sexo comercial e domesticidade, considerando a relevância do parentesco no trabalho em bordéis (Tambe, 2006). Outras sublinham a dificuldade de separar trabalho e família, prostituição, lar e as formas de proteção e dominação que existem no âmbito do parentesco (Fonseca, 2003). E alguns estudos destacam a impossibilidade de afastar serviços sexuais e domésticos de formas de comércio sexual.

Alguns desses aspectos estão presentes no universo de pesquisa no qual trabalhei. A linguagem de parentesco adquiria particular força em alguns *clubs*, nos quais as *mamis* disciplinavam as trabalhadoras sexuais, mas também se envolviam em práticas pedagógicas e de cuidado, particularmente em casos de doença e de fragilidade emocional. A relativa diluição das fronteiras entre espaços de trabalho e espaços domésticos foi um aspecto frequente em alguns dos locais em que minhas entrevistadas prestavam serviços sexuais.

Nos *clubs* e nos apartamentos maiores e mais sofisticados de grandes cidades espanholas, como Barcelona e Madri, há uma nítida delimitação entre os cômodos onde as trabalhadoras sexuais descansam, se alimentam e se preparam para atender os clientes e os espaços transitados por estes últimos, destinados às performances sexuais. Nos pequenos apartamentos – voltados para a oferta de serviços sexuais para clientes de estratos socioeconômicos médios e baixos – esses limites se apagam. Nesses locais, o cheiro da comida que se prepara na cozinha para ser consumida pelas trabalhadoras sexuais, convidando ocasionalmente algum cliente, chega aos quartos onde se realizam os *programas*. Ao atravessarem a sala para chegar aos quartos os clientes podem ver as mulheres conversando por Skype com suas famílias. Essas diluições parecem fazer parte do apelo erótico exercido pelo sexo comercial oferecido na imbricação entre prostituição e domesticidade.

Considerando a relação estabelecida entre erotismo e transgressão e a ideia da prostituta como emblemática da transgressão (Bataille, 2006), de que modo compreender esse apelo, que parece remeter à "normalidade" do lar e da conjugalidade? Passei a levar essa questão em conta quando percebi que trabalhadoras sexuais brasileiras que ofereciam serviços sexuais em outros nichos da sofisticada indústria do sexo espanhola, em *clubs* com quartos temáticos (Roma Antiga, Egito etc.) que pouco evocavam o lar, procuravam acentuar suas qualidades "domésticas".

Considerar o posicionamento das brasileiras na indústria do sexo na Espanha e os critérios que permeiam a organização desse setor de atividade e o consumo de sexo contribui para pensar sobre essa questão. Na metade da década de 2000, estimava-se que 90% dos serviços sexuais na Espanha eram oferecidos por mulheres estrangeiras. A diversidade dessa "oferta" se materializava num caleidoscópio de nacionalidades que mantém relações com as características do mercado de consumo de massa contemporâneo (Miller, 1987). A nacionalidade faz parte dos critérios de novidade e diversificação presentes na lógica que permeia a oferta de sexo comercial. Segundo os empresários, na indústria do sexo há uma permanente valorização do novo e do diferente. Contudo, a variedade de nacionalidades é controlada seguindo os critérios de "gosto" atribuídos aos clientes.

A ideia é de que os clientes estabelecem uma hierarquia entre as mulheres que oferecem serviços sexuais, organizada em torno de "traços" como juventude, beleza, educação e etnicidade. Na década de 2000, o *ranking* seria encabeçado pelas espanholas, seguidas de mulheres do Leste Europeu, latino-americanas e, em último lugar, africanas. De acordo com Pons (2003), na Catalunha, os empresários classificavam as trabalhadoras de acordo com noções que associam latino-americanas e africanas ao "sexo à flor da pele". As mulheres do Leste Europeu, tidas como mais cultas, de mais categoria e mais "eficientes", seriam as preferidas dos europeus. No quadro dessa hierarquia, os *clubs* realizavam uma oferta diversificada que, porém, dificilmente incluía mulheres situadas no extremo inferior, como as africanas, principalmente negras.

Paralelamente, a incorporação da diversidade é acompanhada pela tendência a controlá-la mediante a homogeneização da produção corporal e dos estilos de roupas e sapatos. As marcas nacionais se diluem nessa padronização e também na estandardização das práticas sexuais. Assim, em um movimento que parece contraditório, cria-se uma relativa homogeneização que tende a neutralizar as diferenças entre as mulheres.

Quando iniciei a etnografia na Espanha, no debate público brasileiro circulava a ideia de que certa construção da feminilidade nacional, intensamente sexualizada e marcada pela "cor", era um aspecto central na dinâmica do "turismo sexual" internacional, da prostituição de brasileiras no exterior e do tráfico internacional de mulheres com fins de exploração sexual, incluindo os casamentos "interculturais". A suposição, na qual predomina a sexualização da raça, era de que essa construção, originada nas imagens historicamente produzidas de mulatas e negras no Brasil e difundidas no exterior, explicava uma elevada demanda de mulheres do país. Essas imagens, vinculadas a mulheres de pele escura, como as que constituem a figura da mulata teriam se disseminado no exterior (Cecria, 2000).

No âmbito da organização da indústria do sexo na Espanha, porém, as brasileiras tendiam a diluir-se na categoria regional de latino-americanas. A "sexualidade tropical", racializada como *morena,* não excluía as brasileiras, mas era, sobretudo, associada a mulheres das antigas colônias espanholas, entre as quais se destacavam as colombianas, além de haver ocasionais alusões a cubanas. Essas eram as nacionalidades apontadas por algumas entrevistadas brasileiras como as mais sérias concorrentes.

Os critérios dos clientes não coincidem necessariamente com os dos empresários. Os consumidores de sexo na Espanha são heterogêneos, em termos de traços regionais, idade, classe social, escolaridade e até nacionalidade e situação migratória. Levando em conta essa diversidade, as percepções dos clientes não são generalizáveis. Contudo, depoimentos de clientes de níveis médios de prostituição em grandes cidades – homens de estratos médios e origem urbana – sugerem que o jogo entre inclusão da diversidade e relativa diluição de marcas nacionais se reitera no plano do consumo.

As narrativas dos clientes aludem à diversidade de nacionalidades traçando comparações regionais "etnicizadas" em termos de estilo de sexualidade vinculada ao temperamento. Contudo, em um movimento que Daniel Miller (1987) denomina de recontextualização, os entrevistados "aproveitam" essa diversidade para encontrar relacionamentos sexuais pagos, delimitados e carinhosos. Clientes pouco interessados nas novidades do mercado não privilegiam a "brasilidade" nem qualquer traço vinculado à nacionalidade. Nesse cenário, a diversidade se integra em convenções de erotismo que incluem outras "transgressões", como a obtenção de sexo com afetividade, como *novios*, mas sem compromissos, em relacionamentos cujos limites são delimitados pelo pagamento.

Nesse âmbito, as entrevistadas tentam obter espaço na indústria do sexo afirmando traços vinculados à "brasilidade" que imaginam estarem afinados com as preferências dos clientes. As percepções delas convergem em considerar que o temperamento alocado a seus estilos de feminilidade é o principal aspecto que as favorece na inserção na indústria do sexo na Espanha. Em suas narrativas, as escolhas dos clientes não estão associadas à "cor", nem a um saber específico no que concerne a práticas sexuais. Segundo uma trabalhadora sexual natural de Minas: as outras, "por exemplo, para o homem gozar na boca delas sem camisinha [não custa]... Os espanhóis gostam muito dessas anarquias. E brasileira não faz isso... Só que tem o outro lado, a gente é mais carinhosa com os homens, é amável, cuida deles"[3].

Nesses setores altamente mercantilizados da indústria do sexo, as qualidades que essas entrevistadas destacam para afirmar a "brasilidade" são a afetuosidade, o cuidado, a amabilidade e a alegria. Nesse cenário, a suposta singularidade concedida a essa nacionalidade em virtude de uma sexualidade exacerbada, associada a um saber específico e vinculada à "cor" (morena) se desvanece. E as qualidades sublinhadas, afinadas com as preferências que elas atribuem aos clientes, remetem à domesticidade. Ativando-as, essas mulheres procuram posicionar-se nesse cenário.

A procura de relações "carinhosas" por parte de clientes da prostituição em setores altamente organizados da indústria do sexo é observada em diversos estudos sobre prostituição na Espanha (Solana Ruiz, 2003) e em outros países da Europa (Bernstein, 2007). Essa busca adquire diferentes significados que muitas vezes são apagados quando o consumo de prostituição é lido através de lentes que o consideram em termos

---

[3] Entrevista realizada em Barcelona em 2004.

52 Gênero e trabalho no Brasil e na França

compensatórios, como solução parcial e momentânea para a insegurança masculina, mediante as fantasias de poder que possibilita materializar.

Nesse ponto, Elizabeth Bernstein (2007) oferece uma fértil chave interpretativa. De acordo com ela, no momento atual, em cidades de países do Norte há uma tensão entre a aceitação do sexo como recreação e a pressão normativa para retornar ao sexo "relacional", como romance. A autora observa que no mercado contemporâneo, o amor romântico pode ser julgado de maneira desfavorável quando comparado com os prazeres eróticos mais neutros que é possível trocar por dinheiro. Muitos clientes privilegiariam a indústria do sexo porque ela prescinde da ambiguidade e da potencial hipocrisia que percebem no "sexo como dádiva", característico dos relacionamentos românticos. No deslocamento do comportamento sexual de um modelo relacional para outro, recreativo, haveria uma reconfiguração da vida erótica na qual a procura de uma intimidade sexual é facilitada por sua localização no mercado.

Essas observações contribuem para situar as narrativas de clientes espanhóis. No quadro da tensão entre sexo recreativo e relacional, os clientes parecem aproveitar a "diversidade" de oferta, com pouca atenção à nacionalidade, procurando a ilusão de prazer recíproco e "carinho". Nesses cenários, as entrevistadas destacam a afetuosidade, a limpeza e o cuidado como traços centrais de suas qualidades. E, nesse âmbito em que a singularidade nacional se dilui em estereótipos regionais, tais atributos são apresentados por elas como traços "étnicos"/nacionais, como expressão de sua brasilidade.

Brasileiras insertas em outros setores dos serviços de cuidados, porém, também acionam essas qualidades. Afetuosidade, cuidado, amabilidade e alegria contribuem, como marcas da brasilidade, para que mulheres que se dedicam ao cuidado de idosos obtenham trabalho. De acordo com uma entrevistada de 48 anos, de Campinas, que casou com um espanhol na região de Antequera:

> Trabalhei como interna cuidando de pessoas maiores, em várias casas. É uma experiência muito dura... Quase sempre a pessoa não tem noção do que faz, amanhece o dia e a pessoa morre na sua mão. Você fica trancada dentro de uma casa com a pessoa a semana inteira, quando você sai no sábado você quer mais [é] rir e [acaba se] embebedando, porque é muita pressão... Eu peguei o jeitinho de cuidar, sabe... Aqui eles não têm carinho... Nós sabemos dar [carinho].[4]

Esse "pacote" de qualidades, porém, contribui para colocar algumas dessas brasileiras em situações de assédio sexual, em setores de serviços nos quais há uma intensa pressão para que as migrantes também ofereçam serviços sexuais. No relato de uma jovem de 24 anos, proveniente de uma pequena cidade do Mato Grosso, que residia havia cinco anos em Antequera quando a entrevistei e tinha dificuldades para falar em português:

> Fui trabalhar, cuidando de uma mulher maior... Tenía 4 hijos, ya mayores y uno de los hijos empezó a pasarse un poco. A abusar... Eran solteros, 48 años, 50 y tantos años. Me decían cosas y como yo dormía al lado de la mujer mayor – y para ir para la habitación de él, tenía que pasar dentro de esa habitación – entonces, cuando nosotras ya estábamos

---

4   Entrevista realizada em Antequera em fevereiro de 2009.

acostadas, él venía a tocarme los pies y se pasaba, ¿sabes? Y yo le decía que me dejara en paz, que lo iba a denunciar, y la madre como no estaba muy bien de la cabeza decía: "Niño, déjala quieta". Así, la pobre. He estado seis meses [aguentando essa situação], para pagar el billete que estaba debiendo en Brasil...[5]

Interseccionalidades no âmbito laboral e amoroso

De que modo a corporificação dessas qualidades vinculadas ao cuidado "participa" das experiências de intimidade dessas migrantes? Nesse ponto, é interessante considerar essas experiências dentro e fora do âmbito das relações de trabalho.

Nas narrativas das trabalhadoras sexuais, a articulação entre sexo comercial, carinho, cuidado e limpeza lhes permitiu atrair clientes mediante os quais obtiveram somas de dinheiro consideradas elevadas. No período anterior à crise econômica de 2008, que afetou de maneira cruel a Espanha, mulheres que ofereciam serviços sexuais chegaram a obter mais de 4 mil euros mensais, o que possibilitou em alguns casos uma mobilidade social ascendente para as migrantes e para os seus filhos que permaneceram no Brasil. Por meio desses recursos e das possibilidades abertas pela prostituição para "viver em dois países", parte dessas entrevistadas ampliou seus espaços de influência no Brasil.

Nesse sentido, para algumas dessas mulheres, a corporificação de atributos que remetem à domesticidade contribuiu para que elas desafiassem seus destinos sociais. Essas qualidades, porém, não as eximiram dos efeitos das relações de poder desiguais nas quais estavam imersas, tecidas através de distinções de gênero, nacionalidade/etnicidade, exacerbadas pelo trabalho sexual e mesmo pela situação migratória irregular. Esses efeitos se materializaram em diferentes dimensões das experiências de intimidade.

Nos relatos dessas mulheres, aspectos às vezes considerados expressões da violência vinculada ao trabalho sexual eram apresentados de maneira positiva e até lúdica. À ideia da humilhação de estarem expostas na rua, as prostitutas que preferiam oferecer serviços sexuais nesses espaços contrapunham a flexibilidade, em termos de horários, a liberdade na escolha de clientes e a vantagem de não dividir os ingressos com ninguém. É comum que os *clubs* sejam apresentados como espaços hostis, nos quais as prostitutas trocam o dia pela noite, sujeitas ao consumo de álcool e drogas. No entanto, jovens que trabalharam em *clubs* lembram suas experiências nesses estabelecimentos como períodos agradáveis, nos quais compartilhavam atividades de trabalho e de lazer com outras mulheres da mesma idade, se divertiam à noite e organizavam viagens nos períodos de descanso.

Nessas narrativas, a noção de violência se delineia com nitidez, como dano físico ou moral, vinculado à polícia migratória, às deportações e, muito ocasionalmente, aos clientes. Nos relatos, esse último perigo se materializou na trajetória de uma prostituta marcada por uma tentativa de assassinato. O sofrimento mais recorrente e intenso, porém, estava vinculado a outras dimensões da intimidade, nas quais a articulação

---

[5] Entrevista realizada em Antequera em fevereiro de 2009.

54 *Gênero e trabalho no Brasil e na França*

de categorias de diferenciação tendia a operar de maneira negativa. Refiro-me às suas histórias de amor e casamento.

Amor e estigma

As entrevistadas vinculadas à indústria do sexo tendem a destacar as tensões presentes nesses relacionamentos, muitas vezes decorrentes do estigma que as atinge. Seus relatos delineiam três estilos de relações: casamento com um cliente e permanência no mercado do sexo com conhecimento do marido; casamento com um cliente ou com um homem conhecido no trabalho na prostituição; abandono desse setor de atividade e namoro, ocultando o trabalho como prostituta.

Uma das poucas entrevistadas que afirmou a compatibilidade entre o casamento e o trabalho na indústria do sexo convidou-me a almoçar em sua casa em Barcelona. O marido, amável, preparava aperitivos na cozinha. O apartamento, pequeno, cuidadosamente decorado, estava repleto de fotografias de família: da família brasileira dela e da família espanhola dele. Enquanto ele trabalhava na cozinha e nós conversávamos na sala, ele fazia brincadeiras: "¿Has visto como ella me explota?". Ela me contava que, com a crise, o trabalho tinha piorado na Espanha. Lembrava como foi bom o passado no Raval e, ao comentar a relação com o marido, baixou a voz e disse: "Viu como é? Ele é bom. Eu estou bem com ele. Não estou apaixonada. Mas, a paixão, isso passa. Ele é bom, é alegre, bebe uma cervejinha e já está... gosta de festa, é companheiro. Não tem problema nenhum trazer alguém para casa, ele gosta"[6]. Esse relato é singular no conjunto das narrativas. As demais histórias remetem a relações nas quais a (re)criação de qualidades vinculadas à domesticidade não neutralizava o estigma vinculado à prostituição nas relações de conjugalidade. No relato angustiado de uma brasileira que deixou o trabalho num *club* de Bilbao ao casar-se com um frequentador desse local:

> Ele diz que nossa relação não é normal, porque numa relação normal as pessoas se conhecem em outro lugar e não em um *club*... Vive me humilhando, diz que sou asquerosa... Não me arrependo de ter vindo para cá, de ter tido os meus filhos, tampouco de trabalhar no *club*. Às vezes me dá uma loucura para voltar, porque não existe trabalho no qual se ganhe nem a metade. Me arrependo de não ser mais eu, de estar dependendo dele.[7]

As narrativas remetem a tensões cotidianas no âmbito da intimidade, revestidas de noções de diferença cultural, que essas mulheres tentam neutralizar. Enquanto elas afirmam suas qualidades positivas, sublinhando temperamento carinhoso e propensão para a higiene, seus parceiros as inferiorizam, destacando que são brasileiras ou, de modo mais englobante, sul-americanas, em relações nas quais esses atributos são vinculados à pobreza e à prostituição. Para mulheres que conheceram seus parceiros trabalhando na indústria do sexo, acionar qualidades vinculadas à domesticidade não parece contribuir em seus posicionamentos no âmbito dos relacionamentos amorosos e conjugais.

---

[6]   Entrevista realizada em Barcelona em novembro de 2009.

[7]   Entrevista realizada em Bilbao em novembro de 2004.

Se, como afirma Bernstein (2007), a interpenetração entre intimidade e comércio transforma mutuamente o caráter desses domínios, esse processo não está livre de tensões. Nos cenários contemplados, elas se revelam no âmbito da superposição entre mercados do sexo e relações amorosas e conjugais. Nos termos de Zelizer (2009), as relações de intimidade sexual implicam frequentemente transferências de dinheiro. Porém, distintas classes de intimidade envolvem distintas qualidades morais. Essa ideia contribui para compreender a constante tensão presente nos relacionamentos da maior parte dessas entrevistadas. No entanto, pensar como isso afeta essas brasileiras requer levar em conta também as articulações entre categorias de diferenciação que expressam o lugar subalternizado dessas mulheres em função da intersecção entre gênero, nacionalidade, "cor", nível de escolaridade e classe social no Brasil.

Vale observar que tensões análogas marcaram as experiências de brasileiras originárias de camadas baixas que trabalharam em outros âmbitos do setor de cuidados. Entre elas, as que têm graus mais baixos de escolaridade são as que mais sentem o peso dos estereótipos sexualizados vinculados à "brasilidade", com uma dupla carga negativa: de promiscuidade e de procura de relacionamentos por "interesse". Essa marca se materializa no assédio sexual que as mulheres que não exercem a prostituição sofrem em seus trabalhos e também as persegue em seus relacionamentos amorosos, nos quais ao ciúme se adiciona a dúvida sobre o seu interesse por benefícios dos parceiros espanhóis. Assim como as trabalhadoras sexuais, essas entrevistadas enfrentam essa situação destacando traços "étnicos", vinculados ao cuidado e à limpeza, e o compromisso com suas famílias, especialmente com os filhos. Isso se tornou evidente no relato que uma das cuidadoras de idosos que entrevistei em Antequera fez sobre o fim do seu casamento:

> Conheci o Espanhol no bar. Era bonitão... Depois, quando fomos viver juntos, ele quedou sem trabalho e aí saía muito para a rua e ficava falando com um, com outro, e aqui tem muito problema de estrangeiros... As romenas, as mouras, que querem nada mais que sacar dinheiro, sabe? Ou tem interesse, dos papéis... [Mas] eu não precisava... Tinha papéis, tinha trabalho. Eu separei por isso... Los dos años que estuve con él no miré otro hombre, lo respeté... [Mas ele] foi ficando encucado... Eu chegava em casa, trabalhava em dois trabalhos. Ele não falava mais comigo...

Considerações finais

Neste capítulo, mostrei como a intersecção entre gênero, nacionalidade/etnicidade, "cor" e posição social, a qual destina brasileiras originárias de camadas médias baixas a nichos ocupacionais tidos como de pouca qualificação na Espanha, também lhes possibilitou margens de agência. A sexualização e a racialização que marcam a brasilidade nesse contexto migratório foram por elas ressignificadas, mediante a corporificação de qualidades que resultaram vantajosas para as trabalhadoras sexuais. No entanto, essas interseções não deixam de expressar o lugar subalternizado ocupado por essas mulheres. Esse lugar evidenciou-se particularmente no âmbito das relações amorosas e conjugais, no qual afeta tanto brasileiras que ofereceram serviços sexuais como aquelas que desempenharam outras atividades no setor de cuidados.

REFERÊNCIAS BIBLIOGRÁFICAS

BATAILLE, G. *El erotismo*. Buenos Aires, Tusquet, 2006 [1957].

BERNSTEIN, E. *Temporarily Yours*: Intimacy, Authenticity and the Commerce of Sex. Chicago, University of Chicago Press, 2007.

CARSTEN, J. (org.). *Cultures of Relatedness*: New Approaches to the Study of Kinship. Cambridge, Cambridge University Press, 2000.

CECRIA. *Relatório nacional*: pesquisa sobre tráfico de mulheres, crianças e adolescentes para fins de exploração sexual comercial. Brasília, Centro de Referência, Estudos e Ações sobre Crianças e Adolescentes, 2002. (mimeo.)

DAS, V.; ELLEN, J.; LEONARD, L. On the Modalities of the Domestic. *Home Cultures*, v. 5, n. 3, 2008. p. 349-72.

FONSECA, C. A morte de um gigolô: fronteiras da transgressão e sexualidade nos dias atuais. In: PISCITELLI, A.; GREGORI, M. F.; CARRARA, S. *Sexualidade e saberes, convenções, fronteira*. Rio de Janeiro, Garamond, 2003.

GOODELLOW, A.; MULLA, S. Compelling Intimacies: Domesticity, Sexuality, and Agency. *Home Cultures*, v. 5, n. 3, 2008. p. 257-69.

LEONINI, L. *Sesso in Acquisto*: una ricerca sui clienti della prostituzione. Milão, Unicopli, 1999.

MAHMOOD, S. Feminist Theory, Embodiment, and the Docile Agent: Some Reflections on the Egyptian Islamic Revival. *Cultural Anthropology*, v. 16, n. 2, 2001. p. 202-23.

MARCUS, G. Ethnography in/of the World System: The Emergence of Multi-Sited Ethnography. *Annual Review of Anthropology*, v. 24, 1995. p. 95-117

MILLER, D. *Material Culture and Mass Consumption*. Oxford, Basil Blackwell, 1987.

PARREÑAS, R. O trabalho do *care* das acompanhantes Filipinas em Tóquio. In: HIRATA, H.; GUIMARÃES, N. A. *Cuidados e cuidadoras*: as várias faces do trabalho do *care*. São Paulo, Atlas, 2012.

PISCITELLI, A. *Trânsitos*: brasileiras nos mercados transnacionais do sexo. Rio de Janeiro, Eduerj/Clam, 2013.

PONS, I. *Condicions de treball en la nova indústria de la prostitució*: els clubs d'alterne. Barcelona, Universitat de Barcelona, 2003. (mimeo.)

SOLANA RUIZ, J. L. *Prostitución, tráfico e inmigración de mujeres*: ayuntamiento de Córdoba, area de mujer, juventud y empleo. Granada, Comares, 2003.

STRATHERN, M. *After Nature*: English Kinship in the Late Twentieth Century. Cambridge, Cambridge University Press, 1992.

TAMBE, A. Brothels as Families: Reflections on the History of Bombay's Kothas. *International Feminist Journal of Politics*, v. 8, n. 2, 2006. p. 219-42.

ZELIZER, V. *La negociación de la intimidad*. Buenos Aires, Fondo de Cultura Económica, 2009 [2005].

PARTE II

MEDIR AS DESIGUALDADES

5

COMO CONTAR O TRABALHO DAS MULHERES?

França, 1901-2011

Margaret Maruani
Monique Meron

Quantas são as mulheres que trabalham, aqui e agora, outrora e alhures? Uma pergunta simples, simplista? Na verdade, não: trata-se de uma questão fundamental, complexa e heurística.

Isso porque as mulheres sempre trabalharam, sempre e em toda parte, mas esse trabalho não é necessariamente visível e reconhecido. É o que muito bem lembra Michelle Perrot: as mulheres sempre foram muito ativas, mas desde quando elas passaram a ser remuneradas?

Em toda parte, é pertinente a questão da visibilidade do labor feminino. E essa questão é tanto mais aguda quanto maior for o setor informal. Como identificar esse trabalho? Como contabilizá-lo? Ele é remunerado?

Essas indagações são bem conhecidas no Brasil e na América do Sul. Como em muitos países, as mulheres realizam grande parte das atividades agrícolas (cf. Maruani, 2013). Todavia, esse trabalho nem sempre é reconhecido como tal, nem remunerado.

Muitas vezes, o assalariamento constitui a linha divisória entre empregos visíveis, identificáveis, pagos, e trabalhos informais, ocultos na penumbra das atividades domésticas ou agrícolas, que nem sempre são pagas. O assalariamento torna a atividade laboral das mulheres visível e quantificável – embora nessa área os números sejam sempre questionáveis. A porosidade das fronteiras entre emprego, desemprego e inatividade, a qual podemos observar todos os dias na Europa, é ainda mais acentuada quando nos dirigimos à África, Índia ou América do Sul, onde o trabalho informal é abundante. As análises das questões da formalidade ou informalidade do trabalho são absolutamente centrais, embora se realizem de diferentes maneiras, dependendo da latitude.

A questão da visibilidade da atividade feminina coloca-se tanto no tempo como no espaço. Neste texto ela será abordada a partir de uma pesquisa centrada em um século de trabalho das mulheres na França (Maruani e Meron, 2012).

Contabilizar e contar a atividade das mulheres na França

Contabilizar o número de mulheres trabalhando na França do século XX, bem como contar a história desses números: tal foi a ambição da longa pesquisa que realizamos, através da qual esquadrinhamos os labirintos das publicações estatísticas. Impulsionadas por nosso duplo olhar (sociológico e estatístico), reunimos – pela primeira vez – as estatísticas do trabalho, do emprego e do desemprego das mulheres na França, recobrindo o período compreendido entre 1901 e 2011. Moveu-nos a vontade de responder a algumas interrogações elementares e recorrentes, conquanto embaraçosas: as mulheres trabalham muito mais em 2010 do que em 1950, 1920 ou 1901? A descontinuidade das trajetórias profissionais das mulheres tem raízes na história? Como evoluiu a divisão social do trabalho entre homens e mulheres?

Decifrando sociologicamente a evolução das estatísticas e de suas definições ao longo dos anos e dos censos populacionais, nossa pesquisa mostrou como o trabalho das mulheres na França muito frequentemente desperta dúvidas: mal calculado, não calculado e às vezes recalculado, produzindo ilusões de óptica devidas a modificações das fronteiras estatísticas. Isso também nos permitiu levantar a questão da visibilidade do trabalho das mulheres. Quais formas de emprego não foram medidas, e quando, e por quê? Onde se localizam os limites entre o emprego identificável e o trabalho informal? Entre a esposa do agricultor e a agricultora, qual é a diferença? Entre a criada que faz de tudo e a empregada doméstica? Entre a mulher do médico e a secretária médica? Como elas foram, ao longo dos anos, registradas, omitidas ou recalculadas, apagadas ou reconhecidas?

Quando tomamos em conta as mulheres, o que se qualifica como atividade, ou como trabalho, ou como emprego? Como se contabiliza o labor das mulheres?

Os números são políticos. Sabemos disso pela taxa de desemprego ou pelo índice de preços. Seria a mesma coisa em relação ao trabalho das mulheres? É isso o que vimos nesta pesquisa.

Cada sociedade, cada época, cada cultura produz suas formas de trabalho feminino, bem como secreta suas imagens e representações. E os números participam muito ativamente dessa construção social. Nós os dissecamos, longa e profundamente, com dois objetivos: recontar o trabalho das mulheres no século XX na França e, ao mesmo tempo, decifrar a forma por meio da qual o mesmo foi contabilizado.

Buscamos encontrar os números e as lógicas que regiam as definições de cada época, de maneira a compreender, por meio das estatísticas e dos perímetros sucessivos da atividade, as narrativas e códigos sociais que delimitam as fronteiras daquilo que chamamos de trabalho das mulheres.

Os dados utilizados provieram dos censos populacionais realizados na França pelo serviço que veio a se tornar o Instituto Nacional de Estatística e Estudos Econômicos (Institut National de la Statistique et des Études Économiques – Insee). Eles foram realizados a cada cinco anos entre 1901 e 1946 (exceto 1916 e 1941) e passaram, em seguida, a ter um ritmo mais irregular (1954, 1962, 1968, 1975, 1982, 1990, 1999, 2008, média dos recenseamentos de 2006 a 2010). As Pesquisas de Emprego (Enquêtes Emploi), realizadas desde os anos 1950, foram utilizadas para completar esse período.

Encontrar os números brutos, decifrá-los e interrogar-se como e por que seu significado varia no tempo; auscultar a arte e a maneira de produzir as estatísticas: este era o nosso objetivo.

TABELA 1. POPULAÇÃO ATIVA NA FRANÇA DE 1901 A 2008 (EM MILHÕES DE PESSOAS)

	Homens	Mulheres	Total	Participação feminina na população ativa (%)
1901	12,91	6,8	19,71	34,5
1906	13,03	7,69	20,72	37,1
1911	13,21	7,72	20,93	36,9
1921 (87 departementos)	12,53	8,31	20,84	39,9
1921 (90 departementos)	13,11	8,61	21,72	39,6
1926	13,56	7,84	21,39	36,7
1931	13,71	7,9	21,61	36,6
1936	12,94	7,32	20,26	36,1
1946	12,67	7,85	20,52	38,3
1954 (conceito 1946)	12,74	7,61	20,35	37,4
1954 (conceito 1954)	12,71*	6,64	19,35	34,3
1962	13,17	6,59	19,76	33,4
1968	13,55	7,14	20,69	34,5
1975	13,97	8,25	22,22	37,1
1982	14,25	9,63	23,88	40,3
1990	14,23	11,04	25,28	43,7
1999	14,38	12,18	26,55	45,9
2008**	15,25	13,92	29,16	47,6

Fonte: Censos populacionais da França entre 1901 e 2008 (Maruani e Meron, 2012).

Universo de referência: População ativa ocupada mais população desempregada, incluindo os jovens em serviço militar, na França metropolitana.

* Recalculado com a soma dos jovens em serviço militar (o que induz a algumas contagens duplas, visto que aqueles em serviço militar podiam já ter sido contados em sua antiga profissão).

** Os censos do século XXI resultam de cinco anos de pesquisas. Portanto, o que se chama de Censo 2008 é na verdade uma compilação ponderada de dados de 2006 a 2010.

No fim das contas, quantas são as mulheres ativas?

Em 1901, a população ativa da França contava, em números redondos, 7 milhões de mulheres e 13 milhões de homens; em 2008, o número de mulheres no mercado de trabalho era duas vezes mais elevado (14 milhões) e o de homens aumentou pouco (15 milhões). O aumento das mulheres foi um tsunami, enquanto o dos homens foi uma marolinha.

As paisagens da atividade

Contornos difusos e instáveis

A dificuldade em delimitar o que se contabiliza e se denomina como "trabalho", para as mulheres, é um *leitmotiv* nos censos de outrora. "A classificação das mulheres é muitas vezes uma questão de interpretação", "não temos um critério preciso para a classificação das mulheres..." são exemplos de afirmações encontradas nas publicações relativas ao recenseamento da população do início do século XX. Nosso intuito foi o de identificar a evolução dessas "interpretações" e tentar compreendê-las. Isso porque aos problemas de legibilidade dos números somam-se as interrogações sobre a visibilidade do trabalho das mulheres. Onde se demarcava a fronteira entre o emprego identificável e o trabalho informal? Como as mulheres foram, ao longo dos anos, recenseadas, omitidas ou recalculadas, apagadas ou reconhecidas?

Sobre as mulheres, sempre pesa a vil suspeita da inatividade: uma camponesa, no campo, está trabalhando ou apreciando a paisagem? Uma trabalhadora demitida é uma mulher desempregada ou uma mulher que "voltou para o lar"? Essas questões recorrentes e angustiantes, reservadas apenas às mulheres, revelam o contraste entre a evidência do trabalho masculino e a contingência do trabalho feminino.

O fato de declarar ou não uma atividade remunerada ou uma profissão, de distinguir a função social de trabalhar e de ter um emprego, um ofício, outras funções mais domésticas ou estritamente familiares, isto é, afirmar-se como membro de uma sociedade econômica, é um ato sintomático das representações da época sobre o trabalho e o papel das mulheres na sociedade.

Observando como se constroem ao longo dos anos as estatísticas da atividade profissional das mulheres, podemos contar um pouco a história de seu estatuto. Pois o trabalho feminino é um fio condutor para ler o lugar das mulheres na sociedade, em todas as sociedades contemporâneas. Nesse sentido, a delimitação das fronteiras do trabalho das mulheres é uma questão eminentemente política.

A queda da atividade feminina na primeira metade do século XX: uma ilusão de óptica estatística

Há muito mais mulheres ativas em 2010 do que havia em 1950, 1920 ou 1901? Quais inflexões pontuam a história de sua atividade profissional?

A primeira constatação é o peso indiscutível da atividade profissional das mulheres no funcionamento econômico, sua notável consistência, a despeito das crises e recessões, para além dos períodos de guerra e pós-guerra. Nunca menos de um terço, e por fim quase metade da população ativa: esta é a participação das mulheres no mundo profissional do século XX na França.

GRÁFICO 1. PARTICIPAÇÃO DAS MULHERES NA POPULAÇÃO ATIVA NA FRANÇA DE 1901 A 2008

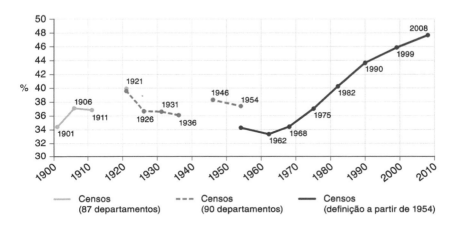

Fonte: Censos populacionais da França entre 1901 e 2008 (Maruani e Meron, 2012).
Universo de referência: França metropolitana (87, depois 90 departamentos, em 1921).

As guerras aumentaram momentaneamente a atividade das mulheres, pois elas em parte substituíram os homens durante sua ausência e, em seguida, as perdas do lado masculino desequilibraram o conjunto da população. Mas, para além dos períodos de reconstrução, as tendências mais importantes não parecem duramente afetadas por essas mudanças.

Quanto às crises econômicas, elas afetam tanto o emprego das mulheres como o dos homens, embora nem sempre no mesmo ritmo conjuntural – nem da mesma forma.

Mas comparar as análises do passado às mais recentes permite detectar algumas "ilusões de óptica estatísticas", devidas à reconstrução dos dados a fim de apagar as mudanças de definição.

A história normalmente contada sobre o trabalho das mulheres no século XX na França menciona uma tendência de redução de sua atividade profissional entre 1901 e 1962. Esse tema foi amplamente tratado por historiadores/as e sociólogos/as. Mas, se considerarmos as mudanças na definição da atividade agrícola, parece claro que não houve, durante a primeira metade do século, uma tendência geral de redução da atividade feminina: a famosa tendência à retração da atividade feminina entre 1901 e 1962 é simplesmente o produto de uma ilusão de óptica estatística causada por uma mudança de definição.

O que aconteceu? No início do século XX, todos os adultos (de catorze a setenta anos) que viviam com um agricultor e não tinham outra ocupação declarada eram também considerados agricultores. Tais adultos eram essencialmente as suas esposas.

Em 1954, decidiu-se passar a contabilizar na agricultura somente as pessoas que declaravam explicitamente exercer essa profissão. Muitas mulheres foram subitamente consideradas inativas, ao passo que até então o normal era o oposto. Portanto, de repente, a camponesa foi transformada em uma esposa de agricultor, "inativa", que fica apreciando as vacas enquanto lava a louça.

A mudança na definição ocorrida em 1954 subtraiu da população ativa, de um só golpe, nada menos que 1,2 milhão de pessoas – dentre elas, quase 1 milhão de mulheres. Lembremos que, na época, havia um forte declínio da agricultura – e os debates sobre o papel das mulheres na sociedade antepunham, por um lado, os partidários das mães dedicadas ao ensino das crianças e, por outro, os que pregavam a necessidade de uma mão de obra complementar.

Essa fratura teve grande peso na difusão de uma lenda: a tendência de baixa da atividade feminina no início do século XX.

Assim, de 1901 até 1954 o trabalho das mulheres foi recalculado a partir dessa nova definição. Isso significa que se recalculou para baixo o trabalho das mulheres durante toda a primeira metade do século XX. Na história do trabalho no século XX na França, esse é um "evento" absolutamente essencial a se conhecer.

Desse modo, o aumento da atividade feminina observado a partir dos anos 1960 tem um ponto de partida artificialmente baixo. O famoso crescimento da atividade feminina, que se persegue atualmente, parece assim reforçado. A isso se soma o fato de que, desde o início do século XXI, as taxas de emprego estão superdimensionadas. As estatísticas, hoje, estão concentradas na exigência de crescimento da taxa de emprego a qualquer custo: basta uma hora de trabalho remunerado na semana para que se contabilize o estudante, o desempregado ou o aposentado entre as pessoas que têm "emprego" – por aí passam as metas europeias.

De volta a algumas "especificidades" do trabalho das mulheres

O nível de atividade das mulheres é tradicionalmente menor que o dos homens. Além disso, muitas vezes se fala na "descontinuidade" de suas trajetórias profissionais. Parar de trabalhar alguns anos ou mais quando os filhos nascem foi uma particularidade da atividade feminina que a tornou "específica" e, por isso mesmo, vulnerável à discriminação. Outras especificidades – algumas formas de emprego, como as de tempo parcial; a precariedade; o subemprego; o desemprego – são mais frequentes na atividade das mulheres.

A descontinuidade das trajetórias da atividade feminina: um parêntesis

Quando observamos o século XX como um conjunto, vemos um crescimento notável da atividade das mulheres em idade para ter e criar filhos (25 a 49 anos).

A homogeneização dos comportamentos das taxas de atividade masculinas e femininas é um fato marcante que se desenha ao longo das curvas de atividade por sexo e idade, ao longo desse século. Essas curvas mostram uma espetacular "retomada" da atividade das mulheres de 25 a 49 anos em relação à dos homens, retomada que se iniciou nos anos 1960 e continua até hoje. A taxa de atividade das mulheres em idade para ter e criar filhos aumentou de 42% em 1962 para 85% em 2010.

GRÁFICO 2. EVOLUÇÃO DAS TAXAS DE ATIVIDADE NA FRANÇA, POR SEXO E IDADE (25 A 49 ANOS)

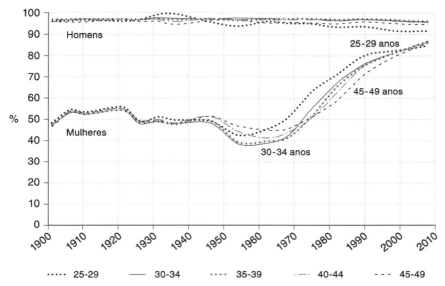

Fonte: Censos populacionais da França entre 1901 e 2008 (Maruani e Meron, 2012).
Universo de referência: França metropolitana (87, depois 90 departamentos, em 1921).

Daí a pergunta: a interrupção da atividade das mulheres é uma "tradição", e de quando dataria essa "tradição"? Desde toda a eternidade, supunha-se. Mas não é assim, em absoluto. Na verdade, contrariamente ao que se pensava, essa não é uma longa tendência. Nossos números revelam um aspecto muito pouco conhecido da história da atividade feminina: as trajetórias profissionais das mulheres eram muito mais descontínuas entre 1946 e 1968 do que no início do século XX, portanto, seus comportamentos eram particularmente "específicos" nessa época. Porém, não se tratava de uma "tradição", mas de um parêntesis.

Esse intervalo constitui o pós-Segunda Guerra e corresponde ao *baby boom*, período em que a fecundidade foi particularmente alta na França, e a ideologia da dona de casa floresceu.

Esse entendimento seria perfeito não fosse um detalhe: para além das constatações sobre as interrupções do trabalho das mulheres quando nascem seus filhos, há uma questão fundamental: a atividade feminina será realmente tão dependente de sua vida familiar? Parece que não, ou pelo menos não é algo tão simples como estamos acostumados a ouvir, e nem sempre foi assim...

A escassez de empregos é o inimigo da autonomia econômica das mulheres

No que tange à escassez de emprego, desemprego, subemprego e trabalho em tempo parcial, estes foram fenômenos que existiram ao longo de todo o século XX, mas com nomes, designações e definições muito diversas. Aqui, e de forma ainda mais aguda do que para a atividade e o emprego, a questão da identificação é crucial, e a reconstrução estatística é ainda mais problemática. Com respeito a todos esses fenômenos é impossível elaborar um quadro exaustivo sobre o século XX. Eles têm pelo menos um ponto em comum: sua quantificação é incerta, polêmica e política.

GRÁFICO 3. TAXAS DE DESEMPREGO POR SEXO NA FRANÇA DE 1975 A 2012

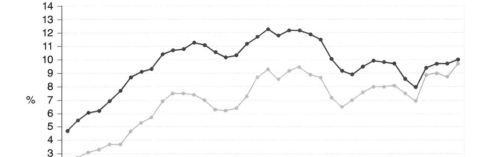

Fontes: Insee, Pesquisas de Emprego (Enquêtes Emploi), corrigidas as descontinuidades de séries.
Universo de referência: Homens e mulheres a partir de quinze anos, França metropolitana.

Desse ponto de vista, no que concerne ao subemprego e ao trabalho em tempo parcial, as coisas são simples: desde que esses fenômenos são recenseados, está claro que eles dizem respeito, essencialmente, à mulher – 30% das mulheres e 7% dos homens empregados em 2010 têm um emprego em tempo parcial, e essas proporções praticamente não mudaram ao longo de quinze anos. Na história do século XX, o trabalho em tempo parcial coloca um problema particular: construiu-se uma forma de emprego especificamente feminina que vem contrariar a tendência à homogeneização dos comportamentos das taxas de atividade masculinas e femininas observada a partir dos anos 1960. Ele foi criado para elas – de certa forma, "sob medida". Mas daí a dizer que ele é conveniente para as mulheres é outra história. Para muitas mulheres, o trabalho em tempo parcial – nunca é demais dizer – é uma verdadeira regressão social. Ele é o motor da pobreza laboriosa e da pauperização de todo um segmento das classes trabalhadoras populares: vendedoras, caixas, faxineiras, operárias em tempo parcial etc. Muitas mulheres submetem-se a ele unicamente por falta de coisa melhor. Além disso, os números de desemprego são um bom indicador do estado da "questão social". E os números relativos às mulheres são particularmente delicados, incertos e frágeis: a sombra da inatividade ainda paira sobre a privação de emprego. Entre uma mulher desempregada e uma dona de casa, as fronteiras estatísticas são às vezes muito porosas.

Se observarmos o fenômeno desde 1975, o "sobredesemprego" feminino aparece durante todo o período observado, embora as curvas tenham se aproximado nos últimos anos.

Ofícios de outrora, profissões de hoje: as errâncias da mixidade

Como os ofícios foram divididos entre homens e mulheres ao longo do tempo? E como compará-los? Qual a relação entre a trabalhadora de 1901 e a de hoje? Entre a secretária datilógrafa e a da era digital? Os exemplos são inúmeros. O conteúdo dos empregos mudou, e sua distribuição não é, obviamente, a mesma. As inevitáveis mudanças nas classificações estatísticas e na forma de fazer a contabilização tornam difícil olhar o século por meio dos números produzidos com respeito a setores e posições profissionais.

Uma cartografia do sexo dos ofícios e de sua evolução mostra, no entanto, que a história das profissões e dos empregos não é a mesma para homens e mulheres: o declínio da agricultura não se deu no mesmo ritmo para ambos; a classe trabalhadora sempre foi mais masculina; a terciarização dos empregos foi mais rápida e maior para as mulheres.

No passado, elas estavam mais presentes na indústria. Os ofícios das mulheres eram muito precisamente nomeados no início do século, altamente especializados, sobretudo no vestuário. A expansão do setor terciário tornou mais difusas as classificações dos ofícios femininos.

Em 1901, a cada dez mulheres, quatro estavam na agricultura, três na indústria (sendo duas na indústria têxtil), uma no comércio, uma nos serviços domésticos.

Em 2008, a cada dez mulheres, quatro estão no comércio ou no transporte, quatro na administração, saúde, educação ou assistência social, uma na indústria, tendo a agricultora se tornado muito rara (1%).

Comparando, segmento por segmento, as "seções profissionais", os setores, as profissões das mulheres e dos homens, apreendemos algumas grandes tendências, desde a década de 1980:

- a participação das mulheres diminuiu entre os grupos de agricultores, artesãos e comerciantes, cuja participação no emprego diminuiu;
- ela aumentou entre as ocupações de nível superior e as profissões intermediárias, cuja participação no emprego cresceu;
- ela é constante entre os operários, cuja participação no emprego diminuiu;
- ela se tornou muito forte entre os trabalhadores assalariados não manuais, cuja participação aumentou explosivamente.

Na verdade, as mulheres estão na vanguarda das transformações econômicas; elas se beneficiaram amplamente com a expansão do trabalho assalariado e dos empregos terciários. A despeito dos problemas de nomenclatura, ao longo de todo o século XX observam-se ao mesmo tempo regularidades, recorrências e rupturas. A permanência reside na manutenção de inextirpáveis bastiões masculinos e femininos: muito poucas mulheres em canteiros de obras, quase nenhum homem em creches ou serviços particulares de assistência pessoal ou trabalho doméstico. Nesse ponto, a constância é tanto masculina como feminina. Podemos continuar dizendo que o mundo do trabalho não é misto porque as mulheres não se interessam pela técnica, mas esquecemos de dizer que os homens não se interessam pelas profissões de limpeza, cuidado das crianças e dos idosos, que o cuidado realmente não é o negócio deles! As rupturas aparecem no âmbito das categorias de maior nível educacional, no qual vemos profissões qualificadas, outrora hegemonicamente masculinas, tornarem-se femininas sem se desvalorizar.

Quando se trata de mixidade, as coisas evoluem de modo diverso nas diferentes classes sociais: embora esteja em progresso nas profissões superiores, ela entra em pane quando se trata dos trabalhadores manuais. Essa dualidade entre bastiões altamente sexuados e ofícios mistos também está ligada à qualificação e à idade: as profissões em processo de feminização voltam-se, em média, a um público mais jovem e mais qualificado. Quando se trata de mixidade, a dificuldade está em toda parte, mas talvez nem tudo esteja dado.

Alguns elementos de conclusão

A qualificação das mulheres

A qualificação das mulheres favoreceu o acesso à mixidade nos empregos de nível superior: podemos tomar o exemplo dos médicos/as, advogados/as, juízes/as – profissões muito masculinas há pouco, que se tornaram majoritariamente femininas entre os jovens. Embora o teto de vidro ainda seja uma realidade.

O assalariamento é o tempo da visibilidade

No início do século XX, a maioria das mulheres trabalhava em casa. Elas eram agricultoras, "trabalhadoras por conta própria", costureiras pagas por tarefa... No século XXI, a quase totalidade das mulheres é assalariada e sai de casa para trabalhar. A aceleração desse processo de assalariamento data do início dos anos 1960. Aos poucos, as mulheres alcançaram os homens e, em 1975, passaram a ser, pela primeira vez na história do trabalho, proporcionalmente mais assalariadas que os homens.

Com a difusão do trabalho assalariado, sua atividade profissional passa a ser visível e autônoma, desligada de sua situação familiar. As mulheres assalariadas trabalham e ganham a vida, independentemente de sua situação familiar e da profissão de seu cônjuge. O assalariamento estabelece uma ruptura entre estatuto profissional e estatuto familiar, e sua extensão é de grande importância na autonomia das mulheres.

O que significa contabilizar?

Esta pesquisa sobre as estatísticas do trabalho feminino mostra toda a extensão, magnitude e constância da atividade feminina durante o século XX. Nosso intuito era dar uma resposta sociológica e estatística à interferência ideológica que, de maneira recorrente, oculta a importância do trabalho profissional das mulheres, minimiza o peso de sua contribuição para a atividade econômica da França – desvaloriza, portanto, seu estatuto na sociedade.

No mundo do trabalho, as mulheres são tudo menos uma "minoria". A contribuição de sua força de trabalho sempre foi maciça e indispensável. Seu trabalho nunca constituiu um acessório para a sociedade, assim como seu salário não é um reforço para suas famílias. Essa viagem pelos meandros da estatística mostra que, apesar das crises e recessões, para além dos períodos de guerra e pós-guerra, as mulheres realmente trabalharam muito na França em todos os períodos do século XX. Mas seu trabalho sempre provocou dúvida – isso que elas fazem é trabalho?

De fato, ao longo de todo o século XX, seu labor foi recalculado, renivelado, redefinido. E isso coloca toda a questão da visibilidade do trabalho das mulheres. Reconhecer uma atividade como trabalho profissional ou, ao contrário, relegá-la à sombra da inatividade é uma decisão política, até ideológica, para além de uma opção estatística. Falar ou não falar do peso do trabalho das mulheres no funcionamento da sociedade é uma escolha cheia de significados e consequências.

REFERÊNCIAS BIBLIOGRÁFICAS

MARUANI, M. (org.). *Travail et genre dans le monde*: l'état des savoirs. Paris, La Découverte, 2013.

MARUANI, M.; MERON, M. *Un siècle de travail des femmes en France, 1901-2011*. Paris, La Découverte, 2012.

6

MERCANTILIZAÇÃO NO FEMININO
A visibilidade do trabalho das mulheres no Brasil

Nadya Araujo Guimarães
Murillo Marschner Alves de Brito

Nas mais diferentes sociedades, as estatísticas sobre emprego têm documentado, nas últimas décadas, a história do engajamento crescente das mulheres. No Brasil, ele foi especialmente célere no curto espaço dos últimos cinquenta anos, inscrevendo-se num movimento mais amplo de mercantilização do trabalho, pelo qual a parcela majoritária dos indivíduos passou a recorrer ao mercado e à venda do seu trabalho como forma de sobrevivência. Mas esse é um movimento que se declina no feminino. Entendê-lo, sob diferentes prismas, será o nosso objetivo.

Começaremos, na primeira seção, por observar, à luz dos cinco inquéritos censitários promovidos no Brasil entre 1960 e 2010, como cresceu a fração daqueles que buscavam engajar-se no mercado de trabalho (fosse como ocupados, fosse como desempregados) diante do total daqueles que eram socialmente considerados aptos, por sua idade, para isso.

Na segunda seção, vamos nos deter no modo pelo qual tal processo de mercantilização foi apreendido. Mostraremos como coube aos estudos sociodemográficos e em especial à literatura feminista chamar a atenção para a dimensão de gênero que dá sentido a esse processo.

72 Gênero e trabalho no Brasil e na França

Por fim, na terceira seção, veremos como essas transformações (na estrutura do mercado e na forma de percebê-la) foram responsáveis por uma progressiva atualização do modo de mensurar o engajamento no trabalho nas estatísticas censitárias e, ainda, como sucessivas modificações, de um censo a outro, tornaram mais (ou menos) visível o engajamento das mulheres no trabalho.

Mercado e mercantilização do trabalho no Brasil (1960-2010)[1]

No Brasil, até o fim dos anos 1960, a maioria dos indivíduos em idade para trabalhar obtinha sua sobrevivência *sem* recurso à mercantilização do trabalho. Passados cinquenta anos, esse quadro se reverteu: seis em cada dez brasileiros estavam premidos a engajar-se na atividade econômica para viver em 2010 (Guimarães, Barone e Alves de Brito, 2015). Mas foi *apenas a partir dos anos 1980* que mais da metade daqueles em idade de trabalhar (oferta potencial) passou a se engajar no mercado de trabalho, fosse como ocupados, fosse como desempregados (oferta efetiva de trabalho).

Esse movimento médio, conquanto importante, esconde uma notável característica: a mercantilização é um processo que se declina no feminino. À luz dos dados censitários brasileiros, vemos que meio século atrás o mercado de trabalho era um domínio dos homens; atualmente, deixou de ser assim. Em 1960, quase oito em cada dez homens aptos a trabalhar ali buscavam os meios de sobreviver, contra menos de duas em cada dez mulheres. Nesses cinquenta anos, a incorporação feminina à população economicamente ativa (PEA) quase quadruplicou (a taxa de atividade feminina alcançou 0,52). Distinto foi o padrão de engajamento dos homens: elevado já no início do período (taxa de atividade de 0,77), declinou nas duas últimas décadas (0,70 em 2010). A convergência entre o engajamento de homens e de mulheres sustentou-se num movimento impulsionado pela célere mercantilização do trabalho *delas*.

A comparação com outros países revela a especial velocidade com que esse processo ocorreu no Brasil (Gráfico 1). Conforme dados da Organização Internacional do Trabalho (OIT) para o mesmo período, na França, por exemplo, a incorporação feminina passou de 0,42 para 0,66, e nos Estados Unidos, de 0,39 para 0,68. Ou seja, nesses dois países, os patamares iniciais já eram sensivelmente mais elevados, mas os pontos de chegada mostram-se próximos aos observados no Brasil. Mesmo na Argentina, país de industrialização tardia como a brasileira, o engajamento feminino já alcançava 0,24 em 1960, chegando a 0,53 (quase igual ao patamar do Brasil) nesses mesmos cinquenta anos.

---

[1] Para um tratamento estatístico mais extenso das evidências apresentadas nesta seção, ver Guimarães, Barone e Alves de Brito (2015).

GRÁFICO 1. TAXAS DE PARTICIPAÇÃO POR GRUPOS DE SEXO EM PAÍSES SELECIONADOS (1960 A 2010)

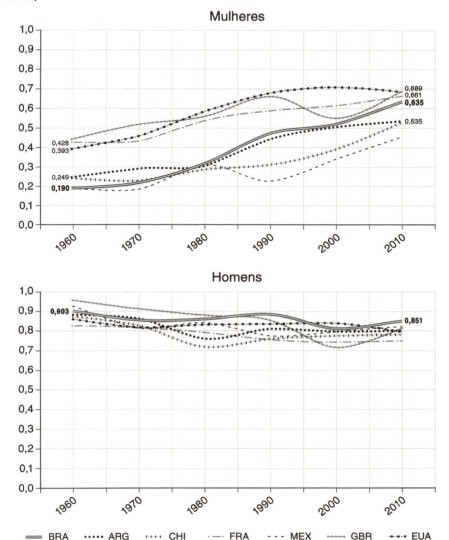

Fonte: Ilostat, s/d.

Esse processo de mercantilização no feminino se expressa, no Brasil, de modo distinto entre grupos de raça. Brancos têm uma propensão mais elevada ao engajamento no mercado do que os não brancos, sejam homens ou mulheres. As tendências, novamente, variam no curso do tempo. Assim, se é certo que o engajamento masculino declina, o modo pelo qual esta redução ocorre se diferencia entre grupos de idade: homens, especialmente os negros, tendem a acentuar o formato (em "U" invertido) da sua curva de atividade, pelas mudanças que ocorrem nas idades-limite, isto é, inserindo-se mais tarde e retirando-se mais cedo da atividade econômica (Gráfico 2).

GRÁFICO 2. TAXAS DE ATIVIDADE SEGUNDO SEXO E COR (BRASIL, 1960-2010)

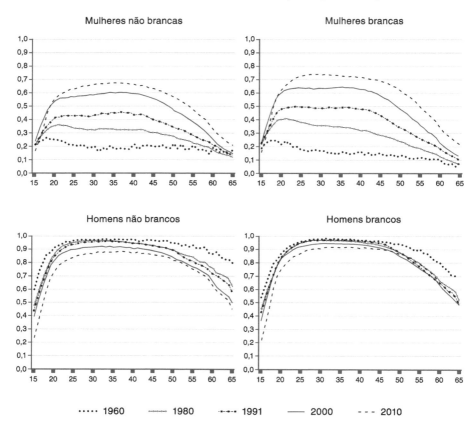

Fonte: IBGE, 2010. Tabulações especiais produzidas pela equipe do Centro de Estudos da Metrópole (CEM).
* A ausência do quesito "cor" para o Censo de 1970 impediu a inclusão desse ano.

Entre as mulheres, a notável expansão do engajamento resulta de um movimento contrário. O aumento das taxas de atividade de brancas e não brancas ocorre justamente nas idades reprodutivas, tornando as curvas (em "U" invertido) crescentemente similares às masculinas a partir dos anos 1990. Esse crescimento, mais pujante entre as mulheres brancas, não deixa de ser significativo também entre as não brancas, acelerando-se nas duas últimas décadas (Gráfico 2).

Ademais, à medida que se consolida a mercantilização do trabalho, mudam as relações de emprego no Brasil. Por um lado, cresce o peso do assalariamento (expresso no avanço da condição de "empregado"), que desde os anos 1980 passa a abarcar a maioria dos ocupados; por outro, reduz-se a importância dos trabalhadores por "conta própria" e, em especial, dos trabalhadores familiares não remunerados.

A partir das evidências reunidas nesta primeira seção, o nosso próximo passo será observar como tais mudanças foram percebidas por intérpretes que focalizaram o processo de mercantilização do trabalho, destacando a sua dimensão de gênero.

O movimento de mercantilização à luz da agenda das intérpretes

O intenso movimento de mercantilização antes descrito pautou a agenda dos intérpretes, notadamente das feministas e estudiosas das relações de gênero, que desde cedo sublinharam o célere engajamento das mulheres, frisando as novas tendências no emprego feminino no Brasil (Abreu, Jorge e Sorj, 1994; Bruschini, 1998a; 1998b; Lavinas, 1997; 1998a; 1998b; entre outros).

Em primeiro lugar, elas ressaltaram o aumento persistente da taxa de atividade das mulheres. Bruschini (1998a), ao analisar dados da Pesquisa Nacional por Amostra de Domicílios (PNAD), observou que o engajamento feminino se ampliara de 36,9% para 53,4% entre 1985 e 1995, enquanto a taxa masculina pouco se alterara, passando de 76% para 78,3%. Como resultado, as mulheres elevaram em 63% a sua participação na PEA, crescimento que, em termos absolutos, importou no afluxo de 12 milhões de novas trabalhadoras em um período de apenas dez anos. Isso significou, conforme Lavinas (1997), um incremento da participação feminina na população ocupada da ordem de 3,8% ao ano. Tal movimento conviveu com mudanças importantes em outras dimensões, tais como o comportamento demográfico (com notável queda na fecundidade), os ganhos significativos de escolaridade e as transformações na regulação dos papéis sociais de gênero.

Segundo achado trazido à luz por essas autoras, um crescimento dessa monta dificilmente teria tido lugar sem que dele resultassem mudanças no perfil daquela que participava do mercado. De fato, até os anos 1970 a mulher brasileira que disputava posições no mundo do trabalho era majoritariamente jovem, solteira e sem filhos. Desde meados da década de 1990 ela tornou-se mais velha, casada e mãe. Vale dizer, o aumento na taxa de participação feminina passou a se ancorar no afluxo de mulheres em idades mais elevadas e/ou na tendência de que, ingressando mais jovens no mercado, dele não se retirassem quando do início da carreira reprodutiva. Como resultado, já em meados dos anos 1990, as curvas de participação feminina e masculina segundo idades haviam se tornado bem mais assemelhadas em seu formato, diferentes do que haviam sido nos anos 1980 (Lavinas, 1997), o que ficou patente nos dados que apresentamos na primeira seção.

Uma terceira importante novidade dizia respeito aos padrões de segregação ocupacional. Assim, embora persistisse para a grande maioria das mulheres a alocação preferencial em atividades ditas "femininas" (serviços pessoais, administração pública, saúde, ensino privado), verificavam-se ligeiras, conquanto sugestivas, mudanças (Lavinas, 1997). Por um lado, consolidava-se a feminização de certas atividades, como nos serviços comunitários e no que hoje denominamos atividades de cuidado. Por outro lado, mostravam-se bem-sucedidas incursões de mulheres em redutos de emprego de homens, como nos serviços de reparação ou nos serviços auxiliares, ramos em que dobrou a presença feminina entre 1985 e 1995, e nos serviços industriais de utilidade pública, nos quais elas passaram de 14% para 21% dos ocupados.

No âmbito das ocupações e grupos ocupacionais, Bruschini (1998a) notou que, entre 1985 e 1995, havia aumentado a participação feminina em todos os grupos ocupacionais, com a novidade de que, na administração, era importante o afluxo de mulheres a posições de chefia. E mesmo na indústria – e em setores tradicionais, como o têxtil – a redução no número de ocupadas andava de braços com um crescimento importante, da ordem de 62%, das mulheres mestres, contramestres e técnicas. Nos serviços, crescera também o número de mulheres na posição de proprietárias de estabelecimentos.

Por certo, tal literatura tinha em mente que traços como o crescimento das taxas de atividade, o novo perfil etário da mulher participante na força de trabalho e as transformações no padrão de mixidade em setores e ocupações eram tendências que também se verificavam em outros países. Mas se sabia que o novo cenário macroeconômico e micro-organizacional da atividade produtiva no Brasil dos anos 1990[2] conferia uma faceta específica tanto à intensidade com que essas novidades passaram a se exprimir como à sua natureza, combinando-se com as antigas desigualdades que diferenciavam as oportunidades entre homens e mulheres. Daí o ônus elevado pago pelas mulheres no curso do processo de reestruturação organizacional e de fechamento de oportunidades ocupacionais que teve lugar no Brasil naquela década.

Lavinas (1997) sugeriu a hipótese de que, diante da retração de oportunidades ocupacionais em condições de crescimento das taxas de atividade, não somente se ampliavam as taxas de desemprego feminino, como aumentava a competição entre sexos por postos de trabalho. Com isso, alteraram-se os padrões e processos que definiam a mixidade do contingente ocupado. Para a autora, "quando se contrai a oferta de emprego em atividades altamente segregadas por sexo, a resposta à entrada do sexo oposto não é sempre de maior abertura à mixidade" (Lavinas, 1997, p. 49-50). Que o diga a indústria de então, na qual a participação das mulheres retrocedeu de 12% em 1985 para 8% em 1995, gerando um movimento de crescimento negativo do emprego industrial feminino da ordem de 2,51% ao ano, contra a média anual de crescimento do emprego no setor, também negativa, mas bastante menor, de 1,85%. Tal tendência não se restringia a segmentos majoritariamente masculinos, como a indústria; também nos serviços de comunicação e na administração pública (como nos serviços de saúde e educação, em que oito em cada dez trabalhadores são mulheres) as taxas de crescimento do emprego total, entre 1990 e 1995, superaram as taxas de crescimento do emprego feminino.

A falta de trabalho tornara-se, assim, um grave problema para as mulheres brasileiras, crescentemente incluídas na população ativa. Conquanto o desemprego feminino houvesse apresentado taxas mais elevadas que o desemprego masculino, a partir dos

---

[2] Um cenário onde confluíam abertura da economia, estabilização monetária, mudanças no papel produtivo e regulador do estado, reestruturação organizacional nas empresas e cadeias produtivas, entre outros fatores.

anos 1990 a desocupação tornou-se muito mais forte entre as mulheres, cujas taxas de desemprego se dissociaram do padrão até então característico de homens e mulheres. Como as feministas interpretaram tal tendência? Para Lavinas (1998), por exemplo, o aumento do desemprego feminino articulava-se com pelo menos três outros fenômenos importantes. Em primeiro lugar, as mulheres apresentavam uma dinâmica de ingresso no mercado de trabalho diferente dos homens; em 1995, apenas metade das mulheres entre 25 e 65 anos trabalhava ou procurava trabalho nas áreas metropolitanas brasileiras; entre os homens, tal proporção era de cinco em cada seis (85%). Em segundo lugar, era maior a sazonalidade do desemprego das mulheres *vis-à-vis* a dos homens. Em terceiro lugar, a heterogeneidade da condição social diferenciava as mulheres, fazendo com que os riscos do desemprego fossem maiores para as mais pobres (e, via de regra, negras) e menos escolarizadas entre elas.

Não sem razão a maior exposição feminina a postos de trabalho precários foi, então, cuidadosamente esquadrinhada e fartamente documentada. Bruschini (1998a) chamou a atenção para o fato de que nada menos que 40% da força de trabalho feminina brasileira estava, em 1993, em posições ocupacionais que sugeriam a existência de trabalho precário; conforme dados para aquele ano, 17% delas eram domésticas (contra 0,8% dos homens), 13% não recebiam qualquer remuneração e 10% trabalhavam para consumo próprio.

Em suma, os estudos de gênero, com o vigor (não casual) com que se estabeleceram no Brasil dos anos 1980 e 1990, temperaram o ambiente intelectual, chamando a atenção para aspectos cruciais do movimento de "mercantilização no feminino" que tem lugar no mercado brasileiro de trabalho. Mas é preciso ter em mente que o debate feminista foi a um só tempo sujeito e consequência dessa crescente conscientização sobre as transformações nos padrões de engajamento no trabalho. Isso porque, se tal consciência foi talhada pelo debate feminista, que ganhava musculatura e ecoava na sociedade brasileira, o vigor das análises supunha a existência de dados. Ora, tal oferta era, ela mesma, um indicativo de como a percepção das mudanças em curso transformava as formas de medir e esculpia novas ferramentas estatísticas para bem capturá-las. Disso trataremos na próxima seção.

A mensuração do engajamento no trabalho nas estatísticas censitárias

A dinâmica e as peculiaridades do processo de mercantilização do trabalho no Brasil podem ser flagradas por um outro prisma, qual seja, o do modo como as categorias censitárias foram sendo atualizadas, reinventadas em sua métrica, para dar conta da nova realidade que se apresentava aos gestores. Para refletir nessa direção, tomamos os censos como fontes, mas num sentido especial. Deixamos de lado os números, os resultados da medida, de que tratamos na primeira seção, e nos detivemos nas definições conceituais, nas perguntas que as operacionalizavam (seu fraseamento, ordenação, estruturação das alternativas de resposta) e mesmo nas instruções aos pesquisadores em campo.

Inspirou-nos a reflexão pioneira de Paiva (1984), que acompanhou, para os Censos de 1940 a 1980, a alteração da conceituação e da enumeração da população

78 *Gênero e trabalho no Brasil e na França*

economicamente ativa. Constatamos, como Paiva, um movimento de crescente complexidade na mensuração da condição de trabalho dos indivíduos. Assim, aumenta o número de questões sobre trabalho e renda e sofisticam-se as formas de medir a atividade econômica.

Pode-se argumentar, e não sem razão, que nada há de excepcional em atualizar ferramentas de medição. Entretanto, algumas dessas mudanças são eloquentes por revelarem o intuito de melhor flagrar os fenômenos em sua transformação. Duas evidências são bastante sugestivas.

A primeira delas e talvez a mais significativa: altera-se o modo como os censos (re)definem a população economicamente ativa, ou seja, como contabilizam o contingente de indivíduos que comparecem ao mercado de trabalho em busca da sobrevivência, ali permanecendo, seja na condição de ocupados, seja na procura de trabalho. Com efeito, foi somente a partir de 1960 que os censos brasileiros passaram a contabilizar os economicamente ativos abarcando ocupados *e* desempregados. Em 1940, a compulsão a oferecer trabalho no mercado era tão baixa que o recenseamento sequer mediu o desemprego; em 1950, mesmo computando-se os desempregados, estes foram excluídos da PEA e somados aos inativos (aqueles sem trabalho e que tampouco procuravam obtê-lo). Isso revela, antes que um "erro de contagem"[3], quão desnecessário era medir o desemprego. Dada a baixa compulsão ao engajamento mercantil, o desemprego ainda não era um elemento estruturante da organização do mercado de trabalho.

A segunda evidência: ocorreu uma mudança significativa nas categorias-resposta relativas à mensuração de duas outras variáveis-chave, a "posição na ocupação" e a "procura de trabalho". A primeira permite acompanhar transformações nas relações sociais de emprego; a segunda documenta a importância do desemprego enquanto indicador da consolidação do movimento de mercantilização do trabalho. Apenas nos anos 1990, quando o desemprego surgiu como problema social, é que se instalou a urgência em medi-lo, de modo desde então crescentemente refinado. Por um lado, inquirindo mais e melhor sobre a procura de trabalho; por outro, alterando o tempo de referência para contabilizar a atividade (de doze meses para uma semana), como fizeram os censos de 1991, 2000 e 2010.

Mas, de novo, desafia-nos entender como o peso da participação feminina é (ou não) tornado perceptível no curso dessas importantes mudanças conceituais. Maruani e Meron (2012) mostraram, à luz do caso francês, como a história do trabalho feminino é, a um só tempo, uma história econômica e social e uma história política e cultural. Nesse sentido, o modo de representar a presença feminina na atividade econômica é também uma construção social. Vale dizer, os dados produzidos em diferentes momentos da história de uma sociedade contribuem para visibilizar ou invisibilizar o engajamento feminino. Isso também pode ser pensado com respeito ao caso brasileiro. Dizendo de outro modo, será que o notável crescimento do afluxo de

---

[3] Tal problema de contagem da PEA cria dificuldades importantes para a comparação entre os dados censitários anteriores a 1960 e os posteriores (Paiva, 1984).

mulheres ao mercado de trabalho brasileiro (que aqui documentamos para os últimos cinquenta anos) é, efetivamente, um movimento de inflexão, feito por mulheres que passam da inatividade à atividade econômica? Ou a inflexão que registramos nas estatísticas censitárias é apenas um efeito "contábil", expressão de mudanças no modo de classificar e contar a atividade feminina – e, nesse sentido, apenas indicaria que ultrapassamos a subestimação/subenumeração do trabalho até então realizado pelas mulheres que, pura e simplesmente, escapava ao que definíamos (cultural e institucionalmente) como "atividade econômica"?

Giorgio Mortara, um dos personagens seminais para a constituição da moderna estatística demográfica brasileira, em texto de 1956, refletia provocativamente nos seguintes termos: "Com efeito, nenhum economista concordaria em excluir da população economicamente ativa as mulheres que trabalham exclusivamente no lar e para o lar, sem remuneração, exercendo atividades essenciais para a vida familiar *e social*" (Mortara apud Paiva, 1984, p. 108-9, grifos nossos).

Seu argumento denota a tensão que, já em meados dos anos 1950, se expressava quanto ao "bem medir". Sua afirmação deixa entrever o debate crucial sobre como traduzir operacionalmente o que se deveria entender como "atividade econômica" no momento em que se reformava a métrica do censo brasileiro. Sua reflexão poderia ser fraseada em outros termos, mais gerais, de maneira a dar-lhe o real alcance (e desconcertante atualidade) de que se reveste: como circunscrever aquela que seria a produção de bens e serviços efetivamente voltada a satisfazer necessidades humanas e que, por isso mesmo, facultaria classificar aqueles nela envolvidos como parte da população considerada economicamente ativa? Haveria lugar, nessa circunscrição, para incluir "as mulheres que trabalham exclusivamente no lar e para o lar, sem remuneração, [mesmo se] exercendo atividades essenciais para a vida familiar e social"? Era disso que tratava a provocativa interpelação de Mortara, que nos confrontava, ao fim e ao cabo (e ao modo de um feminista *avant la lettre*), com a necessidade de se definir o que se considera como bens e serviços econômicos. Ora, a solução para esse desafio está longe de ser trivial. Ela depende do modo pelo qual se constrói, numa dada sociedade, a noção de atividade econômica; nesse sentido, reflete as avaliações normativas, as convenções, que sustentam a inclusão (ou exclusão) de certas atividades no cômputo geral do que se define como produção econômica.

É sugestivo, nesse sentido, que os censos brasileiros de 1940 e 1950 tenham organizado a classificação das atividades inquirindo pela "atividade principal" e não pela "atividade habitual" (como se consagraria em seguida), para em seguida categoriza-las em "atividades domésticas" e "atividades extradomésticas". Vale dizer, os indivíduos eram classificados antes pela situação do seu local de atividade que pelo caráter econômico ou não econômico desta. E não deixa de ser significativo que "o lar" (como curiosamente aparece referido em documentos técnicos de apoio aos recenseadores) fosse o divisor de águas. Isso facultava incluir, por exemplo, o trabalho doméstico remunerado entre as atividades domésticas (e não na atividade de "prestação de serviços", como se consagraria posteriormente).

Ora, nas circunstâncias em que o chamado trabalho produtivo pode ser feito em casa, ou próximo à casa, facilitando a combinação entre tarefas voltadas a atender necessidades do grupo doméstico e tarefas consideradas ao seu tempo como "econômicas", é muito provável a subenumeração desses segmentos de trabalhadores (em sua maioria mulheres) que exercem duplo papel.

Quando, a partir do censo de 1960, alterou-se o modo de colher a atividade dos indivíduos e adotou-se a noção de "atividade habitual" como modo de referência, o cômputo do engajamento feminino se viu alterado. Seguindo Paiva (1984, p. 31):

> [...] nos casos de pessoas com dupla atividade durante todo o ano como, por exemplo, mulheres que, tendo uma atividade econômica, mantinham, também, suas atividades domésticas, ou de jovens [...] Sob a definição de ocupação habitual, tais pessoas seriam incluídas na PEA, desde que elas tivessem exercido uma atividade econômica durante a maior parte do ano anterior ao dia do censo. O fato de alguém ter trabalhado em uma atividade econômica, independente de sua duração, o qualifica como membro da PEA, exceto no caso dos membros de família não remunerados que teriam que trabalhar no mínimo 15 horas semanais. [...] Sob a definição de atividade principal, tais indivíduos teriam que definir o que seria a sua atividade principal. Tal decisão pode ter sido afetada, por exemplo, pela situação do entrevistado no momento da pesquisa ou por sua percepção do *status* de uma dada atividade.

Mas nem por isso resolveram-se os problemas de subenumeração da atividade econômica feminina. Subsistiam os erros de enumeração ligados a representações, do entrevistador e do entrevistado, com respeito ao trabalho, ao seu reconhecimento e, logo, ao modo de classificá-lo.

Paiva (1984) nos provê de um exemplo com o qual finalizaremos. Conquanto os censos de 1940 e 1950 tenham mantido o mesmo modo de identificar a atividade considerada pelos indivíduos como relevante (a "atividade principal"), é notável a variação existente na enumeração da PEA feminina no censo demográfico, expressa sobretudo na queda das mulheres ocupadas, uma queda que se concentra no ramo da agricultura, pecuária e silvicultura. Tal como medido nesse censo, as mulheres economicamente ativas no setor primário decresceram de 1.270.199, em 1940, para meras 732.900, em 1950. Todavia, observando-se com a lente do censo agropecuário, se existe queda, ela é muito menor que aquela registrada pelo censo demográfico.

O debate que atravessa a literatura especializada e informa as várias alternativas de "correção" aponta para uma multiplicidade de fatores que, afetando o modo de perguntar têm efeitos no resultado contabilizado e, em consequência, na narrativa sobre a mercantilização do trabalho feminino. Assim, uma parte desse efeito foi creditada a uma alteração no conceito de estabelecimento agrícola que, a partir de 1960, passaria a incluir também as explorações que se destinavam apenas ao consumo doméstico. Outra parte resultaria do modo como foram computados os que desempenhavam ocupações não diretamente ligadas a atividades agropecuárias, embora atuassem nesse setor de atividade. Outros arguiram ainda que parte da diferença poderia ter resultado do modo como se tratou o trabalho doméstico não remunerado nos diferentes censos até então ocorridos.

Com todas essas alternativas em mente, o exemplo nos serve para ilustrar a multiplicidade de fatores que pode ser aventada para dar sentido às variações registradas na contabilidade do trabalho feminino. Ao recuperar esses múltiplos fatores, matizamos as inflexões recentes das taxas de atividade, recuperando-as como um produto histórico, um resultado, no qual se expressam tanto as mudanças efetivas no engajamento mercantil das mulheres quanto as idas e vindas na maneira como o apreendemos, contamos e contabilizamos, notadamente numa sociedade patriarcal em intensa mudança de sua estrutura social e configuração de valores.

Conclusão

Nos últimos cinquenta anos, o mercado de trabalho se consolidou, no Brasil, como o espaço em que os indivíduos estão premidos a buscar sua sobrevivência. Esse processo implica a ampliação da oferta efetiva de trabalho, isto é, o peso crescente da população economicamente ativa (ocupados e desempregados) no conjunto dos indivíduos em idade ativa. A esfera do mercado de trabalho, que nos anos 1960 retinha apenas quatro em cada dez brasileiros, passou, nos anos 2010, a ser um espaço imperioso para produção da sobrevivência entre quase sete em cada dez brasileiros em idade ativa. Mais que isso, tal esfera, antes um domínio masculino, alterou de maneira substancial sua composição por sexo, com interfaces importantes com outros processos, como a notável redução da fecundidade e a significativa ampliação da escolaridade feminina.

Esse intenso movimento de mercantilização pautou a agenda dos intérpretes, notadamente da literatura sociológica que explorou as especificidades do mercado brasileiro de trabalho (Guimarães, Barone e Alves de Brito, 2015). Mas coube ao campo dos estudos de gênero afiar os instrumentos para deslindar aspectos cruciais a um movimento que, como procuramos indicar na primeira seção do texto, parece declinar-se fortemente no feminino.

Sua importância e desafios transparecem ainda – e disso procuramos tratar na última seção – no modo como as próprias categorias censitárias voltadas a computar a atividade econômica, bem como os/as que a ela se dedicam, foram sendo esculpidas ao longo do tempo. As mudanças na forma de contar a atividade feminina refletem o ir e vir dos modos de classificar o trabalho – e o trabalho feminino – numa sociedade submetida a intensas mudanças.

REFERÊNCIAS BIBLIOGRÁFICAS

ABREU, A.; JORGE, A.; SORJ, B. Desigualdade de gênero e raça: o informal no Brasil em 1990. *Revista Estudos Feministas*, n. esp., 2º sem. 1994. p. 153-78.

BILAC, E. D. *Famílias de trabalhadores*: estratégias de sobrevivência. A organização da vida familiar em uma cidade paulista. São Paulo, Símbolo, 1978.

_____. Trabalho e família: articulações possíveis. *Tempo Social*, v. 26, n. 1, 2014. p. 129-45.

BRUSCHINI, C. Trabalho das mulheres no Brasil: continuidades e mudanças no período 1985-1995. *Textos FCC*, n. 17, 1998a.

_____. Gênero e trabalho feminino no Brasil: novas conquistas ou persistência da discriminação? Brasil, 1985 a 1995. Comunicação no Seminário *Trabalho e gênero: mudanças, persistências e desafios*, 14-15 abr. 1998. Campinas, Abep/Nepo, 1998b.

82 *Gênero e trabalho no Brasil e na França*

BRUSCHINI, C.; LOMBARDI, M. R. Trabalho feminino no Brasil no final do século: ocupações tradicionais e novas conquistas. Comunicação no Seminário *Organização, trabalho e gênero*, 30 nov.- 1° dez. 2000. Campinas, Unicamp, 2000.

CIPOLLONE, A.; PATACCHINI, E.; VALLANTI, G. Women Labor Market Performance in Europe: Trends and Shaping Factors. *Neujobs*, 2012. Disponível em: <www.neujobs.eu/sites/default/files/event/2012/03/VALLANTI-REPORT_complete.pdf>. Acesso em: 7/2013.

DEDECCA, C.; MONTAGNER, P. *Flexibilidade produtiva e das relações de trabalho*: considerações sobre o caso brasileiro. Campinas, Instituto de Economia/Unicamp, 1993. (Textos para discussão, n. 29.)

DEDECCA, C.; MONTAGNER, P.; BRANDÃO, S. *Recessão e reestruturação econômica*: as novas condições de funcionamento do mercado de trabalho na década de 90. Campinas, Instituto de Economia/Unicamp, 1993.

GUIMARÃES, N. A.; HIRATA. H. Apresentação: controvérsias desafiadoras. *Tempo Social*, v. 26, n. 1, 2014. p. 9-16.

GUIMARÃES, N. A. et al. Mercado e mercantilização do trabalho no Brasil (1960-2010). In: ARRETCHE, M. (org.). *Trajetórias da desigualdade*: quanto o Brasil mudou nos últimos 50 anos. São Paulo, Editora Unesp/CEM, 2015.

IBGE. *Censo Demográfico 2010*. Rio de Janeiro, IBGE, 2010.

ILOSTAT. *Labour Force*. Genebra, ILO, (s/d). Disponível em: <www.ilo.org/ilostat>. Acesso em: 7/2013.

LAVINAS, L. Emprego feminino: o que há de novo e o que se repete. *Dados*, v. 40, n. 1, 1997. p. 41-67.

_____. Evolução do desemprego feminino nas áreas metropolitanas. Rio de Janeiro, (s/n), 1998a. 22 p. (mimeo.)

_____. Diferenciais de rendimentos entre homens e mulheres nas áreas metropolitanas. Rio de Janeiro, (s/n), 1998b. 18 p. (mimeo.)

MARUANI, M.; MERON, M. *Un siècle de travail des femmes en France*. Paris, La Découverte, 2012.

PAIVA, P. T. A. A conceituação e a enumeração da população economicamente ativa nos censos demográficos brasileiros. In: ABEP (org.). *Censos, consensos, contrassensos*. Ouro Preto, Abep, 1984.

7

O SALÁRIO DAS MULHERES NA FRANÇA NO SÉCULO XXI

Ainda um quarto a menos

Rachel Silvera

Na França, ainda hoje, as mulheres ganham um quarto a menos do que os homens. Mas não por falta de leis, livros, estudos estatísticos e ações as mais diversas. Não passa um 8 de março – e o Dia das Mulheres o impõe – sem que a imprensa ou o Estado faça um balanço da desigualdade salarial. Um consenso parece se desenhar: tudo o que podia ser feito para reduzir as desigualdades salariais já foi feito, não vale mais a pena gastar energia no assunto. Com o arsenal já instalado, espera-se que as diferenças desapareçam. É apenas uma questão de paciência... Entretanto, no ritmo em que vamos, teremos de esperar até 2105! (Meurs e Ponthieux, 2013, p. 18-9).

Neste capítulo, trazemos alguns resultados de uma obra dedicada ao tema, *Un quart en moins: des femmes se battent pour en finir avec les inégalités de salaire* [Um quarto a menos: as mulheres lutam para acabar com as desigualdades salariais] (Silvera, 2014). Em primeiro lugar, embora não iremos desenvolver essa questão, cabe lembrar que o salário das mulheres se assenta no "fantasma do salário extra"[1]. Esse termo não é apenas uma imagem ou um clichê. Ele era um princípio consagrado no direito francês até 1946, sob a forma do salário feminino. O raciocínio, ainda vivo, foi defendido

---

[1] Para usar a expressão de Laura L. Downs (2006).

por grandes economistas do século XIX, a partir de um argumento bem conhecido: o trabalho das mulheres não é vital (para si ou para seus filhos), pois elas sempre podem contar com o "homem provedor". Esse modelo familiar tradicional sempre pesou e continua pesando sobre o salário e a carreira das mulheres, mesmo no século XXI.

Mas, nos últimos anos, as mulheres, nem sempre sindicalizadas ou feministas, têm vencido ações: elas têm conseguido provar que são vítimas de discriminação salarial e obtido ganho de causa. Ao analisar esses processos e depoimentos de trabalhadoras, surgem duas novas formas de abordar essa desigualdade: trata-se de levar em consideração a progressão de carreira na desigualdade salarial, e aplicar o princípio, introduzido na França em 1972, de "salário igual para trabalho de *valor* igual". Esses dois pontos são desenvolvidos neste texto, após a apresentação de alguns dados sobre a desigualdade salarial na França.

Desigualdade salarial na França: dados e explicações

Em 1918, um inspetor do trabalho, Pierre Hamp, já denunciava "o regime de um quarto a menos" aplicado às mulheres nas indústrias de guerra: "Quando isso se tornar um preconceito desmentido pela realidade, as mulheres ainda sofrerão as consequências. *Seu trabalho tornar-se-á igual ao do homem bem antes de seu salário*" (Hamp, 1918). Esse regime de um quarto a menos aplicava-se às mulheres em cargo igual e justificava-se pela ajuda masculina dada sobretudo no reparo das máquinas (que a lei proibia às mulheres). Mas em muitos casos essa ajuda masculina não existia, por exemplo: "Uma mulher contratada para o arsenal de La Mouche começava em três francos, enquanto se pagava a um homem, *exatamente pelo mesmo trabalho*, quatro francos". Nada justificava, nesse caso, o regime de um quarto a menos: tudo era feito manualmente. "Não restava, para inferiorizar as mulheres, nada além de puro preconceito."

Hoje, na França, as mulheres ganham 27% menos que os homens. Claro, esse "um quarto a menos" não é o mesmo de 1918. A diferença não se verifica entre empregos idênticos, mas em uma média nacional para todos os empregos. Se compararmos os salários de homens e mulheres no "mesmo cargo", ficamos abaixo de um quarto menos – exceto para algumas categorias de emprego, como as funções gerenciais, nas quais a diferença vai além desse "um quarto a menos". É verdade que a desigualdade salarial entre mulheres e homens diminuiu. No século XIX, o salário feminino podia ser até 70% menor do que o salário "familiar", concedido aos homens chefes de família. Na década de 1950, as mulheres ganhavam 35% menos. Mas desde os anos 1990 a diferença estagnou.

Essas diferenças globais são oficialmente justificadas, com o apoio de trabalhos econométricos (Meurs e Ponthieux, 2000, p. 135-58), por outros fatores que não o salário. Se as mulheres não ganham tanto, seria acima de tudo porque não trabalham tanto tempo nem ocupam os mesmos cargos que os homens.

Em primeiro lugar, o tempo parcial tornou-se a principal explicação das disparidades. Poderíamos deixá-lo de lado, considerando que é uma escolha trabalhar mais ou menos tempo. Alguns dados oficiais fazem isso. Assim, um estudo francês de 2012 afirma: "O salário por hora das mulheres é 14% menor que o dos homens" (Muller,

2012). Isso é bem menos que 27%, e por uma boa razão: compara-se nesse caso uma hora de trabalho realizado por um homem e por uma mulher, sem considerar o tempo total de trabalho. Basear-se no salário por hora é supor que trabalhar mais ou menos tempo é realmente uma escolha, igualmente oferecida a homens e mulheres. Mas não é isso que se passa: mais de 80% dos empregos em tempo parcial são ocupados por mulheres; mais de uma a cada três mulheres empregadas trabalha em tempo parcial. Na França, uma parcela significativa do trabalho em tempo parcial não corresponde a uma demanda dos/as trabalhadores/as, mas à oferta de emprego em setores feminizados (comércio, assistência pessoal, limpeza etc.). Se o tempo parcial é tão feminizado, é porque ele se desenvolveu no quadro de certos limites, como o peso do trabalho doméstico das mulheres e a "especialização" dos papéis sociais, a oferta maciça de trabalho em tempo parcial nos setores feminizados, a política de emprego etc. Sem esquecer que o tempo parcial, inclusive voluntário, traz não apenas salários parciais, mas também promoções e progressão de carreira parciais, acesso parcial à formação e aos bônus e, por fim, aposentadorias parciais.

Em segundo lugar, as mulheres continuam concentradas em poucas profissões e setores (segregação chamada "horizontal") e, no mesmo setor, em poucos empregos qualificados (segregação chamada "vertical"). Mais da metade delas encontra-se em apenas 12 famílias profissionais, em um universo de 87. Elas são sobretudo secretárias, funcionárias administrativas no serviço público, enfermeiras, auxiliares de enfermagem, vendedoras, auxiliares de saúde domiciliares, professoras e funcionárias de limpeza, profissões cujos salários são globalmente mais baixos.

No outro extremo da escala, o acesso das mulheres a cargos de decisão continua limitado. As mulheres enfrentam o famoso "teto de vidro", mesmo sendo mais qualificadas que os homens. Apesar de progressos incontestáveis, apenas 39% dos cargos gerenciais e menos de 10% das lideranças empresariais são ocupados por mulheres. Elas são não apenas menos numerosas nos empregos mais bem remunerados, como as diferenças são maiores entre os cargos gerenciais. Ademais, esta é uma categoria bastante heterogênea: nela se alocam funcionários cujo trabalho apresenta conteúdos e responsabilidades muito diferentes, sobretudo de acordo com o sexo.

Além disso, os homens recebem bônus mais frequentes e muito mais elevados. Essas diferenças são parcialmente justificadas pelo tipo de cargo ocupado e pelas maiores demandas sobre os homens (trabalho noturno, contínuo etc.). Mas isso não explica tudo. As demandas que as mulheres enfrentam em sua vida profissional – trabalhar regularmente aos sábados ou domingos, por exemplo – costumam ser menos compensadas na forma de bônus. As mulheres também recebem menos bônus por desempenho do que os homens, inclusive dentro da mesma empresa. Os critérios de atribuição desses bônus, muitas vezes pouco transparentes, continuam a evidenciar discriminações: o "modelo de disponibilidade", altamente valorizado, penaliza com frequência as mulheres que têm obrigações familiares.

Por fim, o último fator conhecido, a desigualdade pode ser explicada cada vez menos por diferenças no "capital humano", isto é, pelo nível de escolaridade, experiência e tempo de empresa dos/as funcionários/as. Na França, esse fator joga cada vez menos contra as mulheres, e até mesmo ligeiramente a favor delas (Meurs e Ponthieux, 2006, p. 51-67).

O conjunto dessas variáveis permite um raciocínio a partir da igualdade de posições. Mantidos inalterados outros fatores (formação, experiência, categoria profissional, idade, setores de atividade equivalentes etc.), as mulheres ganham entre 9% e 15% menos do que os homens na França. Esse "resíduo" corresponde, segundo os econometristas, à discriminação salarial pura.

FIGURA 1. VISUALIZANDO AS DESIGUALDADES

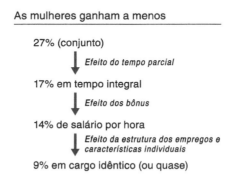

Fonte: Direction de l'Animation de la Recherche, des Études et des Statistiques (Dares), 2012.

Mas esse raciocínio é apenas uma construção. Para as mulheres, nada é igual. Não é porque o modelo explica metade ou dois terços da diferença que os problemas estão resolvidos! Não é porque, no decurso de suas investigações, as estatísticas passaram de 27% para 24% (considerando apenas o tempo de trabalho efetuado em horas) e, em seguida, para 14%, no nível da hora de trabalho; e, finalmente, para 9%, resíduo "não explicado", que as autoridades devem fazer o mesmo. Explicar não é justificar... É necessário agir sobre a segregação profissional e o tempo de trabalho (principalmente o tempo parcial imposto) para reduzir as desigualdades salariais. Existe, aliás, uma confusão sobre o que se entende por discriminação. Esta não se limita apenas ao resíduo "não explicado", mas interfere no acesso ao emprego e ao tempo parcial. Por abuso de linguagem, confunde-se discriminação salarial "pura" e discriminação em geral...

Não poderíamos agir também sobre esse famoso resíduo? Podemos nos contentar em assumir que tudo o que poderia ser feito sobre o assunto já foi feito? Há outras maneiras de lutar contra essas desigualdades, individual ou coletivamente.

Levar em conta a carreira das mulheres

São muitas as leis sobre igualdade salarial na França. Uma delas, de 23 de março de 2006, chegou a prever o "fim das diferenças de remuneração" dentro de cinco anos. Desde o decreto de 18 de dezembro de 2012, a igualdade de remuneração deve ser tratada por acordo ou, na falta dele, por um plano de ação, em todos as empresas com mais de cinquenta empregados, sob risco de sanções financeiras. O saldo é ainda pequeno, mas há avanços: 36% das empresas têm um acordo de igualdade.

Logo se constata que há pouca ou nenhuma diferença salarial nesses acordos. Como explicar essa "evaporação"? Embora globalmente as diferenças sejam de pelo menos dois dígitos, em campo elas parecem reduzidas a alguns pontos percentuais. Algumas empresas dizem em seus acordos que não apresentam disparidades de remuneração para além do tempo de empresa. É verdade que parte da diferença se explica por fatores externos à empresa, como acabamos de mencionar: estrutura de empregos e tempo de trabalho. No entanto, para além desses fatores, devem-se encontrar pelo menos dez pontos de diferença. Esse suspeito desaparecimento está ligado ao método de cálculo utilizado. Na maioria das vezes, capta-se uma simples fotografia em um instante t: comparam-se os salários médios de homens e mulheres por categoria profissional. Raramente levam-se em conta os bônus individuais que podem ser fonte de desigualdade. E, o mais importante, não se considera o que ocorreu anteriormente, ou seja, quanto tempo um funcionário permaneceu em um determinado nível.

É um filme que precisa ser feito sobre a desigualdade salarial, e não uma foto, mesmo de boa qualidade. Isso porque a remuneração não depende apenas do trabalho efetuado no instante t, mas também reflete a evolução do empregado dentro da empresa.

Além da questão do tempo de empresa, uma carreira depende sobretudo das promoções, avanços, mudanças de coeficiente e nível, dentro de uma mesma categoria profissional. Ela também está ligada às possibilidades de acesso a uma posição superior, no mesmo ambiente profissional (por exemplo, passar de operário a supervisor, de técnico a gerente etc.). Esse tipo de atribuição às vezes conta com regras coletivas precisas, mas o mais frequente é ser apenas uma decisão de gestão, em princípio após uma entrevista de avaliação. Esse sistema de progressão de carreira está longe de ser neutro, ainda que respeite regras coletivas. Com frequência, as mulheres acabam excluídas.

Os atrasos de carreira explicam-se principalmente (mas não apenas) pela questão da maternidade – que mesmo no século XXI ainda tem um papel fundamental – e suas consequências para as mulheres. A "suspeita de maternidade" continua sendo um dos principais nós da desigualdade salarial. Ela pesa sobre todas as mulheres, inclusive as que entram no jogo e não interrompem a carreira. A lei sobre igualdade salarial de 2006 pretende "neutralizar" o efeito da licença-maternidade sobre os salários, atribuindo às mulheres que retornam à empresa os mesmos avanços obtidos por seus colegas. Mas isso não basta para resolver o atraso na carreira. *A fortiori*, aquelas que param por causa da maternidade, para uma licença com a família, são penalizadas, às vezes consideravelmente. A lei também prevê que haja um acompanhamento do tempo de passagem de um nível a outro, de homens e mulheres, em uma empresa, por meio de indicador. Mas quantas empresas concordam em fornecer esse número e reduzir a discrepância constatada?

Estamos longe de uma consciência coletiva a respeito da extensão do atraso na carreira das mulheres. Diante de situações de discriminação sindical, foi desenvolvido um método de avaliação de desigualdade na progressão de carreira, que os juízes passaram a chamar de "método Clerc". Trata-se de um método utilizado hoje em favor das mulheres.

QUADRO 1. O método Clerc

Para calcular a discriminação sofrida por um/a funcionário/a ao longo de sua carreira, é preciso estabelecer um painel de funcionários em situação comparável à sua. Portanto, considera-se funcionários contratados no mesmo período (ano próximo), com formação equivalente, situados no mesmo nível de qualificação e classificação. Eles estão, assim, em situação equivalente à do/a discriminado/a, salvo por um critério: ser sindicalizado ou ser mulher. A dificuldade reside na coleta dos elementos de comparação sobre as classificações e remunerações dos funcionários envolvidos, já que todos esses dados estão em posse do empregador, o qual muitas vezes se recusa a comunicá-los. Mas esse obstáculo tende a ser superado, pois muitos contenciosos nessa área obrigam o empregador a fornecer tais informações.

Avalia-se então a média das remunerações dos funcionários do painel, geralmente a partir de sua contratação. Assim, facilita-se estabelecer a diferença entre a remuneração média do painel comparativo e a da pessoa em situação de discriminação. Levando em conta a duração da discriminação e a diferença salarial, estima-se o montante do prejuízo passado. Esquematicamente, gera-se um "triângulo" correspondente aos atrasos de carreira.

FIGURA 2. CÁLCULO DO ATRASO DE CARREIRA SEGUNDO O MÉTODO CLERC

Z = diferença de salário mensal × 12

P = duração da discriminação em anos

A massa de dano, equivalente à área do triângulo, é calculada a partir da seguinte fórmula:

$$\frac{Z \times P}{2}$$

A isso se soma o prejuízo ligado ao atraso de aposentadoria (cerca de 30% da massa de dano para os sindicalizados e até 48% para as mulheres, cuja expectativa de vida é maior).

Após processos ligados à discriminação de funcionários sindicalizados, nos anos 2000 começaram a aparecer ações para recuperar atrasos de carreira de mulheres. Esses casos, ainda pouco numerosos, mas em plena expansão, merecem ser conhecidos.

A história de Maria é sintomática da facilidade com que algumas empresas podem, por negligência, atrapalhar a progressão de carreira das funcionárias. A situação dessa trabalhadora não se deve nem a absenteísmo nem a falhas no trabalho, mas a um simples "esquecimento". Maria trabalhava em diferentes oficinas, com outras mulheres na produção de cabos e com alguns homens na montagem (todos em níveis mais elevados). Ela podia ser considerada a operária-modelo: sempre trabalhou em tempo integral; sua chefia nunca fez qualquer queixa sobre a qualidade de seu trabalho; também ela nunca se queixou, nunca fez nenhum pedido particular. A tal ponto que "esqueceram" de lhe oferecer qualquer promoção. No momento de sua aposentadoria, ela se deu conta de que sua pensão seria muito baixa. O representante trabalhista que Maria contatou descobriu que ela nunca havia recebido aumento, que fora "esquecida". Como havia trabalhadores que estavam conseguindo obter reparação por discriminação sindical, ele propôs seguir o mesmo procedimento. O "método Clerc" foi utilizado, e mostrou que todos os homens tinham remunerações superiores (1.805 euros em média, contra 1.651 para as mulheres). A maior remuneração entre as mulheres era menor que a menor remuneração entre os homens... O tribunal de apelação de Paris decidiu em favor de Maria no dia 16 de junho de 2011, e condenou a empresa a pagar-lhe 53.700 euros a título de danos materiais (atraso de salário e aposentadoria) e 35 mil euros por danos morais.

Salário igual para trabalho de igual *valor*

A outra maneira de reduzir as desigualdades salariais diz respeito ao reconhecimento do valor do trabalho. Do ponto de vista do trabalho das mulheres, a divisão sexual do trabalho sempre existiu...

A indústria utilizava habilidades ditas "femininas, naturais" e informais, normalmente adquiridas na esfera doméstica. Buscava-se, por exemplo, minúcia, habilidade e destreza, sem que estas fossem reconhecidas ou remuneradas. Madeleine Guilbert (1966) e depois Danièle Kergoat (2012), Margaret Maruani e Chantal Nicole (1989) mostram isso claramente. Danièle Kergoat (2012, p. 42) afirma:

> [...] a força física é remunerada, mas não a delicadeza das mãos, embora seja uma qualidade preciosa para o trabalho de tecelagem; o esforço violento merece bônus, mas não a destreza manual, a minúcia ou a resistência nervosa – e isso sob o pretexto de que essas não são qualidades adquiridas por formação, mas inerentes ao sexo feminino. Como se, para citar o caso da eletrônica, a menina, com sua educação específica de futura reprodutora, depois a moça, aprendendo ofícios como o da costura, e em seguida a jovem mulher, com sua passagem frequente por uma confecção, não tivesse assim adquirido a agilidade e a destreza manual, a minúcia, a rapidez, todas necessárias para assumir seus postos de trabalho.

O setor de serviços, altamente feminizado, também foi construído em torno de competências presumidamente naturais das mulheres, seja na educação, na saúde, nos cuidados em domicílio, na limpeza, na assistência ou nas vendas. Parece legítimo aos olhos de todos (ou quase) confinar as mulheres a esses setores que corresponderiam a sua pretensa natureza. Tais empregos, ocupados principalmente por mulheres, foram menos protegidos por convenções coletivas, menos bem definidos nas classificações, portanto menos bem remunerados, sob o pretexto de que não se tratava de "verdadeiras profissões". E assim voltamos, de outra maneira, à história do salário feminino e ao fantasma do salário extra...

90   *Gênero e trabalho no Brasil e na França*

Mais uma vez, a lei está à frente da realidade. Na França, ela prevê desde 1972 salário igual para trabalhos de *valor* igual – portanto, não apenas para cargos e profissões estritamente idênticos. Isso significa que empregos diferentes, ocupados predominantemente por mulheres ou por homens, devem ser remunerados da mesma forma, a partir do momento em que se verifique que o conteúdo desses empregos é semelhante. O código do trabalho dá uma definição precisa desse valor igual: "São considerados de valor igual trabalhos que exijam do empregado um conjunto comparável de conhecimentos profissionais consagrado por um título, diploma ou prática profissional, capacidades decorrentes da experiência adquirida, de responsabilidades e incumbências físicas ou emocionais"[2]. Desse modo, é o próprio conteúdo do trabalho que deve ser apreciado, segundo critérios de conhecimento, experiência, responsabilidade e incumbências físicas e mentais. Infelizmente, esse belo objetivo continua amplamente vigente apenas na teoria. Na verdade, é muito difícil ter meios "objetivos" de comparação de empregos e, assim, aplicar os critérios da lei na sua gestão.

Ainda são poucos casos, mas há decisões judiciais na França que levaram em conta documentos comparando empregos de predominância feminina e masculina e deram ganho aos queixosos. É importante conhecer essas decisões edificantes. Vejamos um exemplo.

A senhora B. lutou, desde os anos 2000, pelo reconhecimento de que, como "chefe de recursos humanos, assuntos jurídicos e serviços gerais", ela efetuava um trabalho de valor comparável aos "diretores financeiros e comerciais" da empresa em que trabalhava[3]. Nomeada chefe de recursos humanos em 2001, com *status* gerencial, ela era membro do comitê diretor da companhia. Ela compara seu cargo ao dos "diretores" da empresa, todos ocupados por homens, enquanto as "chefes" são mulheres. Apesar de apresentar nível de diploma idêntico, posição igual na classificação e maior tempo de empresa, o salário anual da senhora B. é claramente inferior (entre -37% e -50%) ao de todos os diretores.

Em 2008, sua demanda foi rejeitada pela corte de apelação: "não executam trabalho igual funcionários que exercem funções diferentes em áreas de atividade distintas". Essa primeira decisão provocou fortes reações. Como ironiza Marie-Thérèse Lanquetin (2010, p. 538-9): "Seria necessário haver vários chefes de recursos humanos em uma mesma empresa para que uma comparação das funções fosse possível e a noção de igual valor tivesse alguma utilidade". Depois, em 2010, a Suprema Corte reconheceu que apenas os termos "chefe" e "diretor" não eram pertinentes para justificar uma diferença de funções. Para alcançar uma verdadeira comparação do valor do trabalho, era preciso ir além dos rótulos e analisar as funções e responsabilidades efetivamente exercidas pelos/as empregado/as. A comparação entre a senhora B. e os outros diretores mostrou que eles eram todos membros do comitê diretor, que havia uma identidade de nível hierárquico, de classificação, de responsabilidades, e que sua

---

[2]   Artigo L. 3221-4 do código do trabalho francês.

[3]   Cour de Cassation, TMS Contact, n.09-40.021, 6 jul. 2010.

importância era comparável no funcionamento da empresa, cada função exigindo capacidades semelhantes e um empenho emocional da mesma ordem.

A suprema corte retomou as observações da corte de apelação:

> Embora seja verdade que as funções de diretor comercial são essenciais para o desenvolvimento de uma empresa, já que seu volume de negócios depende largamente dessa função, o aspecto comercial das atividades da empresa só se torna possível quando diversas outras funções de natureza mais organizacional e administrativa são corretamente conduzidas: finanças, organização administrativa, informática. *Todo esse conjunto só pode funcionar graças a recursos humanos apropriados e bem geridos, em um quadro jurídico seguro.* (Cour d'Appel de Paris, 6 nov. 2008)

Esse último ponto é muito importante para o futuro, pois põe em questão a separação entre núcleo da atividade e trabalho de apoio. Geralmente, os sistemas de avaliação privilegiam o núcleo da atividade. Este corresponde à atividade principal da empresa, aquela que é realmente "produtiva", mensurável e que contribui diretamente para o volume dos negócios. No seu entorno, fora dela, os empregos periféricos são considerados "improdutivos", chegando mesmo a significar um custo para a empresa. Essa clivagem entre empregos produtivos e improdutivos perpassa todos os níveis da empresa e corresponde em grande parte à divisão sexual do trabalho.

Um outro processo relacionado com a classificação profissional merece nossa atenção: Christine, assistente de direção em um grupo industrial, conseguiu obter a reclassificação de todos os assistentes de direção para o mesmo nível que o dos técnicos. Nessa empresa (e em muitos outros setores), faz-se uma distinção entre diplomas de mesmo nível (Brevet de Technicien Supérieur), mas com conteúdo diferente: o diploma técnico permitia um posicionamento superior ao diploma administrativo. No contexto da negociação sobre igualdade, Christine e outras mulheres (de organizações sindicais diferentes) conseguiram, não sem dificuldades, que as empresas nas quais trabalhavam reconhecessem a equivalência dos diplomas entre setores feminizados e masculinizados. Isso levanta questões sobre o critério do diploma, frequentemente considerado não discriminatório. A maioria das organizações sindicais luta para que esse critério continue sendo essencial nas classificações, uma vez que ele parece coletivo, objetivo, externo à empresa e permite um melhor reconhecimento das qualificações individuais. Mas é preciso defender todos os diplomas, inclusive aqueles que habilitam ao trabalho no setor terciário.

Outros depoimentos apresentados em *Un quart en moins* permitem compreender o que as mulheres mobilizam ao longo de sua atividade profissional, o que pode ser dito, mas não necessariamente se vê a respeito do "valor" de seu trabalho (na administração, na saúde, nos cuidados à pessoa, na limpeza etc.). E isso permite questionar os critérios que normalmente estão na origem dos empregos feminizados: não reconhecimento de diplomas; empregos de conteúdo fluido, individualizado; uso de conhecimentos informais, não reconhecimento de responsabilidades "reais"; invisibilidade da carga mental ou física envolvida... Essa abordagem muda os dados. Isso deve contribuir não apenas para reduzir as diferenças salariais, mas também para reconhecer melhor o trabalho muitas vezes invisível das mulheres.

92   *Gênero e trabalho no Brasil e na França*

* * *

A remuneração ainda está ligada a um modelo de empresa industrial que supervaloriza o núcleo da atividade, desvalorizando os empregos chamados "de apoio". Esse modelo remete à divisão sexual do trabalho, na qual são consideradas secundárias, até mesmo invisíveis, as atividades de assistência, de relações, de cuidado, de limpeza. Todos esses empregos de predominância feminina, mais do que necessários tanto para a empresa como para a sociedade, devem ser reconhecidos por seu justo valor nas classificações e no acesso à progressão de carreira. Entretanto, os compromissos sociais obtidos por meio de acordos coletivos concentram-se nos empregos de predominância masculina. Como estão normalmente menos envolvidas em disputas nos escritórios – elas eram consideradas próximas demais da direção –, as empregadas receberam menos reconhecimento quanto à posição de seus empregos, além de pouca ou nenhuma progressão de carreira.

A igualdade salarial passa pela luta contra a discriminação. Em um cargo igual ou de valor igual, uma mulher deve obter salário igual e progressão de carreira igual. As mulheres que ocupam empregos de predominância masculina nem sempre têm acesso aos mesmos direitos, pelo motivo de serem mulheres e muitas vezes mães. As novas ações judiciais relacionadas com a carreira e comparação de empregos remetem a queixas individuais, mas são pouco numerosas e, às vezes, arriscadas. Como generalizá-las e permitir que as mulheres, que não ousam se expor por medo de represálias, prestem queixa? O princípio estadunidense de *class action* (ação coletiva) poderia ser aplicado no campo da discriminação. Isso implica modificar o direito francês e as práticas sociais. Estamos prontos? Para isso, seria necessário transformar as ações individuais em ações coletivas e, em última análise, em acordos coletivos nas empresas, como ocorreu com a discriminação sindical. Podemos apostar que, assim, as diferenças salariais teriam uma redução real e duradoura.

Referências bibliográficas

DOWNS, L. L. Salaire et valeur du travail. *Travail, Genre et Sociétés*, v. 5, 2006. p. 31-49.

GUILBERT, M. *Les Femmes et l'organisation syndicale avant 1914*. Paris, Éditions du CNRS, 1966.

HAMP, P. La main-d'œuvre féminine: le quart en moins. *L'Information Ouvrière et Sociale*, n. esp., 9 maio 1918.

KERGOAT, D. Ouvriers = ouvrières?. In: _____. *Se battre, disent-elles*. Paris, La Dispute, 2012. p. 33-62.

LANQUETIN, M.-T. Égalité de rémunération, notion de valeur égale. *Le Droit Ouvrier*, 2010. p. 538-9.

MARUANI, M.; NICOLE, C. *Au labeur des dames*: métiers masculins, emplois féminins. Paris, Syros, 1989.

MEURS, D.; PONTHIEUX, S. Une mesure de la discrimination dans l'écart de salaire entre hommes et femmes. *Économie et Statistique*, Insee, n. 337-338, 2000. p. 135-58.

_____. Quand la variable "femme" ne sera plus significative dans les équations de gain. *Travail, Genre et Sociétés*, v. 15, 2006. p. 51-67.

_____. Les écarts de salaires ne bougent pas. *Alternatives Economiques Poche*, n. 63, 2013. p. 18-9.

MULLER, L. Les écarts de salaire entre les hommes et les femmes en 2009. *Dares Analyses*, n. 16, 2012. p. 1-14.

SILVERA, R. *Un quart en moins*: des femmes se battent pour en finir avec les inégalités de salaire. Paris, La Découverte, 2014.

8

ASSIMETRIAS DE GÊNERO NO MERCADO DE TRABALHO NO BRASIL

Rumos da formalização[1]

Lena Lavinas
Ana Carolina Cordilha
Gabriela Freitas da Cruz

Introdução

O século XXI tem início alvissareiro para o Brasil. Após duas décadas de relativa estagnação, o país volta a crescer a partir de 2004, exibindo um padrão até então desconhecido, com baixa inflação, redução dos níveis de desigualdade de renda[2] e dos indicadores de pobreza, aumento do emprego formal e dos rendimentos do trabalho e, sobretudo, uma revalorização expressiva do salário mínimo real, cujo valor praticamente dobra entre 2003 e 2014[3].

O ineditismo dessa nova macroeconomia do crescimento reside na transição para uma sociedade de consumo de massa, o que foi grandemente incentivado pela expansão

---

[1] Agradecemos as sugestões do professor Eduardo Pontual (IE-UFRJ) acerca da escolha dos modelos.

[2] Segundo o IBGE, o índice de Gini passa de 0,572 em 2001 para 0,507 em 2011, mantendo patamar idêntico em 2012 (0,507).

[3] Em janeiro de 2003, o salário mínimo real era de R$ 364, alcançando R$ 724 em janeiro de 2014 (valores constantes corrigidos pelo INPC).

94 Gênero e trabalho no Brasil e na França

extraordinária do crédito, sob novas modalidades[4]. Este passa de 22% do produto interno bruto (PIB) em 2001 para 56,5% ao fim de 2013 (BCB, 2014). Apesar de o crescimento ter desacelerado no período posterior a 2010, a taxa de desemprego mantém trajetória de queda acentuada na década e situa-se em patamar extremamente baixo (média de 5,4% em 2013 contra 12,4% em 2003 nas seis maiores regiões metropolitanas; média de 6% em termos nacionais).

Em paralelo, a existência de um sistema consolidado de proteção social garantiu maior cobertura e uniformidade no acesso a benefícios monetários, independentemente das características de contribuintes e não contribuintes. Assim, também pelo lado da política social, instituições e mecanismos regulatórios previamente existentes – a seguridade social e o salário mínimo – potencializaram mudanças a partir de uma extensão no campo dos direitos e de uma redistribuição das oportunidades via mercado.

A pergunta que se coloca é em que medida esse *momento de igualdade* (Therborn, 2015) foi também favorável a uma redução das assimetrias de gênero e em que direção. A direção importa. As melhoras foram compartilhadas pelas mulheres em geral ou alguns grupos foram mais beneficiados que outros? Houve dessegmentação do emprego feminino? Como os diferenciais salariais de gênero foram impactados por uma década de crescimento prolongado com multiplicação de novas oportunidades no mercado de trabalho formal?

A literatura feminista (Bruschini, 2007, 2001, 1994; Sorj, 2006, 2004, 2000; Lavinas, 2012, 2000, 1997; Castro, 1996; Melo e Castilho, 2009; Melo e Sabatto, 2011) no Brasil mapeou a evolução do emprego feminino e a resiliência das desigualdades de gênero no mercado de trabalho nos últimos quase quarenta anos. A despeito de um aumento constante da taxa de atividade feminina nessas três décadas[5], a taxa de desemprego feminino permaneceu sempre acima da média nacional, embora as mulheres fossem, no geral, mais escolarizadas. Da mesma maneira, elas seguem ganhando menos que os homens. O hiato salarial entre os sexos, que recuou fortemente entre as décadas de 1980 e 2000[6], desde então mostra-se quase estagnado. A mão de obra feminina permanece concentrada nos serviços e no comércio e é amplamente majoritária nas ocupações – formais e informais – de tempo parcial. Isso explica – juntamente à imperiosa necessidade de conciliar trabalho remunerado e obrigações domésticas – por que o número médio de horas trabalhadas semanalmente pelas mulheres é, em média, inferior ao dos homens.

---

[4] A mais inovadora delas é o crédito consignado, cujos empréstimos são assegurados a determinadas categorias de trabalhadores (formais e servidores públicos) e a aposentados e pensionistas do regime previdenciário público, por serem detentores de um colateral (salário ou benefício previdenciário pago pelo Estado).

[5] A taxa de atividade feminina para a faixa de 16 a 65 anos era de 40% em 1981 e passou a 68% em 2003, segundo Lavinas e Nicoll (2006), com base na PNAD.

[6] Lavinas e Nicoll (2006) calcularam o diferencial de gênero dos rendimentos do trabalho a partir da renda padronizada de homens e mulheres. Estimaram que, em 2003, as mulheres ganhavam em média 84% dos rendimentos masculinos, contra 68% em 1981.

Os dados da Relação Anual de Informações Sociais (Rais) do Ministério do Trabalho (MTE), para emprego formal, comprovam que, não obstante a fase recente de retomada do crescimento – benéfica inclusive à contínua, porém mais lenta, inserção ocupacional das mulheres –, os hiatos salariais de gênero agravam-se em alguns segmentos, notadamente entre os grupos mais escolarizados. Ao mesmo tempo, sabemos que a formalização contribui para dirimir os diferenciais salariais de gênero. Segundo a Pesquisa Nacional por Amostra de Domicílios (PNAD) de 2012, as trabalhadoras (16 a 65 anos) do setor formal ganham, em média, 78,4% dos rendimentos masculinos, proporção essa que cai a 67,4% dentre os informais[7].

Considerando tais aspectos paradoxais na ampliação da participação das mulheres no mercado formal de trabalho, neste capítulo caracterizamos de que maneira evolui o mercado de trabalho formal para homens e mulheres no período recente. Vamos, de início, nos servir de análises estatísticas descritivas usando como fontes a Rais e o Cadastro Geral de Empregados e Desempregados (Caged), também do MTE. Os dados serão desagregados por nível de escolaridade e grupos etários, de modo a identificar impactos diferenciados no grupo das mulheres e dos homens. As variáveis a serem cruzadas tratam de rendimentos, horas trabalhadas, tempo médio de permanência no último emprego, taxa de desemprego e de atividade, entre outras.

Nosso objeto de investigação é captar os efeitos do crescimento do emprego formal na redução dos diferenciais de gênero, com ênfase nos rendimentos e na participação no mercado de trabalho. Para a análise multivariada, construiu-se um painel de unidades da federação ao longo dos anos de 2003 a 2011. Com a desagregação por estado, obtemos mais observações, melhorando as estimações.

A questão que leva à definição da variável dependente do modelo econométrico que pretendemos testar é a seguinte: o que impactou no hiato salarial entre os sexos, na variação da proporção de homens e mulheres nos mais distintos setores e no grau de formalização da mão de obra feminina na fase de retomada do crescimento recente? E qual o sinal?

Análise descritiva da evolução do emprego formal no período recente

Dados da PNAD de 2013 confirmaram o aumento do emprego formal no Brasil nos anos 2000. A taxa de informalidade recua de 55,4% em 2002 para 43,1% em 2012, estabelecendo um recorde, embora se mantenha em patamar elevado. Segundo a Síntese de Indicadores Sociais do Instituto Brasileiro de Geografia e Estatística (IBGE) de 2013, o número de empregos formais, medido pela Rais, soma 47,5 milhões.

Para captar as variações na dinâmica do emprego formal, usamos as informações da Rais e do Caged para a faixa etária de 15 a 64 anos. Os dados da Rais indicam a criação de cerca de 20 milhões de postos de trabalho entre 2003 e 2013. Os homens apontam uma clara vantagem *vis-à-vis* as mulheres, pois registram um saldo superior em quase todos os anos da série, com exceção de 2012. O padrão observado indica

---

[7]   Cabe registrar que, em 2001, essas proporções eram, respectivamente, de 75,4% e 64,6%.

96 Gênero e trabalho no Brasil e na França

que os homens ampliam suas oportunidades de emprego em anos de maior crescimento econômico (2004, 2007 e 2010, por exemplo), enquanto as mulheres ultrapassam ou mostram desempenho equivalente ao masculino em fases de retração da atividade econômica (como de 2008 a 2009, anos de mais forte impacto da crise, e em 2011, quando a desaceleração se acentua).

Essa vantagem masculina é corroborada pelo Gráfico 1: a mão de obra feminina é mais beneficiada nas contratações à medida que esmorece a atividade econômica e diminui o volume de criação de empregos formais. Atente-se para o fato de que em 2010, quando o país registra a maior taxa de crescimento real do PIB em fase recente (7,5%), a participação das mulheres no saldo cai 6,5 pontos percentuais (de 49% em 2009 para 43,5% em 2010), voltando a ampliar-se significativamente nos anos posteriores, marcados por acentuado recuo da taxa de crescimento.

GRÁFICO 1. SALDO DE EMPREGOS FORMAIS (PROPORÇÃO POR SEXO)*

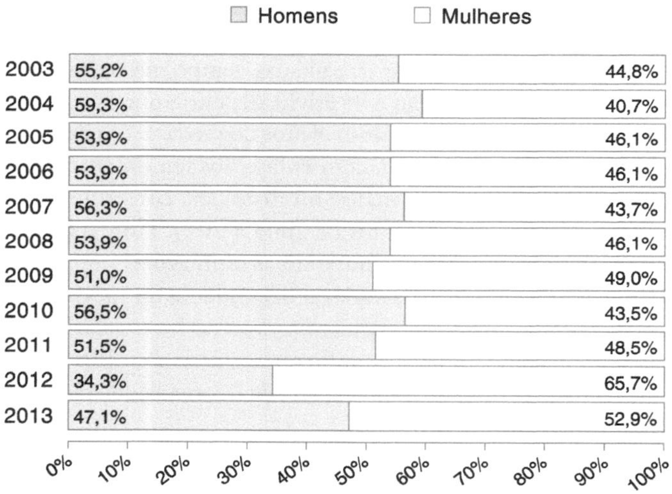

☐ Homens   ☐ Mulheres

Ano	Homens	Mulheres
2003	55,2%	44,8%
2004	59,3%	40,7%
2005	53,9%	46,1%
2006	53,9%	46,1%
2007	56,3%	43,7%
2008	53,9%	46,1%
2009	51,0%	49,0%
2010	56,5%	43,5%
2011	51,5%	48,5%
2012	34,3%	65,7%
2013	47,1%	52,9%

Fonte: Elaboração própria com base nos dados da Rais/MTE (trabalhadores de todas as idades).
* Saldo calculado pela diferença entre o número de vínculos ativos em 31 de dezembro em relação à mesma data do ano anterior.

Embora as admissões femininas no setor formal celetista tenham crescido mais do que as masculinas, sua taxa de desligamento também aumentou em ritmo superior, o que pode apontar uma dinâmica precária de inserção no mercado de trabalho. A compensação entre esses dois movimentos faz com que o saldo – a diferença entre o número de admissões e desligamentos no período – tenda a variar menos para as mulheres. A maior variação do saldo para os homens indicaria maior volatilidade do emprego formal masculino e, assim, uma maior sensibilidade às variações da conjuntura econômica, com mais oportunidades em fases de expansão.

GRÁFICO 2. DISTRIBUIÇÃO DOS TRABALHADORES POR SETOR E SEXO (2001 E 2012)

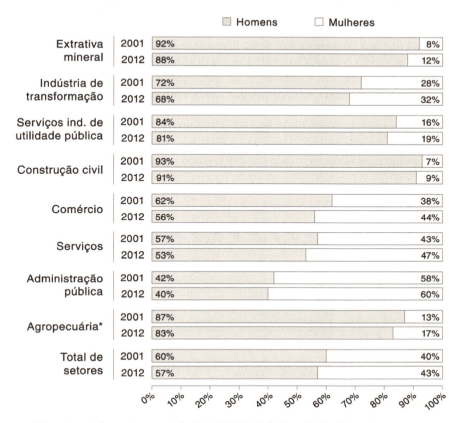

Fonte: Elaboração própria com base nos dados da Rais/MTE (trabalhadores de 15 a 64 anos).
* Inclui extração vegetal, caça e pesca.

Uma das explicações a esse padrão marcadamente de gênero no movimento dos saldos é dada pela distribuição setorial do emprego por sexo. Como homens e mulheres não estão igualmente distribuídos em todos os setores da atividade econômica, a maior volatilidade no saldo de contratação masculina refletiria movimentos e expansão mais ágil ou retração brusca de certos setores. Conforme os dados da Rais, entre 2001 e 2012 houve um aumento bastante modesto da participação feminina no emprego formal, que passa de quase 40% para 43%.

Ademais, além de uma baixa progressão da feminização do emprego formal no período, a inserção de homens e mulheres no mercado de trabalho segue obedecendo a uma lógica de segmentação bem conhecida. A evolução da distribuição setorial do emprego formal por sexo no período em análise é similar ao padrão prevalecente em décadas anteriores, como ilustrado no Gráfico 2 a respeito do estoque das ocupações. Nele, vê-se que administração pública, serviços e comércio oferecem mais oportunidades às mulheres.

Percebe-se que em todos os setores analisados a penetração feminina aumenta, embora em alguns deles permaneça marginal (inferior a 20%). Tal participação é majoritária – acima de 50% – apenas na administração pública, em que a entrada se faz, via de regra, através de concurso. Portanto, a formalidade é mais favorável às mulheres quando a contratação tende a se dar de forma *blind*.

Persistem disparidades importantes na remuneração de homens e mulheres no mercado formal. Em 2001, as mulheres ganhavam, em média, R$ 1.465,00 mensais[8], enquanto os homens recebiam R$ 1.814,00. Ao final da série, em 2012, tais valores são, respectivamente, de R$ 1.805,00 e R$ 2.184,00. Ou seja, após onze anos, numa fase de expansão econômica sustentada, as mulheres não lograram alcançar o rendimento médio masculino registrado em 2001, como indica o Gráfico 3.

GRÁFICO 3. REMUNERAÇÃO MÉDIA NO SETOR FORMAL (2001-2012) – VALORES CONSTANTES DE 2013 (EM R$)

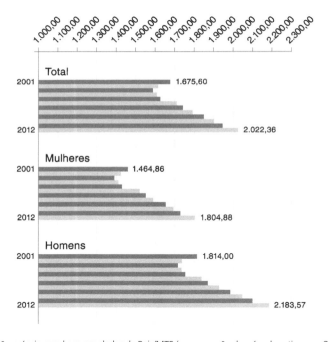

Fonte: Elaboração própria com base nos dados da Rais/MTE (remuneração dos vínculos ativos em 31 de dezembro, de trabalhadores entre 15 e 64 anos, corrigida pelo IPCA de dez. 2013).

---

[8] Todos os valores são constantes, corrigidos pelo IPCA e expressos em reais de dez. 2013.

GRÁFICO 4. REMUNERAÇÃO FEMININA COMO PROPORÇÃO DA REMUNERAÇÃO MASCULINA POR FAIXAS DE HORAS CONTRATUAIS (2001-2012)

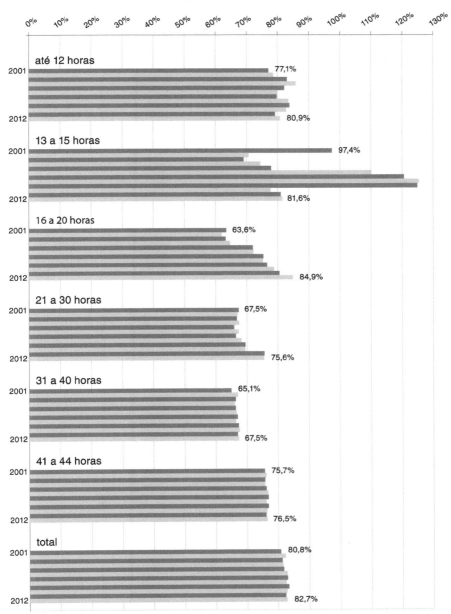

Fonte: Elaboração própria com base nos dados da Rais/MTE (trabalhadores de 15 a 64 anos).

Ao traduzir tal dinâmica em termos de diferenciais salariais, constata-se que, no período, houve uma redução de 2,4 pontos percentuais no hiato salarial entre os sexos. Se em 2001 a remuneração média feminina corresponde a 80,8% da masculina, em 2011 tal percentual é bastante semelhante, 82,5%. Em termos de salário/hora, no entanto, o *gap* salarial se mantém praticamente constante entre 2001 e 2013: antes, as mulheres ganhavam em média 87% da remuneração masculina por hora trabalhada e passam a receber 86,6%.

Decompondo-se o hiato salarial de gênero segundo a ocupação em tempo integral (40 a 44 horas por semana) ou tempo parcial (menos de 20 horas por semana), descobre-se que, neste último tipo de ocupação ("mais precarizada", embora formalizada), a redução das disparidades de rendimentos foi mais rápida do que no caso do emprego tempo integral, em que praticamente não houve convergência (Gráfico 4). Os empregos de tempo parcial recuaram no período para ambos os sexos; entretanto, mantêm relevância muito maior para as mulheres.

GRÁFICO 5. ADMISSÕES E DEMISSÕES ATÉ DOIS SALÁRIOS MÍNIMOS, POR SEXO (2006-2013)*

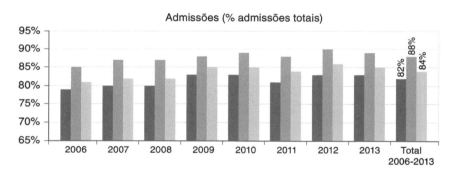

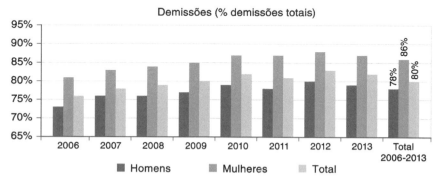

Fonte: Elaboração própria com base nos dados do Caged/MTE para o setor formal da economia, para trabalhadores de 15 a 64 anos.

* Os valores referem-se à quantidade de movimentações declaradas nos doze meses de cada ano, dividindo-se a soma das admissões (demissões) até dois salários mínimos pela soma das admissões (demissões) totais no ano, para cada sexo separadamente e no agregado.

A dimensão precária da inserção ocupacional da última década, especialmente para as mulheres, pode ser vista através da importância dos postos que remuneram até dois salários mínimos mensais. Entre 2006 e 2013, 84% das admissões e 80% das demissões estariam concentradas nessa faixa salarial, segundo dados do Caged. Além disso, a proporção de vagas de baixa remuneração é maior para as mulheres: do total de admissões registradas no período, essa faixa de renda contempla 88% das mulheres e 82% dos homens. Outro aspecto relevante refere-se à hipótese de que os trabalhadores de maior remuneração estariam sendo substituídos por mão de obra mais barata, tendo em vista que a proporção de admissões até dois salários mínimos é maior do que a de demissões. Tal dinâmica permitiria compreender, ainda, parte da suposta "melhoria" da participação feminina no mercado de trabalho, visto que elas recebem, de modo geral, salários menores (Gráfico 5).

Ainda que predominem nas ocupações menos bem remuneradas, as mulheres ampliam sua participação na massa salarial, que passa de 35%, em 2001, para 38%, em 2012.

Os Gráficos 6 e 7 sistematizam a magnitude dos diferenciais salariais de gênero, levando em conta o nível educacional, a faixa etária e o setor. Quanto ao nível de escolaridade, há uma relativa melhora nos diferenciais salariais entre os sexos, exceto entre os analfabetos ou aqueles com apenas fundamental completo. A informação mais curiosa, porém, é que à medida que aumenta a escolaridade, também se agravam os *gaps* salariais. Ou seja: investir em educação parece não oferecer o mesmo retorno para as mulheres. Já no que tange à idade, o hiato salarial tende a aumentar nas faixas mais velhas, sendo bem mais acentuado nos grupos mais experientes.

GRÁFICO 6. REMUNERAÇÃO FEMININA COMO PROPORÇÃO DA REMUNERAÇÃO MASCULINA POR ESCOLARIDADE (2013) – VALORES CONSTANTES DE 2013

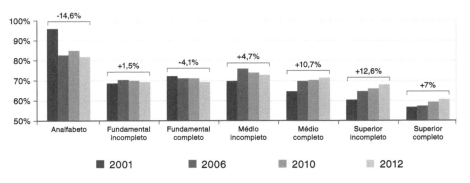

Fonte: Elaboração própria com base nos microdados da Rais/MTE (vínculos ativos em 31 de dezembro para trabalhadores de 15 a 64 anos, corrigidos pelo IPCA de dezembro de 2013).

GRÁFICO 7. REMUNERAÇÃO MÉDIA NO SETOR FORMAL POR SEXO E FAIXA ETÁRIA (2001-2012) – VALORES CONSTANTES DE 2013 (EM R$)

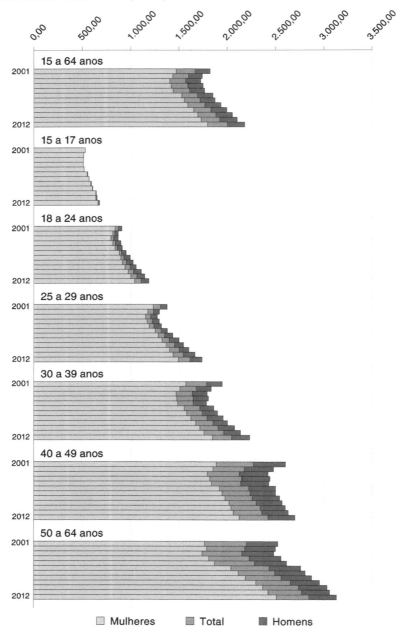

Fonte: Elaboração própria com base nos microdados da Rais/MTE (valores relativos aos vínculos ativos em 31 de dezembro, corrigidos pelo IPCA de dez. 2013).

O aumento do número de horas trabalhadas pelas mulheres comparativamente aos homens indica, no entanto, que a redução desses hiatos de renda do trabalho pode ser atribuída, em parte, ao fato de as mulheres passarem a trabalhar em média uma hora a mais, a partir de 2010 (de 39 horas semanais em 2001 para 40 horas semanais, desde então), enquanto os homens mantiveram, na média, o patamar de 42 horas trabalhadas por semana, segundo dados da Rais.

Em resumo, podemos inferir que as tão celebradas melhorias da inserção das mulheres no mercado de trabalho em uma década de retomada do crescimento econômico mostram-se modestas. Dados do MTE apontam para a redução das oportunidades para as mulheres em comparação aos homens em anos de elevado crescimento, aumento das demissões femininas juntamente com o aumento das contratações e reprodução de desequilíbrios tradicionais, favorecendo sua entrada em setores de menor produtividade. A precarização também se expressa na elevada concentração desses "avanços" em vínculos de baixa remuneração e na redução do tempo de permanência no emprego.

Além disso, as (sutis) reduções no hiato salarial entre homens e mulheres foram, em grande parte, efeito do aumento do número de horas trabalhadas por elas. Em verdade, pode-se pensar na existência de uma dinâmica perversa do crescimento para a inserção feminina, pois, dado que os hiatos salariais são maiores nos vínculos de tempo integral, os fatores que procuram induzir essa maior estabilidade tenderiam a agravar, e não a reduzir, as disparidades em questão. Identifica-se ainda que estas aumentam à medida que aumenta o grau de experiência (idade) e de escolaridade, o que pode gerar sérias distorções em termos de incentivos.

Análise multivariada

Esta seção investiga com maior profundidade os resultados encontrados na análise descritiva. Os modelos foram estimados a partir de um painel de estados ao longo do período de 2003 a 2011, somando 243 observações. As variáveis explicativas são os diferenciais de salário mensal, salário/hora (massa salarial/total de horas contratadas), horas trabalhadas e participação no mercado formal, sempre entre homens e mulheres. Elas foram calculadas da seguinte forma:

$$diferencial = \left(\frac{valor\ para\ mulheres}{valor\ para\ homens} \right) \times 100$$

Assim, os coeficientes são interpretados em relação à variação do diferencial em pontos percentuais. As variáveis utilizadas estão descritas no Quadro 1.

QUADRO 1.

VARIÁVEIS	DESCRIÇÃO
RAIS/MTE	
diferencial_salario	Diferencial de salário mensal
diferencial_horas	Diferencial de horas trabalhadas
diferencial_salario_hora	Diferencial de salário/hora
diferencial_freq	% mulheres em relação aos homens no mercado de trabalho
p_agro	% empregados na agropecuária
p_serv	% empregados nos serviços
dif_tempo_emp	Diferencial de tempo de permanência (meses) no emprego
fe_15a24	% empregados de 15 a 24 anos
fe_50a64	% empregados de 50 a 64 anos
p_ate_ef	% empregados com escolaridade até Ensino Médio incompleto
p_es	% empregados com Ensino Superior completo
salario_2sm	% empregados que recebem até 2 salários mínimos mensais
p_ate20h	% empregados que trabalham até 20 horas semanais
p_mais40	% empregados que trabalham 41 horas ou mais por semana
PNAD/IBGE	
freq_creche	% crianças de 0 a 5 anos que frequentam escola ou creche
Contas Regionais	
Crescimento	Taxa de crescimento real do PIB
Contas Regionais/IBGE e PNAD/IBGE	
prod_ind	Valor adicionado por hora trabalhada na indústria (em R$ de 2011)
prod_total	Valor adicionado por hora trabalhada (em R$ de 2011)

Fonte: Elaboração própria.

Para os dados da PNAD, os valores de 2010 (não disponíveis) são uma média aritmética entre 2009 e 2011. Os modelos estimados têm a seguinte estrutura:

$$y_{it} = \beta_0 + X_{it}\beta_1 + \alpha_i + \delta_t + \varepsilon_{it},$$

em que y_{it} é uma das quatro variáveis de resultado; X_{it} é o conjunto de variáveis explicativas; α_i e δ_t são efeitos fixos de estado e tempo. Os efeitos fixos são *dummies* que identificam cada uma das unidades da federação (UFs) e cada um dos anos de análise. Sua inclusão serve para controlar características não observáveis das UFs, que não variam ao longo do tempo (α_i); e as tendências temporais comuns a todos as UFs (δ_t). A Tabela 1 apresenta as estatísticas descritivas da base de dados.

TABELA 1

Variáveis	Média	Desvio padrão	Mínimo	Máximo
diferencial_salario	88,0	7,0	66,1	102,8
diferencial_horas	93,9	2,9	84,3	106,7
diferencial_salario_hora	93,9	8,3	62,0	112,9
diferencial_freq	71,8	9,8	39,3	101,9
p_agro	4,0	3,0	0,5	14,2
p_serv	75,5	7,6	58,2	92,2
dif_tempo_emp	131,1	19,8	63,2	178,9
fe_15a24	17,4	3,2	11,7	25,9
fe_50a64	12,6	1,9	6,5	17,9
p_ate_ef	42,5	8,7	22,6	63,8
p_es	15,0	3,7	6,9	28,6
salario_2sm	56,7	10,5	24,9	75,1
p_ate20h	3,7	1,7	0,8	8,6
p_mais40	62,6	9,8	39,2	80,7
freq_creche	32,2	7,8	15,5	49,3
Crescimento	4,8	5,0	-11,3	23,2
prod_ind	16,1	7,2	6,2	40,4
prod_total	14,4	8,1	4,9	51,9

Fonte: Elaboração própria a partir dos dados da Rais/MTE, da PNAD/IBGE e das Contas Regionais/IBGE.

Foram estimados modelos de diferentes especificações para testar a robustez dos resultados. A Tabela 2 apresenta os resultados dos modelos mais completos, com efeitos fixos de UF e tempo. Cada coluna corresponde a um modelo com uma variável de resultado diferente. Os resultados que se mostraram robustos entre as várias especificações estão destacados em negrito. Os asteriscos junto aos coeficientes nos dão o nível de significância das estimações: 1% (três asteriscos), 5% (dois), 10% (um) e não significante (nenhum). Quanto menor o nível de significância, mais confiável é o efeito encontrado.

A proporção de mulheres em relação aos homens no mercado formal parece não ter impacto sobre os diferenciais salariais, mas tem impacto positivo sobre o diferencial de horas trabalhadas. Possivelmente, isso acontece porque a inserção feminina se dá mais em profissões de tempo parcial. Observam-se menores diferenciais entre homens e mulheres em termos de remuneração e participação no mercado de trabalho onde o setor de serviços emprega mais, de modo que a importância crescente desse setor pode atenuar as diferenças de gênero. Tal evolução, porém, não é necessariamente favorável, tendo em vista que este é um setor de baixa remuneração para ambos os sexos.

106 *Gênero e trabalho no Brasil e na França*

TABELA 2

	Salário mensal	Salário/hora	Horas trabalhadas	Participação
diferencial_freq	-0,093	-0,051	-0,116***	–
p_agro	0,227	-0,102	0,366***	0,280
p_serv	0,932***	**0,900***	0,090	**0,932***
dif_tempo_emp	0,247***	**0,357***	-0,115***	**0,294***
fe_15a24	-1,081***	-0,966**	-0,227	**-1,608***
fe_50a64	-1,938***	**-2,417***	0,523***	0,323
p_ate_ef	0,043	-0,065	0,076**	-0,298**
p_es	-0,176*	-0,186	-0,023	-0,055
salario_2sm	-0,294***	-0,145*	-0,168***	**0,506***
p_ate20h	-0,119	**0,465***	-0,530***	0,065
p_mais40	0,297***	0,243*	0,051	**-0,599***
freq_creche	-0,064	-0,039	-0,038	-0,057
Crescimento	0,001	**-0,006**	0,006	-0,059*
prod_ind	-0,161**	**-0,060**	-0,098***	**0,082**
prod_total	0,247	**-0,087**	0,351***	**0,141**
Constante	17,8	12,1	111,1***	8,7
R²	0,952	0,948	0,943	0,949

Fonte: Elaboração própria a partir dos dados da Rais/MTE, da PNAD/IBGE e das Contas Regionais/IBGE.
Nível de significância: 1% (***), 5% (**), 10% (*) e não significante (nenhum).

Como visto na análise descritiva, as mulheres tendem a permanecer no emprego por mais tempo. Segundo o modelo, quanto maior a vantagem delas, menores os diferenciais salariais e maior sua participação no mercado de trabalho. No entanto, o *turnover* vem crescendo ao longo do tempo, o que aumenta o risco de as assimetrias de gênero se agravarem.

A análise da estrutura etária do mercado de trabalho, por sua vez, mostra que quanto maior a participação das coortes mais jovens (15 a 24 anos) *vis-à-vis* os adultos de 25 a 49 anos, maiores tendem a ser os diferenciais de participação no mercado. Isso pode ser explicado pelo fato de os homens começarem a trabalhar mais cedo. Por outro lado, quanto maior a presença de adultos de mais de cinquenta anos no mercado de trabalho, maiores também os diferenciais de salário/hora, reiterando a conclusão de que a experiência das mulheres é menos valorizada. Em um contexto de envelhecimento populacional, portanto, os diferenciais salariais de gênero tendem a aumentar.

Já os resultados para escolaridade da população não foram robustos. Em termos de correlação, os diferenciais de rendimento e participação entre os sexos tendem a ser menores em contextos de população mais escolarizada, já que a escolaridade das mulheres é, em média, superior à dos homens. Quando se comparam homens e mulheres com o mesmo nível de escolaridade, porém, observam-se diferenciais maiores entre os mais instruídos. Tais efeitos podem estar se confundindo e dificultando a análise.

O modelo também indica que as mulheres têm mais facilidade de ingressar no mercado de trabalho quando a proporção de empregos de até dois salários mínimos é maior. No caso do salário/hora, observa-se, embora sem robustez, que a predominância de baixas remunerações acentua os diferenciais de gênero, pois as mulheres tendem a ocupar essas vagas de pior remuneração. Da mesma forma, o diferencial de horas trabalhadas tende a ser maior em contextos com maior proporção de jornadas de trabalho mais curtas (até 20h), pois são as mulheres a maior parte dos empregados de tempo parcial; e sua inserção é mais difícil quanto mais alta a proporção de pessoas que trabalham em tempo integral (40-44h).

Ao contrário do esperado, a disponibilidade de creches e escolas para as crianças de zero a cinco anos não se mostrou capaz de reduzir os diferenciais de gênero. Esse resultado é surpreendente, tendo em vista as conclusões da literatura feminista em geral. É possível que tal efeito não esteja bem captado em um modelo agregado por estado, que não reflete as decisões individuais das mulheres.

Evidentemente, o crescimento econômico tem efeitos positivos no mercado de trabalho. No entanto, a expansão da economia nos anos 2000 parece não ter contribuído para uma redução dos diferenciais aqui estudados. Trata-se de um resultado especialmente preocupante, uma vez que reafirma que, em um contexto de redução das desigualdades de renda via mercado de trabalho, as mulheres não se beneficiaram tanto quanto os homens. Portanto, parecem ser essenciais políticas públicas específicas para combater a discriminação de gênero nesse âmbito.

Finalmente, a produtividade do trabalho – industrial e total – não parece ter qualquer efeito sobre os diferenciais de salário/hora, nem sobre a integração da mulher ao mercado de trabalho. Em relação ao salário mensal, o impacto da produtividade da indústria é negativo para as mulheres. Este é um setor tipicamente masculino, de modo que sua produtividade mais elevada tende a ter maior impacto positivo sobre a média salarial dos homens. Como a maior produtividade da indústria também implica um maior diferencial de horas trabalhadas, o efeito sobre o salário/hora é anulado. Verifica-se, também, um efeito positivo para as mulheres da produtividade total do estado sobre a quantidade de horas trabalhadas, o que pode estar refletindo o fato de que a participação feminina tende a aumentar em contextos mais desenvolvidos.

À guisa de conclusão

Se a década recente foi ímpar, quando comparada com as duas anteriores, para melhorar a distribuição de renda no Brasil, reduzir a proporção de pobres e ampliar a formalização do emprego, em meio à retomada do crescimento em ritmo mais vigoroso e sustentado, o mesmo não se pode dizer da dinâmica dos diferenciais de gênero, que se mantiveram praticamente inalterados. Houve melhoras modestas na correção das assimetrias de gênero. O melhor desempenho do mercado de trabalho, com elevação do salário médio e expansão dos postos protegidos favoreceu a todos os trabalhadores, sem contribuir, contudo, para uma redução significativa das desigualdades salariais entre os sexos, nem tampouco ampliar numa velocidade maior, capaz de anular desvantagens, o ingresso da força de trabalho feminina no setor formal.

Mais uma vez o crescimento econômico parece não impactar sobre as desigualdades de gênero que estruturam e configuram o mercado de trabalho.

Se estabilidade e níveis de produtividade crescentes mostram-se fatores que parecem afetar positivamente a posição relativa das trabalhadoras, *vis-à-vis* seus congêneres do sexo masculino, a trajetória recente da economia brasileira – com forte predominância dos empregos de até dois salários mínimos, aumento do *turnover* e baixa produtividade da indústria e do setor de serviços – parece indicar que o desenvolvimento tal como vem ocorrendo é pouco amigável para as mulheres. Haveria um modelo de desenvolvimento mais *gender friendly*? Que obstáculos o modelo social-desenvolvimentista (Lavinas e Simões 2015; Carneiro 2012) não logrou remover na construção de uma maior equidade entre os sexos no mercado de trabalho? Ou será que as discriminações de gênero são indiferentes ao modelo de desenvolvimento? Será que batemos num certo teto em termos do que seria um patamar de convergência entre homens e mulheres no mercado de trabalho em sociedades de mercado? É verdade que em nenhum país ocidental desenvolvido as iniquidades de gênero, entendidas como diferenciais desfavoráveis às mulheres, foram anuladas.

Nossa leitura privilegiou uma interpretação dos marcos estruturais do mercado de trabalho, em lugar de se deter nas características individuais dos trabalhadores. O cenário que se vislumbra não se mostra dos mais otimistas para anular os condicionantes que discriminam negativamente as mulheres no mercado de trabalho mais qualificado, em tempos de progressos para os grupos mais vulneráveis. Onde entra o gênero nessa equação?

As perspectivas sugerem cautela e questionamentos, mas ampliam o campo da investigação.

REFERÊNCIAS BIBLIOGRÁFICAS

BCB. *Séries temporais* (dados sobre crédito). Brasília, Banco Central do Brasil, 2014. Disponível em: <www3.bcb.gov.br/sgspub/localizarseries/localizarSeries.do?method=prepararTelaLocalizarSeries>. Acesso em: 29/5/2015.

BRUSCHINI, M. C. A. O trabalho da mulher brasileira nas décadas recentes. *Revista Estudos Feministas*, v. 94, n. esp., 1994. p. 179-99.

_____. Trabalho e gênero no Brasil nos últimos dez anos. *Cadernos de Pesquisa*, v. 37, n. 132, 2007. p. 537-72.

BRUSCHINI, M. C. A.; LOMBARDI, M. R. Trabalhadoras brasileiras dos anos 90: mais numerosas, mais velhas e mais instruídas. *Mulher e Trabalho*, v. 1, 2001. p. 95-106.

CARNEIRO, R. Velhos e novos desenvolvimentismos. *Economia e Sociedade*, v. 21, n. 4, 2012. p. 749-78.

CASTRO, M. G. Perspectiva de gênero e análise sobre mulher e trabalho na América Latina: ensaio/notas sobre impasses teóricos. *Revista de Antropologia*, v. 1, n. 2, 1996. p. 55-85.

IBGE. *Contas Regionais do Brasil*. 2002-2012. Disponível em: <www.ibge.gov.br/home/estatistica/pesquisas/pesquisa_resultados.php?id_pesquisa=5>. Acesso em: 29/5/2015.

_____. *Síntese dos Indicadores Sociais*. 2013. Disponível em: <www.ibge.gov.br/home/estatistica/populacao/condicaodevida/indicadoresminimos/sinteseindicsociais2013>. Acesso em: 29/5/2015.

_____. *Pesquisa Nacional por Amostra de Domicílios* (PNAD). 2013. Disponível em: <www.ibge.gov.br/home/estatistica/populacao/trabalhoerendimento/pnad2013>. Acesso em: 29/5/2015.

KAWAOKA, B.; MENEZES FILHO, N. Salário mínimo e desigualdade salarial. Comunicação no Seminário *Política de salário mínimo para 2015-2018: avaliações de impacto econômico e social*, 7-8 maio 2014. Rio de Janeiro, FGV, 2014.

LAVINAS, L. Emprego feminino: o que há de novo e o que se repete. *Dados: Revista de Ciências Sociais*, v. 40, n. 1, 1997. p. 41-68.

_____. Evolução do desemprego feminino nas áreas metropolitanas. In: ROCHA, B. (org.). *Trabalho e gênero*. Campinas/São Paulo, Abep/Editora da Unicamp/Editora 34, 2000.

_____. Salariat, précarité et convergences entre les sexes dans le marché du travail. In: PICQ, F.; STORTI, M. (orgs.). *Le féminisme à l'épreuve des mutations géopolitiques*. Paris, Racine de IXE, 2012. p. 77-92.

_____. Brazil: A New Path to Equality?. Comunicação no Seminário *Brazil: From Dictatorship to Democracy (1964-2014)*, 9-12 abr. 2014. Providence, RI, Watson Institute for International Studies/Brown University, 2014.

LAVINAS, L.; NICOLL, M. Activity and Vulnerability: Family Arrangements in Risk in Brazil. *Dados: Revista de Ciências Sociais*, v. 49, n. 1, 2006. p. 67-97.

LAVINAS, L.; SIMÕES, A. Social Policy and Structural Heterogeneity in Latin America: The Turning Point of the 21st Century. In: FRITZ, B.; LAVINAS, L. (orgs.). *A Moment of Equality of Latin America?* Challenges for Redistribution. Burlington, VT, Ashgate, 2015. p. 77-102.

MELO, H. P.; SABBATO, A. Divisão sexual do trabalho e pobreza. In: Fundação Alexandre de Gusmão (FUNAG). *Autonomia econômica e empoderamento da mulher*: textos acadêmicos. Brasília, Funag, 2011. p. 53-76.

MELO, H. P.; CASTILHO, M. Trabalho reprodutivo no Brasil: quem faz?. *Revista de Economia Contemporânea*, v. 13, n. 1, 2009. p. 135-58.

MTE. *Relação Anual de Informações Sociais* (Rais). 2001-2013. Disponível em: <portal.mte.gov.br/rais/estatisticas>. Acesso em: 29/5/2015.

_____. *Cadastro Geral de Empregados e Desempregados* (Caged). 2002-2012. Disponível em: <granulito.mte.gov.br/portalcaged>. Acesso em: 29/5/2015.

SABOIA, J. Macroeconomics, the Job Market and Income Distribution in Brazil Over the Recent Past: Progress, Regression and Challenges. In: FRITZ, B.; LAVINAS, L. (orgs.). *A Moment of Equality of Latin America?* Challenges for Redistribution. Burlington, VT, Ashgate, 2015. p. 145-57.

SORJ, B. Sociologia e trabalho: mutações, encontros e desencontros. *Revista Brasileira de Ciências Sociais*, v. 15, n. 43, 2000. p. 25-34.

_____. Trabalho remunerado e trabalho não remunerado. In: VENTURI, G.; RECAMÁN, M.; OLIVEIRA, S. (orgs.). *A mulher brasileira nos espaços público e privado*. São Paulo, Fundação Perseu Abramo, 2004. p. 107-19.

_____. Legislação trabalhista, políticas públicas e igualdade de gênero. In: Centro Feminista de Estudos e Assessoria (CFEMEA). *Perspectivas e críticas feministas sobre as reformas trabalhista e sindical*. Brasília, CFEMEA/FIGCIDA, 2006. Disponível em: <www.andi.org.br/sites/default/files/legislacao/perspectivasreformastrabalhistasindical%5B1%5D.pdf>. Acesso em: 29/5/2015.

THERBORN, G. Moments of Equality: Today's Latin America in a Global Historical Context. In: FRITZ, B.; LAVINAS, L. (orgs.). *A Moment of Equality of Latin America?* Challenges for Redistribution. Burlington, VT, Ashgate, 2015. p. 13-28.

PARTE III

TRABALHO E USO DO TEMPO

9

TEMPO DE TRABALHO REMUNERADO E NÃO REMUNERADO NA AMÉRICA LATINA
Uma repartição desigual

Laís Abramo
María Elena Valenzuela

Introdução

A possibilidade de uma articulação mais equilibrada entre o trabalho e a vida pessoal e familiar é uma dimensão estratégica central para a promoção da igualdade de gênero no mundo do trabalho e está intrinsecamente relacionada ao conceito de trabalho decente. Os mecanismos tradicionais de divisão entre o trabalho produtivo e reprodutivo hierarquizam a sociedade e o mercado de trabalho e reproduzem as desigualdades e discriminações de gênero.

A crescente entrada das mulheres no mercado de trabalho questiona os mecanismos tradicionais de reprodução social ao diminuir a disponibilidade de tempo destinado pelas mulheres ao cuidado de suas famílias. O envelhecimento da população e o aumento dos domicílios nos quais as mulheres são a pessoa de referência colocam novas pressões sobre as necessidades de cuidado. Simultaneamente, a existência de um grande número de pessoas sem acesso à proteção social, a falta de controle sobre a organização, os tempos e a intensidade do trabalho aprofundam as tensões entre a vida pessoal, familiar e laboral.

Não apenas existe uma oferta insuficiente de serviços destinados ao cuidado das pessoas e uma desigual distribuição do trabalho de cuidado da família entre homens

Gênero e trabalho no Brasil e na França

e mulheres, mas também a organização e as condições de trabalho dificultam que muitas trabalhadoras e trabalhadores desenvolvam suas potencialidades no trabalho e desfrutem uma vida pessoal e familiar satisfatória.

Neste capítulo, analisamos algumas dessas questões, com foco na situação da América Latina e Caribe. Em primeiro lugar, a *crise do cuidado* e o marco normativo relativo à proteção à maternidade e à paternidade e o papel da negociação coletiva. Em segundo, o tema das creches e da pré-escola, aspectos de grande importância para as possibilidades de conciliação entre a vida familiar e o trabalho. Em terceiro, a forma como o processo de envelhecimento da população torna mais intensa e complexa a carga de trabalho das mulheres. Em quarto, os padrões de gênero do uso do tempo, especificamente no que se refere às jornadas de trabalho e à *pobreza de tempo*. Em quinto lugar, a situação das *trabalhadoras domésticas*, que constitui o elo mais débil da *cadeia de cuidados* e um dos núcleos duros dos déficits de trabalho decente.

Crise do cuidado, legislação e negociação coletiva

A crise do cuidado

Como destacado pela Organização Internacional do Trabalho (OIT, 2009), a América Latina enfrenta atualmente uma *crise do cuidado*. Essa crise se desenvolve em um cenário de profundas transformações resultantes da crescente entrada das mulheres no mercado de trabalho e pelas tensões causadas pela persistência da noção tradicional de que as mulheres são as responsáveis exclusivas ou principais pelas atividades de cuidado ou, quando muito, uma "força de trabalho secundária" (Abramo, 2007). Essa noção se reflete na organização das famílias, com a persistência de um modelo que pouco avançou no sentido de uma maior responsabilidade dos homens pelas atividades de cuidados. Reflete-se, ainda, na organização do mercado de trabalho e nos processos de formulação de políticas públicas, fazendo com que muitas dessas políticas continuem baseadas na imagem tradicional da mulher como cuidadora principal, com total disponibilidade de tempo para encarregar-se das necessidades da família.

A crise de cuidado não pode ser resolvida sem uma efetiva redefinição das cargas e responsabilidades relativas ao trabalho remunerado e ao trabalho não remunerado e de cuidado, assim como da responsabilidade do Estado de prover o apoio necessário à reprodução social. Esse processo envolve, portanto, as famílias, as unidades produtivas e as ações estatais reguladoras, fiscais e de provisão de serviços sociais.

Proteção à maternidade e apoio a trabalhadores/as com responsabilidades familiares

A proteção à maternidade é uma questão central para a OIT desde a sua criação, em 1919. O objetivo dessa proteção é resguardar a saúde da mãe e de seu filho/a durante o período de gestação, parto, pós-parto e lactância, bem como proteger a trabalhadora de qualquer discriminação baseada na maternidade no âmbito do emprego e da ocupação (OIT, 2011a).

A maioria dos países da América Latina e Caribe conta com uma normativa de proteção à maternidade que inclui licença-maternidade, salário-maternidade, proteção contra a demissão e garantia a voltar ao mesmo posto de trabalho ou a um posto equivalente ao término da licença.

A proibição de exames de gravidez como condição para a contratação é um aspecto importante dessa proteção, explicitamente incorporado à legislação no Brasil, no Chile, em El Salvador, em Honduras e na Venezuela. Na Colômbia, na Guatemala, no Haiti, na Jamaica e no Uruguai, a lei proíbe a discriminação por razões de gravidez, restringindo indiretamente a exigência do exame. Apesar desses avanços normativos, os exames de gravidez ainda são exigidos como um requisito para obter ou manter um trabalho em vários países da região (OIT; ONU Mulheres; PNUD; Cepal e FAO, 2013).

O impacto efetivo da proteção da maternidade é, no entanto, limitado pela alta proporção de mulheres na informalidade e sem acesso à previdência social.

Por sua vez, a Convenção n. 156 da OIT, sobre trabalhadores de ambos os sexos com responsabilidades familiares, busca mudar o paradigma que "favorece" e outorga direitos relativos ao cuidado da família apenas às mulheres trabalhadoras, o qual reforça seu papel como principal responsável dos cuidados da família[1].

O reconhecimento do direito dos pais a participar do cuidado de seus/suas filho/as recém-nascidos/as é um avanço importante na região, devido aos seus efeitos tanto práticos quanto simbólicos. Da negociação coletiva em alguns países – Argentina, Bahamas, Brasil, Chile, Colômbia, Equador, Guatemala, República Dominicana, Uruguai e Venezuela – surgiram leis que instituem licença remunerada para os pais na ocasião do nascimento de um/a filho/a (OIT e PNUD, 2013). Apesar disso, a licença-paternidade ainda não é usada amplamente.

A *licença parental* para o cuidado dos filhos/as após o término da licença-maternidade marca uma inflexão nas políticas de cuidado, já que inclui ambos progenitores, dissociando, portanto, o cuidado como direito e responsabilidade apenas das mulheres, e permitindo uma efetiva redistribuição de tarefas entre o casal. Esse tipo de licença existe em apenas dois países latino-americanos: Chile e Cuba (idem).

Os direitos e benefícios previstos na legislação podem ser significativamente ampliados através da negociação coletiva. Uma pesquisa coordenada pela OIT em sete países da América Latina constatou avanços importantes, por exemplo, quanto à duração das licenças maternidade e paternidade, à estabilidade para o pai em caso de nascimento de filho/a e as garantias para mães e pais adotantes (Abramo e Rangel, 2005).

Os serviços de cuidado infantil

Um fator-chave para facilitar a incorporação das mulheres ao mercado de trabalho e aliviar a tensão vivenciada tanto por elas como pelos homens com responsabilidades

---

[1] A Convenção n. 156 foi ratificada por um total de 43 países, 11 dos quais da América Latina (Argentina, Belize, Bolívia, Chile, Equador, El Salvador, Guatemala, Paraguai, Peru, Uruguai e Venezuela).

familiares e dupla jornada é a disponibilidade de serviços acessíveis de assistência a crianças, sobretudo em idade pré-escolar.

Registra-se, na América Latina, uma expansão importante das creches e da pré-escola. No entanto, ainda existe um déficit significativo de cobertura, especialmente para crianças menores de três anos. Na Colômbia, 52% das crianças com menos de cinco anos permanecem em suas casas, cuidadas por um/a adulto/a; 8,5% destas são cuidadas por algum/a familiar adulto/a maior de idade; 1,7% acompanha sua mãe ao trabalho. No México, 84% das crianças menores de três anos são cuidadas por suas mães e 9% por outro membro da família. Apenas 2% frequentam creches públicas ou privadas, apesar de esse serviço ser parte dos benefícios previstos pela previdência social (Salvador, 2007).

Ainda é muito comum a percepção de que o cuidado infantil é uma responsabilidade fundamentalmente das famílias. Aquelas que podem arcar com o custo de contratar serviços privados de cuidado têm mais possibilidades de que todos seus membros adultos tenham uma inserção mais plena no mercado de trabalho e, consequentemente, de obter maiores rendimentos por essa via. Por outro lado, as famílias de menor renda, que não podem contratar esse tipo de serviço, constroem outras estratégias, via de regra baseadas na não inserção ou na inserção precária das mulheres no mercado de trabalho.

A desigualdade tem também uma dimensão racial e territorial. No Brasil, 16% das mulheres negras ocupadas da região Norte têm crianças menores de três anos; destas, apenas 18% frequentam uma creche. Em contraste, a proporção de trabalhadoras brancas com filhos menores de três anos na região Sul do país é menor (9,5%) e a assistência à creche é maior (35,5%) (Guimarães, 2012).

Em alguns países, o Estado tenta reforçar a oferta de cuidado infantil para crianças menores através de convênios com organizações comunitárias, com o objetivo principal de enfrentar o problema da pobreza entre as crianças[2], permitindo às mães trabalhadoras de baixa renda contar com um lugar para deixar seus/suas filhos/as. Além disso, constituem uma nova oferta de emprego para mulheres pobres, que assumem as tarefas de cuidadoras, ainda que em geral se tratem de atividades mal remuneradas e sem acesso à previdência social.

O nível de cobertura é maior para as crianças de quatro e cinco anos. Segundo dados da Unesco (2007), o ensino pré-escolar na América Latina experimentou uma rápida expansão: entre 1999 e 2006, o número de crianças atendidas pela educação pré-escolar (de três ou quatro anos até a entrada no ensino primário) aumentou de 16 para 20 milhões, e a taxa bruta de escolarização passou de 56% para 65%.

---

[2] Entre esses países está a Colômbia, onde os programas públicos de cuidado infantil do Instituto Colombiano de Bem-Estar Familiar (ICBF) surgiram por iniciativas de mulheres residentes em bairros populares que cuidavam dos/as filhos/as de suas vizinhas enquanto elas iam trabalhar. No Peru, o programa Mais Berço (Cuna Más, ex-Wawa Wasi), do Ministério de Desenvolvimento Social, tem como objetivo oferecer uma alternativa para o cuidado das crianças no período em que suas mães trabalham e, ao mesmo tempo, gerar emprego para mulheres cuidadoras. Exemplos similares são o Programa de Creches Infantis (Guarderías y Estancias Infantiles) no México, o Casas Comunitárias (Hogares Comunitarios) na Costa Rica e o Empresas Maternais (Empresas Maternales) em Honduras.

Além da educação pré-escolar, vários países vêm desenvolvendo programas de ampliação da jornada escolar, que cumprem objetivos educativos e de socialização e que também têm impactos positivos nas possibilidades de conciliação entre o trabalho e a vida familiar.

As tarefas de cuidado e o envelhecimento da população

Entre as expressivas mudanças sociodemográficas que marcaram a América Latina nas últimas três décadas destacam-se o arrefecimento do ritmo de crescimento demográfico, fruto do significativo declínio da fecundidade, a continuidade do processo de urbanização e o envelhecimento populacional. Entre 1975 e 2000, a porcentagem da população de sessenta anos e mais passou de 6,5% para 8,2% na região. Espera-se que em 2025 essa cifra se aproxime de 15% e em 2050, de 24%.

A combinação da diminuição da fecundidade com o envelhecimento da população aumentou a demanda de cuidados dos/as idosos/as e permite prever uma séria crise a médio prazo, quando a taxa de dependência destes últimos será muito alta e as famílias não terão condições de assumir essa tarefa. Batthyány (2004) demonstrou que no Uruguai se produzirá nos próximos anos um sério déficit, com uma demanda de unidades de cuidado superior à população existente, estimando que cada pessoa adulta entre 20 e 64 anos deverá, em média, responsabilizar-se pelo cuidado de 1,5 pessoas além de si mesma. Considerando que a grande maioria desses adultos são mulheres, a autora conclui que esse déficit implicará uma maior sobrecarga de trabalho para elas. Assinala, além disso, que atualmente existe uma geração que amortece esse déficit, composta por mulheres de 55 anos e mais, que não estão incorporadas ao mercado de trabalho e respondem a essas necessidades de cuidado.

Apesar dessa realidade, o cuidado dos/as idosos/as não tem sido até agora um componente importante da oferta pública de serviços sociais na região. A oferta privada é acessível apenas para setores de renda média alta.

O processo de envelhecimento também aumenta a incidência de doenças e da incapacidade funcional entre a população idosa. São as mulheres que assumem quase exclusivamente o cuidado dos adultos dependentes (nos quais se concentra o cuidado dos/as idosos/as), inclusive nos domicílios em que os homens dedicam mais tempo às tarefas domésticas.

Trabalho, responsabilidades familiares e uso do tempo

A dupla jornada de trabalho das mulheres

O uso do tempo, um bem escasso, é fator essencial na articulação entre o trabalho e as responsabilidades familiares. As pesquisas de uso do tempo[3] mostram a persistência de padrões tradicionais de divisão sexual do trabalho. As mulheres trabalham mais em atividades não remuneradas e os homens em atividades remuneradas; somando-se

---

[3] Pelo menos doze países da América Latina e do Caribe contam com uma pesquisa ou módulos de uma pesquisa que medem o uso do tempo.

118 Gênero e trabalho no Brasil e na França

ambas as jornadas, o tempo total de trabalho das mulheres é superior ao dos homens e elas dispõem de menos horas de descanso e lazer.

Com efeito, as mulheres latino-americanas trabalham para o mercado uma média de 37,8 horas semanais, e os homens, 45,3 horas. Ou seja, as jornadas semanais de trabalho dos homens para o mercado são em média 7,5 horas superiores às das mulheres, chegando essa diferença a dez horas e mais nos casos da Argentina (Buenos Aires) e da Costa Rica.

As jornadas das mulheres no mercado de trabalho são mais curtas devido principalmente às restrições de tempo impostas pelas responsabilidades familiares por elas assumidas. Em muitos casos, porém, isso também está relacionado ao tipo de ocupação a que elas têm acesso. Na América Latina e no Caribe, mais de 2 milhões de mulheres trabalham menos de trinta horas semanais e desejam trabalhar mais, o que significa que estão subempregadas.

Os padrões de desigualdade de gênero na distribuição dos tempos de trabalho são mais agudos nos domicílios mais pobres. Um estudo realizado no Chile em 2011 mostrou que as trabalhadoras que pertenciam a domicílios de menor renda dedicavam mais horas aos afazeres domésticos que aquelas de domicílios com renda mais elevada. Entre os homens se observava o contrário: aqueles que pertenciam a domicílios mais pobres dedicavam menos horas aos afazeres domésticos. No Brasil, em 2009, a jornada semanal total das trabalhadoras negras era a mesma das brancas (57,9 horas), mas as primeiras dedicavam em média 2,1 horas semanais além do que as segundas aos afazeres domésticos (23 e 20,9 horas, respectivamente) e, em consequência, a mesma quantidade de horas semanais a menos ao mercado (34,9 horas, no caso das negras, e 37 horas, no das brancas) (Guimarães, 2012). Esses dados evidenciam que a incorporação das mulheres ao mercado de trabalho vem ocorrendo de forma expressiva, sem que tenha ocorrido uma nova pactuação em relação à responsabilidade pelo trabalho de reprodução social, que continua sendo assumido exclusiva ou principalmente por elas.

Esse é um dos fatores que explica a maior concentração de mulheres em ocupações precárias e informais, que usualmente não envolvem horários e locais de trabalho fixos, configurando *estratégias de ajuste* na tentativa de conciliar a atividade remunerada com as responsabilidades familiares, com elevados custos para as trabalhadoras e suas famílias (OIT, 2011c). Assim, as mulheres estão particularmente sobrerrepresentadas em trabalhos menos produtivos e precários, com pouco acesso a uma remuneração adequada e justa, à proteção social e a direitos fundamentais no trabalho.

Bens duráveis e eletrodomésticos

As tarefas domésticas podem ser particularmente árduas nos países em desenvolvimento, pois o acesso a equipamentos que poupam trabalho e reduzem o tempo necessário para cozinhar, limpar e lavar é relativamente baixo, em especial nos domicílios afetados pela pobreza. Medidas que aliviem o tempo empregado nessas tarefas domésticas podem facilitar o trabalho remunerado das pessoas, na maior parte das vezes mulheres, responsáveis por essas tarefas (idem).

No caso do Brasil, Guimarães (2012) investigou a existência de um leque mais amplo de bens duráveis em comparação ao conjunto de bens normalmente investigado pela Pesquisa Nacional por Amostra de Domicílios (PNAD) e pelo Censo Demográfico do Instituto Brasileiro de Geografia e Estatística (IBGE). Com base nessas informações, é possível constatar que, entre as famílias urbanas chefiadas por mulheres, o acesso aos bens duráveis ainda é bastante restrito. Apesar da generalização de alguns bens mais tradicionais ao longo das últimas décadas, 5,4% das famílias urbanas sob responsabilidade feminina ainda não possuíam geladeira e 1,3% não contavam com fogão em 2009. A máquina de lavar roupa não estava presente em mais da metade (53,2%) desse tipo de família, assim como outros eletrodomésticos essenciais para reduzir o tempo de afazeres domésticos: forno de micro-ondas (inexistente em 71,3% das famílias desse tipo), processador de alimentos (93,9%), grill (88%) e freezer (89,7%).

É importante enfatizar que, segundo os dados da PNAD, mais da metade (59%) das mulheres responsáveis por famílias enquadravam-se na condição de economicamente ativas em 2009, sendo que 53% delas estavam ocupadas.

Pobreza de tempo

Como as pesquisas de uso do tempo evidenciam, a organização dos tempos dedicados ao trabalho, às tarefas domésticas e à vida familiar e pessoal vem se modificando: o tempo dedicado ao trabalho aumentou, enquanto se reduziu o tempo destinado à família, à cultura, ao descanso e ao lazer. Essa tendência geral se acentua quando se introduz na análise uma dimensão de gênero e se considera o nível de renda das pessoas e das famílias: o uso do tempo reproduz as desigualdades sociais e econômicas dos domicílios.

Os conceitos de *pobreza de tempo* e de *déficit de tempo* ajudam a compreender a forma através da qual a ordem de gênero perpassa o mundo do trabalho e as vinculações entre o trabalho produtivo e o trabalho reprodutivo, revelando uma parte oculta dessa equação.

A pobreza de tempo é calculada somando-se as horas destinadas ao trabalho remunerado, ao transporte, cuidado pessoal, produção doméstica e às necessidades fisiológicas básicas. Considera-se que uma pessoa sofre de pobreza de tempo se o tempo destinado à soma dessas atividades é superior às 168 que compõem uma semana. Por sua vez, um domicílio sofre de *déficit de tempo* se pelo menos um de seus integrantes for *pobre de tempo*.

Um estudo chileno, realizado na Grande Santiago, demostrou que o déficit de tempo é uma realidade na maioria das famílias (Valenzuela e Gammage, 2012). Efetivamente, 61,4% delas têm pelo menos uma pessoa adulta que sofre pobreza de tempo e aproximadamente dois terços das crianças com menos de seis anos vivem em domicílios que experimentam a pobreza de tempo, em comparação com apenas 19% de crianças que vivem em domicílios considerados oficialmente pobres pelo critério da renda. A pobreza de tempo abarca um universo muito maior que a pobreza de renda, e o déficit de tempo afeta uma maior proporção de domicílios pobres (69% têm déficit de tempo) em comparação com os não pobres (60% têm déficit de tempo).

A pobreza de tempo está fortemente associada à condição laboral dos indivíduos, especialmente no caso das mulheres. Enquanto 45% das mulheres ocupadas são pobres de tempo e não de renda, entre as não ocupadas essa cifra cai para 6%. No caso dos homens, 28% dos ocupados são pobres de tempo e não de renda, enquanto entre os não ocupados não existem pobres de tempo. Isso indica que a incorporação de um grupo importante de mulheres ao mercado de trabalho se faz à custa de uma sobrecarga de trabalho.

Os dados apontam que em muitos domicílios gerar a renda suficiente para não ser pobre implica pagar um alto custo pessoal, que se expressa em extensas jornadas de trabalho (situação que caracteriza determinada proporção de homens) e em jornadas de trabalho para o mercado que se somam aos afazeres domésticos, caso da maioria expressiva das mulheres.

Uma significativa quantidade de mulheres ocupadas (9%) e de homens ocupados (7%) é pobre de tempo e de renda. Isso tem duas possíveis explicações: a primeira é que, apesar de suas extensas jornadas de trabalho (incluindo os tempos de deslocamento casa-trabalho), seus rendimentos são tão reduzidos que não são suficientes para retirar suas famílias da pobreza; a segunda, que, além de baixos salários, a jornada de trabalho é mais curta porque as demandas de tempo para a realização do trabalho doméstico e cuidado da família exigem muitas horas. Esse é muitas vezes o caso de mulheres que são pessoas de referência na família (*chefes de família*), especialmente quando têm filhos/as.

Tudo isso revela que a produção doméstica e as responsabilidades de cuidado aumentam a carga de tempo e, consequentemente, limitam a disponibilidade das mulheres para o trabalho remunerado, o que conduz a um círculo vicioso de pobreza. Essa falta de tempo impede que as mulheres aumentem as horas que dedicam ao trabalho remunerado ou à busca de melhores oportunidades de trabalho. Mas os dados também indicam que a desvalorização do trabalho feminino e os baixos salários que recebem as mulheres que vêm de domicílios mais pobres são também um desincentivo à sua incorporação à força de trabalho.

Trabalhadoras domésticas e medidas de conciliação

Conforme abordado, a cadeia de cuidado está atualmente baseada quase inteiramente sobre o trabalho das mulheres. Nesse contexto, as trabalhadoras domésticas desempenham um papel de suma importância, na medida em que o trabalho dessa categoria é estratégico para que outras mulheres trabalhadoras possam se inserir no mercado de trabalho. Na América Latina se estima que existem entre 17 e 19 milhões de trabalhadoras domésticas, o que representa aproximadamente 7% da ocupação urbana regional. Do ponto de vista quantitativo é a ocupação mais importante para as mulheres da região, concentrando 15,3% do total da força de trabalho feminina (Guimarães, 2012).

Tempo de trabalho remunerado e não remunerado na América Latina 121

Entretanto, se por um lado o trabalho doméstico está na ponta da cadeia de cuidado, por outro representa o elo mais fraco dessa cadeia, pois essa ocupação carece de proteção social e de condições de trabalho adequadas. Com efeito, em vários países as trabalhadoras não têm aceso legal à aposentadoria, e mesmo naqueles em que elas são protegidas pela legislação o nível de não cumprimento é elevado. São poucos os países latino-americanos (Brasil, Costa Rica, Panamá) em que a quantidade de trabalhadoras domésticas com contrato formal de trabalho e que contribuem à previdência social supera 25% do total; em apenas dois (Chile e Uruguai) essa porcentagem é superior a 40%.

Suas jornadas de trabalho são bastante extensas. Além disso, na maioria dos casos as trabalhadoras domésticas dedicam diversas horas diárias aos afazeres domésticos em suas próprias residências.

A desvalorização do trabalho doméstico e as más condições de trabalho das trabalhadoras domésticas não podem ser analisadas sem se considerar o papel ocupado pelas tarefas de cuidado na organização social do trabalho. England (2003) mostra que estar empregado nesse tipo de trabalho tem como consequência perdas salariais, independentemente do nível de escolaridade, dos anos de experiência laboral e das características do trabalho. Isso, aliado à ambiguidade produzida pela personalização e pelo investimento emocional que geralmente acompanha o trabalho doméstico, faz com que a relação contratual-laboral não seja tão evidente se comparada com outros trabalhos de características similares.

O nível de remuneração das trabalhadoras domésticas evidencia a baixa valoração social e econômica dessa ocupação. Seus rendimentos estão entre os mais baixos das escalas salariais. Além disso, a legislação da maioria dos países da região estabelece a possibilidade de deduzir de seus salários uma proporção que pode ser considerada pagamento em espécie.

Esse ambiente e entorno de trabalho precários, somados à tensão e à sobrecarga psíquica acarretadas pelas dificuldades de conciliação entre trabalho e família, afetam sua qualidade de vida e saúde mental. No Brasil, a incidência de depressão entre as/os trabalhadoras/es domésticas/os alcançava 6,5%, bem acima da média correspondente ao conjunto da população ocupada (3,9%) (Guimarães, 2012).

O trabalho doméstico tende a perpetuar hierarquias baseadas na condição socioeconômica, na raça e na etnia. Uma das características do trabalho doméstico na atualidade em âmbito mundial é a incorporação de um grande número de mulheres migrantes. A contratação de uma trabalhadora doméstica passou a ser uma forma de resolver as tensões de um contrato de gênero em crise sem alterar esse contrato.

Considerações finais

Analisamos, neste capítulo, as implicações da insuficiência das políticas de conciliação na América Latina, em um contexto de crescimento da taxa de participação das mulheres no mercado de trabalho, de envelhecimento da população e de persistência do modelo tradicional de divisão de responsabilidades domésticas entre homens e mulheres. A insuficiência de uma política de cuidado faz com que as alternativas de

122 Gênero e trabalho no Brasil e na França

conciliação dependam fortemente dos arranjos familiares e dos recursos disponíveis nas famílias, que estão desigualmente distribuídos.

O problema da conciliação entre a vida laboral e a vida familiar e pessoal é um desafio social, com custos e benefícios para o conjunto dos atores nele envolvidos. Seu equacionamento exige a consideração das necessidades e interesses das pessoas, das famílias, das/os trabalhadoras/es, das empresas e do Estado. Trata-se, em suma, de discutir o que a sociedade considera justo e, ao mesmo tempo, consistente do ponto de vista econômico para garantir a reprodução social.

A discussão sobre a implementação de mecanismos de conciliação entre a vida laboral e familiar deve ser contextualizada no marco dos sistemas nacionais de proteção social e de suas reformas. Abordar o fenômeno da conciliação implica ampliar as regulações para além da cobertura estrita da maternidade, abarcando as licenças-paternidade e parentais que permitam incluir os homens em suas responsabilidades de cuidado, não apenas de filhos e filhas, mas também dos idosos e das pessoas doentes ou com deficiência. Ademais, o direito a esse tipo de proteção deveria estar desvinculado da situação estrita no mercado de trabalho. Enquanto a informalidade persistir como um traço dominante dos mercados de trabalho latino-americanos, uma porcentagem significativa de mulheres e também de homens permanecerá sem acesso a esses direitos, o que aprofunda a segmentação e a inequidade social. Nesse sentido, deveriam ser analisados esquemas de orientação mais universal, que ampliassem e homogeneizassem esse tipo de cobertura.

A necessidade de avançar na estruturação de políticas de conciliação é evidente, em primeiro lugar, como caminho para promover a equidade de gênero, diminuindo as restrições que as responsabilidades de cuidado impõem para a inserção laboral e para a qualidade de vida das mulheres. Em segundo lugar, por seu potencial impacto positivo sobre a produtividade do trabalho, assim como sobre a produtividade e a competitividade sistêmicas. Em terceiro lugar, devido a suas consequências positivas sobre outras dimensões da vida social, vinculadas à preservação da qualidade de vida das pessoas dependentes.

A formulação das políticas de conciliação enfrenta, assim, um duplo desafio: de um lado, interrogar a sociedade sobre a maneira como devem ser distribuídos o trabalho e as responsabilidades de cuidado entre o Estado, o mercado e as famílias; do outro, enfrentar a distribuição tradicional de responsabilidades domésticas entre homens e mulheres.

REFERÊNCIAS BIBLIOGRÁFICAS

ABRAMO, L. W. *A inserção da mulher no mercado de trabalho*: uma força de trabalho secundária? Tese de Doutorado, São Paulo, FFLCH-USP, 2007.

ABRAMO, L. W.; RANGEL, M. (orgs.). *América Latina*: negociación colectiva y equidad de género. Santiago, Oficina Internacional del Trabajo, 2005.

BATTHYÁNY, K. *Trabalho y cuidado infantil*: ¿un desafío exclusivamente femenino? Montevidéu, Cinterfor/OIT, 2004.

ENGLAND, P. Separative and Soluble Selves: Dichotomous Thinking in Economics. In: FERBER, M. A.; NELSON, J. A. (orgs.). *Feminist Economics Today*: Beyond Economic Man. Chicago/Londres, University of Chicago Press, 2003.

GUIMARÃES, J. R. S. *Perfil do trabalho decente no Brasil*: um olhar sobre as unidades da Federacão durante a segunda metade da década de 2000. Brasilia, OIT, 2012.

OIT. *Proteção da maternidade*. Brasília, OIT, 2011a. (Coleção Equilíbrio entre Trabalho e Família, n. 4.)

_____. *Envelhecimento da população*: quem se encarrega do cuidado? Brasília, OIT, 2011b. (Coelção Equilíbrio entre Trabalho e Família, n. 8.)

_____. *Promoção da igualdade de gênero e políticas de conciliação entre o trabalho e a família*. Brasília, OIT, 2011c. (Coleção Equilíbrio entre Trabalho e Família, n. 2.)

OIT; ONU MULHERES; PNUD; CEPAL; FAO. *Trabalho decente e igualdad de género*: políticas para mejorar el acceso y la calidad del empleo de las mulheres en América Latina y el Caribe (informe regional). Santiago, 2013.

OIT; PNUD. *Trabalho decente y cuidado compartido*: hacia una propuesta de parentalidad. Santiago, 2013.

SALVADOR, S. *Estudio comparativo de la "economía del cuidado" en Argentina, Brasil, Chile, Colombia, México y Uruguay* (estudo do projeto de pesquisa Comercio Género y Equidad en América Latina: Generando Conocimiento para la Acción Política del Capítulo Latinoamericano, da Red Internacional de Comercio y Género). Montevidéu, IGTN/Ciedur, 2007.

UNESCO. Perfis nacionais preparados para o "Informe de seguimiento de la EPT en el mundo. Bases sólidas: atención y educación de la primera infancia, 2006". Paris, Unesco, 2007.

VALENZUELA, M. E.; GAMMAGE, S. Pobreza de tiempo y el mercado laboral: Santiago de Chile. In: FORTIN, C.; VARAS, A.; MELLA, M. (orgs.). *Los desafíos del progresismo*: Europa, América Latina y Chile. Santiago, RIL Editores, 2012.

10

TRABALHO REMUNERADO E TRABALHO DOMÉSTICO NA FRANÇA

Mudanças nos conceitos

Monique Meron

As Pesquisas sobre Uso do Tempo (Enquêtes Emploi du Temps), realizadas na França pelo Instituto Nacional de Estatística e Estudos Econômicos (Institut National de la Statistique et des Études Économiques – Insee) a cada doze anos, no período de 1974 a 2010, oferecem-nos uma perspectiva da evolução das atividades cotidianas. Mas as mudanças observadas devem ser lidas à luz das transformações da sociedade francesa ao longo desses 36 anos e, ainda, considerando-se as nuances das variações relacionadas com as ferramentas estatísticas utilizadas: conceitos, definições, categorias, levantamentos e questionários.

Tais reflexões despertam indagações sobre o impacto das mudanças de ponto de vista com respeito às próprias noções de trabalho e atividade, recentemente iniciadas pela Organização Internacional do Trabalho (OIT). Isso afetará os indicadores estatísticos, bem como os estudos neles baseados. O efeito será distinto sobre as populações de mulheres e de homens, e será alterada a visão, deles decorrente, a respeito de seus respectivos papéis na sociedade.

Após descrever brevemente as pesquisas e retraçar, a partir delas, algumas mudanças relacionadas com o uso do tempo na França, este capítulo convida a abrir a

126 *Gênero e trabalho no Brasil e na França*

discussão a respeito das novas recomendações da OIT quanto à noção de "trabalho" e ao seu possível e diverso impacto no que concerne à observação de homens e mulheres.

As Pesquisas sobre Uso do Tempo na França desde 1974

Em 1974, 1986, 1998 e 2010, foram realizadas na França pesquisas nacionalmente representativas sobre o uso do tempo, cada uma referida a um ano. Elas abrangem os domicílios particulares, excluindo-se domicílios coletivos. Cada entrevista inclui um questionário sobre a família, um questionário individual e um diário que descreve detalhadamente as atividades da pessoa ao longo do dia. Para cada episódio descrito, o indivíduo indica se é uma atividade pessoal, profissional, uma ajuda prestada a outra família ou uma ajuda voluntária a uma instituição; ele escreve ainda onde e com quem esteve no momento da atividade e, às vezes, se fazia outra coisa ao mesmo tempo.

Em 1974, a pesquisa limitou-se a pessoas maiores de dezoito anos vivendo em municípios com mais de duzentos habitantes. Um indivíduo por domicílio foi sorteado para descrever como usou seu tempo em um dia da semana.

Em 1986, a pesquisa envolveu habitantes com mais de quinze anos em toda a França metropolitana; se o indivíduo sorteado tivesse um cônjuge, este também participava da pesquisa.

Em 1998, cada indivíduo maior de quinze anos presente no domicílio pesquisado participava, descrevendo um dia seu.

Em 2010, a pesquisa foi estendida para as pessoas de onze anos ou mais e para alguns departamentos ultramarinos (Martinica, Guadalupe, Reunião). Dependendo da configuração familiar, parte dos entrevistados (1.660 indivíduos) foi pesquisada em dois dias (um dia de semana e outro de fim de semana).

Em 2010, após o relatório da Comissão Stiglitz/Sen/Fitoussi (2009), que recomendou instrumentos estatísticos para medir o bem-estar subjetivo da população, os pesquisados passaram a atribuir a cada episódio uma pontuação de -3 a +3, segundo o caráter agradável ou não do momento, considerando tanto a atividade executada como o seu contexto.

Assim, para comparar essas pesquisas, realizadas a partir de procedimentos diferentes, foi necessário limitar o campo de observação e corrigir os levantamentos. Além disso, a duração das atividades mudou: passou de cinco minutos, em 1974 e 1986, para dez minutos, em 1998 e 2010. Por fim, as categorias tiveram que ser adaptadas, pois alguns itens foram agrupados (como ir a um restaurante e ir a um café, por exemplo) ou alterados. Entre 1974 e 2010, tomando-se um mesmo universo de referência (a população urbana da França metropolitana), as amostras são da ordem de 10 mil pessoas (Brousse, 2015a).

Este texto dialoga com outros estudos que tratam de períodos e campos diferentes, mas cujos resultados são convergentes ou complementares.

As grandes mudanças na sociedade francesa nas últimas quatro décadas

As mudanças da sociedade francesa tiveram, obviamente, influência sobre o cotidiano dos habitantes. Mas elas influíram igualmente sobre a forma de classificar as atividades e, portanto, de observá-las por meio dos números.

Em termos demográficos, observa-se o envelhecimento da população e a redução do número de filhos por mulher (o *baby boom* terminou em 1975); reduziu-se a idade da primeira união, e o período de vida sem filhos estendeu-se, com um aumento do risco de separação dos casais, o que explica algumas mudanças na estrutura familiar: mais pessoas solteiras (principalmente idosos), mais famílias monoparentais, menos casais com filhos.

Desde a década de 1970, o trabalho das mulheres teve um desenvolvimento considerável na França, embora as profissões e as formas de emprego por elas ocupadas continuem sendo com frequência diferentes das dos homens. Essa explosão do trabalho remunerado das mulheres anda de mãos dadas com a expansão do trabalho assalariado e do setor de serviços.

As medidas para reduzir o tempo de trabalho e a regulamentação do trabalho em tempo parcial tiveram consequências sobre o uso do tempo. Cabe lembrar que o emprego em tempo parcial cresceu, mantendo-se grandemente como apanágio das mulheres (na França, cerca de 30% das mulheres empregadas trabalham em tempo parcial, contra 6% dos homens).

Mas o desemprego também está presente, crescendo no ritmo das sucessivas crises, e as mulheres foram as suas principais vítimas, ainda que hoje homens e mulheres estejam todos sendo afetados da mesma maneira.

Aumentou o tempo de permanência no sistema escolar, ampliando-se a qualificação da mão de obra, particularmente a feminina: atualmente, as mulheres saem do sistema educacional francês portando, em média, mais títulos acadêmicos do que os homens. As profissões qualificadas ganharam espaço e, em grande medida, apresentam razoável mixidade, embora o "teto de vidro" que limita o acesso das mulheres aos cargos de grande responsabilidade continue existindo. Portanto, modificou-se a estrutura da população ativa e ampliou-se o espaço para as mulheres.

Nessas quatro décadas, aumentou sensivelmente o número de estudantes, aposentados e desempregados. Com a generalização do trabalho das mulheres, são muito poucas as que permanecem em casa. Aumentou a oferta de instituições que realizam o cuidado das crianças pequenas, embora tal oferta permaneça abaixo da demanda potencial.

Entre os fatores importantes de influência sobre o cotidiano, aumentou o conforto da moradia, e alguns equipamentos generalizaram-se: lavadora de roupas, televisor, lava-louça, micro-ondas e freezer; o uso de computador, internet e telefone celular difundiu-se por todas as classes sociais.

As principais tendências de mudança de uso do tempo na França

De maneira global, o tempo pessoal (sono, higiene, descanso) e o tempo em deslocamento pouco se alteraram. Constata-se uma progressão do tempo livre para as mulheres e para os homens, especialmente entre 1974 e 1986. Esse aumento do tempo livre foi acompanhado por uma redução do tempo de trabalho profissional para os homens e do trabalho doméstico para as mulheres.

Em média, para os moradores das cidades, o tempo profissional ficou estável ao longo do período. Mais mulheres estão trabalhando, porém, estão bastante presentes o trabalho em tempo parcial e o desemprego (Brousse, 2015a; 2015b).

GRÁFICO 1. EVOLUÇÃO DO TEMPO DE TRABALHO DAS MULHERES E DOS HOMENS NA FRANÇA

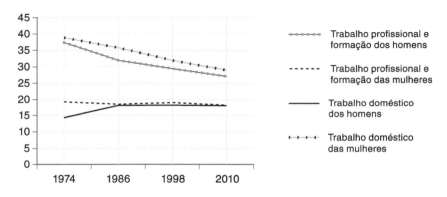

Fonte: Insee, Enquêtes Emploi du Temps 1974, 1986, 1998 e 2010 (Brousse, 2015).
Universo de referência: População urbana com 18 anos ou mais na França metropolitana.

Mais especificamente, e tomando outro universo de referência (pessoas com idade entre quinze e sessenta anos, excluindo-se estudantes e aposentados) e um período ligeiramente mais curto, desde 1986 (Ricroch, 2012):
- Em 2010, as mulheres dedicaram em média quatro horas por dia a tarefas domésticas, ou seja, menos meia hora que em 1998 e menos uma hora que em 1986. Essa queda advém da redução do tempo gasto nas atividades domésticas essenciais (cozinha, limpeza, cuidado com as roupas e saídas relacionadas aos cuidados domésticos). Essa hora ganha transformou-se em quinze minutos a mais de trabalho (incluindo-se formação e deslocamento) e meia hora de tempo livre, sendo o restante dividido entre o tempo fisiológico e os deslocamentos.
- Em 2010, os homens executaram em média 2:13h de tarefas domésticas por dia, o mesmo tempo gasto em 1998 e 6 minutos mais que em 1986. Mas o tempo de trabalho dos homens diminuiu 32 minutos por dia em 25 anos, em decorrência do aumento do desemprego e da passagem para a jornada de 35 horas. Assim, foi essencialmente seu tempo de lazer que aumentou

(19 minutos a mais por dia); cabe lembrar que a maior parte do tempo de lazer é gasta diante de uma tela (geralmente a televisão).

TABELA 1. EVOLUÇÃO DO TEMPO SOCIAL COTIDIANO DE 1986 A 2010*

	Mulheres			Homens			Homens e Mulheres		
	1986	1998	2010	1986	1998	2010	1986	1998	2010
Tempo fisiológico	11:25h	11:33h	11:36h	11:12h	11:16h	11:17h	11:18h	11:24h	11:26h
Trabalho, estudos, formação (incluindo deslocamento)	3:16h	3:27h	3:31h	5:47h	5:30h	5:15h	4:30h	4:28h	4:22h
Tempo doméstico	5:07h	4:36h	4:01h	2:07h	2:13h	2:13h	3:39h	3:25h	3:07h
Cuidado da casa, saídas	4:10h	3:40h	3:01h	1:10h	1:15h	1:17h	2:42h	2:28h	2:10h
Cuidado das crianças	0:42h	0:38h	0:45h	0:10h	0:11h	0:19h	0:26h	0:25h	0:32h
Jardinagem, reparos	0:15h	0:18h	0:15h	0:47h	0:47h	0:37h	0:31h	0:32h	0:25h
Tempo livre	3:28h	3:46h	3:58h	4:09h	4:25h	4:28h	3:48h	4:06h	4:13h
Deslocamento	0:44h	0:38h	0:55h	0:45h	0:36h	0:48h	0:45h	0:37h	0:51h
Total	24h	24h	24h	24h	24h	24h	24h	24h	24h

Fonte: Insee, Enquêtes Emploi du Temps 1986, 1998 e 2010.

Universo de referência: França metropolitana, pessoas com idade entre 15 e 60 anos, excluindo-se estudantes e aposentados.

* Os tempos para 1998 foram recalculados, a fim de tornar possível a comparação das duas pesquisas, apesar das categorias diferentes. Interpretação: em 2010, as pessoas em idade ativa gastaram uma média de 11:26h por dia dormindo, comendo e se arrumando.

Clara Champagne, Ariane Pailhé e Anne Solaz (2014) estudaram homens e mulheres com idade entre dezoito e sessenta anos que preencheram um caderno de atividades (excluídos aqueles em domicílios complexos) a fim de comparar as pesquisas de 1986, 1998 e 2010. Elas fizeram uma distinção entre tempo doméstico (cozinha, louça, limpeza, roupa, saídas para resolver assuntos domésticos e compras, tarefas administrativas, atividades de semilazer, como reparos e jardinagem) e tempo parental (atividades dedicadas às crianças: cuidado, ajuda com a lição de casa, lazer e sociabilidade, transporte). O tempo parental foi estudado para as pessoas que coabitavam com pelo menos um menor de dezoito anos.

Em 2010, as mulheres (desse mesmo grupo empírico observado pelas autoras) gastaram cerca de três horas por dia (184 minutos) no trabalho doméstico; os homens, pouco mais de 1:30h (105 minutos). A diferença entre homens e mulheres diminuiu, mas as mulheres ainda realizam quase dois terços das tarefas domésticas. Como já mencionado, essa aproximação deve-se principalmente ao fato de que as mulheres reduziram significativamente seu tempo nessas atividades, enquanto os homens quase não mudaram seus hábitos. Na França, as mulheres praticamente já não costuram e gastam menos tempo com o cuidado da roupa e da cozinha. As refeições feitas fora de casa – no local de trabalho, para os adultos, e na escola, para as crianças –, a oferta de pratos prontos ou congelados e a chegada do forno micro-ondas contribuíram para reduzir o tempo de preparo das refeições em casa. Mas as tarefas ligadas à cozinha e ao cuidado das roupas continuam sendo encargo das mulheres, enquanto os homens executam tarefas mais ocasionais e mais próximas de uma forma de lazer, um semilazer, como reparos e jardinagem.

Desse modo, as tarefas domésticas permanecem sexuadas, ainda que tenha diminuído a diferença de tempo a elas dedicado por homens e mulheres, em todas as idades, e que tanto as mulheres mais velhas como as mais jovens tenham reduzido seu tempo no trabalho doméstico.

Já o tempo dedicado às atividades parentais evoluiu de outra maneira: aumentou para os homens (41 minutos por dia, duas vezes mais que em 1986) e, em menor medida, para as mulheres (95 minutos por dia em 2010). Mas a diferença continua significativa. O aumento do tempo parental é maior entre os mais jovens, especialmente para os homens. A diferença entre homens e mulheres reduziu-se quando as crianças são pequenas, embora as jovens mães ainda realizem mais de dois terços dos cuidados das crianças.

As atividades parentais também são sexuadas: o cuidado, o acompanhamento escolar e os deslocamentos são feitos com mais frequência pelas mães (três a cada quatro vezes). Já as brincadeiras e a socialização das crianças são mais equitativamente partilhadas.

Mudanças comportamentais têm mais influência do que mudanças estruturais

Métodos econométricos permitem decompor as tendências a fim de distinguir o que decorre de mudanças estruturais da sociedade (aumento do trabalho das mulheres, avanço do trabalho em tempo parcial e do desemprego, diferenças de estrutura etária, composição familiar, nível de instrução da população, equipamento doméstico, tipo de moradia) e o que resulta de mudanças de comportamento, uma vez controladas as variações estruturais.

Para as mulheres, são as mudanças de comportamento que explicam a maior parte da redução do tempo de trabalho doméstico: quatro quintos da diferença entre 1986 e 1998 (respectivamente, 27 e 34 minutos) e três quartos da diferença entre 1998 e 2010 (respectivamente, 30 e 40 minutos). No entanto, a menor proporção de mulheres donas de casa e o aumento da proporção de mulheres em cargos de nível superior (que dedicam menos tempo a tarefas domésticas) também explicam parte dessa mudança, compensando a ampliação do trabalho em tempo parcial e o desemprego, que atuam na direção inversa. Vários fatores contribuem para essas variações médias: o aumento da participação de pessoas que vivem sozinhas e de famílias sem filhos, a redução da formação de casais e até o desenvolvimento de famílias monoparentais em que as mães passam menos tempo no trabalho doméstico. A ampliação do equipamento doméstico e da externalização das tarefas domésticas teve um papel pouco importante entre 1986 e 2010, pois a curva do equipamento das casas atingiu seu pico em meados dos anos 1980, sobretudo em relação à lavadora de roupas. Assim, estaríamos realmente diante de uma mudança de padrões para o conjunto das mulheres, menos exigentes ou menos sujeitas a imposições quanto ao que deve ser feito para cuidar da casa.

São também as mudanças de comportamento, mais que as mudanças estruturais da população, que constituem a explicação essencial para o maior envolvimento de pais e mães com seus filhos. Apesar dos limites colocados pelas obrigações profissionais, as mulheres aumentaram o tempo dedicado às crianças. As exigências educacionais cresceram, ampliando os deveres de pais e mães e aumentando sua vontade de passar mais tempo com os filhos. As mudanças no tamanho da família, o aumento do número de pais (homens) separados que detêm a guarda dos filhos, a elevação da escolaridade, tudo isso também incentiva um maior envolvimento de pais e mães. Em média, viver em casal implica, para as mulheres, dedicar mais tempo ao trabalho doméstico, o que não é o caso para os homens. Entre os casais, os homens encarregam-se de 35% do tempo de trabalho doméstico, pouco mais que há 25 anos (29%). Quanto às tarefas parentais, a participação média do homem no casal passou de 20% para 30%.

Por fim, a especialização dos cônjuges, um em direção à esfera profissional e outro à esfera doméstica, tornou-se rara (Champagne, Pailhé e Solaz, 2014). Ao contrário, observa-se uma correlação entre os tempos domésticos do homem e da mulher, bem como entre os tempos parentais: são os semelhantes que se atraem.

Mudanças de definição não têm o mesmo impacto sobre homens e mulheres

O exemplo anterior mostra que o fato de contabilizar em conjunto o tempo parental e os outros tempos domésticos pode mascarar tendências contrárias e mudar o ponto de vista sobre a observação dos papéis sociais e familiares de homens e mulheres. As atividades domésticas "clássicas" continuam sendo apanágio das mulheres, enquanto o tempo dedicado às crianças é mais equitativamente partilhado do que antes.

Trabalho doméstico/trabalho profissional: como avaliar?

Na França, o relatório da Comissão Stiglitz-Sen-Fitoussi (2009) recomenda considerar a medida da produção doméstica para melhor comparar o nível de vida dos países. Estimativas das atividades domésticas foram feitas na França com base na Pesquisa sobre Uso do Tempo de 2010.

O primeiro problema que se coloca é definir o que o trabalho doméstico compreende, já que não existe, a esse respeito, uma norma internacional – como há para a definição do desemprego, por exemplo. Delphine Roy (2012) propõe pensar a definição do trabalho doméstico a partir da delimitação de três áreas concêntricas: a mais interna constitui o núcleo do trabalho doméstico (cozinha, limpeza, cuidados materiais das crianças, cuidado da roupa, gestão do lar); esse centro é rodeado por uma área intermediária na qual se encontram as saídas para resolver assuntos domésticos, reparos e jardinagem, e as brincadeiras com as crianças; a área mais externa inclui atos como levar um animal para passear ou realizar deslocamentos pessoais de carro.

Dependendo do diâmetro escolhido nesse diagrama imaginado para definir o trabalho doméstico, a diferença de tempo de trabalho total entre homens e mulheres varia: considerando-se a definição intermediária de trabalho doméstico, em um casal com filhos, a mulher dedica em média, por semana, 34 horas às tarefas domésticas

132 Gênero e trabalho no Brasil e na França

e 18 horas ao trabalho remunerado. Para os homens desses casais com filhos, contam-se 20 horas de trabalho doméstico e 33 horas semanais de trabalho remunerado; no total, o tempo de "trabalho" é mais ou menos o mesmo.

O quadro é bem diferente se definirmos trabalho doméstico pelo diâmetro mais restritivo: a diferença entre homens e mulheres, em casais com filhos, é de cinco horas por semana, em média, pois as mulheres estão muito mais presentes no "núcleo duro" das atividades domésticas.

Portanto, a parte do "trabalho doméstico" realizada por mulheres varia significativamente conforme o diâmetro escolhido para defini-lo.

QUADRO 1. TRÊS DELIMITAÇÕES DO TRABALHO DOMÉSTICO, TRÊS VISÕES DA RELAÇÃO HOMENS/MULHERES

	Delimitações do trabalho doméstico		
	Restrita (I)	Intermediária (II)	Extensiva (III)
Atividades compreendidas	Cozinha, louça, limpeza, arrumação, cuidado com as crianças e outros, roupa, gestão do lar, acompanhamento das crianças	(I), saídas, compras, reparos, jardinagem, brincadeiras com as crianças	(II), deslocamentos pessoais e passear com o cão
Tempo médio			
por dia	2:07h	3:04h	3:53h
por semana	14:50h	21:30h	27:14h
Parte do trabalho dedicada a pessoas externas ao domicílio	3,7%	3,8%	5,0%
Parte realizada pelas mulheres	**72%**	**64%**	**60%**

Fonte: Insee, Enquête Emploi du Temps 2010 (Roy, 2012).
Universo de referência: pessoas de 11 anos ou mais na França (exceto Guiana e Mayotte).

Na França, como um todo, o tempo de trabalho doméstico é quase igual ao tempo de trabalho remunerado (42 bilhões de horas e 38 bilhões de horas, em 2010), caso adotemos a definição mais restrita de trabalho doméstico; se tomarmos a definição mais extensiva, ele chega ao dobro (77 bilhões de horas) do trabalho remunerado.

A fim de comparar a contribuição do trabalho doméstico para o produto interno bruto (PIB), é necessário avaliar todas essas horas de trabalho. Após as tentativas feitas por Ann Chadeau e Annie Fouquet (1981), Delphine Roy (2012) propõe muitas maneiras de estabelecer um preço para o tempo de trabalho doméstico. Seria possível imputar-lhe a remuneração mínima que alguém receberia para fazer essas tarefas (o salário mínimo líquido da época); ou então, o preço mínimo necessário para mandar fazer esse trabalho, considerando as contribuições patronais e sociais, bem como reduções de encargos concedidas para essas tarefas (salário mínimo bruto); ou ainda, assumir o custo por hora médio de cada profissão à qual seria necessário recorrer para executar essas tarefas (salários especializados brutos). Assim fazendo, o valor do trabalho doméstico variaria de 15% do PIB (utilizando-se as definições mais restritivas) –

o equivalente à participação do valor agregado pela indústria manufatureira na França (13%) – a 71% do PIB (utilizando-se as definições mais amplas). Tomando-se as definições intermediárias, ele atinge um terço do PIB.

Trabalho visível/invisível, atividade econômica/doméstica?

A questão da invisibilidade do trabalho considerado "doméstico" – que, portanto, não constitui "atividade" no sentido econômico do termo – não é nova. Como mostramos no capítulo deste livro "Como contar o trabalho das mulheres? França, 1901-2011", ao longo do século XX os estatísticos que analisaram os resultados do censo demográfico destacaram a dificuldade de classificar o trabalho feminino. Elas cuidam de suas próprias casas, ou trabalham para outros em uma atividade agrícola familiar? Tudo é questão de "interpretação", como dizem, e tais "interpretações" podem variar drasticamente ao longo do tempo, com a criação de novas definições.

A mudança de definição que houve em 1954 ilustra de maneira particular essa sensibilidade dos números. Em todos os censos demográficos do início do século, todos os adultos que, no domicílio de um agricultor, não tivessem ocupação em outro lugar (nem como estudantes, nem com outra ocupação declarada) eram automaticamente contados como agricultores. Em 1954, entretanto, o número de agricultores foi limitado aos adultos que declararam explicitamente exercer essa profissão. A maior parte destes, claro, era constituída pelas esposas dos agricultores. Como resultado, cerca de 1,2 milhão de pessoas, das quais quase 1 milhão de mulheres, desapareceram das atividades oficiais e passaram a ser contadas como "inativas", e seu trabalho tornou-se puramente "doméstico".

O halo do desemprego não faz parte da atividade

A definição "oficial" (e internacional) para a contagem do desemprego foi estabelecida com precisão em 1982. Mas, desde então, já passou por diversos ajustes.

Para estar desempregado, é necessário não ter emprego nem ter trabalhado na semana de referência, "nem por uma hora" (e a insistência cada vez maior nesse limite tem elevado as taxas de emprego, sobretudo entre os mais jovens e os mais velhos). É necessário estar "disponível" para assumir um emprego e "procurar efetivamente" trabalho, com ações precisamente inventariadas no questionário da Pesquisa de Emprego (Enquête Emploi). Essas ações estão sempre em discussão e têm sido objeto de mudanças: atualmente, as buscas pela internet passaram a ser contadas. Em 2007 e também em 2013, algumas ações foram repentinamente consideradas insuficientes para contabilizar o entrevistado na condição de desempregado. Assim, apenas preencher os requisitos necessários para registrar-se numa agência pública de emprego (Agence pour l'Emploi – Anpe)[1], sob pena de ser removido de seus arquivos,

---

[1] A Anpe deixou de existir em 2008, fundindo-se com as unidades da Associação para o Emprego na Indústria e no Comércio (Association pour l'Emploi dans l'Industrie et le Commerce – Assedic). Juntas passaram a formar o sistema público de emprego francês em sua forma atual. Após essa fusão, a antiga Anpe passou a se chamar Polo de Emprego (Pôle Emploi).

não é mais considerado uma evidência indiscutível de procura de trabalho. Somente essa nuance na definição já significa uma baixa de 0,7 ponto percentual na taxa de desemprego francês! O critério de "disponibilidade" também muda... Os muitos e variados ajustes acabam resultando numa diminuição da taxa de desemprego que, dessa forma, se reduziu, em 2007, de 10% para perto de 9%, o que não deixa de ser considerável. Esse impacto é maior para as mulheres do que para os homens: a mudança na interpretação da definição da OIT reduz mais o número de mulheres desempregadas do que o de homens desempregados.

As mudanças por vir em torno da noção de "trabalho"

Com base nos exemplos anteriores, podemos, como Pierre Concialdi (2014), colocar algumas questões sobre as últimas recomendações da OIT.

A ampliação do quadro conceitual de atividade para a noção de "trabalho", incluindo tanto o emprego remunerado como também o trabalho voluntário e o trabalho doméstico, advém de uma intenção política de melhorar a avaliação do nível de vida, o "bem-estar", e a comparação do desempenho econômico dos países. Os indicadores econômicos clássicos (PIB, taxa de emprego, taxa de desemprego, por exemplo) não consideram toda uma parte do trabalho realizado pelas famílias, em particular no ambiente doméstico. Na França, o relatório da Comissão Stiglitz-Sen-Fitoussi (2009) teve grande impacto sobre as ferramentas estatísticas: o Insee introduziu novas questões sobre a "satisfação" das famílias (principalmente na Pesquisa sobre Uso do Tempo) a fim de medir o "bem-estar" das pessoas.

De acordo com essas novas medidas, por exemplo, os profissionais em cargos executivos estão menos "satisfeitos" com o seu dia do que os operários e empregados, que apreciam mais as atividades domésticas. O que isso significa?

Há alguns anos, uma pesquisa mostrou que, em igualdade de circunstâncias, as mulheres ficavam mais facilmente "satisfeitas" com seu trabalho do que os homens. Seria, portanto, normal pagar menos a elas? Ao longo das gerações, as referências e exigências mudaram, e as jovens mulheres não teriam a mesma atitude: ao contrário, elas mostravam-se geralmente mais insatisfeitas que seus colegas do sexo masculino, de igual escolaridade e experiência; cabe lembrar que elas são, em média, menos bem tratadas (em termos de salário e condições).

A tradicional fronteira entre "ativo" e "inativo" mascarava uma grande quantidade de "trabalho" doméstico ou voluntário exercido essencialmente por mulheres. Obviamente, as reflexões sobre qual definição de "trabalho" deve ser considerada, bem como sobre as decisões que daí resultam – ou resultarão –, não serão neutras quanto à visão da divisão das tarefas entre homens e mulheres na sociedade.

Em termos de vocabulário, é bom não mais designar como "inativas" as pessoas (sobretudo as mulheres) que não têm nem procuram um trabalho remunerado. O conceito de "força de trabalho" substitui o de "população ativa", e os/as "inativos/as" passam a ser designados/as como "*out of labour force*" [fora da força de trabalho], embora isso traga problemas de tradução.

Mas os problemas de métodos para medir essas novas noções são grandes: na França, as Pesquisas sobre Uso do Tempo, única medida precisa do "trabalho doméstico", são realizadas apenas a cada doze anos, enquanto a Pesquisa de Emprego (Enquête Emploi), que acompanha o emprego e o desemprego, fornece resultados trimestrais. Por fim, são significativos os riscos de confusão. Com uma hora de trabalho remunerado na semana, um indivíduo já passa a integrar a "mão de obra" e o mercado de trabalho. Não estão resolvidos problemas de definição como aqueles relacionados como estagiários não remunerados, com os limites de remuneração e com o trabalho voluntário. Como observa Concialdi (2014, p. 64), é por certo louvável querer recensear todas as formas de trabalho que contribuem para o "bem-estar" das populações, mas esse novo quadro precisará de complementos para tratar de "situações de emprego inadequadas, que diminuem as aptidões e o bem-estar dos trabalhadores". Sem avanços na definição, sobretudo, do emprego inadequado, as novas disposições carregam ambiguidades. Podemos apostar que, mais uma vez, como hoje se observa em relação ao subemprego, as mulheres serão especialmente afetadas por um esclarecimento desses conceitos. Trabalho profissional e trabalho doméstico devem ser confundidos?

REFERÊNCIAS BIBLIOGRÁFICAS

BAUDELOT, C. et al. *Travailler pour être heureux?* Le bonheur et le travail en France. Paris, Fayard, 2003.

BROUSSE, C. La répartition du travail domestique entre conjoints reste très largement spécialisée et inégale. In: *France Portait Social.* Ed. 1999-2000. Paris, Insee, 2000. (Coleção Insee Références.)

_____. La vie quotidienne en France depuis 1974: les enseignements de l'enquête Emploi du Temps. *Economie et Statistique*, v. 478-479-480, 2015a. p. 79-118.

_____. Travail professionnel, tâches domestiques, temps "libre": quelques déterminants sociaux de la vie quotidienne. *Economie et Statistique*, v. 478-479-480, 2015b. p. 119-54.

BUREAU INTERNATIONAL DU TRAVAIL (BIT). Rapport III de la conférence et résolution concernant les statistiques du travail, de l'emploi et de la sous-utilisation de la main-d'œuvre. *19ª Conférence Internationale des Statisticiens du Travail*. Genebra, 2-11 out. 2013.

CHADEAU, A.; FOUQUET, A. Peut-on mesurer le travail domestique?. *Economie et Statistique*, v. 136, n. 1, 1981. p. 29-43.

CHAMPAGNE, C.; PAILHE, A.; SOLAZ, A. 25 ans de participation des hommes et des femmes au travail domestique: quels facteurs d'évolutions. *Document de Travail*, Paris, Ined, n. 203, 2014.

_____. Le temps domestique et parental des hommes et des femmes: quels facteurs d'évolutions en 25 ans?. *Economie et Statistique*, v. 478-479-480, 2015. p. 209-42.

CHENU, A.; HERPIN, N. Une pause dans la marche vers la civilisation des loisirs?. *Economie et Statistique*, v. 352-353, 2002. p. 15-36.

CONCIALDI, P. Quand les statistisciens du travail définissent le travail. *Chronique Internationale de L'Ires*, v. 145, 2014. p. 57-65.

DE SAINT POL, T.; BOUCHARDON, M. Le temps consacré aux activités parentales. *Etudes et Résultats*, n. 841, 2013.

ESTRADE, M.-A.; MÉDA, D. Principaux résultats de l'enquête rtt et modes de vie. *Document D'Etudes*, Paris, Dares, n. 56, 2006.

FREYSSINET, J. L'inépuisable controverse sur 'le' chiffre du chômage. *Les Chantiers*, Paris, Idies, note de travail n. 27, 2014. [Disponível também em *Alternatives Économiques*, n. 333, mar. 2014.]

MARCHAND, O. Compte-rendu de la cist d'octobre 2013. *Note Insee*, 2013.

PAILHE, A.; SOLAZ, A. *Entre famille et travail*: des arrangements de couples aux pratiques des employeurs. Paris, La Découverte/Ined, 2009.

PONTHIEUX, S. Les enquêtes *Emploi du temps*: une source majeure pour l'étude des inégalités sociales et de genre. *Economie et Statistique*, v. 478-479-480, 2015. p. 59-78.

PONTHIEUX, S.; SCHREIBER, A. Dans les couples de salariés: la répartition du travail domestique reste inégale. *Données Sociales*, Paris, Insee, 2006. p. 43-51.

RICROCH, L. En 25 ans, moins de tâches domestiques pour les femmes, l'écart de situation avec les hommes se réduit. *Femmes et Hommes: Regards sur la Parité*, Paris, Insee, 2012. p. 67-80.

RICROCH, L.; ROUMIER, B. Depuis 11 ans, moins de tâches ménagères, plus d'internet. *Insee-Première*, Paris, Insee, n. 1.377, 2011.

ROY, D. Le travail domestique: 60 milliards d'heures en 2010. *Insee-Première*, Paris, Insee, n. 1.423, 2012.

SAUTORY, O.; ZILLONIZ, S. Les rythmes du travail en 2010. *Document D'Etudes*, Paris, Dares, n. 180, 2014.

STIGLITZ, J.-E.; SEN, A.; FITOUSSI, J.-P. *Rapport de la Commission sur la mesure des performances économiques et du progrès social*. Paris, CMEPSP, 2009.

11

O TEMPO DO TRABALHO DOMÉSTICO REMUNERADO
Entre cidadania e servidão

Maria Betânia Ávila

O total de trabalhadores/as domésticas/os no Brasil é de 6,6 milhões, dos quais 92,6% são mulheres. O percentual de mulheres negras é de 61% nessa ocupação. Os dados mostram que houve uma diminuição no número de trabalhadoras domésticas e, no entanto, cresceu o percentual de trabalhadoras negras (Dieese, 2013). Só em 2013 essa categoria de trabalhadoras alcançou a integralidade dos direitos trabalhistas vigentes no país, através da aprovação da Emenda Constitucional n. 72.

Sobre o tempo do trabalho doméstico remunerado, vamos proceder à reflexão em duas dimensões: a do cotidiano, na qual o tempo do trabalho remunerado é central na forma de organizar as dinâmicas de vida dos sujeitos no dia a dia; a do tempo histórico, porque pensamos que a tensão entre servidão e cidadania é produzida no curso da relação entre essas duas temporalidades. Uma vez que "o cotidiano não tem sentido divorciado do processo histórico que o reproduz" (Martins, 2008, p. 89) e o transforma.

De acordo com a abordagem sociológica de Elias (1998, p. 93), as sociedades industriais instituíram uma concepção de tempo que "tem o caráter de uma instituição social, de uma instância reguladora dos acontecimentos sociais, de uma modalidade da experiência humana", o que, segundo ele, leva a uma concepção do tempo como algo que "se exerce de fora para dentro [...] uma coerção que se presta eminentemente para suscitar o desenvolvimento de uma autodisciplina nos indivíduos" (ibidem, p. 22). Esse tempo como mensuração da duração dos eventos, isto é, o tempo institucionalizado, é o próprio tempo no qual a existência das pessoas se desenrola.

A vida cotidiana tem como seu movimento interno o vivido no dia a dia, e o tempo do trabalho é parte central desse vivido (Lefebvre, 1958). É a lógica do trabalho produtivo que se impõe na forma de organização do tempo social no cotidiano. Consideramos, por isso, que duas questões críticas se colocam quando utilizamos a expressão "uso do tempo". Em primeiro lugar, a metodologia para a mensuração do uso do tempo no cotidiano deve, necessariamente, levar em conta a diferença entre a temporalidade do trabalho produtivo e a do trabalho reprodutivo. Em segundo lugar, a expressão "uso do tempo", se não abordada criticamente, pode fortalecer a naturalização da ideia do tempo social como um recurso externo ao tempo de existência das pessoas, o que pode reforçar a lógica instrumental da apartação entre o tempo do trabalho e o tempo da vida.

Para as trabalhadoras domésticas remuneradas, o tempo do trabalho é um elemento central da tensão entre cidadania e servidão. No Brasil, a configuração do emprego doméstico foi historicamente tributária da escravidão e das heranças que persistiram como elementos constitutivos das relações sociais. Como analisa Girard (1996), essa é uma relação de trabalho fortemente marcada pela história da escravidão das mulheres negras no país.

O trabalho doméstico como trabalho remunerado, no Brasil, foi conformado na imbricação das relações sociais de sexo, de raça e de classe. Uma análise crítica da trajetória do emprego doméstico evidencia que essa relação de trabalho foi tecida pelos fios da dominação e da exploração patriarcal e racista que estão incontornavelmente atados à formação do sistema capitalista no país. No período colonial, foi também um elemento de ostentação para marcar o poder de classe (Graham, 1992), para exibir o poder do senhor patriarcal branco e de sua família. Para Saffioti (1979, p. 32), a relevância do emprego doméstico, no caso brasileiro, tem "profundo significado para o padrão nacional de desenvolvimento do capitalismo, podendo servir de parâmetro para a apreciação do modelo econômico que aqui tem lugar".

Pode-se afirmar, com base em Florestan Fernandes (2006), que, resguardadas as condições históricas específicas, o Brasil realizou, ainda que tardiamente e de forma autoritária, sua revolução burguesa e seu processo de industrialização, que marcaram a construção da sua modernidade como uma sociedade capitalista. Essa revolução burguesa, que consolidou o "poder burguês através do fortalecimento das estruturas e funções nacionais de dominação de classe" (ibidem, p. 350), segundo esse autor, foi também fortemente assentada na discriminação da população negra (Fernandes, 1964). Acrescentando a essa abordagem uma perspectiva feminista, podemos dizer que tal revolução manteve o sistema de dominação patriarcal dentro dos novos padrões exigidos pelas mudanças operadas para a reprodução do sistema dominante.

Do nosso ponto de vista, apoiado em diálogos com trabalhadoras domésticas organizadas, a permanente tentativa, por parte de patroas/ões, de apropriação da vida pessoal de trabalhadoras domésticas como parte da apropriação do tempo de trabalho nas relações do trabalho doméstico remunerado denota como ainda pulsam no coração da sociedade brasileira – da sua burguesia e pequena burguesia – os anseios de disporem de servas como parte de seus domínios. A permanente reconstrução de uma ideologia discriminatória e de desvalorização da categoria das trabalhadoras domésticas se faz como forma de encobrir e justificar, de acordo com cada contexto, os nexos de exploração e dominação de raça, de classe e de gênero próprios dessa relação de trabalho. Nela estão ainda presentes elementos servis que se chocam e contradizem os direitos formalmente conquistados pelas trabalhadoras domésticas, estabelecendo e preservando uma situação de forte tensionamento, cotidiano e histórico, entre servidão e cidadania.

O sentido de servidão no trabalho doméstico, ligado a uma concepção sobre as mulheres como sujeitos predispostos a uma disponibilidade permanente para servir aos outros, é informado ainda por um outro sentido de servidão, que diz respeito à sua associação com a escravidão da população negra. A análise crítica dessas heranças contribui para a desnaturalização das relações de servidão no emprego doméstico. Contribui ainda para fortalecer as evidências da maneira pela qual as relações sociais de raça se constituem como uma dimensão estruturadora da pobreza das mulheres e da população negra em geral no Brasil.

O emprego doméstico, como uma relação de trabalho, incorpora tempos históricos diferenciados. De um lado, aquele da sua inserção na esfera da cidadania como um trabalho, a partir do qual se formam um campo de lutas e um sujeito coletivo já reconhecido como portador de direitos assegurados por leis vigentes no país; de outro lado, aquele que se configura pela manutenção no cotidiano de práticas de trabalho ilegais e servis. As conquistas legais, em contrapartida, devem ser percebidas como um avanço e como parte do contraditório processo de democratização do país nessas últimas décadas, no qual a estratégia de luta por direitos é generalizada no Brasil e na América Latina.

O tempo do trabalho: tensões no cotidiano e nas trajetórias de vida

A regulamentação da jornada de trabalho alcançada apenas recentemente, em 2013, constitui, do ponto de vista legal, uma nova ruptura com a herança escravista de um tempo de trabalho remunerado sem determinação de horário para começar nem para terminar. Essa regulamentação veio no bojo da aprovação da Emenda Constitucional n. 72. Alguns dos direitos aprovados são automaticamente aplicáveis, enquanto outros necessitam de regulamentação. Entre aqueles incluídos no primeiro caso, está a definição de uma jornada de trabalho semanal de 44 horas para as mensalistas, o que significa que no tempo do trabalho das trabalhadoras domésticas também passam a existir as horas extras, cujo valor é de 50% a mais do valor da hora de trabalho contido no salário. Para as jornadas de trabalho das trabalhadoras domésticas denominadas como diaristas não há ainda qualquer regulamentação, uma vez que ao menos por enquanto elas não estão abarcadas como portadoras dos direitos trabalhistas conquistados constitucionalmente. Fica assim configurada no momento atual e no interior da categoria uma dupla situação, de trabalhadoras com direitos trabalhistas e trabalhadoras desprovidas desses direitos.

A vivência dos direitos trabalhistas garantidos por lei tem sido objeto de lutas árduas por parte dessa categoria e de desrespeito generalizado por parte das empregadoras/res. Um exemplo disso é o direito à carteira assinada para as mensalistas, conquistado em 1972 – base legal do contrato de trabalho para acesso a outros direitos trabalhistas e previdenciários –, registro ao qual apenas 31,1% dessas trabalhadoras tinham acesso até o último trimestre de 2013 (IBGE, 2014).

Ainda sobre essa relação entre direitos e exploração do trabalho doméstico remunerado, o Dieese apontou, segundo uma pesquisa em regiões metropolitanas em 2012, que

> a jornada das domésticas mensalistas com carteira de trabalho assinada apresentou o maior número de horas na semana, o que sinaliza não haver uma relação entre formalização e redução da jornada, ocorrendo justamente o inverso. Em 2012, a jornada média semanal das mensalistas com carteira de trabalho assinada superou a das sem carteira em quase todas as regiões analisadas. (Dieese, 2013, p. 22)

De acordo com a mesma pesquisa, em 2012,

> a proporção de empregadas domésticas mensalistas que trabalharam além das 44 horas semanais foi superior a 30% na maioria das regiões analisadas. A Região Metropolitana do Recife registrou o maior percentual, com 74,9%, seguida de Fortaleza, onde essa proporção foi de 56,4% e Salvador, com uma parcela de 54,4%. Em São Paulo o percentual foi mais baixo, porém não menos importante, 28,3% das trabalhadoras domésticas mensalistas realizaram uma jornada média semanal acima das 44 horas. (Ibidem, p. 23)

Em relação a 2013, em período pós-aprovação da Emenda Constitucional n. 72 e, portanto, da regulamentação da jornada de trabalho, os dados de pesquisa do Dieese em regiões metropolitanas mostraram que permanece a disparidade entre regiões e que a jornada de 44 horas ainda não é na prática vivenciada pela categoria no geral. A média de horas trabalhadas em cada uma das seis regiões metropolitanas pesquisadas é a seguinte: Belo Horizonte, 41; Fortaleza, 48; Porto Alegre, 40, Recife, 51; Salvador, 46; São Paulo, 40 (Dieese, 2014).

Pesquisas sistemáticas do Dieese apontam uma variação nas jornadas de trabalho que, no fim das contas, tiveram nestas últimas décadas uma pequena diminuição. Entretanto, a delimitação da jornada de 44 horas semanais, atualmente prevista em lei, está longe de ser alcançada pelo conjunto da categoria. O custo muito baixo das horas extras pode constituir um recurso para prolongamentos de jornadas dentro da legalidade e para a manutenção de padrões de exploração intensa.

As longas jornadas de trabalho são uma realidade que acompanha o desenvolvimento do emprego doméstico no Brasil e em outros países da América Latina, como mostra Castro (1993), em pesquisa realizada na década de 1970. Pesquisas realizadas ao longo das últimas décadas (Farias, 1983; Motta, 1985; Kofes, 1990; Girard, 1996; Ávila, 2010) revelaram a existência de práticas de trabalho nesse campo que guardam ainda, e a despeito de leis em vigor, relações de exploração e dominação próprios de um sistema de servidão.

Em nossas práticas de pesquisa, o tempo do trabalho doméstico e a duração das jornadas de trabalho se revelaram de difícil apreensão. A análise sobre a variação da duração do tempo na execução das tarefas do trabalho doméstico é relevante para a apreensão da lógica temporal dessa atividade, que é formada tanto por uma sequência de tarefas variadas, com ou sem interrupções, como pela realização simultânea de tarefas e ainda por tarefas cujo desenrolar segue um ritmo próprio e singular a cada momento que se realiza, como as tarefas do cuidado.

Em pesquisa que realizamos em Recife (Ávila, 2010), constatamos que essas trabalhadoras estão submetidas a uma jornada de trabalho extensiva, intensiva e intermitente. A exploração do tempo de trabalho delas determina uma relação que as coloca à disposição de sua família e da família de suas patroas. Agregando-se os trajetos entre o local de moradia e o local do trabalho remunerado, o dia a dia das empregadas domésticas pode ser definido como uma sucessão de dias vividos, sobretudo, em função do trabalho reprodutivo. O cansaço e a exaustão, em muitos casos, são permanentes no dia a dia de trabalho. São a forma corporal que toma a sobrecarga de trabalho e que vai incidir sobre o lazer, o rendimento nos estudos, a qualidade da participação política, uma vez que o cansaço é um entrave para se manter com disposição para usufruir de outras dimensões da vida cotidiana e participar dos espaços coletivos de organização política.

Dentro das contradições dessas relações de classe e de raça entre mulheres, a apropriação do tempo de trabalho se mostra um elemento central com o qual estão diretamente relacionadas a divisão sexual do trabalho e a sua reprodução. Como o trabalho doméstico é uma demanda sempre renovada e incessante, quanto mais o tempo de trabalho da empregada doméstica é apropriado, mais liberado de trabalho doméstico se torna o tempo no cotidiano da patroa.

Através dos processos de pesquisa e dos diálogos sistemáticos com as trabalhadoras domésticas organizadas, podemos perceber que estas estão também sujeitas ao que denominamos de trabalho antecipado e trabalho retroativo: o primeiro caso são tarefas realizadas com antecedência para suprir as necessidades que virão na sua ausência; o segundo, são as tarefas acumuladas na ausência das empregadas domésticas e deixadas para elas fazerem. No caso das trabalhadoras diaristas, constatamos situações de trabalho nas quais em um ou dois dias na semana a empregada doméstica deve realizar tarefas que cobrem necessidades de uma semana de trabalho, considerando o acúmulo de trabalho que encontra e o que deve deixar realizado para os dias que virão (idem).

As rotinas cotidianas denotam que as empregadas domésticas na casa das/os patroas/ões são consideradas estranhas ao ambiente. Circulam de forma diferenciada dentro da casa. Quando estão executando as tarefas do seu trabalho, entram em todos os cômodos da casa; quando não, sua circulação é restrita. Isso se torna mais grave para as que residem nos locais de trabalho. Ainda que seja cada vez menor o número de trabalhadoras domésticas que residem nos locais de trabalho, essa situação ainda existe. Em 2010, 220.708 trabalhadoras domésticas no país residiam no local de trabalho (IBGE, 2010).

Viver na casa da patroa é ter o seu cotidiano organizado de acordo com o modo de vida e as exigências de outras pessoas. Isso significa uma forma de privação, uma vez que a vivência do cotidiano, para além da jornada de trabalho, está subjugada à regra das/os outras/os, o que caracteriza uma relação de servidão. Uma questão que marca de maneira muito profunda a relação hierárquica e de desigualdade entre patroas e empregadas vivendo no mesmo espaço é a extrapolação do tempo do trabalho para a monopolização diária da própria existência da empregada doméstica (Kofes, 1990). O cotidiano só aparece como uma dinâmica própria na vida desses sujeitos com uma ruptura com a moradia na casa da patroa (Ávila, 2010).

As empregadas domésticas estão sujeitas a uma jornada de trabalho remunerado e não remunerado no interior da esfera reprodutiva. É de maneira conflituosa que elas enfrentam as tensões geradas entre essas duas práticas de trabalho. A expressão dessa conflitualidade aparece sob a forma de sofrimento, o que se agrava ainda mais quando as empregadas domésticas deixam de cuidar de suas crianças para cuidar das crianças de suas patroas.

No interior de suas próprias casas o trabalho doméstico começa, invariavelmente, logo ao amanhecer e é retomado à noite, após o retorno do trabalho remunerado. Como as horas livres do trabalho remunerado são poucas durante a semana, há um acúmulo de tarefas de trabalho doméstico que invade o fim de semana, além das tarefas geradas nesses dias. Mesmo em situação de desemprego, os companheiros, em geral, não compartilham o trabalho doméstico, ou o fazem apenas como ajuda. Quando há filhos/as pequenos/as, são outras mulheres, parentes ou vizinhas, remuneradas ou não, que se ocupam deles/as na ausência das mães que vão trabalhar. As filhas mulheres, desde meninas, são iniciadas nas pequenas tarefas domésticas do cotidiano e são as mais comprometidas no alívio da carga de trabalho de suas mães. Nesse caso, na infância, já estão presentes os conflitos entre o tempo do trabalho e o tempo das atividades próprias desse período da vida, como as brincadeiras e os estudos. Se no cotidiano há uma relação entre mulheres que formam uma rede de sustentação para manter a dinâmica do trabalho doméstico remunerado e não remunerado, essa relação se reproduz entre gerações como parte da reprodução da divisão sexual do trabalho (idem).

As razões estruturais que levam as mulheres a ingressar ainda muito jovens no emprego doméstico são dadas pelas relações sociais de sexo, de raça e de classe (idem). O trabalho doméstico surge como uma possibilidade de ter uma renda para mulheres em contexto de pobreza. Essa situação parece estar em processo de mudança no contexto atual do Brasil. Há uma redução de jovens no trabalho doméstico: entre 10 e 17 anos há uma redução de 6,1% para 3,9%; entre 18 e 24 anos há uma redução de 16,8% para 9,3% entre 2004 e 2011. São apontados para isso dois fatores, relacionados: o aumento do nível de escolaridade e a inserção em outros setores do mercado de trabalho (Dieese, 2013). O trabalho infantil ainda existe no âmbito do trabalho doméstico remunerado no país, apesar das medidas legais e das políticas públicas fomentadas para sua eliminação.

A partir da inserção no trabalho doméstico remunerado, garantir um horário para estudar emerge como uma forma de resistência individual que requer muita determinação para superar a falta de tempo, o cansaço, a dificuldade de encontrar escola e, ainda, a falta de apoio. Constatamos através de pesquisa que se manter na escola significava, para as poucas trabalhadoras domésticas que estudavam, não deixar que o trabalho doméstico remunerado se tornasse um imperativo em suas vidas, pois estudar representava para elas uma forma de construir a possibilidade de fazer escolhas (Ávila, 2010).

Para enfrentar a dominação/exploração no trabalho doméstico, as empregadas domésticas criam formas de resistência em dois níveis: individual e coletivo. É a inserção na resistência coletiva através da organização política da categoria que traz a consciência crítica e altera o sentido da resistência individual. A consciência crítica deve ser considerada a base sobre a qual se constroem as formas de mediação, e isso nos leva a afirmar a importância da dimensão subjetiva nesse processo marcado pela tensão entre privação e liberdade. De acordo com Kergoat (1986), é sob a forma de tensões que se expressam as contradições das relações sociais vivenciadas no cotidiano. As formas de resistência, individuais e coletivas, estão dialeticamente relacionadas, uma vez que se fortalecem mutuamente na superação das contradições enfrentadas no cotidiano das relações de trabalho e na construção da organização coletiva.

Jornada de trabalho e organização política

A organização política das empregadas domésticas se defronta com muitas dificuldades. A escassez de tempo livre de trabalho é um dos problemas que afeta de maneira significativa o processo de organização. Há tensão em relação ao tempo do trabalho e aos momentos de folga, de lazer e de descanso, pois é nos momentos que sobram dos períodos de tempo do trabalho remunerado e não remunerado, em geral à noite e no fim de semana, que a participação política se mostra possível. Para o Sindicato das Trabalhadoras Domésticas da Cidade do Recife, realizar a Assembleia Geral de Sócias todo segundo domingo do mês e as reuniões da diretoria também aos domingos é uma forma de construir a possibilidade de participação na organização coletiva da categoria.

A falta de recursos materiais, a baixa escolaridade e os preconceitos também pesam sobre as dificuldades de organização das trabalhadoras. A participação traz um sentido novo para a vida cotidiana e tem um impacto direto na construção da autoestima das empregadas domésticas, ao trazer para elas o conhecimento dos direitos e a consciência crítica sobre o valor social do trabalho que realizam. A participação política na organização coletiva da categoria tem, ainda, um sentido afetivo de pertencimento a um coletivo de iguais.

No fim do século XIX, quando as mulheres negras escravas faziam os trabalhos domésticos na casa das senhoras brancas, buscavam formas de construir um tempo de trabalho livre do controle das patroas por meio das tarefas realizadas na rua. Uma delas era aproveitar o momento de buscar água para o consumo da casa nos chafarizes localizados nas praças das cidades e ficar ali, prolongando o tempo da tarefa, em conversa com outras escravas que faziam as mesmas tarefas; era também um momento de convivência e compartilhamento entre elas (Graham, 1992). No movimento entre o chafariz e o sindicato como espaços coletivos aparece a relação dialética entre o cotidiano e a história, que revela tanto as transformações ocorridas nas relações sociais quanto os elementos do passado que permanecem nas suas novas configurações.

Nos processos de mobilização do sindicato em Pernambuco e da Federação Nacional das Trabalhadoras Domésticas para fortalecer seu quadro de militantes, estratégias específicas são traçadas para contornar os obstáculos impostos pelo tempo do trabalho doméstico à participação política das empregadas domésticas em geral. As exigências da ação política e as dificuldades causadas pelo tempo do trabalho aos sujeitos individuais produzem tensões e contradições que revelam o quanto a carência de tempo é um problema que se apresenta não só como uma dimensão da pobreza, mas também como elemento de repressão ao desenvolvimento político – individual e coletivo – das mulheres inseridas em um contexto de grande desigualdade social. A sustentação de um projeto político coletivo no cotidiano se confronta com as dificuldades do sujeito individual. O que nos parece uma questão sociológica importante é o fato de que, para quem tem carência de tempo, garantir um tempo para a participação política já significa uma afirmação como sujeito na construção da resistência à dominação/exploração.

O sério problema de renovação dos quadros políticos dessa categoria reflete as tensões entre as dificuldades enfrentadas no dia a dia da organização para o seu processo de fortalecimento e intervenção. O fortalecimento da organização das trabalhadoras domésticas envolve as articulações políticas, a participação nos movimentos sociais e a relação política diante do Estado. As trabalhadoras domésticas estão organizadas em sindicatos que formam a Federação Nacional das Trabalhadoras Domésticas, que integra a Central Única dos Trabalhadores e a Confederação Latino-Americana e do Caribe de Trabalhadoras Domésticas.

A regulamentação da jornada de trabalho doméstico remunerado acirra as contradições entre patroa/ão e empregada doméstica, pois o conflito de interesses em torno do tempo do trabalho remunerado passa agora pela mediação da lei. A forma que esse conflito pode tomar no cotidiano está relacionada com o grau de consolidação real desse direito, e o grau de informação e de consciência de direitos da categoria de empregadas domésticas é uma dimensão estratégica de sua ação política. A regulamentação da jornada de trabalho doméstico remunerado ainda é pauta de luta para a categoria, tanto para sua aplicação real como para se contrapor às tentativas de flexibilização das jornadas através de mecanismos como o banco de horas extras de doze meses, o que levaria, segundo as lideranças da categoria, a uma diluição das horas extras de trabalho, facilitando a permanência de jornadas de trabalho abusivas. A falta de acesso aos direitos já conquistados revela o que Martins (2008) chama de desencontro entre o cotidiano e a história. Nesse sentido, a luta da organização coletiva dessa categoria é tanto pela regulamentação de novos direitos trabalhistas como pela garantia de acesso, no cotidiano, aos já conquistados, mas "*não reconhecidos nas relações reais*" (Martins, 1999, p. 62).

O processo que levou à conquista da integralidade dos direitos trabalhistas em 2013 foi marcado por um debate no qual muitas patroas expressaram, através da grande imprensa e nas redes sociais, as angústias com o que chamaram de "nova lei", afirmando que ela complicaria suas vidas cotidianas. Por outro lado, foi um período em que a defesa desses direitos ganhou uma forte expressão pública. O debate, todavia, está em curso na medida em que muitos dos direitos aprovados necessitam de regulamentação e que o acesso aos direitos conquistados e à proteção social se mantém como um problema para grande parte da categoria. Os embates nesse último período tornaram mais visíveis as contradições que envolvem essa relação de trabalho, e isso certamente leva a um aumento das tensões nos âmbitos público e privado. As trabalhadoras domésticas contam com apoio e alianças importantes, e o movimento feminista é um forte aliado dessa categoria na sua luta por direitos.

Para o movimento feminista, o desafio político é fazer a crítica a essa relação de trabalho, lutar pela sua superação e ao mesmo tempo enfrentar a incontornável necessidade de apoio à luta das trabalhadoras domésticas por direitos trabalhistas. O que nos coloca a questão da interdependência entre direitos, processo de transformação social e emancipação. A questão do trabalho doméstico remunerado e das mudanças que ocorrem na sua reconfiguração deve ser analisada a partir do seu significado na reconfiguração da divisão sexual do trabalho, considerando que o avanço nos direitos das empregadas domésticas acirra contradições nas relações sociais de sexo/gênero no espaço doméstico.

Em 1988, foi promulgada uma nova Constituição no Brasil – em seguida ao fim da ditadura militar, em 1985 –, por meio da qual as trabalhadoras domésticas conquistaram novos direitos, mas não alcançaram a integralidade deles. Um dos direitos demandados que gerou mais polêmicas e conflitos naquele contexto, segundo as próprias trabalhadoras organizadas, foi a regulamentação da jornada de trabalho, só alcançada em 2013, com uma emenda constitucional. A vivência concreta no cotidiano de uma jornada de trabalho regulada, como um direito já formalmente conquistado, continua a ser para a categoria uma grande causa, expressiva da tensão entre servidão e cidadania.

REFERÊNCIAS BIBLIOGRÁFICAS

ÁVILA, M. B. *O tempo do trabalho das empregadas domésticas*: tensão entre dominação/exploração e resistência. Recife, Edufpe, 2010.

CASTRO, M. G. Empregadas domésticas: qué se compra y que é se vende en el servicio doméstico? El caso de Bogotá: una revisión crítica. In: CHANEY, E. M.; CASTRO, M. G. (orgs.). *Muchachas cachifa criada empleada empleadinha sirvienta y... más nada*: trabajadoras del hogar en América Latina y del Caribe. Caracas, Nueva Sociedad, 1993.

DIEESE. Emprego doméstico no Brasil. *Estudos e Pesquisas*, v. 68, ago. 2013. p. 22-3.

_____. *O trabalho doméstico remunerado nos mercados de trabalho metropolitanos*. Sistema Pesquisa de Emprego e Desemprego. São Paulo, Dieese, 2014.

ELIAS, N. *Sobre o tempo*. Rio de Janeiro, Jorge Zahar, 1998.

FARIAS, Z. A. *Domesticidade*: "cativeiro" feminino? Rio de Janeiro, Achiamé/CMB, 1983.

FERNANDES, F. *A integração do negro na sociedade de classes*. São Paulo, CBPE/Inep/MEC, 1964.

FERNANDES, F. *A revolução burguesa no Brasil*: ensaio de interpretação sociológica. São Paulo, Globo, 2006.

GIRARD, C. Citoyenneté et culture de la domesticité des femmes noires au Brésil. In: MARQUES-PE-REIRA, B.; CARRIER, A. *La citoyenneté social des femmes au Brésil*: action collective, reproduction, informalité et domesticité. Bruxelas, L'Harmattan, 1996.

GRAHAM, S. L. *Proteção e obediência, criadas e seus patrões no Rio de Janeiro 1860-1910*. São Paulo, Companhia das Letras, 1992.

IBGE. *Censo Demográfico 2010*. Resultados do universo: características das populações e dos domicílios. Rio de Janeiro, IBGE, 2010.

KERGOAT, D. Em defesa de uma sociologia das relações sociais: da análise crítica das categorias dominantes à elaboração de uma nova conceituação. In: KARTCHEVSKY-BULPORT, A. et al. *O sexo do trabalho*. Rio de Janeiro, Paz e Terra, 1986.

KOFES, M. S. *Diferença e identidades nas armadilhas da igualdade e desigualdade*: interação e relação entre patroas e empregadas domésticas. Tese de Doutorado, São Paulo, FFLCH-USP, 1990.

LEFEBVRE, H. *Critique de la vie quotidienne I*: Introduction. Paris, L'Arche Éditeur, 1958.

MARTINS, J. S. *O poder do atraso*: ensaios de sociologia da história lenta. São Paulo, Hucitec, 1999.

_____. *A sociabilidade do homem simples*. 2. ed. rev. ampl. São Paulo, Contexto, 2008.

MOTTA, A. B. *Emprego doméstico em Salvador* (relatório final de pesquisa). Salvador, UFBA, 1985.

SAFFIOTI, H. I. B. *Emprego doméstico e capitalismo*. Rio de Janeiro, Avenir, 1979.

Parte IV

O GÊNERO DAS CARREIRAS ARTÍSTICAS E CIENTÍFICAS

12

PRESENÇA FEMININA EM CIÊNCIA E TECNOLOGIA NO BRASIL

Alice Rangel de Paiva Abreu
Maria Coleta F. A. de Oliveira
Joice Melo Vieira
Glaucia dos Santos Marcondes

Contexto social e direitos das mulheres no Brasil

O Brasil foi um dos países escolhidos para integrar o projeto internacional Avaliação Nacional de Gênero, Ciência, Tecnologia e Inovação: Programa para a Igualdade de Gênero e a Sociedade do Conhecimento (National Assessment of Gender, Science, Technology and Innovation: Framework for Gender Equality and the Knowledge Society), coordenado pela organização Mulheres em Ciência e Tecnologia Globais (Women in Global Science & Technology – Wisat), com objetivo de analisar os fatores, as políticas e os atores de diferentes sistemas nacionais de ciência e tecnologia que afetam a participação feminina na sociedade do conhecimento (Abreu, 2012; Oliveira, Vieira e Marcondes, 2011; Abreu et al., 2014). Este capítulo trata resumidamente dos principais resultados apresentados pelo relatório brasileiro. Inicialmente, aponta questões centrais do atual contexto social e de direitos das mulheres no Brasil, assim como os avanços em educação e trabalho, como insumos para a participação feminina na sociedade do conhecimento; em seguida, discute as medidas de participação das mulheres na sociedade do conhecimento; e, por fim, destaca desafios que permanecem.

Os avanços recentes

Nos últimos trinta anos, o Brasil exibiu importantes progressos no tratamento dos problemas e desigualdades sociais. É patente a consolidação do sistema político democrático, com eleições diretas periódicas para o Executivo e o Legislativo nacional e regional. Dentre as mudanças sociodemográficas mais relevantes do período estão as da estrutura e da dinâmica das famílias brasileiras (Oliveira, Vieira e Marcondes, 2015). O aumento da expectativa de vida, a rápida redução da fecundidade e o incremento das separações conjugais têm afetado o tamanho e a composição das famílias. Em termos jurídicos, a Constituição Federal de 1967 já estabelecia o princípio de igualdade entre homens e mulheres na esfera pública e incluía medidas contra a discriminação no mercado de trabalho. Com a Constituição Federal de 1988, foi instituída a igualdade entre homens e mulheres em todas as esferas da vida e expandido o conceito de família. Arranjos monoparentais, em grande parte chefiados por mulheres, e outros, formados por casais em união estável, foram reconhecidos como iguais em direitos perante o Estado. A noção de poder parental exercido pelo pai e pela mãe em igualdade de condições, direitos e deveres toma o lugar do princípio de pátrio poder, como a autoridade soberana do pai na família.

No que se refere às políticas sociais, o combate à extrema pobreza ganha maior ênfase, culminando no programa Bolsa Família, de cobertura nacional e com mais de 13 milhões de famílias beneficiárias. Este e outros programas sociais têm impacto direto sobre as mulheres, tomadas como responsáveis pela família: a elas é atribuída a titularidade do benefício independentemente da presença de um cônjuge do sexo masculino. Informações do governo federal divulgadas em 2014 indicam que estão em nome de mulheres: 52% dos imóveis do programa habitacional Minha Casa Minha Vida; 72% dos lotes da reforma agrária; e 93% da renda transferida através do Programa Bolsa Família[1]. Essa estratégia da política social apoia-se em evidências de que as mulheres seriam mais prudentes e sensatas na aplicação dos recursos familiares.

Pensar nas possibilidades e barreiras para a participação de homens e mulheres na sociedade do conhecimento passa pela avaliação das condições básicas de avanço social, econômico e político do país – saúde, educação, trabalho, renda e participação política. No relatório original (Abreu, 2012; Oliveira, Vieira e Marcondes, 2011), indicadores dessas áreas são examinados em detalhe, tendo o Brasil se destacado positivamente entre os países emergentes que integram o projeto.

A educação formal é talvez a área em que as brasileiras obtiveram maior progresso nas últimas décadas. Os dados mostram que as mulheres aproveitam melhor as oportunidades disponíveis para avançar no sistema educacional. A universalidade do ensino fundamental, prescrita em lei, resulta em maior equidade de gênero na educação básica do que nos níveis médio e superior, em que matriculados e concluintes do sexo feminino predominam; o abandono escolar mais acentuado entre os adolescentes e jovens do sexo masculino explica a diferença.

---

[1] Ver: <www.observatoriodegenero.gov.br>.

O ensino superior brasileiro expandiu-se significativamente ao longo das últimas décadas, com ampliação de vagas e criação de novas unidades de ensino, públicas e privadas. No Brasil, cerca de 30% das instituições de educação superior são públicas, e todos os cursos de graduação oferecidos por instituições federais e estaduais são gratuitos. Ainda, as instituições públicas concentram quase a totalidade da pesquisa científica no país. Entretanto, o acesso a essas instituições é restrito em função de seus exigentes processos seletivos de admissão, de acordo com o prestígio da universidade almejada.

A maior presença feminina no ensino superior não significa distribuição homogênea nas diversas áreas de conhecimento. Em 2008, 55% do total de estudantes universitários e 60% dos alunos concluintes eram mulheres. Elas estão majoritariamente nas áreas de humanidades, representam a metade ou pouco mais nas ciências sociais e nas ciências da saúde e constituem uma minoria nas ciências exatas e engenharias – o que não difere do que é observado em muitos países.

A pós-graduação também revela situação favorável às mulheres. Esse nível consolidou-se no país ao longo dos últimos cinquenta anos, com várias instituições com padrão de excelência internacional. Dos 2.568 programas de pós-graduação avaliados em 2007, 1.320 contavam com cursos de doutorado. Em 2008, foram titulados 30 mil mestres e 10 mil doutores; destes últimos, 51% eram mulheres.

No mercado de trabalho, os avanços femininos também se destacam. Entre os trabalhadores de dez anos ou mais de idade, atualmente, cerca de 44% são mulheres, sendo a presença feminina marcante entre os trabalhadores com maior escolaridade. Em 2012, segundo a Pesquisa Nacional por Amostra de Domicílios (PNAD), a taxa de atividade das mulheres com nível superior era de 80%, contra 89% dos homens, enquanto a taxa de atividade para a população feminina total atingiu 50,1% (contra 72,6% dos homens).

É difícil avaliar em que medida as mudanças no perfil educacional das mulheres as têm beneficiado em termos de inserção no mercado de trabalho e na geração de renda. Há avanços inegáveis, mas também fortes persistências no que diz respeito às desigualdades de gênero. A legislação brasileira proíbe discriminação de gênero no trabalho, seja no salário ou nas condições de trabalho, mas as leis trabalhistas não autorizam o trabalho flexível, onerando diretamente as mulheres por dificultar a combinação do trabalho e vida familiar.

A renda originada no trabalho é outro aspecto a revelar a persistência de desigualdades de gênero. Na última década, a proporção de trabalhadores não remunerados de ambos os sexos decresceu, mas segue sendo uma realidade a afetar mais as mulheres do que os homens.

Embora os dados revelem um estreitamento das diferenças salariais entre os sexos, este tem sido um processo lento dentre os que recebem renda do trabalho. Em 2001, o salário feminino correspondia a 63,6% do masculino, em média, chegando a 71,1%, em 2012. A defasagem salarial é menor entre homens e mulheres que trabalham de 40 a 44 horas semanais, isto é, em tempo integral, em que a média corresponde a 82,8% do salário masculino.

152 Gênero e trabalho no Brasil e na França

TABELA 1. PARTICIPAÇÃO FEMININA NOS DIFERENTES RAMOS DE ATIVIDADE (BRASIL, 2002 E 2012)*

Atividade econômica	2002		2012	
	Total de ambos os sexos (mil pessoas)	Mulheres (%)	Total de ambos os sexos (mil pessoas)	Mulheres (%)
Agrícola	16.315	33,1	13.782	29,1
Indústria	11.222	35,5	13.214	36,1
Indústria de transformação	10.653	36,7	12.493	37,4
Construção	5.611	2,6	8.244	2,9
Comércio e reparação	13.536	37,0	16.836	41,6
Alojamento e alimentação	2.927	48,8	4.523	56,2
Transporte, armazenagem e comunicação	3.683	10,9	5.266	12,8
Administração pública	3.870	35,3	5.179	41,4
Educação, saúde e serviços sociais	7.052	77,7	9.105	77,0
Serviços domésticos	6.106	92,9	6.419	92,3
Outros serviços coletivos, sociais e pessoais	3.142	57,4	3.761	64,2
Outras atividades	5.231	36,0	8.312	40,7
Atividades mal definidas ou não declaradas	201	11,4	71	15,5
Total	89.549	40,8	107.205	41,8

Fonte: IBGE/PNAD (2002; 2012).
* População de 10 anos ou mais.

A desigualdade é marcada entre mulheres em segmentos extremos. Os ganhos femininos são por definição mais baixos por elas estarem mais concentradas em ocupações precárias, de menor jornada e proteção legal. Mesmo aquelas de escolaridade elevada e as que trabalham jornadas extensas não superam o *gap* salarial, em parte porque são ainda minoria em carreiras e nichos profissionais mais valorizados no mercado de trabalho. Tomando os extremos de anos de estudo, tanto mulheres menos escolarizadas quanto as de maior nível educacional mostram maior discrepância em relação aos homens do que as de escolaridade intermediária, em que a competição parece ser mais nivelada, aproximando os salários masculinos e femininos.

Participação da mulher na sociedade do conhecimento

A distribuição da população ocupada por setores de atividade mostra o encolhimento da agricultura e o grande peso dos serviços. Em 2012, o setor de serviços absorvia mais da metade da mão de obra, ao passo que a participação do setor agrícola era de 14%

Presença feminina em ciência e tecnologia no Brasil   153

e a industrial, 26%. As mulheres estão majoritariamente inseridas no setor de serviços, tendência que tem se mantido ao longo da primeira década do século XXI. Em 2012, do total de mulheres ocupadas, 67,5% estavam no setor de serviços, enquanto apenas 9,7% em atividades agrícolas e 22,8% na indústria.

Na estrutura ocupacional, as mulheres são maioria em atividades econômicas associadas mais ao universo da reprodução social – atenção e cuidados – do que ao da criação e inovação; estão majoritariamente em setores relacionados com educação, saúde e serviços de um modo geral (ver Tabela 1).

A Tabela 2 mostra que as mulheres estão sobrerrepresentadas em ocupações precárias, como o trabalho doméstico, o trabalho não remunerado e o trabalho para produção e o próprio consumo. Estão também muito presentes em atividades tradicionalmente consideradas femininas, nas áreas de educação, saúde e serviços sociais, além da administração pública. Este dado chama atenção, pois a carreira de servidor público é cobiçada no Brasil devido, sobretudo, à estabilidade no emprego, aos direitos previdenciários e aos benefícios associados a ela. A maior escolaridade feminina explica também a alta presença de mulheres como servidoras públicas.

TABELA 2. PROPORÇÃO DE MULHERES SEGUNDO A POSIÇÃO NA OCUPAÇÃO (BRASIL, 2002 E 2012)*

Posição na ocupação	2002		2012	
	Total de ambos os sexos	Mulheres (%)	Total de ambos os sexos	Mulheres (%)
Empregado com carteira	23.135.181	35,3	37.146.908	38,4
Militar	213.670	1,8	348.676	4,3
Funcionário público estatutário	4.832.384	58,2	6.620.926	60,9
Outros empregados sem carteira	14.645.060	29,7	14.313.582	34,2
Trabalhador doméstico com carteira	1.573.758	89,0	1.892.940	87,1
Trabalhador doméstico sem carteira	4.537.085	94,3	4.513.165	94,4
Conta própria	17.594.843	30,0	19.522.918	31,7
Empregador	3.350.711	26,0	3.556.682	28,8
Trabalhador na produção para o próprio consumo	3.137.818	72,4	3.690.359	54,7
Trabalhador na construção para o próprio uso	149.036	10,8	76.791	10,3
Não remunerado	5.830.196	54,8	2.866.475	59,0
Total	78.999.742	41,3	94.549.422	42,4

Fonte: IBGE/PNAD (2003; 2013), tabulação própria.

* População de 10 anos ou mais.

154 Gênero e trabalho no Brasil e na França

Dados sobre as posições superiores nas carreiras públicas são também reveladores (Dieese, 2011). São os chamados cargos em posições de direção e assessoramento superior (DAS), ou seja, de tomada de decisões, considerados "cargos de confiança", pois independem de avaliações formais de mérito ou concurso público. Embora as mulheres ocupem 43% desses cargos nas esferas federal e estadual, concentram-se nos níveis de menor poder na hierarquia. Os cargos DAS de mais alta ordem – 5 e 6 – são ainda mais cobiçados e mais sujeitos à influência de forças políticas e grupos de pressão, sugerindo que o indivíduo nomeado detém prestígio político nas alianças de poder. Esses cargos são dominados por homens, e apenas 26% das posições DAS 6 são ocupadas por mulheres.

No setor privado, a despeito do crescimento da participação feminina em posições de poder no meio empresarial, as mulheres tendem a ocupar posições mais baixas na hierarquia, tal como na administração pública.

A presença feminina é modesta nas áreas de tecnologia e informação; dentro dessa grande área sua presença é mais expressiva em biotecnologia e ciências de informação e menos destacada entre os tecnólogos. Nesse conjunto, o peso relativo das mulheres oscila em torno de 30% (33,3% em 2003 e 28,3% em 2010). Nas engenharias, a parcela feminina representa cerca de 16% do total de profissionais, com distribuição variada nas especialidades. Presença marcante nas engenharias de alimentos e ambiental, as mulheres são menos frequentes nas engenharias mecânica, elétrica e eletrônica, mecatrônica, metalúrgica e afins. Há mais inserção feminina nas áreas com maior interface com a área da saúde – biologia e química – e muito menos nas áreas em que predominam a física e a matemática.

Algo similar ocorre na carreira de professores universitários. Em 2010, em nove ramos do conhecimento, as mulheres eram maioria nas ciências biológicas e da saúde, formação pedagógica, línguas/literatura e artes. As evidências atestam que elas ainda têm uma participação restrita como docentes nas áreas de ciências exatas e naturais, sendo em parte reflexo do próprio número reduzido de mulheres com formação específica nessas áreas. Assim também é entre os pesquisadores, o que demonstra que a participação feminina segue modesta sobretudo nas engenharias e áreas tecnológicas em geral (Tabela 3).

A despeito dos avanços na sociedade brasileira, ainda são poucas as mulheres nos mais altos escalões em todos os setores examinados. Na representação política e instâncias de poder de forma geral – ministros, deputados, senadores, juízes, CEOs, embaixadores etc. – todas essas posições continuam ocupadas predominantemente por homens. Parte da contradição entre o alto investimento na educação e na qualificação feminina e a baixa participação de mulheres nas esferas mais elevadas de poder pode ser explicada pelo fato de o mercado de trabalho – público ou privado – ser ainda pouco sensível às especificidades do curso de vida feminino. Nas carreiras femininas muitas vezes a ascensão profissional não é linear. Mesmo que já não corresponda à realidade, as representações sociais rezam que mães investem mais tempo nos filhos, enquanto pais, no trabalho remunerado para o sustento familiar. Desse modo, mulheres e também mães requerem mais tempo para percorrer o mesmo trajeto profissional de um homem que seja também pai.

Presença feminina em ciência e tecnologia no Brasil   155

TABELA 3. PARTICIPAÇÃO FEMININA ENTRE ENGENHEIROS, PESQUISADORES E PROFESSORES UNIVERSITÁRIOS (BRASIL, 2003 E 2010)

Profissionais	2003		2010	
	Total de ambos os sexos	% mulheres	Total de ambos os sexos	% mulheres
Engenheiros	134.399	14,56	211.111	16,28
Diretores e gerentes de pesquisa e desenvolvimento	6.271	24,17	12.851	27,84
Pesquisadores das ciências biológicas	2.433	62,84	3.575	62,99
Pesquisadores das ciências naturais e exatas	210	49,05	1.202	46,84
Pesquisadores de engenharia e tecnologia	3.556	24,85	6.681	19,14
Pesquisadores das ciências da saúde	411	66,90	1.958	68,12
Pesquisadores das ciências da agricultura	799	27,66	1.237	29,51
Pesquisadores das ciências sociais e humanas	1.071	65,17	1.863	65,15
Outros profissionais em pesquisa e análise	1.611	62,69	2.584	57,00
Professores de matemática, estatística e informática	11.298	37,56	18.258	40,49
Professores de ciências físicas e químicas	2.798	45,53	3.421	34,99
Professores de arquitetura e urbanismo, engenharia, geofísica e geologia	7.252	24,44	11.172	26,08
Professores de ciências biológicas e da saúde	58.448	67,89	38.596	52,67
Professores na área de formação pedagógica	96.992	48,18	162.970	52,88
Professores nas áreas de línguas e literatura	21.879	77,37	43.945	79,31
Professores de ciências humanas	25.799	44,21	33.106	45,96
Professores de ciências econômicas, administrativas e contábeis	24.654	39,21	28.802	41,82
Professores de artes	2.567	57,81	4.078	54,28
Total	402.448	39,50	587.410	38,95

Fonte: Rais/MTE (2003; 2010), tabulação própria.

O Brasil tem se distinguido no contexto latino-americano por seu sistema tecnológico e científico, estabelecido nos últimos sessenta anos (Abreu, 2010), e atualmente é o país da América Latina com maior investimento em ciência e tecnologia – 1,4% do seu PIB em 2012.

A importância das mulheres na pós-graduação é confirmada por informações da Coordenação de Aperfeiçoamento de Pessoal de Nível Superior (Capes), agência federal responsável pelo credenciamento e avaliação da pós-graduação no país. As informações para o período de 1996 a 2009 (mestres) e de 1996 a 2008 (doutores) analisadas pelo Centro de Gestão e Estudos Estratégicos (CGEE) revelam crescimento da proporção de títulos atribuídos a mulheres em ambos os níveis. No nível de mestrado, a partir de 1998 (CGEE, 2012) e, no doutorado, a partir de 2004 (CGEE, 2010), a proporção de mulheres tituladas ultrapassa a de homens.

Entretanto, a divisão sexual do trabalho científico se mantém. Na comparação entre os anos 1996 e 2008, todas as áreas mostram crescimento de mulheres com doutorado, com exceção de linguística, letras e artes. Nas engenharias e nas ciências exatas e da terra, o percentual de mulheres doutoras está próximo ou supera um terço do total de titulações, o que na comparação internacional é um número bastante significativo. Todavia, enquanto as mulheres são maioria em alguns dos anos analisados – por exemplo, entre doutores em engenharia química ou sanitária – elas não ultrapassam 20% dos titulados em engenharia mecânica, naval ou elétrica. Isso também ocorre nas ciências exatas ou da terra, em que os títulos outorgados a mulheres em astronomia ou física representam menos de 20% do total, ultrapassando em pouco esse percentual nas carreiras de matemática e ciências da computação. Fenômeno semelhante acontece na ciência política e na filosofia, áreas em que a participação feminina é bem mais baixa do que em outras ciências humanas. Vale destacar que nas ciências sociais aplicadas – nas quais estão disciplinas valorizadas, como economia e direito – ainda predominam doutores homens (idem).

Em 1993, o Conselho Nacional de Desenvolvimento Científico e Tecnológico (CNPq) iniciou a coleta de informações sobre grupos de pesquisa, fornecidas de forma voluntária pelos líderes de cada grupo. O censo dos grupos de pesquisa revela que o número de pesquisadores cadastrados avançou de 48.646 em 2000 para 128.668 em 2010; um incremento de 65% em dez anos. As mulheres representavam 43,7% do total de pesquisadores cadastrados em 2000, atingindo 49,7% em 2010. Do ponto de vista da condição de liderança nesses grupos, as mulheres saltaram de 39,4% para 45% entre 2000 e 2010. O ritmo dessa ampliação da participação feminina é lento, porém consistente.

Quando se analisa a razão mulheres/homens – exibida no Gráfico 1 –, os dados mostram que pesquisadoras estão perto de se igualarem em quantidade aos pesquisadores. No mesmo passo crescem as líderes de grupos de pesquisa do sexo feminino, que chegaram a 80% da quantidade de pesquisadores homens em 2010.

GRÁFICO 1. RAZÃO MULHERES/HOMENS ENTRE PESQUISADORES CADASTRADOS EM GRUPOS DE PESQUISA DO CNPQ (BRASIL, 1995-2010)

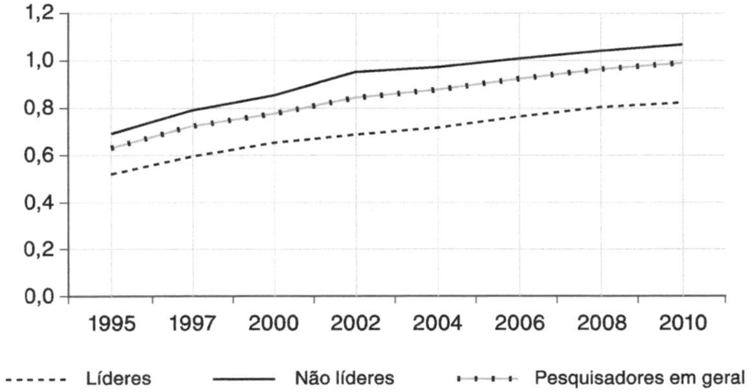

Líderes — Não líderes — Pesquisadores em geral

Fonte: Diretório dos Grupos de Pesquisa no Brasil/CNPq (2011).

Os dados do censo dos grupos de pesquisa confirmam que a presença feminina nas diferentes áreas do conhecimento não é homogênea. Em 2000, as mulheres lideravam amplamente apenas a grande área de linguística, letras e artes. A barreira dos 50% foi ultrapassada em ciências da saúde, ciências humanas e ciências biológicas em 2006 e manteve a posição em 2010. Por outro lado, a presença feminina caiu exatamente naquela área do conhecimento em que tradicionalmente tem se destacado – linguística, letras e artes – e se estabilizou nas ciências sociais aplicadas. Nas demais, incluindo as engenharias, a participação das mulheres cresceu. Como chama a atenção o estudo realizado pelo CGEE, a tendência é de níveis de participação feminina cada vez mais expressivos na medida em que novas gerações galguem posições deixadas pelas gerações que as antecederam. No entanto, o estudo também mostra que o cenário sobre o qual as novas tendências operam é marcado pela predominância inequívoca dos homens no campo da ciência e tecnologia, mantida no tempo de modo a acumular um estoque de doutores do sexo masculino com idade média superior à das doutoras do sexo feminino (CGEE, 2012). Ou seja, há claramente uma questão geracional a ser considerada.

O programa de bolsas que o CNPq oferece para pesquisadores que se destacam na carreira exemplifica a conjuntura atual. Em 2010, o sistema contava com pouco menos de 13 mil "bolsas de produtividade", como são chamadas, distribuídas em sete níveis. No conjunto, as mulheres seguem representando pouco mais de 30%, com leve tendência de alta. Porém, considerando apenas as categorias mais elevadas desse tipo de bolsa – aquelas classificadas como SR (pesquisador sênior) e 1A (pesquisador 1A) –, elas oscilam entre 22% e 23% do total.

Para melhor avaliar os diferenciais de gênero no que diz respeito à concessão de bolsas de produtividade, basta observar a razão mulheres/homens calculada com base nos dados disponíveis de 2001 a 2010 (Gráfico 2). Eles revelam, em primeiro lugar, que a predominância masculina é claramente mais acentuada no topo do sistema, onde as mulheres atingem apenas cerca de 30% do número de bolsistas do sexo masculino (categoria 1A). Em segundo lugar, as mulheres logram participação menos desigual apenas na categoria de ingresso no sistema (pesquisador 2), chegando a representar cerca de 60% dos bolsistas homens – ainda assim, não se pode desprezar a desvantagem feminina. Em terceiro lugar, o quadro de desproporção entre homens e mulheres é claramente estável no período, com exceção, curiosamente, das categorias intermediárias (categorias 1C e 1B).

GRÁFICO 2. RAZÃO MULHERES/HOMENS ENTRE PESQUISADORES BOLSISTAS DE PRODUTIVIDADE EM PESQUISA DO CNPQ (BRASIL, 2001-2010)*

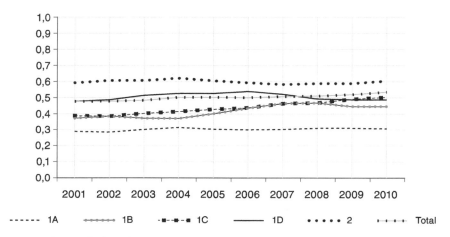

Fonte: Estatísticas e Indicadores do Fomento/CNPq.
* Inclui as bolsas custeadas com recursos dos fundos setoriais.

Alguns questionamentos são inevitáveis. Há mais obstáculos para o reconhecimento do valor da mulher do que de homens no meio acadêmico e científico? O viés geracional explica ou contribui para que a mudança no quadro atual seja mais lenta? Isto é, a equiparação de homens e mulheres desse importante indicador de prestígio e poder na comunidade científica ou acadêmica requer gerações para se concretizar?

A relevância da geração tem a ver com o ritmo da rotação das concessões que premiam pesquisadores mais produtivos. Este é lento por várias razoes, entre as quais há o estoque de bolsistas do sexo masculino (maior do que o feminino), e agravado pela reduzida disponibilidade de novas bolsas no sistema. De fato, o número de bolsas produtividade em pesquisa aumentou 69% em dez anos contra um aumento no número de doutores da ordem de 164%. O sistema de ciência e tecnologia no país cresce em ritmo acelerado com a expansão da pós-graduação, mas os mecanismos de estímulo e de reconhecimento de mérito não seguem a mesma proporção.

Os avanços das mulheres nas carreiras científicas não parecem também ter grande impacto na representação feminina nos comitês assessores das diferentes áreas disciplinares responsáveis, dentre outras tarefas, pela recomendação na distribuição das bolsas de reconhecimento acadêmico. Em 2009, 50 comitês contavam com 238 cientistas, dos quais 24% eram mulheres. Considerando a área do conhecimento, elas representavam mais de 50% dos membros de comitês das áreas de humanidades e ciências sociais aplicadas; 22% nas ciências da vida; e 5% nas engenharias, ciências exatas e da terra. Dezessete comitês não tinham sequer uma única mulher entre seus membros.

A dificuldade das mulheres em atingir os postos mais altos do sistema superior de ensino é manifestada também por outros indicadores. Considerando dados de 2010 referentes a 58 universidades federais, por exemplo, apenas 13,8% dos reitores eram do sexo feminino. E, ainda que não tenha sido possível obter dados globais sobre as carreiras de professor universitário, estudos pontuais mostram que as mulheres são ainda minoria entre os professores titulares, o mais alto grau na carreira universitária, mesmo naquelas disciplinas com forte presença feminina.

Os desafios que permanecem

A situação da mulher na sociedade do conhecimento no Brasil se assemelha à metáfora do copo meio cheio ou meio vazio. A sólida expansão da escolaridade feminina é uma dimensão extremamente positiva da história recente do país. Se comparado com outros países em desenvolvimento, o Brasil oferece às meninas e mulheres igualdade de condições com meninos e homens no que diz respeito ao direito de receber educação pública e gratuita. A gratuidade do ensino e as políticas de apoio à capacitação foram fortemente aproveitadas pelas mulheres, que hoje são maioria em todos os níveis de ensino.

Com relação à sociedade do conhecimento há avanços importantes. As mulheres são também a maioria dos mestres e doutores formados no país, embora estejam concentradas em áreas disciplinares específicas, persistindo a baixa participação feminina nas engenharias, matemática, computação e física. O quadro atual sugere que a divisão sexual do trabalho científico é desafio permanente, a exigir reflexão para avançar em direção à igualdade de gênero.

A presença feminina em todas as etapas de formação – contando inclusive com bolsas das agências federais e estaduais de pesquisa – é um fator positivo e pode funcionar como indutor de mudança no longo prazo, alçando mais mulheres a postos de trabalho de destaque. Todavia, merece atenção tanto dos acadêmicos quanto dos gestores de ciência e tecnologia a alta concentração de pesquisadoras na base da pirâmide de poder. Faz-se necessário cuidar para que as políticas de mobilidade e de reconhecimento de mérito no âmbito dos programas de agências de fomento possa, de fato, promover a ampliação da participação feminina.

No caso dos pesquisadores titulares de bolsas de produtividade do CNPq, o componente geracional não pode ser desprezado. Uma análise mais refinada exigiria dados desagregados por idade, o que não foi possível. Embora as mulheres já sejam maioria nas universidades e instituições de pesquisa do país, tendem a ser relativamente mais jovens do que os seus pares do sexo masculino, o que em parte explicaria o fato de

160 Gênero e trabalho no Brasil e na França

serem menos contempladas por alguns mecanismos de fomento. Porém, não devem ser descartados ou minimizados os efeitos dos processos de seleção e de priorização, que mereceriam uma análise mais ampla para se verificar como afetam a distribuição por sexo nos diferentes instrumentos de fomento.

Adicionalmente, haveria que se explorar alternativas eficazes de promoção da equidade de gênero na sociedade do conhecimento. Dois caminhos, mutuamente não exclusivos, devem ser explorados. De um lado, colocar em prática políticas que promovam a valorização de áreas em que as mulheres estão mais presentes tanto quanto se valorizam as áreas às que se dedica a maioria dos homens. De outro lado, promover o interesse feminino em campos como física, matemática e engenharias, bem como estimular o interesse masculino pelas artes, linguística, ciências biológicas e humanas.

REFERÊNCIAS BIBLIOGRÁFICAS

ABREU, A. R. P. Women for Science in Brazil. *International Sociological Association E-Bulletin*, v. 16, 2010. p. 64-89.

_____. *National Assessments on Gender Equality in the Knowledge Society*: Gender in Science, Technology and Innovation. Qualitative Report: Brazil. Rio de Janeiro, Wisat/Elsevier, 2012. Disponível em: <wisat.org/data/documents/BrazilQualGE-KS.pdf>. Acesso em: 29/5/2015.

ABREU, A. R. P. et al. Equidade de gênero na sociedade do conhecimento no Brasil: presença feminina na ciência e na tecnologia. *Document de Travail du Mage*, v. 18, 2014. p. 93-120.

CGEE. *Doutores 2010*: estudos da demografia da base técnico científica brasileira. Brasília, Centro de Gestão e Estudos Estratégicos, 2010.

_____. *Mestres 2012*: estudos da demografia da base técnico científica brasileira. Brasília, Centro de Gestão e Estudos Estratégicos, 2012.

CNPQ. *Séries históricas* (Diretório dos Grupos de Pesquisa no Brasil). 2011.

_____. *Estatísticas e Indicadores do Fomento*. s/d. Disponível em: <www.cnpq. br/estatísticas/bolsas/sexo.htm>. Acesso em: 29/5/2015.

IBGE. *Microdados da Pesquisa Nacional por Amostra de Domicílios (PNAD) 2002*. Rio de Janeiro, IBGE, 2003.

_____. *Microdados da Pesquisa Nacional por Amostra de Domicílios (PNAD) 2012*. Rio de Janeiro, IBGE, 2013.

MTE. Relação Anual de Informações Sociais (Rais). 2003-2010. Disponível em: <portal.mte.gov.br/rais/estatisticas>. Acesso em: 29/5/2015.

OLIVEIRA, M. C. F. A.; VIEIRA, J. M.; MARCONDES, G. S. Cinquenta anos de relações de gênero e geração no Brasil: mudanças e permanências. In: ARRETCHE, M. (org.). *Trajetórias das desigualdades*: como o Brasil mudou nos últimos cinquenta anos. São Paulo: Editora Unesp, 2015. p. 309-34.

13

AVIÕES E MULHERES

Política de igualdade profissional em uma empresa aeronáutica na França

Nathalie Lapeyre

Introdução

Este texto tem como objetivo apresentar alguns resultados de uma investigação em curso, realizada dentro de uma grande empresa europeia de tecnologia de ponta, líder na construção e comercialização de aeronaves. Minhas questões referem-se à implantação da política de diversidade feita pela organização, suas diferentes modalidades e discursos. Mais especificamente, trata-se da questão da igualdade profissional entre mulheres e homens e do impacto da implantação da referida política no desenvolvimento de carreira de cada um desses grupos. Meu foco, aqui, recai sobre as mulheres em posições de gestão e engenheiras – profissionais de formação técnica, mas também mais comercial. Essa análise das trajetórias profissionais da aeronáutica realiza-se em um contexto no qual a empresa comprometeu-se durante quatro anos, por iniciativa própria, com a implementação de uma política geral de diversidade e de diversidade de "gênero" em particular. Essa iniciativa baseou-se em um objetivo político declarado da companhia, chamado de "meta vinte-vinte": alcançar uma proporção de 20% de mulheres em todos os níveis da empresa até 2020. Esse primeiro objetivo quantitativo e temporal é acompanhado por uma meta de recrutamento: 25% das contratações anuais serem de mulheres, sabendo que elas representam de 15% a 20% dos formados para esse setor (aeronáutica e outras escolas gerais). Atualmente, as profissões mais próximas da produção de aviões e das atividades técnicas e tecnológicas tem cerca de 16% de mulheres. Entre as atividades ditas de "apoio" da empresa (recursos humanos, estratégia etc.), a feminização oscila em torno de 30%. De maneira geral, se os números sobre a feminização estiverem corretos, a segregação sexual interna nunca está muito longe. Quais os primeiros efeitos da implantação da política de igualdade perceptíveis no percurso das mulheres empregadas como engenheiras e gestoras?

Esta pesquisa, realizada com os/as funcionários/as da maior fabricante de aviões europeia, insere-se em um mercado em plena transformação, com a abertura da concorrência em médio prazo. Na França, a aeronáutica estava em vias de se tornar, em 2014, o principal setor do emprego industrial, ultrapassando o automobilístico, em termos de empregos diretos e indiretos. A pesquisa baseia-se em materiais sólidos, incluindo cerca de sessenta entrevistas individuais (homens e mulheres), três grupos focais, longas observações de campo, estabelecimento de uma relação contínua com os principais envolvidos, participação em vários eventos sobre o tema e em redes de mulheres dentro e fora da empresa, discussões com engenheiras pioneiras, mobilização da literatura e de documentos de comunicação etc. Na primeira seção do texto, fazemos um panorama da feminização de gestores e engenheiros no setor aeronáutico, destacando algumas das especificidades desse processo na empresa estudada. Em seguida, apresentamos brevemente a lógica da política de igualdade profissional dentro dessa companhia, que começa a produzir alguns efeitos, inclusive novas oportunidades. Na terceira seção, enfocamos três fenômenos ligados ao processo de empoderamento das mulheres dentro da organização, ilustrado por três percursos de mulheres em posições de gestão.

Tendências estatísticas da feminização da aeronáutica

Algumas estatísticas globais

Na França, a porcentagem de mulheres executivas tem crescido nas últimas décadas. Embora comparativamente a seu investimento em formação elas ainda estejam bastante subrepresentadas nas categorias de "gestores e profissões intelectuais superiores" (Maruani e Meron, 2012), sua participação passou, em cinquenta anos (1962-2012), de 16% para 40,2%. Do total de pessoas empregadas, 16,1% ocupam um cargo de gestão, com fortes disparidades por sexo: 13,6% são mulheres e 18,4%, homens (Guggemos e Vidalenc, 2013). O país é líder no *ranking* europeu de mulheres gestoras no setor privado e semipúblico (39,2% de mulheres em 2008), muito à frente dos países do norte da Europa, que têm a fama de ser o paraíso da igualdade entre os sexos (Lapeyre, 2013). Mas os diferentes setores de emprego continuam muito marcados pelo sexo: 8,3% das mulheres empregadas trabalham na indústria – setor em que se encontram as empresas aeroespaciais –, contra 18,7% dos homens (e 88% das mulheres empregadas trabalham no setor terciário, contra 65,3% dos homens) (Guggemos e Vidalenc, 2013). Nas profissões qualificadas mais tradicionalmente masculinas, o progresso da mixidade é relativamente lento, e a menor participação das mulheres em posições de gestão está entre os "engenheiros e quadros técnicos da empresa": 19,6% em 2008, contra 80,4% de homens.

Embora o progresso das mulheres seja muito lento nessas profissões, as gerações mais jovens aceleram as transformações (Marry, 2004), e os empregos de jovens diplomados/as são cada vez mais partilhados entre profissionais de ambos os sexos (Maruani e Meron, 2012). Essas observações são confirmadas pela última pesquisa do Observatoire des Ingénieurs et Scientifiques de France (Iesf), de 2013, o qual mostra que as mulheres representam 21% da categoria, ou seja, sua participação aumentou quase dezessete vezes em quarenta anos (Iesf, 2014, p. 4). No campo das formações comerciais, observa-se uma perfeita mixidade. Aliás, a proporção de engenheiros com menos de trinta anos é maior entre as mulheres: 31,7%, contra 23% dos homens. Para além dessa relativa bonança entre gerações mais jovens, apenas 17% das mulheres são engenheiras generalistas, e nos últimos anos elas desertaram de uma série de áreas de formação (novas tecnologias da informação e comunicação, eletrônica) para voltar-se a áreas em vias de feminização acelerada (cursos de formação agrícola, escolas de química etc.), nas quais 60% dos efetivos são femininos (ibidem, p. 38). Por fim, os engenheiros especialistas de formação aeronáutica representam uma pequena parte da profissão, apenas 3%, dos quais 14% eram mulheres em 2013.

A feminização "sanduíche"

Dentro da organização estudada, na qual as ocupações são altamente qualificadas, podemos observar, no campo das ocupações diretamente ligadas à produção de aeronaves e *às* atividades tecnológicas, um fenômeno de feminização em modo "sanduíche", que se opera claramente por cima, entre os executivos – setor em que se encontra uma taxa de feminização de 22%, correspondente a quase 58% das mulheres empregadas da empresa –, e por baixo, entre os empregos administrativos – que ocupam 9% das mulheres, para uma taxa de feminização da categoria de 63% (dados de 2013). Nas atividades intermediárias desse ambiente altamente segmentado, dentro do referido "sanduíche", poucas mulheres ocupam empregos na chefia de fábricas (1%) ou estão entre as categorias operárias (5%); a participação de técnicas é um pouco mais elevada, porém ainda modesta (11%). Esse primeiro nível de segmentação sexual das categorias socioprofissionais é acompanhado por uma segregação sexual do mercado interno de trabalho, e poucas mulheres trabalham diretamente na produção, seja em qual for a posição (operárias, técnicas, gestoras), com uma taxa de feminização inferior a 10% – às vezes inferior até a 5% nos setores mais industriais – e particularmente em empregos diretamente em contato com a mecânica ou com o manuseio de fluido de corte. Setores periféricos da produção são mais abertos às mulheres, como a qualidade (17%) ou a engenharia como trabalho de gabinete (20% de mulheres, em alta nos últimos anos). No âmbito das atividades ditas de "apoio" da empresa, a participação das mulheres não parou de crescer nos últimos anos, permitindo constatar um crescimento global da feminização no conjunto da sociedade, com cerca de 70% de mulheres nos serviços de gestão de recursos humanos, situação próxima à mixidade encontrada nas áreas de *marketing* ou estratégia. Qualitativamente, podemos observar em campo que as ocupações ditas de "nicho", as mais emergentes, parecem mais receptivas às mulheres.

Além disso, embora a feminização tenha uma relativa ocorrência nos estratos mais altos, ela se localiza principalmente nas faixas mais inferiores das altas categorias. Elas são sobrerrepresentadas nas posições de gestão mais baixas, ou seja, no nível 2 (de acordo com a convenção coletiva da indústria francesa), com 46,6% das mulheres executivas, contra 40,3% dos homens. As mulheres engenheiras tendem a estagnar na posição 3A (gerente júnior), abaixo do teto de vidro. Como bem resume Sophie, 34 anos, gerente da área de frota aérea: "Querem que as mulheres sejam executivas, mas não muito executivas". A presença das mulheres vai ficando mais rarefeita à medida que se sobe a pirâmide hierárquica, desde o primeiro nível de localização dos quadros superiores até praticamente desaparecer no topo, sendo anedótica sua presença nas instâncias dirigentes. Diante disso, a companhia tem um bom caminho a percorrer, tanto para implantar uma política de diversidade consequente com os objetivos anunciados, quanto para aplicar a lei francesa de 2011 e as normas europeias relativas à presença de mulheres nos conselhos das sociedades por ações, que fixam um limiar de 40% de mulheres até 2017.

Diversidade e igualdade profissional

Elementos de contexto

Após alguns anos de experiências balbuciantes, feitas de testes e fracassos, em torno da implantação de uma política de diversidade e igualdade profissional, nos últimos três anos houve um grande aumento da diversidade na companhia, com o recrutamento de pessoas competentes, líderes bem-identificados e diversas equipes dedicadas à questão (recrutamento, acompanhamento de carreira, implantação de ações etc.) nos serviços de gestão de recursos humanos. No mesmo período, assistimos a uma forte mudança na estratégia de comunicação em torno dessa questão, que contou com uma fase de ampla reestruturação interna. A questão da diversidade passou a ser tratada dentro de uma grande área chamada de "cultura inclusiva", bem posicionada no organograma da empresa. Ao mesmo tempo, os acordos de igualdade profissional foram renegociados pelos parceiros sociais. Esse assunto altamente político ganhou legitimidade no mais alto nível da organização, que é um dos suportes da transformação cultural da empresa, estando comprometido com a preparação de uma grande mudança industrial em médio prazo (maior abertura da concorrência nos mercados), o que leva ao desenvolvimento acelerado de atividades de serviço, suporte e *expertise*. Essa situação pode criar um momento favorável para acelerar o processo de feminização (Lapeyre, 2006).

A questão da igualdade entre os sexos, segundo uma postura oportuna e utilitarista da empresa, é apresentada como um meio e não como um fim em si, junto a questões demográficas, de recrutamento, de habilidades múltiplas, além de questões de criatividade, desempenho, imagem de marca e responsabilidade social da empresa (Laufer e Paoletti, 2010). Por trás da política de diversidade, há um desejo real de integrar melhor todas as nacionalidades (uma centena delas), os diferentes idiomas (cerca de vinte ali falados), os idosos, as pessoas com deficiência, e sobretudo as mulheres. Também subjacente à diversidade está o gênero, o que nem sempre é o caso dentro das empresas (Laufer, 2009). A terminologia utilizada é "diversidade de gênero", e o termo "diversidade" tem aqui o papel de "tapa-sexo", diante do conjunto de ações e medidas implementadas para tentar mitigar, e até eliminar, as desigualdades entre mulheres e homens.

A implantação dessa política de diversidade "de gênero", em seu aspecto de igualdade profissional, baseia-se principalmente na ação do pessoal de relacionamento da direção de recursos humanos, profissionais da diversidade, iniciativas e mecanismos de gestão dos recursos humanos. Um modelo bastante elaborado de implantação da diversidade e da "inclusão" foi posto em ação em duas áreas principais. O objetivo desse sistema de dois polos é, de um lado, iniciar uma mudança nas percepções e mentalidades (desconstruir os estereótipos mais arraigados sobre as diferenças entre os sexos etc.), com a ideia de tornar as desigualdades entre mulheres e homens politicamente incorretas dentro da organização; de outro, é agir "no sistema" (criação de uma bateria de indicadores para assegurar a equidade: contratação e recrutamento, promoção profissional, aumentos e bônus anuais etc.). A esses dois primeiros aspectos da política de igualdade soma-se a ação de rede interna de mulheres, na qual as funcionárias se auto-organizam para mudar, desenvolver suas redes e construir estratégias. Também se deve mencionar o papel da comissão de igualdade profissional e dos sindicatos, que garantem contratos de igualdade profissional na empresa; por fim, o conjunto de parcerias externas à companhia sobre o tema da igualdade na educação (ações em parceria com associações a fim de atrair as jovens mulheres para a área da aeronáutica etc.).

Rumo ao empoderamento na esfera profissional

A aplicação concreta e em curso dessa política voluntária tem efeitos sobre a emergência de um processo de "empoderamento" ou tomada de poder na esfera profissional, capaz de inaugurar uma renovação possível das oportunidades e trajetórias profissionais das mulheres em posições executivas e engenheiras. O exemplo aqui desenvolvido baseia-se nos primeiros efeitos perceptíveis de um dispositivo de formação e desenvolvimento profissional para mulheres executivas. Esse treinamento, Ampliando Oportunidades para Mulheres (Growing Opportunities for Women – Grow), tem o objetivo implícito de construir o viveiro de mulheres aptas a subir na hierarquia da empresa nos próximos anos. Cada sessão reúne um grupo de mulheres em posições de gestão (cerca de sessenta), durante três dias, e há também sessões de reagrupamento no ano. Os critérios de seleção podem ser flexíveis. Eles costumam ser fruto do acordo entre os diretores de recursos humanos e os chefes de serviço, com uma faixa etária alvo, em torno de 35 anos.

O conteúdo do treinamento privilegia uma série de apresentações sobre a realidade e a segregação sexual do trabalho, bem como o funcionamento masculino das organizações de trabalho, com uma perspectiva mais global dessa realidade. Em seguida, apresenta-se uma sequência de fatos sobre a política interna da empresa e seus objetivos. Os segredos da fabricação de carreiras são compartilhados e discutidos em *workshops* propícios à troca e ao debate: usar redes, contar com padrinhos, ser assistida por um/a *coach* ou mentor/a ao longo de seu percurso, colocar-se sob a proteção de alguém para construir sua trajetória, comunicar, posicionar-se, saber vender-se, explicitar seus objetivos, dar sistematicamente sua opinião etc. Por fim, três mulheres em posições superiores e "executivas" compartilham sua experiência com as mais jovens, tanto nos aspectos profissionais como pessoais de sua trajetória.

Ao fim do treinamento, a maioria das mulheres encontradas durante a pesquisa estava transformada. Elas tinham as ferramentas, mas precisavam usá-las, ativar-se, motivar-se, gastar energia para fazê-las funcionar. Para algumas delas, foi uma grande mudança! E esse processo pode ser comparado a um fenômeno de empoderamento em quase todos os pontos. Embora esse fenômeno esteja ligado ao incentivo de uma política de empresa de cima para baixo, não deixa de ser verdade que as funcionárias são agentes no processo, tanto no âmbito individual como no coletivo. Elas desenvolveram uma consciência e uma compreensão crítica de seu ambiente de trabalho, adquiriram uma consciência mais aguda das desigualdades na distribuição de poder e recursos, identificaram os mecanismos de segregação sexual interna etc. Isso mostra bem que não se trata (apenas) de um problema pessoal e individual, mas social, e que as mulheres são capazes (pelo menos em parte, no caso da organização de trabalho) de encontrar soluções (Bacqué e Biewener, 2013, p. 32).

Esse processo é semelhante a uma variação das quatro diferentes dimensões do empoderamento, do qual faz parte o "poder interior", em escala individual, em conexão com a tomada de consciência acima descrita, que em sua dimensão cognitiva permite uma compreensão crítica da realidade, e em sua dimensão psicológica propicia uma reabilitação do sentimento de autoestima (Stromquist, 2002). O "poder para" visa criar regras do jogo equitativas e conhecidas pelos indivíduos, de modo a proporcionar "uma estrutura de oportunidade que permita aos indivíduos transformar seus trunfos em capacidades de ação efetivas" (Bacqué e Biewener, 2013, p. 33) e mobilizar as redes. O "poder com" desenvolve-se aqui em conexão com a construção, consolidação e expansão do coletivo interno de mulheres, cujo número é capaz de afetar a organização (cerca de quinhentas pessoas, em fluxo), e permite mobilizar as energias, competências e capacidades para organizar estratégias coletivas. Por fim, o "poder sobre" tem como objetivo, embora o controle de recursos já esteja avançado (posição executiva), fortalecer a autonomia econômica (aumentos, avanço de graduação etc.) e o reconhecimento simbólico dentro da organização: acesso e nomeação a certas funções, superação do teto de vidro, cargos de direção etc. Essas diferentes dimensões serão encontradas nos três exemplos discutidos a seguir.

Foco em três fenômenos relacionados ao processo de empoderamento

Um percurso ideal-típico de empoderamento

O exemplo de Sandra (42 anos, chefe de projeto de engenharia, solteira) é particularmente interessante em relação ao método operatório utilizado, típico da "boa aluna" e da aprendizagem da posição de aluna na qual as meninas são excelentes, considerando sua socialização tradicional. Geralmente vista de maneira bastante pejorativa, a "docilidade escolar" torna-se aqui positivamente operatória e é remobilizada de forma um tanto inédita, após o treinamento. Sandra é responsável por uma área, cuja equipe transnacional é composta por oito pessoas. Sua progressão na carreira parece-lhe muito lenta (ela está na posição 3A da escala hierárquica, e ocupa concretamente um cargo equivalente a 3B há alguns anos). Ela atua de forma metódica, cumprindo escrupulosamente o manual, em função do contexto organizacional e de suas descobertas. Para isso, envolve diversos níveis de ação, entre os quais a ativação de redes adormecidas, tecendo metodicamente sua rede, graças à transferência de todas as habilidades adquiridas. Ela também revê sua velha lógica escolar em torno da meritocracia: "Eu pensava que as coisas aconteceriam naturalmente, que a ideia do meu merecimento acabaria se impondo". Hoje ela mostra claramente suas ambições, dizendo e repetindo quais são seus objetivos profissionais. Assim, Sandra se lançou, fez propostas, montou um novo projeto que a interessava muito há vários meses, com o apoio direto de sua rede: "Eu procurei apoiadores, montei o projeto, até que finalmente me disseram sim, e eu tomei mais iniciativas".

Ela mobilizou seus/suas aliados/as, solicitando *coaching* e *mentoring*: "Então, quando voltei do treinamento Growing Opportunities for Women, eu disse para mim mesma que iria procurar esses aliados já, e todos ficaram satisfeitos em me ajudar, me acolheram bem, concordaram em me apoiar, então eu disse a eles que estava no programa, que tinha a ambição de ir mais longe etc.". Após um período de comunicação e valorização de seu trabalho, não demorou a se iniciar um efeito de "bola de neve": "Fui contatada pelo RH para avançar um pouco minha carreira, acho que a mudança já era mais visível". Muitas outras estratégias foram mobilizadas por Sandra: "Plano de carreira não é um palavrão". Esse esforço de mostrar o conteúdo, a natureza e as implicações de seu trabalho despertou reações positivas de seus superiores imediatos. Em seguida, foi realizado um plano de ajuste bastante rápido do nível de seu salário, e também sua promoção para a posição 3B, equivalente a gerente sênior, prevista para o ano seguinte (2013). E o contexto histórico inédito de implantação de uma política de "diversidade de gênero" na empresa levou-a a seguir em frente e não (mais) hesitar: "Eu fiz o treinamento Growing Opportunities for Women, conheço as cotas e os objetivos, preciso aproveitar o momento". E, nesse processo, ela levou outras mulheres consigo, como as funcionárias sob sua supervisão, suas colegas de mesmo nível hierárquico e até de nível superior.

Uma equipe de duas

Aurélie (38 anos, gerente sênior, função de apoio, união estável) e sua superiora/gerente Lina têm uma história singular. Sua experiência de cumplicidade e apoio mútuo mostra que é possível construir um senso coletivo de desenvolvimento profissional. Elas se transformaram em uma equipe, a fim de ascender na carreira, lançando mão de duas estratégias. As duas compartilham todas as suas informações. A história desse duo começou há dois anos, quando se encontraram no plano de sucessão potencial de seu superior. Em vez de ambas se apresentarem, correndo o risco de se prejudicarem mutuamente, conforme o ditado "dividir para governar" (e ver um homem aterrissar no cargo), elas decidiram unir forças e construir uma legitimidade em relação ao potencial e ao papel de Lina no coletivo. "Você se apresenta, e eu a apoio, caso contrário nem eu nem você ficaremos com o cargo, mas outra pessoa."

Por iniciativa de Aurélie, e para que Lina conseguisse o cargo desejado, elas colocaram estratégias em prática, especialmente com o fim de garantir a legitimidade de Lina na equipe ampliada e mostrar que ela era a pessoa que a equipe tinha escolhido, voltando sempre à carga: "Internamente, quando os chefes nos diziam 'Nosso superior se foi, quem vai substituir?', nós dizíamos 'Ah, é Lina. Ah, sim. É ela, não? É a melhor pessoa, não?' E pimba!". A ajuda mútua coletiva revelou-se muito mais ampla que esse exemplo: "Nós nos ajudamos entre nós, ficamos felizes quando alguém é promovido, muito felizes, felizes porque isso vai nos dar um ponto de apoio". Ao sair do treinamento, Aurélie passou a Lina tudo o que aprendeu e, como ela, Lina pôs-se a buscar um mentor e um padrinho, o que a ajudou muito na preparação de sua passagem para o nível superior: "Nós precisamos nos ajudar e nos apoiar, porque não cai do céu, então acho que é uma verdadeira tomada de consciência. Mesmo ela [Lina], ela me disse que não está no mesmo espírito de antes". A estratégia deu certo, e Lina acaba de passar para o primeiro nível executivo superior, o que lhe permite, por sua vez, agir para que Aurélie consiga ser vista e dar a ela todo o apoio em sua carreira.

Difusão das lógicas do empoderamento e solidariedade entre as mulheres

Tendo passado pelo treinamento há um ano, Cynthia (38 anos, gerente sênior, chefe de estratégia, casada, dois filhos) decidiu compartilhar ativamente sua experiência de treinamento e transmitir as lições para as colegas, de todas as gerações, mas com um cuidado especial em relação às gerações mais jovens. Ela começou, com outras mulheres, a realizar um grupo de engenheiras nos seminários organizados pela rede interna de mulheres, revelando aqui uma dimensão coletiva, de ajuda mútua, de apoio e sororidade (Le Quentrec, 2013). No momento da entrevista, Cynthia estava no processo de criação do primeiro piloto de uma oficina de *mentoring* para mulheres em posições de gestão. Mas ela esclarece: "Não se trata de ser feminista, mas de um sentimento de igualdade" e diversidade, citando o "caldeirão" no qual está mergulhada a empresa (deficientes, diferenças culturais etc.).

Com outras colegas, ela tenta difundir o espírito do treinamento, e a lógica do empoderamento, dentro da rede de mulheres:

Em relação ao treinamento Growing Opportunities for Women, vamos reutilizar coisas que foram feitas para apresentá-las a pessoas da rede de mulheres que não têm a oportunidade de fazer ou não fizeram o treinamento por x razões, portanto o objetivo é compartilhar. Divulgar informação da maneira mais ampla possível, exatamente.

A transmissão intergeracional e o compartilhamento de experiências produzem um saldo muito positivo: "Como somos todas mais ou menos gestoras, mas quem é mais recente não tem tanta experiência, nos ajudamos mutuamente, você fez aquele treinamento, você tem esse truque, você precisa pedir isso aos recursos humanos, é uma coisa interessante etc.".

* * *

Essas diferentes variações do processo de empoderamento dentro da empresa, muito resumidas aqui, iluminam realidades inéditas dentro das organizações de trabalho nas quais as mulheres estão em clara minoria em setores de atividades tradicionalmente masculinos, como a aeronáutica. As dimensões de sororidade e solidariedade que aparecem nesses coletivos são bastante novas no contexto das categorias socioprofissionais de gerentes e executivos. Elas também permitem que mulheres em posições de gestão e engenheiras saiam de seu isolamento e de seu próprio contexto de trabalho para disseminar saberes em outra escala e/ou serem emissoras e receptoras de novos saberes. Uma nova tipologia das carreiras claramente toma forma, especialmente para as mulheres das gerações mais jovens, que agora têm a possibilidade de acessar a informação. Além disso, esses recursos inesperados nos dão resultados de investigação interessantes sobre o interior dos grupos de mulheres, sobre os efeitos individuais e coletivos da verdadeira descoberta da experiência dos coletivos não mistos, que desperta um entusiasmo entre as mulheres executivas. Elas tentam, assim, afastar os estereótipos de sexo e manter afastadas as relações "clássicas" de poder entre os indivíduos dentro das organizações, que não têm sexo.

Embora esses poucos resultados sejam sinais bastante encorajadores de um processo de empoderamento individual e coletivo em obra, que emana e resulta diretamente da implementação da política de igualdade profissional e diversidade "de gênero" dentro da empresa, essas novas realidades operam em um contexto organizacional no qual as mulheres devem adaptar-se às normas masculinas dominantes das carreiras, que em nenhum momento são postas em causa pela organização e/ou realmente questionadas. Por enquanto, os acordos com o sistema continuam individuais ou interindividuais, e os empregados, homens e mulheres, exigem mudanças de práticas, em escalas micro ou meso (não haver reuniões antes ou depois de tal horário, viagens profissionais de última hora, trabalho de sábado e domingo, exceto em circunstâncias excepcionais etc.). Portanto, um enorme campo de ação está aberto para a empresa e para a rede de mulheres executivas e engenheiras, que se estrutura e se amplia a cada mês.

Referências bibliográficas

BACQUÉ, M.-H.; BIEWENER, C. *L'empowerment, une pratique émancipatrice*. Paris, La Découverte, 2013.

GUGGEMOS, F.; VIDALENC, J. V. Une photographie du marché du travail en 2012. *Insee Première*, n. 1466, 2013. p. 14-66.

LAPEYRE, N. *Les professions face aux enjeux de la féminisation*. Toulouse, Octarès, 2006.

_____. Les résonances du modèle égalitaire Suédois en France. *Nordiques*, v. 25, 2013. p. 55-68.

LAUFER, J. L'égalité professionnelle entre les hommes et les femmes est-elle soluble dans la diversité ?. *Travail, Genre et Sociétés*, v. 21, n. 1, 2009. p. 29.

LAUFER, J.; PAOLETTI, M. Spéculations sur les performances économiques des femmes. *Travail, Genre et Sociétés*, v. 23, n. 1, 2010. p. 167-70.

MARRY, C. *Les femmes ingénieurs*: une révolution respectueuse. Paris, Belin, 2004.

MARUANI, M.; MERON, M. *Un siècle de travail des femmes en France: 1901-2011*. Paris, La Découverte, 2012.

IESF. *Enquête 2014*. Paris, Observatoire des Ingénieurs et Scientifiques de France, 2014.

QUENTREC, Y. Militer dans un syndicat féminisé: la sororité comme ressource. *Travail, Genre et Sociétés*, v. 30, n. 2, 2013. p. 53-72.

STROMQUIST, N. Education as a Means for Empowering Women. In: PARPART, J. L.; RAI, S.; STAUDT, K. (orgs.). *Rethinking Empowerment*: Gender and Development in a Global/Local World. Londres/Nova York, Routledge, 2002.

14

ENGENHARIA E GÊNERO
As mutações do último decênio no Brasil

Maria Rosa Lombardi
Débora de Fina Gonzalez

O que mudou na equação "mulheres e engenharia" na última década no Brasil? Esta questão orientou ampla pesquisa exploratória desenvolvida nos últimos dois anos[1], que procurou respostas considerando variados ângulos do problema. Para começar, procurou-se conhecer a posição das mulheres no campo profissional através da análise das estatísticas de ensino e emprego[2]. Na sequência, realizaram-se entrevistas com pessoas-chave da área, visando apontar transformações no trabalho e no mercado de trabalho das engenharias, tanto para os homens como para as mulheres[3]. Além disso, se identificou e se analisou a produção científica nacional do período, recuperada em bancos digitais acadêmicos, periódicos e outras publicações especializadas com as palavras-chave "engenharia" e "gênero". Na fase exploratória do trabalho, procuramos

---

[1] Desenvolvida no Departamento de Pesquisas da Fundação Carlos Chagas.

[2] Em 2013: Pesquisa Nacional por Amostra de Domicílios (PNAD) e Censo 2010, do Instituto Brasileiro de Geografia e Estatística (IBGE); Relação Anual de Informações Sociais, do Ministério do Trabalho e Emprego (Rais/MTE); Censo do Ensino Superior, do Ministério da Educação (MEC).

[3] Entre agosto de 2013 e janeiro de 2014: entrevistas pessoais com professores de escolas de engenharia e profissionais da área e com a coordenação de um grupo de estudos de gênero de tradicional escola de engenharia paulista.

172 Gênero e trabalho no Brasil e na França

analisar uma iniciativa inovadora organizada por engenheiras da Federação de Sindicatos de Engenheiros (Fisenge), por nós detectada em fase embrionária, dez anos atrás. Movimento contínuo, tomamos conhecimento e investigamos duas outras iniciativas: a Comissão do Programa Pró-Equidade de Gênero e Raça[4], implantado há seis anos no Conselho Regional de Engenharia e Agronomia do Rio de Janeiro (Crea-RJ) e o Grupo de Estudos de Gênero da Escola Politécnica da Universidade de São Paulo (Poligen-USP), existente desde 2012. Os três coletivos se caracterizam por discutir as questões de gênero na sociedade e no campo profissional, com a proposta de realizar ações que conscientizem e mobilizem diferentes públicos em prol da diminuição das desigualdades entre homens e mulheres, contra situações explícitas e implícitas de discriminação de gênero, a fim de promover também uma maior aceitação das engenheiras nos locais de trabalho[5]. Algumas dessas iniciativas tiveram suas sementes plantadas ainda nos anos 1980 e 1990 por engenheiras pioneiras e têm frutificado pelo empenho – e muitas vezes sacrifício pessoal – de algumas delas, ativistas feministas em escolas de engenharia, nos sindicatos de engenheiros e nas instituições de regulação profissional. Este capítulo objetiva comunicar alguns resultados desse esforço de pesquisa e consta de três partes. A primeira pontua, brevemente, a participação feminina nas escolas de engenharia e no mercado de trabalho na última década no Brasil, demonstrada pelas estatísticas e por estudos acadêmicos; a segunda analisa duas iniciativas mencionadas, a Diretoria da Mulher da Fisenge e o Poligen[6]; a parte final procura refletir sobre alguns achados da pesquisa.

Estatísticas e produção científica: iluminando padrões conhecidos

A expansão dos cursos de engenharia e de vagas se manteve na última década e, como consequência, a oferta de formados passou de 18 mil para 45 mil, aproximadamente, entre 2001 e 2011 (Oliveira et al., 2012). A participação feminina entre os concluintes, entretanto, cresceu apenas de 22% para 24%, entre 2000 e 2011 (Censo do Ensino Superior apud Salerno et al., 2013). No período, a economia brasileira retomou o crescimento econômico e houve expansão dos empregos, sobretudo formais; retomaram-se os investimentos públicos nas áreas de infraestrutura e na pesquisa tecnológica; criaram-se políticas públicas de financiamento habitacional, entre outras iniciativas que favoreceram a absorção de engenheiros[7]. A análise das estatísticas da

---

[4] O Programa Pró-Equidade de Gênero e Raça da Secretaria de Políticas para as Mulheres da Presidência da República objetiva promover a igualdade de oportunidades e de tratamento entre homens e mulheres nas organizações públicas e privadas. Ver: <www.spm.gov.br/programa-pro-equidade-de-genero-e-raca-5a-edicao/programa-pro-equidade-de-genero-e-raca-5a-edicao>. Acesso em: 25/6/2014.

[5] Em janeiro de 2014, realizaram-se entrevistas e coletaram-se documentos junto ao Crea-RJ e sua Comissão do Programa Pró-Equidade de Gênero e Raça, e à Fisenge, em sua Diretoria da Mulher.

[6] As iniciativas são diversas em seu modo de funcionamento e quanto ao público envolvido, embora seus objetivos de luta contra as discriminações e a violência de gênero, sob as mais variadas formas, se assemelhem. Sua análise comparativa mostrou-se, justamente por isso, esclarecedora e fecunda.

[7] O Programa de Aceleração do Crescimento (PAC) é um plano nacional de retomada de investimentos em infraestrutura. Lançado em 2007, estende-se até 2014. Ver: <www.planejamento.gov.br/

Relação Anual de Informações Sociais (Rais), do Ministério do Trabalho e Emprego (MTE), corrobora a expansão das oportunidades de trabalho para engenheiros, ao indicar que, entre 2003 e 2012, houve variação positiva de 78,4% nos empregos formais. Em termos relativos, a variação positiva foi mais expressiva para as engenheiras (112,8%) do que para os engenheiros (72,6%), embora se deva ter em mente que o montante de empregos masculinos é quase cinco vezes maior que o feminino (198.168 e 41.651, respectivamente). A análise da evolução da parcela feminina nos empregos para engenheiros, porém, não é animadora: em 2012, 17,4% dos postos de trabalho eram femininos, contra 14,6%, em 2003. Consolida-se, dessa forma, a tendência de crescimento lento, embora contínuo, da inserção feminina no mercado de trabalho formal das engenharias, verificada desde a metade dos anos 1980.

Essa progressão tímida das mulheres na profissão não chegou a alterar os padrões de comportamento e convivência – persistindo a masculinidade da área – nem a divisão de trabalho entre os sexos e, muito menos, a posição de desvantagem das engenheiras em termos de remuneração e ascensão na carreira quando comparadas aos engenheiros. Segundo a bibliografia consultada, para as mulheres, persistem indícios de segregação horizontal – isto é, a inserção feminina preferencial em determinadas especialidades, como engenharia civil, de produção e química, desde as escolas até o mercado de trabalho; o exercício profissional mais concentrado em atividades de projeto, nos laboratórios, no ensino – e vertical – como a conhecida dificuldade de ascender profissionalmente a postos de direção e/ou à chefia de equipes masculinas, em indústrias e canteiros de obras. Marques (2010), por exemplo, verificou que as engenheiras agrônomas empregadas em Goiás, em 2006, predominavam nos serviços especializados, tendiam a ter vínculos temporários, jornadas de trabalho mais curtas e ganhavam menos que os agrônomos. Cascaes et al. (2010), ao analisarem a engenharia civil na cidade de Curitiba, apontam para a discriminação presente nos editais de seleção para estagiários engenheiros e para o corporativismo masculino ativo na área, que redunda num ambiente de trabalho muitas vezes hostil às mulheres. A presença de família e filhos também é percebida como obstáculo à ascensão feminina nas empresas. Esses e outros achados de pesquisas recentes reiteram a persistência de padrões "generificados" de inserção; apontam para uma divisão sexual do trabalho ativa, independentemente da especialidade da engenharia, esta tenha mais ou menos mulheres em suas fileiras. A mesma bibliografia trouxe indícios explícitos da dificuldade de inserção das mulheres na cultura profissional da engenharia. As mulheres não dominam adequadamente os códigos de conduta dessa cultura que, de uma forma geral, as aceita apenas parcialmente. Elas são perspicazes para entender os limites de sua atuação na área e, em alguns casos bem-sucedidos (como os que analisamos a seguir), foram suficientemente articuladas para aproveitar as brechas, os espaços e tentar alterar essa situação, torná-la mais inclusiva e amigável para si e para as futuras gerações de engenheiras.

---

ministerio.asp?index=61&ler=s881>. Acesso em: 14/1/2015. O programa Minha Casa, Minha Vida, atualmente em sua terceira fase, foi lançado em 2009 com o objetivo de enfrentar o déficit habitacional do país. Ver: <www.cidades.gov.br>. Acesso em: 14/1/2015.

A mobilização feminina nas engenharias

Fisenge

A Fisenge, filiada à Central Única dos Trabalhadores (CUT) e à Union Network International (UNI), foi criada em 1993 e é composta atualmente por onze Sindicatos de Engenheiros (Senges) dos estados de Santa Catarina, Paraná, Espírito Santo, Rio de Janeiro, Bahia, Pernambuco, Sergipe, Paraíba, Rondônia, Minas Gerais, da cidade de Volta Redonda e, recentemente, pelo Sindicato dos Engenheiros Agrônomos do Rio Grande do Norte. Nos acordos coletivos da categoria, as questões relacionadas ao trabalho e aos direitos das mulheres engenheiras aparecem relacionadas, tradicionalmente, às cláusulas sociais de saúde da mulher. Desde meados dos anos 2000, entretanto, a partir do interesse e de iniciativas de algumas mulheres que participaram da diretoria da Fisenge[8], adquirem visibilidade também questões sobre discriminações e desigualdades no trabalho. De acordo com Zoé[9], diretora na gestão 2004-2007, o processo de sensibilização da diretoria era imprescindível naquele momento para envolver a categoria e promover o diálogo no interior dos sindicatos. Com a parceria da Secretaria Nacional da Mulher da CUT, em 2004 e 2005 ela e outras engenheiras organizaram oficinas alternativas nos eventos oficiais da categoria profissional e, em 2005, pela primeira vez, debateram a criação de uma Diretoria da Mulher na federação. A proposta de formalização da organização das mulheres encontrou resistências, fosse na diretoria da própria Fisenge, fosse na Confederação Nacional de Engenharia e Agronomia (Confea). De acordo com Joana, diretora da primeira gestão da Diretoria da Mulher da Fisenge (2011-2014), um Coletivo de Mulheres nasce oficialmente no Congresso de Sindicatos de Engenheiros (Consenge) de 2008, composto por uma representante de cada sindicato filiado e uma coordenadora. Seria, portanto, uma via para que se estabelecessem melhores condições de organização tendo em vista a alteração do estatuto da Fisenge e, assim, viabilizar a criação formal da diretoria, o que acabou acontecendo apenas em 2011. Esse processo truncado evidencia as dificuldades de absorção das pautas propostas pelas mulheres no âmbito sindical da engenharia. Segundo a diretora, os temas do assédio moral e sexual e a ocupação dos espaços de poder pela mulher foram definidos como centrais na construção da agenda política da primeira gestão. Uma iniciativa de grande destaque tem sido a publicação mensal de uma série de histórias em quadrinho intitulada *História de Eugênia: mulher, mãe e engenheira*. A personagem principal, Eugênia, é engenheira, afrodescendente, divorciada e mãe, e passa por diferentes situações de assédio no trabalho, às quais reage para reivindicar e garantir seus direitos, combater o assédio e a discriminação por gênero, raça, hierarquia profissional etc.

---

[8] Na gestão 2004-2007 houve apenas uma mulher na diretoria executiva. Na gestão seguinte, 2008-2011, outra engenheira ocupou a diretoria, como suplente.

[9] Todos os nomes são fictícios.

Portanto, a instituição da Diretoria da Mulher da Fisenge resulta de um processo bem-sucedido de mobilização das mulheres nos sindicatos de engenheiros ao longo da última década. Entre os desafios atuais, está a necessidade de espraiar o debate sobre as temáticas de gênero para a base sindical, criando condições para que outros coletivos e diretorias de mulheres se organizem formalmente, como já se deu em Sergipe, Pernambuco e Minas Gerais. Outro desafio é renovar os quadros do sindicato, o que é feito através do Senge Jovem, criado em Minas Gerais. Como explica Paula, diretora regional do Senge desse estado, "[...] se trata de trazer estudantes de escolas de engenharia para conhecer o sindicato, se formar e contribuir nas atividades regulares [...] aqui temos muitos jovens, muitas meninas e, agora, três diretoras que vieram do Senge Jovem".

Poligen

O Poligen se formou em março de 2012 e, atualmente, funciona no Escritório Piloto, no prédio da engenharia civil da Escola Politécnica (Poli-USP). Maria é uma das principais responsáveis pela criação do Poligen, sua atual coordenadora e, desde 2012, tem impulsionado as atividades e o protagonismo do grupo na Poli e em outros ambientes. Participante da política estudantil, ela foi eleita presidente do centro acadêmico em 2004; depois dela, até 2014, houve apenas mais uma presidente. A experiência, apesar das dificuldades, foi emblemática para a escola, e Maria considera que "talvez hoje o Poligen seja um pouco o resultado de um processo que começou lá atrás". Além da criação de um site e de um grupo no Facebook, o grupo se organiza em torno de uma lista de discussão interna de e-mails. Por manterem forte integração com o Polignu[10] através de seus membros, que não raro compõem os dois coletivos, as temáticas relacionadas com a área da computação e de software livre destacam-se entre os seus interesses. Integram o grupo homens e mulheres, entre estudantes da graduação, pós-graduação e professores da Poli-USP. Como informa a coordenadora, participam das reuniões de dez a quinze pessoas, sendo a maior parte mulheres; a lista de discussões por e-mail possui aproximadamente cinquenta participantes e a página do grupo no Facebook é acompanhada por cerca de 150 seguidores. Uma das linhas mestras de ação é o combate institucional ao machismo na faculdade, com particular atenção às práticas violentas da recepção aos calouros e aos casos de assédio sexual no *campus*. Outra linha de ação é a construção de um programa de *mentoring*, para dar apoio pessoal e técnico às calouras. O Poligen promove ou é convidado a participar de palestras, encontros e homenagens em datas comemorativas, prioritariamente sobre temáticas vinculadas à engenharia, ao machismo na universidade, à presença feminina nas ciências e na tecnologia e às mulheres de forma geral. O grupo está consolidado, mantendo relações com as diretorias e o corpo de professores, além dos alunos. No momento em que se processa uma discussão interna sobre estrutura de poder e governança, visando a alteração do Estatuto da USP, por exemplo, a Diretoria da Poli

---

[10] O Polignu (polignu.org) é um grupo de alunos da USP que se dedica ao desenvolvimento e à divulgação da tecnologia, software e cultura livres.

176 Gênero e trabalho no Brasil e na França

consultou o Poligen. Em termos de expectativas para o futuro, a atual coordenadora acredita na continuação do grupo, para o qual avaliamos que sua orientação e persistência têm sido decisivas[11]. Como um espaço vocacionado para discussões sobre relações de gênero e os lugares das mulheres na sociedade, nas engenharias e nas profissões tecnológicas e científicas, o Poligen tem proporcionado o contato dos/as futuros/as engenheiros/as da Poli-USP com tais discussões desde o espaço da sua formação, fato sem dúvida importante e alvissareiro.

Semelhanças e diferenças

Em resumo, os grupos ou coletivos analisados são de dois tipos: um organizado dentro de estruturas institucionais, a saber, em órgãos de classe como a Fisenge e os Senges, e outro organizado informalmente, dentro de uma escola de engenharia.

As experiências se assemelham, em primeiro lugar, quando as engenheiras e estudantes se defrontam, ainda hoje, com um sentimento de isolamento e solidão diante da maioria de homens na escola e nos sindicatos e percebem a persistência dos limites que as mulheres enfrentam na profissão. Esses desafios estimularam suas reflexões sobre essas questões e sua reunião com outras mulheres em situação semelhante. Em segundo lugar, as engenheiras (Fisenge) e a estudante (Poligen) em posição de comando do processo de inclusão do debate das questões de gênero nas suas instituições vinham de experiências anteriores em movimentos sociais, sindicais e de política estudantil. Percebiam, em diferentes graus e de diferentes formas, a necessidade de trazer para os seus espaços de atuação uma reflexão que se desenvolvia na sociedade sobre o papel e os direitos das mulheres no trabalho e na sociedade. Outro ponto comum entre as experiências analisadas é a constatação da sua consolidação, em meio a avanços e retrocessos, tanto no caso da Fisenge, após mais de uma década de luta, como no caso do Poligen, nos últimos dois anos. As engenheiras e a estudante entrevistadas sabem, contudo, que as conquistas, embora sejam reais, não são definitivas. Elas dependem do envolvimento de outras mulheres e dos homens, da persistência das ações no trabalho, nas escolas, nos sindicatos, nas agências de regulação profissional e na sociedade como um todo. Por fim, essas engenheiras se defrontam com o desafio de promover as condições necessárias para que o seu trabalho tenha continuidade. Como bem disse Paula, dirigente sindical em Minas Gerais, "nós somos passageiras", por isso, é imprescindível a formação de novas gerações de engenheiras e de estudantes envolvidas com essas questões e dispostas a continuar a luta das antecessoras. Mas não se trata de uma tarefa fácil. As afinidades entre as experiências expõem, assim, mecanismos assemelhados de reação e de ação feminina nos diversos espaços das engenharias analisados. Há diferenças importantes, porém, quando se compara a natureza e a amplitude das ações da Fisenge, de um lado, às do Poligen, de outro.

---

[11] Desde o segundo semestre de 2014, a coordenadora está empregada em uma instituição de transporte público, mas continua a estimular e controlar o Poligen, embora não esteja tão envolvida como antes. É nossa intenção seguir o desenvolvimento do grupo e avaliá-lo no próximo ano.

Em primeiro lugar, o grau de formalização dos coletivos dentro das instituições é diametralmente oposto, com implicações bastante diferentes nas ações que desenvolvem. O Poligen não faz parte da estrutura acadêmica da Poli-USP, e essa informalidade traz vantagens e desvantagens. A principal vantagem é a liberdade de agir dentro da escola sem estar, necessariamente, alinhado política e filosoficamente com a gestão, embora seja inegável que a identidade de perspectivas possa potencializar a atuação. Outra vantagem é a flexibilidade de reação rápida a eventos, situações e demandas diversas, sem os freios que as hierarquias normalmente impõem aos que se propõem a resistir e agir dentro das instituições, como é o caso do Coletivo e da Diretoria da Mulher da Fisenge.

Há que se considerar a dupla dificuldade enfrentada pelas engenheiras na instituição para conseguir consolidar as iniciativas. Ou seja, enfrentaram resistências advindas dos ambientes sindicais, em que a presença feminina nas assembleias e comissões costuma ser diminuta, para incluir reivindicações das mulheres nas pautas de negociação coletiva. Elas enfrentaram também o ambiente predominantemente masculino dos sindicatos de engenheiros, dos Conselhos Regionais de Engenharia e Agronomia (Creas) e do Conselho Federal de Engenharia e Agronomia (Confea), nos quais elas também circulavam, onde as mulheres presentes se contavam nos dedos de uma mão nos anos 1980 e onde ainda hoje estão em pequeno número. Em ambos os ambientes, as engenheiras tiveram e ainda têm dificuldades de inserção, de se fazerem ouvir e estão sujeitas a discriminações de gênero. Não é à toa, portanto, que foram necessários no mínimo dez anos para que elas se organizassem coletivamente e fossem ouvidas. Essas peculiaridades reforçam as conquistas das engenheiras da Fisenge e demonstram sua determinação, comprometimento e persistência.

A principal desvantagem da não formalização do Poligen residiria no maior grau de incerteza da sua continuidade, quando comparado à Diretoria da Mulher da Fisenge. Dez anos foram necessários para que a Diretoria da Mulher "nascesse" formalmente, fosse incluída no estatuo da Fisenge, com definição de atribuições, formação de quadros e orçamento próprio. Isso inegavelmente é uma garantia de continuidade, mesmo que transformações estruturais sempre estejam no horizonte das possibilidades futuras. Mas as engenheiras que participaram do processo desde o início têm consciência de que a continuidade das ações depende também "das gestões", isto é, das orientações políticas das instâncias superiores de suas instituições. Em outras palavras, o coletivo de engenheiras da Diretoria da Mulher compreende, com propriedade, que em estruturas formais, as conquistas, para serem assim chamadas, devem ser registradas naquelas estruturas.

Outra diferença notável é o alcance das iniciativas. O Poligen é um pequeno grupo – embora muito ativo e articulado – que tem como público-alvo alunos e professores da Escola Politécnica, expandindo-se para outras unidades da USP, no *campus* da Cidade Universitária. A Diretoria da Mulher da Fisenge visa a categoria profissional dos engenheiros, principalmente a sua parcela sindicalizada. A diferença geracional entre as participantes dos coletivos, por sua vez, repercute nas estratégias de ação, nas formas de comunicação eleitas e nas suas perspectivas feministas. O Poligen é composto majoritariamente por alunas jovens, solteiras e sem filhos. Valorizam ações pontuais, formas de divulgação por meio digital, principalmente através de redes sociais, grupos de e-mails e similares. Gastam menos energia com reuniões presenciais e registros formais impressos ou no seu arquivamento. Não se pode afirmar que Maria, a coordenadora do Poligen, esteja alinhada a uma perspectiva feminista, e nem ela mesma assim se definiu. Mas ela expressa uma consciência feminista difusa (Pinto, 2003), mais perceptível dos anos 1990 em diante. Reflete e discute sobre os direitos das mulheres na sociedade e no trabalho, sobre a luta contra a violência de sexo e as práticas machistas na Poli e na USP, sobre a pequena presença de mulheres nas engenharias e nas profissões tecnológicas e, ao mesmo tempo, atua idealizando e desenvolvendo ações afirmativas, entre tantas outras iniciativas. Maria simboliza uma nova geração de mulheres que está se organizando fora dos partidos políticos, dos sindicatos e dos coletivos feministas e leva a reflexão da temática de gênero a espaços inusitados como uma escola de engenharia. As engenheiras da Diretoria da Mulher da Fisenge são mais velhas – na faixa dos quarenta anos ou mais – e a maioria é casada e tem filhos. Algumas atuaram em movimentos sociais e políticos dos anos 1980; outras são engenheiras agrônomas e vêm atuando profissional e politicamente em comunidades rurais e na agricultura familiar desde então; algumas ainda são caudatárias da perspectiva feminista daquele período e pautam suas ações contra a sociedade patriarcal e a opressão das mulheres, enquanto outras enfocam a presença reduzida das mulheres nas engenharias. Tanto no Poligen como na Diretoria da Mulher da Fisenge entende-se que a luta das mulheres nas engenharias deve incluir a discussão do papel e da posição das mulheres na sociedade brasileira. Todas elas – as engenheiras e a estudante – se voltaram para essas questões motivadas por suas próprias vivências no campo profissional, não raro pontuadas por situações de discriminação ou mesmo de assédio sexual e moral.

Considerações finais

Os resultados preliminares da pesquisa colocam um claro paradoxo para o entendimento do que está acontecendo com a presença feminina nas engenharias na última década. Por um lado, as estatísticas de ensino e de emprego não são alentadoras e sinalizam para um crescimento lento, embora contínuo, das parcelas femininas entre concluintes de cursos de engenharia e nos empregos formais para engenheiros. Em relação ao início da década, em termos relativos, isso significou aumento de 2% das formadas nas escolas de engenharia no país e de 3% na parcela feminina nos empregos. Portanto, quantitativamente, no cômputo geral não houve uma variação percentual que denotasse uma significativa modificação em direção a uma maior inclusão das mulheres no campo profissional das engenharias, em que pese a conhecida diversidade de situações conforme as especialidades e as escolas. Da mesma forma, os estudos e pesquisas realizados com profissionais, professores e estudantes de várias especialidades e também com empresas empregadoras em diversos estados brasileiros mostraram as dificuldades enfrentadas pelas mulheres em sua inserção e ascensão hierárquica. Revelaram também a permanência da divisão sexual do trabalho entre as especialidades das engenharias – e dentro de cada uma delas –, bem como a segregação feminina em determinadas atividades profissionais. Nesse sentido, nos defrontamos com uma situação conhecida, que não dá indícios significativos de mudanças.

Por outro lado, as iniciativas de mobilização de engenheiras e estudantes de engenharia trazem à luz um cenário em movimento, dinâmico e inovador. Sempre se poderá questionar a capacidade que essas iniciativas têm e terão de alterar os padrões de relação entre homens e mulheres e a posição das mulheres; em outros termos, o seu potencial transformador das relações sociais entre os sexos no campo profissional das engenharias. Em seu favor há o argumento de que elas não existiam dez anos atrás, ou existiam embrionariamente, e hoje estão consolidadas e podem estabelecer objetivos mais ambiciosos e de maior amplitude, desde que contem com condições objetivas favorá-veis. Além disso, estudos têm apontado para a impor-tância da transformação da cultura profissional[12] como um dos fatores que podem influenciar positivamente a maior contratação e a permanência das engenheiras nos empregos e ambientes de trabalho. Entre os fatores que podem favorecer as mulheres e que influenciam a transformação de uma cultura profissional masculina – como a das engenharias – estariam a presença de um maior número de mulheres no corpo técnico nos locais de trabalho, a existência de programas integradores das diversi-dades sociais nas empresas e a formação de grupos femininos internos a empresas, sindicatos, escolas e outros ambientes, demandando suas pautas coletivas, de forma contínua (Pinto, 2003). A inovação das iniciativas analisadas sem dúvida impõe um dinamismo interno e novo ao campo profissional das engenharias, o qual, contudo, ainda não parece estar suficientemente concretizado a ponto de causar inflexões remarcáveis nas estatísticas, quando agregadas. Nesse sentido, tais iniciativas são in-visíveis, por enquanto. Lançamos a hipótese de que essa invisibilidade experimentada pelas mulheres engenheiras não perdurará por muito tempo também nas estatísticas, pois o efeito positivo dessas – e de tantas outras – iniciativas já contribui para a maior inclusão das mulheres nas escolas de engenharia e no mercado de trabalho.

REFERÊNCIAS BIBLIOGRÁFICAS

CASCAES, T. R. F. et al. A invisibilidade das mulheres em carreiras tecnológicas: os desafios da engenharia civil no mundo do trabalho. *Anais do VIII Congresso Iberoamericano de Ciência, Tecnologia e Gênero.* Curitiba, Editora UTFPR, 2010. [cd-rom.]

FAULKNER, W. Tornar-se e pertencer: processos de generificação na engenharia. *Cadernos de Gênero e Tecnologia*, v. 10, 2007. p. 21-32.

MARQUES, R. S. B. Engenharia e ambiente rural: o gênero na agronomia. *Anais do III Seminário Trabalho e Gênero*. Goiânia, UFG, 2010.

MTE. Relação Anual de Informações Sociais (Rais). (s./d.) Disponível em: <portal.mte.gov.br/rais/estatisticas>. Acesso em: 6/2/2014.

---

[12] Faulkner (2007) entende cultura ocupacional (ou profissional) como um processo de socialização profissional formal e informal, que se inicia nas escolas, prossegue na aprendizagem prática e nos ambientes de trabalho para "se tornar um engenheiro" e "pertencer" a uma comunidade profissional de engenheiros.

180   *Gênero e trabalho no Brasil e na França*

OLIVEIRA, V. F. et al. Um estudo sobre a expansão da formação em engenharia no Brasil. *Revista de Ensino de Engenharia da Abenge*, v. 32, n. 3, 2012. p. 37-56. Disponível em: <www.ufjf.br/observatorio engenharia/files/2012/01/ExpEng-RevAbenge.pdf>. Acesso em: 6/2/2014.

PINTO, C. R. J. *Uma história do feminismo no Brasil*. São Paulo, Fundação Perseu Abramo, 2003.

SALERNO, M. et al. *Tendências e perspectivas da engenharia no Brasil* (Relatório EngenhariaData 2012: Formação e Mercado de trabalho em Engenharia no Brasil). São Paulo, OIC/IEA/USP, 2013.

15

SUPERAR LIMITES NAS CARREIRAS DE MULHERES MUSICISTAS

Liliana Segnini

Introdução

Evidenciar a relevância da consubstancialidade das relações sociais de classe e gênero é o objetivo deste texto. Para tanto, privilegia-se o trabalho em orquestra, sobretudo no Brasil, considerando as pesquisas realizadas nos últimos dez anos. Os argumentos elaborados se desdobram em três perspectivas. Em primeiro lugar, a das especificidades do grupo "Profissionais dos espetáculos e das artes", por meio da atualização de estatísticas nacionais que destacam a participação de homens e mulheres em formações orquestrais – um dos poucos espaços de trabalho que possibilita contratos de longa duração, com vínculos formais. Em segundo lugar, analisando entrevistas realizadas com musicistas que ocupam espaços de prestígio em orquestras, destaca-se a vivência dos desafios diante das desigualdades de gênero, bem como as formas de superá-los, num contexto de supressão de direitos vinculados aos contratos de trabalho e de fortalecimento das formas mercantis de financiamento[1].

---

[1] Os nomes dos músicos intérpretes entrevistados são fictícios.

182 *Gênero e trabalho no Brasil e na França*

Neste capítulo, reitera-se a perspectiva teórica elaborada por Hirata e Kergoat (2003) que salienta a relevância da trama analítica tecida pelas relações sociais de classe e as relações sociais de sexo, bem como seu valor heurístico. Assim, evidencia-se a reorganização dessa problemática no campo da música iluminando o seleto grupo de mulheres que romperam barreiras para ocuparem postos de trabalho que ainda no presente são predominantemente masculinos – concertinos, *spallas*, regentes. Nossa hipótese atribui relevância à origem socioeconômica – relações de classe – que cria condições necessárias para a qualificação profissional dessas mulheres. Assim, num universo de trabalho predominantemente masculino – 85% – no Brasil (IBGE, 2011), as mulheres ocupam 25% dos postos de trabalho nas duas orquestras pesquisadas, no Brasil e na França, e somente 4% ocupam prestigiosos postos de concertino, *spalla* ou primeiro solista. A regente entrevistada é convidada para reger orquestras em vários países, mas não pertence ao seu corpo estável.

A análise das entrevistas reafirma os achados de pesquisa presentes em outros campos que também privilegiam as relações sociais de sexo compreendidas como constructos sociais[2]. Assim, esses grupos constroem-se por tensão, oposição, antagonismo, em torno de um desafio, o do trabalho (Kergoat, 2000). O plano coletivo inclui o trabalho profissional em suas múltiplas possibilidades e o trabalho doméstico, que tem significado a disponibilidade permanente do tempo das mulheres para o serviço da família. No plano individual, Kergoat recupera a perspectiva analítica de que a atividade de trabalho é produção de si mesmo. Por essa razão, a autora propõe que pensar sociologicamente as relações sociais de sexo no trabalho significa recuperar os aspectos coletivos e subjetivos. A esfera produtiva, sobretudo nas funções consideradas relevantes, ainda é predominantemente atribuída aos homens, da mesma forma que a esfera reprodutiva, às mulheres. A implicação dessa forma social de divisão do trabalho pode ser percebida por meio de dois princípios organizadores: o de separação e o de hierarquia. Isso quer dizer que se observa na sociedade a existência de trabalhos considerados de homens (por exemplo, ser solista, *spalla*, concertino ou regente) e outros, de mulheres (voz, instrumentos de cordas nas últimas estantes), e, mais ainda, que os primeiros valem mais, tanto em termos econômicos como em termos de *status*.

Músicos no mundo do trabalho

O desejo manifesto de artistas por autonomia para a realização do trabalho informa e marca suas trajetórias em momentos históricos distintos, como Norbert Elias (1995) analisa na vida e obra de Mozart e Beethoven. No presente, se esse desejo permanece e é reiterado nas entrevistas, ele é ressignificado no contexto da indústria cultural (arte que nasce para ser mercadoria) e das políticas neoliberais (arte gerida pelas grandes corporações e pela lógica do mercado).

É reconhecido que duas formas de inserção no trabalho artístico em música podem evidenciar as mudanças de sentido no trabalho após a implementação de políticas

---

[2] Destacamos as seguintes publicações, que constam das referências bibliográficas: Hirata (2002), Hirata et al. (2000), Hirata e Maruani (2003), Maruani (2005) e Hirata, Lombardi e Maruani (2008).

Superar limites nas carreiras de mulheres musicistas   183

neoliberais a partir dos anos 1980, no Brasil: por um lado, o trabalho com vínculos empregatícios de longa duração em orquestras (corpos estáveis) e na docência; por outro, o trabalho artístico de curta duração, intermitente, financiado por meio de múltiplos contratos.

Duas bases de dados permitem referências ao trabalho protegido pela legislação com direitos vinculados ao trabalho: a Pesquisa Nacional de Amostra por Domicílio, do Instituto Brasileiro de Geografia e Estatística (PNAD/IBGE)[3] e a Relação Anual de Informações Sociais, do Ministério do Trabalho e Emprego (Rais/MTE). É possível, por meio delas, compreender especificidades do trabalho artístico, especialmente o de músicos, considerando-as a partir das metodologias diferenciadas que as informam. Os trabalhadores em "Artes e espetáculos", especialmente os "Profissionais da música", representam um grupo composto de forma predominante por homens, brancos, com elevado índice de escolaridade e reduzida participação em instituições sindicais ou previdenciárias.

O trabalho com registro em carteira, considerado formal, compreendia 46% (42.923.215) do total dos trabalhadores ocupados no país (93.493.067) em 2011. No grupo "Profissionais dos espetáculos e das artes", essa percentagem é drasticamente reduzida para 8% (57.845) (PNAD, 2013). Os números reiteram, de forma ainda mais intensa, a situação ocupacional dos músicos: somente 4% (5.661) têm acesso a esse tipo de contrato; além disso, 24% (30.841) se declaram "sem carteira", e 70% (88.887), por "conta própria"[4].

Um duplo movimento pode ser observado nos dados indicados, referente à intensa participação dos artistas, especialmente músicos, nas formas aqui consideradas autônomas de trabalho, traduzidas nos grupos nomeados "sem carteira" e "conta própria". Por um lado, em 2011, eles eram 119.728 (93%) músicos autônomos num total de 127.972 profissionais. Por outro, observa-se o reduzido número de músicos com emprego formal: 12.928, em 2004; 5.661, em 2011[5].

O Theatro Municipal de São Paulo constitui um exemplo significativo, capaz de elucidar os argumentos aqui expostos e suas contradições. A partir de 1989, anunciando um processo que se intensificou nos anos 1990, ele passou, assim como outras instituições públicas, a contratar os novos artistas concursados na qualidade de "prestadores de serviços temporários" (Verba de Terceiros). Desde então, os músicos

---

[3]   Para captar os dados dessa base, é considerada a Classificação Brasileira de Ocupações (CBO), ou a Classificação Brasileira de Ocupações Domiciliar (CBO-Dom, versão adaptada da CBO original). Os músicos se inscrevem em dois grupos: compositores, músicos e cantores (2.624); músicos e cantores populares (3.762). De acordo com os objetivos específicos desta pesquisa – concentrada nos músicos –, os dois grupos foram somados na composição dos "profissionais de espetáculos e das artes". No entanto, não foram considerados nesse agrupamento os "artistas visuais e desenhistas industriais" (2.624) por tratar-se de um grupo ocupacional que raramente se apresenta ao vivo, uma das referências centrais na presente análise.

[4]   Dados elaborados com a contribuição da economista Adriana Jungbluth.

[5]   A partir de 2003, a CBO-Dom informa a captação dos dados estatísticos da IBGE/PNAD, tornando a comparação anual possível. Por essa razão é mais confiável considerar o período de 2004 a 2011.

da orquestra foram contratados nessa condição, que os inscreve em uma situação permanentemente instável de trabalho. Os músicos que se aposentaram foram substituídos por músicos temporários, mesmo que lá trabalhem há mais de quinze anos. No presente, 80% dos contratos de trabalho dos músicos são renovados (ou não) a cada seis meses, dentro de um período de onze meses por ano. Durante o mês de janeiro, férias de verão do Theatro Municipal, eles não recebem salário; os outros 20% dos componentes da orquestra se inscrevem no contrato de trabalho como "admitidos", direito adquirido a partir de 1973 e que garante estabilidade no trabalho, porém, já não mais na condição de funcionários públicos efetivos (Segnini, 2008).

Essa é uma das dimensões de uma questão política mais abrangente, observada a partir dos anos 1990: transformar os teatros públicos em instituições que permitam que eles também se integrem a um projeto neoliberal e "diminuir o tamanho do Estado, pela transferência de atribuições estatais para o setor privado" (Di Pietro, 2009, p. 67).

Os contratos de trabalho nesse novo formato institucional são regidos pela Consolidação das Leis Trabalhistas (CLT), o que representa, no mínimo, uma ambiguidade ou uma contradição: por um lado, a superação da ilegalidade nas relações de trabalho; por outro, a derrota da esperança de serem reconhecidos na condição trabalhista de servidores públicos corrente até os anos 1980 e ainda vivida por 20% da orquestra (Segnini, 2006).

As orquestras sinfônicas, pouco a pouco e não sem conflitos, foram transformadas, por meio da ação do próprio Estado, em fundações e organizações sociais, capazes de captar recursos privados para o desenvolvimento de seus programas artísticos. Nesse processo, algumas orquestras foram fechadas e outras reestruturadas. Isso quer dizer que seus músicos foram submetidos a audições, que redundaram em demissões e novas contratações, não mais de acordo com o Estatuto dos Funcionários Públicos, conforme determina a Constituição Federal de 1988, mas na qualidade de trabalhadores temporários ou celetistas[6].

A reestruturação de orquestra pode ser observada em muitas formações estatais no Brasil[7], inclusive no Theatro Municipal de São Paulo (Pichioneri, 2011) ou na história da Orquestra Sinfônica do Estado de São Paulo (Osesp), hoje considerada uma referência no país e internacionalmente. Em 1997, audições realizadas no Brasil e na Bulgária selecionaram um terço dos músicos que compõem hoje a Osesp, substituindo os músicos servidores públicos (sobretudo do naipe de cordas), deslocados para compor a Sinfonia Cultura da Fundação Padre Anchieta, encerrada em 2005 por razões políticas e econômicas.

A relação entre política partidária e trabalho artístico é evidenciada nas múltiplas reestruturações da orquestra com implicações para todos os músicos, mesmo para

---

[6] Trabalhadores contratados pela CLT, forma jurídica aplicada às empresas privadas no Brasil.

[7] A exemplo da Orquestra Sinfônica de Sergipe, da Orquestra Sinfônica Brasileira, da Orquestra Filarmônica de Minas Gerais, da Orquestra Filarmônica do Espírito Santo, entre outras.

os que foram selecionados em concurso público, conforme salientam Alma e Gal, musicistas entrevistadas nessa pesquisa:

> A cada quatro anos no mínimo há uma mudança de direção e de maestro; cada maestro que entra vem com nova mentalidade e quer fazer uma reestruturação. Assim, com esse último maestro [Ira Lewin], as mudanças provocaram sete demissões injustas. [...] Músicos competentes, músicos que tiveram a falta de sorte de serem pegos de surpresa. Foi uma grande injustiça. (Alma, violinista, 3 set. 2004)

> O pessoal que faz concurso agora não tem nenhum direito. Não tem perspectiva do dia de amanhã. Tem gente que está há quinze anos na orquestra sem contar aposentadoria. É que eu [...] entrei em 1976 aqui no teatro, então eu prestei concurso, eu sou "admitida" estável. (Gal, 31 ago. 2004)

Relações de gênero num campo masculino de trabalho

Os dados estatísticos informam a expressiva participação masculina no campo da música. Esta evidência pouco se altera nos anos 2000. Em 2003, eles representavam 87% (112.367) do total (129.418); em 2011, 85% (108.127, em um total de 127.972). O discreto crescimento da participação das mulheres no período é traduzido em números e percentagens, com oscilações. Não é possível assegurar que neste campo artístico a participação das mulheres seja uma conquista perene.

As pianistas que formam o Duo Gisbranco expressam as dificuldades vividas pelas mulheres intérpretes instrumentistas. A diferença numérica é traduzida por desigualdades superadas com dificuldades e resistência. O Duo Gisbranco compreende a questão reconhecendo a predominância dos colegas no campo da música, inclusive no piano: "Há mulheres na música, mas infelizmente a maciça maioria é de homens. As pessoas veem com muito bons olhos duas mulheres, duas pessoas jovens tocando piano, mas pouquíssimas mulheres seguem essa carreira" (Bianca Gismonti, Duo Gisbranco, 23 maio 2008). A forma de resistência predominante nas desigualdades vividas é elaborada por meio de muito trabalho e qualidade artística: "Ah! Então, a gente é meio homem macho. A gente é superfoco. Estudamos todos os dias [risos]" (idem).

As conquistas realizadas por musicistas vinculadas à formação orquestral pesquisada expressam muito trabalho e reiteram as considerações acima. Elas receberam apoio financeiro familiar e forte estímulo para adquirirem a qualificação necessária para romperem, via concurso público, os limites invisíveis que impedem as mulheres de ocuparem postos de prestígio em orquestras. Sob uma perspectiva geracional, pertencem a famílias de músicos e novamente romperam interdições no campo da música quando comparadas com suas mães, avós ou tias que, apesar de também serem musicistas, eram amadoras, porque o espaço doméstico impedia a profissionalização do trabalho musical.

Alma, intérprete violinista no Theatro Municipal de São Paulo, pertence à primeira turma de "admitidos", funcionários sem os direitos trabalhistas até então garantidos por lei – os efetivos –, mas ainda com direito a estabilidade. Em 1973, selecionada em concorrido concurso público, ela era a mais jovem de todos os candidatos: para

186 Gênero e trabalho no Brasil e na França

assumir a vaga, precisou ser emancipada juridicamente, pois ainda não havia completado os 21 anos exigidos. A prova foi realizada atrás de um biombo para ocultar a identidade do músico e julgada por uma banca de maestros, *spallas* e uma única mulher – professora Corina –, considerada uma das violinistas pioneiras no Theatro. "Naquele período a profissionalização da mulher era ainda mais difícil do que é hoje, concorriam muitos homens e nós tínhamos menores chances" (Alma, 3 set. 2004).

Filha de violinista, ela expressa o sentimento de conquista em relação à trajetória de sua mãe que, na sua avaliação, tinha todas as condições para vivenciar uma carreira brilhante. No entanto, por razões familiares, ou seja, por cumprir os papéis atribuídos às mulheres – cuidar dos filhos e da casa – abandonou esse projeto.

O incentivo dos pais e o apoio financeiro no processo de formação foram fundamentais para a carreira de Alma. Ela prestou concurso interno e foi aprovada para ocupar oficialmente o posto de concertino[8] dos segundos violinos. Durante 21 anos, ao lado do *spalla*, exerceu a liderança aguardada nessa posição.

Para Elis, a conquista da profissão de musicista intérprete (viola) e do destacado posto de *spalla* no seu naipe há 28 anos reitera a conquista geracional descrita por Alma: ter rompido, por meio de muito trabalho e apoio familiar, inclusive financeiro, os limites vividos por sua mãe (violoncelista), por sua avó (violinista) e pelas tias pianistas. Elis compreende que sua profissão é altamente competitiva, e ainda mais difícil para as mulheres, que estão sobretudo "atrás, almejando sentar na frente":

> Há 28 anos eu estou aqui e há vinte eu estou na primeira estante [...] É extremamente competitiva, porque na arte... por exemplo, os que sentam atrás almejam sempre sentar na frente, então todo mundo rala muito, estuda muito e há muita competição. Se você cair de nível, outro passa no seu lugar imediatamente. (Elis, 26 abr. 2004)

Muito trabalho, competição e avaliação permanente exigem um esforço constante para conquistar e permanecer no seu posto de trabalho:

> Eu sempre digo que nós, como músicos, estamos diariamente prestando concurso, porque em tudo que você faz você está exposta, seja para o maestro, para os colegas; aliás, vamos dizer, os seus maiores críticos são os seus próprios colegas, porque eles sabem exatamente se está bom ou se não está. Então, para mim, sempre a coisa mais difícil não foi tocar para o público, foi tocar perante os meus colegas, porque eles te fazem realmente uma avaliação nua e crua, então esse é o problema mais difícil. (idem)

O adoecimento é frequente nos relatos de homens e mulheres, mas as dificuldades por elas vividas as levam a um grau de esforços ainda maior, sobretudo perante os colegas: "Seria como movimento repetitivo, o músculo cresceu muito, de tanto estudar, ao invés de crescer para fora ele cresceu para dentro, então ele esmagou o nervo. Eu não levantava mais o braço" (idem).

Os limites superados nas relações geracionais por Alma e Elis encontram outra dimensão na história da violinista Gal (26 anos) e da regente Débora. A mãe de Gal também é violinista profissional e foi *spalla* de uma importante orquestra numa cidade

---

[8] Na orquestra, ocupa o lugar imediato ao do primeiro violino principal.

no interior do Estado de São Paulo, além de professora de renomado conservatório privado na cidade de Piracicaba. Sua mãe pertence à mesma geração das musicistas citadas anteriormente.

> Para mim nunca foi um sacrifício. Eu comecei com seis anos e já aos treze anos minha mãe me mandou para Elisa Fukuda, em São Paulo. Meu pai me trazia todos os sábados e eu já estudava de quatro a seis horas por dia. Eu era ambiciosa, eu sabia aonde queria chegar. Eu queria sair do Brasil, ser solista, e a competição me impunha essa exigência. [...] Eu fui selecionada para o festival de Campos do Jordão em 1999, ganhei o prêmio Eleazar de Carvalho e com ele eu fui para a Alemanha e depois para a Itália. A bolsa te mantinha durante um ano e depois você tinha que conquistar o seu lugar lá fora. (Gal, 31 ago. 2004)

Estudar muitas horas por dia, com renomados professores, um desafio prazerosamente vivido para essa violinista que desde os treze anos já sabia "aonde queria chegar". No entanto, a solidão, por ser estrangeira, foi sofrida – uma dimensão que é reiterada por muitos nessa profissão marcadamente internacional: "eu senti lá fora muita solidão, a gente fica muito sozinha e é difícil porque você sempre vai se sentir estrangeira em um país que não é o seu" (idem).

A regente convidada Débora Waldman foi entrevistada no Festival de Campos do Jordão, em 2007, na semana em que a maestrina ensaiava a Opera Rita (ópera cômica em um ato) de Gaetano Donizetti. Na época com 29 anos, ela tinha sob sua responsabilidade a regência da orquestra do festival e a classe de regência para os jovens selecionados.

Débora nasceu no Brasil, iniciou seus estudos em Israel e depois na Universidade Católica da Argentina, em Buenos Aires, onde recebeu duas medalhas de ouro, em regência e composição. Foi a única estudante a receber tal prêmio na história da Universidade. Ela continuou seus estudos na École Normale de Musique de Paris Alfred Cortot e no Conservatoire National Supérieur de Musique de Paris e faz referências aos mestres János Fürst, M. Levinas, F. X. Roth e C. Lavacher. Em novembro de 2005, tornou-se assistente de Kurt Masur, reconhecido maestro alemão, após competição organizada pela Orchestre National de France, e trabalhou com Ricardo Muti, Krzysztof Penderecki e Colin Davis, maestros convidados dessa orquestra. Colaborou com Kurt Masur nos ciclos de Beethoven e Schumann durante turnê em Atenas e no Concertgebouw, de Amsterdã. Entre seus compromissos futuros, no período da entrevista, estavam a Orchestre Symphonique et Lyrique de Nancy (França) e L'Orchestre des Concerts Lamoureux no Théâtre des Champs-Élysées[9]. "Eu nasci no Brasil, onde vivi até os três anos; depois a minha mãe mudou para Israel e a gente morou aí até os meus catorze anos; de catorze a 23 eu morei na Argentina, e aí eu fiz a faculdade, Universidade Católica Argentina, composição e direção. Depois, eu queria ir para a Europa, para onde fui com 23 anos, e lá estou até hoje" (Débora Waldman, jul. 2005).

---

[9] *Programa Oficial do Festival Internacional de Campos do Jordão*, 2007, p. 65.

Débora iniciou sua a aprendizagem de regência de "forma natural", tendo como mestra sua mãe, também regente:

> Se deu de maneira muito natural. Primeiro, eu acho que tem uma coisa de caráter. Quando eu era pequena, que já era regente do grupo [risos] mesmo assim não musical... Depois, a minha mãe é música, o meu pai é músico [violão]. A minha mãe é regente, então eu ia aos ensaios escutar, escutar, escutar. Eu tocava na orquestra e algum dia ela falou: "Você quer fazer o ensaio?" [risos] – quando eu tinha dezessete anos. Eu falei "sim", eu estudei a partitura, depois ela deu para eu reger o bis do concerto. A partir desse momento, eu sabia que eu queria fazer isso [risos]. (idem)

O estímulo familiar também incluiu o apoio financeiro:

> Quando eu estava na Argentina, eu queria voltar para Israel, porque eu fui com catorze anos, eu tinha toda a minha vida em Israel, mas bom, não podia ficar sozinha [risos]. Então fui pra Argentina, mas eu queria voltar. Com vinte anos, eu fiz uma viagem pra Israel, Paris e Londres. Quando eu cheguei a Paris, foi a coisa mais maravilhosa de minha vida! Eu quero morar aqui! Eu fui ao Conservatório Nacional Superior, sozinha, com motorista, e quando voltei para Argentina falei para minha mãe, eu vou, eu quero morar na Europa. Ela concordou com a condição de terminar a faculdade. Terminei dois diplomas, regência e composição. Dois dias depois, eu fui para Europa, cheguei sem nada, e construí. (idem)

Considerações finais

Este capítulo evidencia que o artista no mundo das mercadorias vive constantes tensões entre o fazer artístico criativo e a compra e venda do seu trabalho, seja sob a forma do assalariamento ou do trabalho intermitente. As musicistas entrevistadas informam duas formas de contrato de trabalho, com direitos e salários diferenciados, mesmo que se vinculem à mesma orquestra. Exprimem assim as mudanças ocorridas nos últimos trinta anos, observadas no trabalho dos corpos estáveis, inclusive em teatros públicos. Fazer mais por menos, dogma a ser respeitado nas relações de trabalho na função pública, é observado nos contratos de trabalho de duas gerações de musicistas: Alma e Elis ("admitidas", estáveis) e Gal (Verba de Terceiros, contrato renovado a cada três meses).

O contrato da maestrina Débora Waldman no Festival de Campos do Jordão foi financiado pelo Banco Bradesco, por meio da Lei do Incentivo à Cultura (mecenato), contribuindo para informar as mudanças nas formas de financiamento com a renúncia fiscal.

As relações sociais de classe e gênero, compreendidas como consubstanciais, informam a relevância da origem socioeconômica das musicistas entrevistadas e a importância de suas famílias que lhes possibilitaram estímulo artístico e apoio financeiro. Elas desafiam os limites de gênero observados para a maioria das mulheres nesse universo. Assim, esse recurso heurístico permite compreender as trajetórias de mulheres que constituem um grupo de elite entre os pares – *spallas*, concertinos e regentes. É inegável que elas são exceções nesse universo predominantemente masculino, o qual possibilitam compreender melhor por terem rompido limites em geral impostos para as mulheres. Elas também indicam uma trajetória de formação internacional estimulada pelas famílias ou pelas redes sociais por elas estabelecidas, nas quais se incluem aprovações em concursos e audições, bolsas de estudo e prêmios. Nesse sentido, ultrapassam os "os tetos de vidro" que impedem que mulheres ocupem postos de prestígio e salários elevados nas orquestras. Para algumas, significa também uma relação social geracional positiva em comparação com suas mães, tias e avós, musicistas amadoras impedidas de exercerem a profissão pela divisão sexual do trabalho.

Assim, esta pesquisa reitera que as diferenças observadas no trabalho de homens e mulheres podem assumir, no tempo e no espaço, diferenças que variam segundo os contextos históricos e os lugares observados (Kergoat, 2000). A relevância da qualificação profissional para o rompimento de desigualdades *aparentemente* imutáveis ou "naturais" é, mais uma vez, observada. As musicistas entrevistadas reafirmam essa possibilidade concreta de superação e de criação de espaços igualitários de trabalho por meio da qualificação demonstrada cotidianamente. Evidenciam também, ao integrarem um grupo de elite, a relevância heurística da consubstancialidade das relações sociais de classe e gênero, no contexto de desconstrução de direitos no trabalho que é o dos teatros públicos e da multiplicação de eventos no campo da música financiados pelas leis de incentivo e geridos por grandes corporações.

REFERÊNCIAS BIBLIOGRÁFICAS

BERMAN, M. *Tudo que é sólido desmancha no ar*: a aventura da modernidade. São Paulo, Companhia das Letras, 1986.

BRESSER-PEREIRA, L. C. *Exposição no Senado sobre a reforma na administração pública*. Brasília, Ministério da Administração Federal e Reforma do Estado, 1997. (Coleção Cadernos Mare da Reforma do Estado, n. 3.)

_____. *Construindo o Estado republicano*: democracia e reforma da gestão pública. Rio de Janeiro, Editora FGV, 2009.

DI PIETRO, M. S. Z. *Parcerias na administração pública*: concessão, permissão, franquia, terceirização, parceria público-privada e outras formas. São Paulo, Atlas, 2009.

ELIAS, N. *Mozart*: sociologia de um gênio. Rio de Janeiro, Jorge Zahar, 1995.

HIRATA, H. *Nova divisão sexual do trabalho?* Um olhar voltado para a empresa e a sociedade. São Paulo, Boitempo, 2002.

HIRATA, H. et al. *Dictionnaire critique du féminisme*. Paris, PUF, 2000.

HIRATA, H.; KERGOAT, D. A divisão sexual do trabalho revisitada. In: MARUANI, M.; HIRATA, H. (orgs.). *As novas fronteiras das desigualdades*: homens e mulheres no mercado de trabalho. São Paulo, Editora Senac, 2003. p. 111-23.

HIRATA, H.; LOMBARDI, R. M.; MARUANI, M. *Travail et genre*: regards croisés – France-Europe--Amérique Latine. Paris, La Découverte, 2008.

IBGE. Pesquisa Nacional de Amostra por Domicílio (PNAD), 2003-2011. 2011. Disponível em: <www.ibge.gov.br/home/estatistica/populacao/trabalhoerendimento/pnad2011>. Acesso em: 29/5/2015.

KERGOAT, D. Division sexuelle du travail et rapports sociaux de sexe. In: HIRATA, H. et al. *Dictionnaire critique du féminisme*. Paris, PUF, 2000. p. 35-44.

MARUANI, M. *Femmes, genre et sociétés*: l'état des savoirs. Paris, La Découverte, 2005.

MARUANI, M.; HIRATA, H. (orgs.). *As novas fronteiras das desigualdades*: homens e mulheres no mercado de trabalho. São Paulo, Editora Senac, 2003.

190 *Gênero e trabalho no Brasil e na França*

MENGER, P.-M. *Retrato do artista enquanto trabalhador*: metamorfoses do capitalismo. Lisboa, Roma Editora, 2005. (Coleção Evolução.)

MINC. Cultura em números. *Anuário de estatísticas culturais 2009*. Brasília, Ministério da Cultura, 2009.

MTE. *Relação Anual de Informações Sociais* (Rais). (s/d). Disponível em: <portal.mte.gov.br/rais/estatisticas. htm>. Acesso em: 29/5/2015.

PICHONERI, D. F. M. *Relações de trabalho em música*: o contraponto da harmonia. Tese de Doutorado, Campinas, Unicamp, 2011.

RAVET, H. Professionalisation féminine et féminisation d'une profession: les artistes interprètes de musique. *Travail, Genre et Sociétés*, v. 9, 2003. p. 173-95

RIDENTI, M. Artistas e intelectuais no Brasil pós-1960. *Tempo Social*, v. 17, n. 1, 2005, p. 81-110.

SEGNINI, L. R. P. Acordes dissonantes: assalariamento e relações de gênero em orquestras. In: ANTUNES, R. (org.). *Riqueza e miséria do trabalho no Brasil*. São Paulo, Boitempo, 2006.

_____. Relações de gênero nas profissões artísticas: comparação Brasil-França. In: COSTA, A. O. et al. (orgs.). *Mercado de trabalho e gênero*: comparações internacionais. São Paulo, Editora FGV, 2008. p. 337-54.

_____. Vivências heterogêneas do trabalho precário: homens e mulheres, profissionais da música e da dança, Paris e São Paulo. In: GUIMARÃES, N. A.; HIRATA, H.; SUGITA, K. (orgs.). *Trabalho flexível, empregos precários?* Uma comparação Brasil, França, Japão. São Paulo, Edusp, 2009. p. 169-202.

_____. Os músicos e seu trabalho: diferenças de gênero e raça. *Tempo Social*, v. 26, n. 1, 2014. p. 75-86.

WAGNER, A.-C. *Les classes sociales dans la mondialisation*. Paris, La Découverte, 2007.

WILLIAMS, R. *Palavras-chave*: um vocabulário de cultura e sociedade. São Paulo, Boitempo, 2007.

WU, C.-T. *Privatização da cultura*: a intervenção corporativa na arte desde os anos 1980. São Paulo, Boitempo, 2006.

PARTE V

CUIDADO, DINÂMICAS FAMILIARES E PROFISSIONAIS

16

O CUIDADO EM DOMICÍLIO NA FRANÇA E NO BRASIL

Helena Hirata

A análise do trabalho de cuidado confirma a ideia da centralidade do trabalho das mulheres, nas instituições ou em domicílio, realizado gratuitamente ou como uma atividade remunerada. Apesar das diferenças societais, ela também confirma a ideia de que tal trabalho constitui uma das múltiplas facetas do trabalho precário: um trabalho mal remunerado, pouco reconhecido e pouco valorizado[1]. Em domicílio, ele é muitas vezes realizado, na Europa, por trabalhadoras imigrantes e sem documentos e, no Brasil, por empregadas domésticas ou faxineiras sem relações formais de emprego.

A partir dos resultados de uma pesquisa comparativa realizada no Brasil, na França e no Japão, em 2010-2011, sobre as trabalhadoras e trabalhadores do cuidado em domicílio e nas instituições de longa permanência de idosos (Ilpi) (ver Anexo

---

[1] Essa falta de valorização do trabalho do cuidador domiciliar impede qualquer tentativa real de inovação social no setor. Essa é a conclusão de Degarve e Nyssens (2008) a partir de uma pesquisa sobre os serviços de ajuda domiciliar na Valônia: "A inovação social no setor de ajuda domiciliar permanecerá, portanto, incompleta e insatisfatória, enquanto as condições de reconhecimento do trabalho dos/as cuidadores/as próximos/as não forem colocadas. Aliás, do ponto de vista dos/as trabalhadores/as do setor da ajuda domiciliar, vimos que seus estatutos e sua remuneração também não permitem falar em inovação social plenamente realizada" (ibidem, p. 95).

metodológico), pude reunir elementos de análise das trajetórias profissionais em ligação com as trajetórias de vida. No texto ora apresentado, concentrei-me nas trajetórias e na atividade das trabalhadoras do cuidado domiciliar, no Brasil e na França. Também deixei de lado, aqui, a análise das trajetórias das trabalhadoras e trabalhadores em instituições de longa permanência de idosos dependentes.

As trajetórias migratórias – trata-se de migrações internacionais – marcam de maneira duradoura as trajetórias dos/as empregados/as do cuidado entrevistados/as na França, suas carreiras e perspectivas de promoção. E também influenciam sua vivência do trabalho e das discriminações.

Embora a migração interna seja um dado de partida para a maioria dos/as empregados/as do cuidado no Brasil, as trajetórias de vida pontuadas pela pobreza, pelo desemprego e pela experiência do trabalho informal, sem proteção social e sem direitos, são uma constante que marca as trabalhadoras do cuidado nesse país.

Este capítulo analisa algumas características do trabalho do cuidado domiciliar no Brasil e na França[2], segundo as dinâmicas contrastantes que regem as trajetórias profissionais e pessoais dos/as empregados/as. Em ambos os países, inserem-se nesse trabalho pessoas em situações de vulnerabilidade, que aceitam um salário baixo e condições de exercício da atividade que combinam intensificação do trabalho e "trabalho sujo".

Teorias do cuidado: polêmicas

A análise do trabalho de cuidado domiciliar pretende responder a pelo menos três das seis principais polêmicas sobre esse trabalho[3].

1) A questão da definição do cuidado como uma relação social entre provedores e beneficiários do cuidado, e como um processo.

2) A questão da extensão do conceito: o conceito de cuidado é pertinente apenas se aplicado às relações interpessoais, ou pode também ser aplicado a animais, objetos? As empregadas domésticas que cuidam da casa também podem ser consideradas cuidadoras (*carers*, *travailleuses du care*)?

3) O trabalho do cuidado refere-se apenas às pessoas dependentes ou, mais amplamente, também às autônomas?

4) A questão da extensão do conceito de cuidado a profissionais como acompanhantes, manicures, cabeleireiros/as, profissionais especializados, e não apenas às cuidadoras (*assistantes de vie*/*aide à domicile*).

5) A relação entre cuidado e desigualdades sociais (de sexo, classe, raça, além de sexualidade e nacionalidade) remete à ideia de que alguns (aqueles com mais recursos) são mais beneficiários do cuidado que outros.

---

[2] Não há ainda praticamente nenhuma pesquisa sobre cuidadores domiciliares no Brasil, embora haja obras sobre os trabalhadores domésticos, que executam como parte de seus deveres o trabalho de cuidado. Para as pesquisas pioneiras na França sobre cuidadores domiciliares, ver Avril (2014, p. 11 e seg.).

[3] Para a apresentação de algumas das polêmicas que dizem respeito à teoria do cuidado, ver Hirata e Makridou (2015).

6) A questão da profissionalização do cuidado e da especificidade da qualificação/ competência da cuidadora (*assistante de vie*). Essa especificidade está ligada às características do trabalho do cuidado: a porosidade e a fluidez das fronteiras entre o amor, o afeto, a emoção e a técnica, o fazer, as práticas materiais.

Os pontos 2, 3 e 4, que dizem respeito à questão da extensão do conceito de cuidado, estão particularmente implicados nesta reflexão sobre as dinâmicas profissionais das trabalhadoras do cuidado.

As trabalhadoras do cuidado domiciliar na França e no Brasil

O mercado de trabalho do cuidado

Uma das especificidades do *Brasil* é que as atividades de cuidado, seja em domicílio ou em instituições para idosos, são exercidas por brasileiros/as. Embora o trabalho doméstico tenha, até o fim do século XIX, ficado a cargo de escravos provenientes da África e de seus descendentes, e ainda que no século XIX e no início do século XX o Brasil tenha recebido grandes fluxos migratórios da Europa e do Japão para o trabalho agrícola e a indústria, o setor do emprego doméstico remunerado e do cuidado é hoje essencialmente constituído por empregadas de nacionalidade brasileira, frequentemente vindas da região Nordeste. Portanto, trata-se de migrações internas[4]. Também se deve observar que, de acordo com o Censo Demográfico de 2010 do Instituto Nacional de Geografia e Estatística (IBGE), há 7 milhões de empregados domésticos e faxineiras no Brasil (cerca de 4% de homens). Assim, é impossível pensar o mercado de trabalho para atividades de cuidado, nesse país, sem considerar a existência de uma fluidez das fronteiras que obscurece os limites entre trabalho de cuidado para pessoas dependentes e trabalho doméstico remunerado tradicional.

Na França, como no Brasil, pode-se dizer que existem "várias fontes estatísticas para empregos difíceis de apreender" (Devetter, Jany-Catrice e Ribault, 2009, p. 20), mas sabemos que, ao contrário do caso brasileiro, em que o contingente de empregadas domésticas e faxineiras em casas particulares é pletórico, no francês ele representa apenas 1% dos empregos, segundo a Pesquisa de Emprego (Enquête Emploi)[5] de 2005, contra 5% no início do século XX, e corresponde a "1,24 milhão de pessoas contratadas diretamente por particulares, fora babás, sendo 90% empregados domésticos" (ibidem, p. 18-19). Esse tipo de emprego direto é muito mais numeroso que a contratação de uma empresa especializada na prestação do serviço ou de profissionais

---

[4] Até recentemente, os/as imigrantes da Bolívia, Paraguai e outros países da América Latina dirigiam-se principalmente a outros setores econômicos – como o da confecção, que emprega ilegalmente em oficinas clandestinas imigrantes bolivianos/as. Em 2015, a imprensa noticiou a vinda de imigrantes filipinas para o setor de cuidados às crianças no Brasil.

[5] Pesquisa sobre o emprego realizada pelo Instituto Nacional de Estatística e Estudos Econômicos (Institut National de la Statistique et des Études Économiques – Insee) junto a ativos ocupados de acordo com a Organização Internacional do Trabalho (OIT) na França metropolitana.

196 Gênero e trabalho no Brasil e na França

encaminhados por agências[6]. As organizações licenciadas de serviços à pessoa (*organismes agréés de services à la personne* – Oasp) contam cerca de 400 mil empregados na França, 41% no modo de encaminhamento por agências para contratação (ibidem, p. 21). As associações dominam o setor, mas as empresas privadas têm apresentado forte crescimento.

Na França, de acordo com a Direção de Pesquisa, Estudos, Avaliação e Estatísticas (Direction de la Recherche, des Études, de l'Évaluation et des Statistiques – Drees) do Ministério dos Assuntos Sociais, Saúde e Direitos da Mulher (Ministère des Affaires Sociales, de la Santé et des Droits des Femmes), havia, em 2008, 515 mil "cuidadores domiciliares para pessoas vulneráveis". Em 97,5% dos casos, esses provedores de cuidados eram mulheres, com idade média de 44,9 anos. Os dados da Pesquisa de Emprego para o período de 2009 a 2011 indicam números semelhantes: contavam-se 537 mil cuidadores domiciliares e médico-sociais, sendo a percentagem de mulheres também de 97%. Para o mesmo período, a Pesquisa de Emprego recenseou 244 mil empregados/as domésticos/as, 553 mil auxiliares de enfermagem domiciliares e 440 mil babás[7].

Apesar do grande número de mulheres migrantes que trabalham nesse setor, devido a uma política migratória que acolhe mulheres para serviços à pessoa, os números da Drees mostram que 95,3% das pessoas são nascidas na França ou têm nacionalidade francesa. A mão de obra imigrante concentra-se na região de Île-de-France, e os/as migrantes da segunda geração podem constituir uma parte desses 95,3%. E não se pode subestimar o número de pessoas empregadas diretamente que trabalham de maneira clandestina ou informal.

No Brasil, de acordo com a Pesquisa Nacional por Amostra de Domicílios (PNAD), do IBGE[8], em 2007 havia 894.417 cuidadores e 36.348 enfermeiros/as e auxiliares de enfermagem domiciliares. Esses números não são comparáveis, pois a categoria "cuidadores" não discrimina os profissionais do cuidado voltado a idosos e a crianças. Além disso, esses dados são bastante subestimados, tamanha a importância do trabalho informal e não declarado no Brasil, que, segundo o Censo de 2010, contava 7 milhões de empregados/as domésticos/as, que frequentemente prestam cuidado aos idosos e às crianças das famílias.

---

[6] Ao contratar uma empresa especializada, esta é a empregadora do cuidador e fornece o pessoal de acordo com a demanda do cliente; ao contratar um profissional encaminhado por uma agência, o cliente é empregador do cuidador, e a associação ou agência orienta sobre as formalidades administrativas para o empregador particular.

[7] Agradeço a Monique Meron por esses dados que informam a média anual relativa a mais de três anos da Pesquisa de Emprego.

[8] Realizada por amostra de domicílios, a PNAD obtém informações anuais (exceto em anos de censo nacional) sobre as características demográficas e socioeconômicas da população, como sexo, idade, escolaridade, trabalho, rendimentos, além das características dos domicílios. Também são obtidas informações, em uma periodicidade variável, sobre migração, fecundidade, casamento etc.

Os perfis dos empregados do cuidado domiciliar no Brasil e na França[9]

Das 42 cuidadoras domiciliares entrevistadas no Brasil, no Sindicato dos Trabalhadores Domésticos do Município de São Paulo, e das 39 entrevistadas na França, em uma associação de prestação de serviços de cuidadores, a primeira constatação é que se trata de uma ocupação feminina, com 100% dos efetivos brasileiros e 95% dos franceses sendo mulheres (dois homens em um grupo de 39 pessoas).

A distribuição por faixa etária é bastante semelhante em ambos os países: 21% entre 18 e 25 anos, e 33% com mais de 50 anos. A população de 36 a 49 anos é de 33% no Brasil e 46% na França; no Brasil há 12% de pessoas em relação às quais não dispomos dessa informação.

Quanto à situação familiar, as pessoas casadas são um pouco mais numerosas na França (49%) que no Brasil (45%), e o número de solteiras é muito maior naquele país (31%) do que neste (10%). Já as pessoas separadas ou divorciadas são muito mais numerosas no Brasil (36%) do que na França (15%).

Entre as trabalhadoras brasileiras, apenas 14% são da região onde exercem sua atividade (São Paulo), e 86% são "migrantes internas", vindas de outros estados do Brasil (sobretudo Bahia, Minas Gerais e Pernambuco).

Quase metade das trabalhadoras brasileiras entrevistadas tinha apenas o ensino fundamental incompleto (40%) ou completo (7%), mas quase 20% tinham diploma de auxiliar de enfermagem. Na França, o nível de instrução escolar e profissional era incontestavelmente mais elevado: 19 trabalhadoras/es, em um grupo de 39, tinham um diploma concedido pelo Estado para exercer a ocupação de cuidadora – Diploma de Estado de Auxiliar de Vida Social (Diplôme d'Etat d'Auxiliaire de Vie Sociale – Deavs) ou o antigo diploma, Certificado de Aptidão para as Funções de Cuidado Domiciliar (Certificat d'Aptitude aux Fonctions d'Aide à Domicile – Cafad); 5 tinham diploma de auxiliar de enfermagem e 1, de médico; 3 tinham o nível médio completo, sem formação profissional.

Por fim, o nível de experiência era mais elevado na França, onde 46% do grupo tinha mais de dez anos de experiência, e 23%, mais de cinco anos; no Brasil, 29% tinham dez anos de serviço, e 12%, mais de cinco anos.

Cuidadoras e/ou empregadas domésticas

A partir do exame do banco de dados da Fundação Sistema Estadual de Análise de Dados (Seade), de São Paulo, e da análise das notas denominadas "*pocket*" dos entrevistadores de sua Pesquisa de Emprego e Desemprego (PED), Guimarães (2014) comparou as cuidadoras de idosos e as empregadas domésticas e constatou que as primeiras são mais brancas, mais escolarizadas e mais jovens. Elas trabalham por jornadas mais longas, têm salários tão baixos como os das empregadas domésticas e trabalham na informalidade mais do que estas. Aquelas que se reconhecem apenas

---

[9] Agradeço a Silvia Carla Miranda Ferreira, que elaborou os gráficos e tabelas a partir dos quais faço essa breve apresentação de meu *corpus*.

198 Gênero e trabalho no Brasil e na França

como cuidadoras, e não como empregadas domésticas, são mais brancas, mais escolarizadas e mais bem remuneradas.

Nosso *corpus* de trabalhadoras do cuidado domiciliar no Brasil constitui-se de 42 mulheres trabalhadoras domésticas entrevistadas no Sindicato dos Trabalhadores Domésticos do Município de São Paulo, e de um homem trabalhador do cuidado entrevistado fora do sindicato.

Desse grupo, 29 mulheres empregadas domésticas identificaram-se como trabalhadoras do cuidado (cuidadoras) *e* empregadas domésticas. Elas declararam trabalhar tanto como empregadas da casa quanto como cuidadoras de idosos. Foram 12 as mulheres que se identificaram como cuidadoras, sem fazer referência ao trabalho doméstico remunerado.

A relação do cuidador com seu ofício

O depoimento de um homem cuidador de idosos em São Paulo é interessante na medida em que realça a dimensão afetiva do trabalho do cuidado, sem fazer referências específicas ao trabalho doméstico relacionado à atividade de cuidado:

> Esse setor é apaixonante realmente [...] O idoso precisa de atenção, precisa de carinho, precisa de amor, então isso me fascina, que justamente o que eu posso dar é o déficit da enfermagem no Brasil, que é esse carinho e essa vontade de estar junto, porque, salientando bem, o salário não compensa a ponto de você ficar dezesseis horas fora de casa todas as noites (doze horas de trabalho mais quatro horas de condução)... e, queira ou não, existe amor, existe carinho nisso, independente do salário. (Fábio, cuidador, 24 anos, com diploma de enfermeiro, mas atuando como cuidador domiciliar)

Nessa frase emerge uma série de questões-chave do trabalho de cuidado: o conflito entre o trabalho da enfermagem e o trabalho de cuidado; a centralidade do afeto nesse trabalho; a associação entre "*gold and love*" (Hochschild, 2003), que Zelizer (2008) chama de "economia das relações sociais íntimas"[10].

A importância da formação profissional e da competência para o cuidado foi destacada por uma cuidadora com formação de auxiliar de enfermagem:

> Eu sou auxiliar técnica de enfermagem. Na verdade, são três anos e meio de estudos. Hoje eu diria que nós não fomos bem informados, porque é assim: com quatro anos hoje se faz uma faculdade de enfermagem. Então levei três anos e meio porque, quando eu fiz, a exigência era tão grande que a gente tinha que fazer desde o início de teoria, prática [...] aplicar injeções, tudo o que uma faculdade daria hoje [...] se eu tivesse tido um pouco mais de informação na época, eu teria um padrão hoje que eles chamam enfermeira, porque eu sei tudo de enfermagem, eu aprendi tudo. Os livros são os mesmos, as práticas são as mesmas [...] só o diploma que é de técnico de enfermagem. Então por que hoje fazer faculdade? O que eu tenho mais a aprender? Eu já sei tudo. (Marlene, 51 anos, auxiliar de enfermagem por formação, apresenta-se exclusivamente como cuidadora)

---

10 Deve-se notar que a fluidez das fronteiras entre os afetos, o amor, a emoção e o cognitivo, a técnica, as práticas materiais no trabalho do cuidado coloca em questão um dos paradigmas da sociologia geral, de hierarquização e inferiorização da emoção e dos sentimentos (ver Paperman, 2013, p. 24 e seg.).

Migrantes e racializados/as

Joan Tronto, cientista política norte-americana que tem uma grande influência nas pesquisas sobre cuidado na França, combinando perspectivas da ciência política, da economia e da ética, destacou o fato de que os trabalhadores do cuidado são, frequentemente, proletários, mulheres, migrantes (Tronto, [1993] 2009, p. 156 e seg., 224-5). Minha pesquisa sobre o trabalho do cuidado mostra que sua expansão está, hoje, estreitamente ligada aos movimentos migratórios internacionais. Não é possível hoje trabalhar o tema do cuidado sem se interessar pelo crescimento das migrações internacionais femininas a partir dos anos 2000. Os fluxos migratórios e a globalização do cuidado e do trabalho reprodutivo desenham os contornos gerais de uma nova divisão internacional do trabalho de serviço.

A especificidade do trabalho de cuidado é inegável: ele não pode ser deslocalizado, como a produção industrial das multinacionais. O cuidado requer a migração de trabalhadoras (cuidadoras e babás da Ásia, África, América Latina, Caribe e Europa oriental) para os Estados Unidos, Canadá, Europa ocidental e Japão.

Nosso *corpus* de trabalhadoras/es do cuidado domiciliar na região parisiense constitui-se de 39 assalariados/as de uma associação que faz a intermediação entre famílias de idosos e cuidadoras, as quais são empregadas pela associação[11]. Essas cuidadoras, entrevistadas na França, têm trajetórias profissionais e pessoais muito fortemente marcadas pelos movimentos migratórios. Do grupo de 39 pessoas, 36 eram imigrantes (34 mulheres imigrantes, 2 filhos de imigrantes), e apenas 3 (7,6%) eram de origem francesa: uma "auxiliar de enfermagem", uma "enfermeira" e um "cuidador domiciliar". Dos 39, apenas 4 eram homens (10%).

Observa-se o mesmo fenômeno em instituições: em uma instituição de acolhimento para idosos dependentes (établissement de hébergement des personnes âgées dépendantes – Ehpad), de 32 *care workers* entrevistados, 28 eram imigrantes (23 imigrantes, 5 filhos de imigrantes); 4 (13%) eram de origem francesa; 4 eram homens (10%).

Os cuidadores domiciliares imigrantes na França são de origens nacionais diversas: 11 vêm da Argélia; 1 do Marrocos; 9 da África negra (Togo, Senegal, Mali, Camarões); 6 do Caribe (Martinica, Guadalupe); 1 de Reunião[12]; 4 do Haiti; 1 do Líbano; e 1 de Portugal.

No Brasil, não encontrei nenhum/a trabalhador/a que fosse imigrante, nem em instituições, nem entre os que trabalhavam em domicílio, com exceção de uma mulher boliviana cujo estatuto e perfil eram muito atípicos (1 em 130, total de

---

[11] Uma especificidade francesa deve ser destacada: 90% do trabalho de cuidado em Paris e na região parisiense é realizado por trabalhadores/as imigrantes ou filhos/as de imigrantes nascidos/as na França. Em outras regiões francesas, o número de imigrantes é pequeno, e os/as trabalhadores/as do cuidado são normalmente empregados/as franceses/as.

[12] Embora Martinica, Guadalupe e Reunião façam parte da França como departamentos e territórios de ultramar (dom, *départements et territoires d'outre-mer*), e embora esses trabalhadores tenham a nacionalidade francesa, na qualidade de trabalhadores eles são considerados imigrantes e "racializados"/discriminados pela cor da pele, pelo sotaque e pela vinda de um território localizado fora da França dita continental.

200 *Gênero e trabalho no Brasil e na França*

entrevistados em domicílio e em instituições). Em compensação, a migração interna é muito grande, com apenas 14% de nosso *corpus* sendo constituído por trabalhadoras oriundas do Estado de São Paulo, onde exercem sua atividade. As desigualdades decorrentes das diferenças raciais e étnicas são um ponto a destacar.

A discriminação (o racismo) é o corolário desse grande contingente de imigrantes entre os trabalhadores/as do cuidado na França. Falas e comportamentos racistas foram relatados por muitos dos cuidadores/as da associação entrevistados/as.

* * *

Embora as trajetórias migratórias marquem de maneira duradoura apenas a trajetória dos/as empregados/as do cuidado entrevistados/as na França, uma convergência notável entre os dois países é o estatuto precário do trabalhador do cuidado, seja qual for o regime local adotado. Essa precariedade corresponde, em certa medida, a um baixo nível de qualificação reconhecido, a um baixo reconhecimento social da competência profissional e à insuficiência de especialização e formação profissional. No caso brasileiro, a dificuldade de autorreconhecimento como cuidadoras, mesmo quando são desempenhadas funções de cuidado, está certamente relacionada com a formação e a formalização insuficientes do estatuto profissional.

No Brasil, quando realizado em domicílio, esse trabalho é muito frequentemente informal. Na França, é trabalho de mulheres imigrantes, às vezes "sem documentos", com toda a precariedade que esse estatuto implica, sobretudo quando se trata de cuidadores em domicílio.

Assim, o ponto comum para os trabalhadores e trabalhadoras do cuidado é a precarização de seu itinerário profissional. Em cada um dos países, a manifestação das relações sociais é diferente, mas em ambos são pessoas vulneráveis que se tornam prestadores de cuidado domiciliar.

Anexo metodológico

O estudo comparativo foi realizado em 2010-2011, no Brasil, pelo Centro de Estudos da Metrópole (CEM) da Universidade de São Paulo (USP) e pelo Centro Brasileiro de Análise e Planejamento (Cebrap), com financiamento da Fundação de Amparo à Pesquisa do Estado de São Paulo (Fapesp); no Japão, pelo grupo de pesquisa Migração Internacional e Gênero (International Migration and Gender – Image) da Universidade de Hitotsubashi, com financiamento da Fundação Japão; na França, com o apoio da Universidade de Paris 8 Vincennes-Saint-Denis e do Centro Nacional de Pesquisa Científica (Centre National de la Recherche Scientifique – CNRS).

Neste capítulo, utilizamos apenas os dados de campo do Brasil e da França, excluindo-se os do Japão. Foram estudadas duas modalidades de fornecimento do cuidado: as instituições que recebem idosos dependentes e o cuidado remunerado em domicílio. No Japão, realizei meu trabalho de campo em três "*tokubetsu yogo rojin home*" (Tokuyo), que são o mais próximo do estatuto jurídico das três instituições brasileiras, as Ilpi, e das três francesas, as Ehpad, que foram estudadas. Portanto, as

entrevistas com trabalhadores/as do cuidado foram feitas em estabelecimentos de acolhimento de idosos e em instituições que se dedicam a organizar a atenção domiciliar
ou ajudar esses/as trabalhadores/as: no Brasil, principalmente sindicatos; na França,
associações; e, no Japão, organizações sem fins lucrativos e empresas prestadoras privadas e semipúblicas. Realizamos 330 entrevistas semidiretivas (geralmente entre 35
minutos e 1:15h) nos três países, com 235 trabalhadores do cuidado que trabalhavam
nas instituições de acolhimento de idosos e 95 que trabalhavam em domicílio.

As entrevistas trataram de abordar:

1) O trabalho: conteúdo do trabalho, horas trabalhadas, condições de trabalho
e saúde.

2) Os salários, as carreiras, a formação escolar e profissional, o estatuto do emprego, as experiências de trabalho de cuidado na família e no emprego, as razões para
escolher essa atividade e as modalidades de procura desse trabalho.

3) O relato subjetivo do trabalho: sofrimento, prazer, eventos – positivos ou negativos – inesquecíveis no exercício da atividade, os projetos profissionais e pessoais.

Além das cuidadoras, auxiliares de enfermagem e enfermeiras, também entrevistei
os diretores dos estabelecimentos. Observações diretas foram realizadas nas instituições, mas não pude fazer o mesmo nos domicílios. Para contatos preliminares com
instituições, realização das entrevistas e discussão do roteiro, contei, no Brasil,
com o concurso de Myrian Matsuo – pós-doutoranda e pesquisadora na Fundação
Jorge Duprat Figueiredo de Segurança e Medicina do Trabalho (Fundacentro), centro
de estudo do Ministério do Trabalho – e, na França, de Efthymia Makridou – dou-
toranda na Universidade de Paris 8 Vincennes-Saint-Denis pelo Centro de Pesquisas
Sociológicas e Políticas de Paris (Centre de Recherches Sociologiques et Politiques
de Paris – Cresppa), no âmbito do grupo Gênero, Trabalho e Mobilidades (Genre,
Travail, Mobilités – GTM). No Japão, realizei sozinha todas as cem entrevistas,
mas contei, para meus encaminhamentos de pesquisa, trabalho de campo e leituras,
com a assistência de uma estudante de mestrado da Universidade de Hitotsubashi,
Ayaka Kashiwazaki.

REFERÊNCIAS BIBLIOGRÁFICAS

AVRIL, C. *Les aides à domicile*: un autre monde populaire. Paris, La Dispute, 2014.

DEGAVRE, F.; NYSSENS, M. L'innovation sociale dans les services d'aide à domicile: les apports d'une
lecture polanyienne et féministe. *Revue Française de Socio-Economie*, v. 2, 2008. p. 79-98.

DEVETTER, F.-X.; JANY-CATRICE, F.; RIBAULT, T. *Les services à la personne*. Paris, La Découverte/
Repères, 2009.

GUIMARÃES, N. A. Careworkers in Contemporary Brazil: Difference, Rights and Belonging. Comunicação no Seminário *Health and the City: Difference, Rights, Belonging*, Seção sobre "What are Health
and Care Today?", Princeton University, Global Network on Race and Citizenship in the Americas
(RACA), 21 fev. 2014.

HIRATA, H.; GUIMARÃES, N. A. (orgs.). *Cuidado e cuidadoras*: as várias faces do trabalho do *care*.
São Paulo, Atlas, 2012.

HIRATA, H.; MAKRIDOU, E.; MATSUO, M. Le travail du *care*: comparaisons Brésil, France, Japon. Colóquio internacional *Théories et pratiques du* care: *comparaisons internationales*. Paris, 13-14 jun. 2013.

HIRATA, H.; MAKRIDOU, E. Travail, éthique, politique: les développements récents des théories du care en France. *Travail, Genre et Sociétés*, v. 33, 2015. p. 172-6.

HOCHSCHILD, A. R. Love and Gold. In: EHRENREICH, B.; HOCHSCHILD, A. R. (orgs.). *Global Woman*: Nannies, Maids, and Sex Workers in the New Economy. Nova York, Metropolitan Books, 2003. p. 15-30.

PAPERMAN, P. *Care et sentiments*. Paris, PUF, 2013. (Coleção Care Studies.)

TRONTO, J. *Un monde vulnérable*: pour une politique du care. Paris, La Découverte, [1993] 2009. (Coleção Textes à l'Appui.)

ZELIZER, V. A. L'économie du care. *Revue Française de Socio-Economie*, v. 2, 2008. p. 13-25.

17

O CUIDADO EM SUAS TEMPORALIDADES E SEUS ATORES NA FRANÇA

Aurélie Damamme

A perspectiva do cuidado permite colocar em relevo as condições sociais, econômicas e políticas sob as quais tal atividade é oferecida. Ela enfatiza a importância desse trabalho na manutenção e no amparo à vida (Tronto, 2009 [1993]). Ao concentrar-se na análise das relações entre os vários protagonistas do cuidado prestado a deficientes, as questões temporais ganham um lugar central: as relações entre aquele/a identificado/a como provedor/a do cuidado e aquele/a identificado/a como seu destinatário frequentemente envolvem as famílias no longo prazo. Paralelamente, a organização da vida do/a provedor/a de cuidado é também marcada por uma preocupação de coordenar temporalidades em torno da pessoa ajudada. Esse cuidado doméstico está envolto em questionamentos que levam em conta as necessidades e os desejos (Molinier, 2013) do próximo com deficiência, inclusive quando o cuidado é delegado a profissionais. Muitas são também as questões relacionadas com o futuro do próximo, seja em sua vida profissional, emocional ou cidadã.

A perspectiva da longa duração também permite apreender as dificuldades de articulação dos papéis e lugares dos diferentes protagonistas, seja entre a pessoa com deficiência e seus cuidadores/as, seja entre os diferentes cuidadores/as. Ela também torna visíveis as formas de continuidade e as rupturas nos percursos de cuidado,

204 *Gênero e trabalho no Brasil e na França*

cujos arranjos e alicerces são normalmente questionados ao longo do tempo. Quem é responsável por esses arranjos? Por quanto tempo?

Este capítulo concentra-se nas questões suscitadas pelo acompanhamento de pessoas com comprometimentos cognitivos em sentido amplo. Ele se apoia sobretudo em entrevistas[1] realizadas com membros da Union Nationale des Associations de Parents, de Personnes Handicapées Mentales et de leurs Amis (Unapei – União Nacional de Pais e Amigos de Pessoas com Deficiência Mental), que são consideradas também à luz de outras pesquisas.

Na primeira parte, destaco o papel das associações de famílias na organização do cuidado para pessoas ditas autistas[2]. Mais precisamente, por meio do exemplo da Unapei, busco identificar o modo pelo qual as eventuais tensões entre os diferentes provedores de cuidado constituem preocupações importantes para os pais, e como elas imprimem a longo prazo sua marca nas trajetórias de pais cuidadores. Isso permite questionar, na segunda parte, as dificuldades em torno da articulação entre os diferentes protagonistas do cuidado, colocando em perspectiva abordagens teóricas que dão atenção particular à análise das relações de poder no seio das atividades de cuidado. Nesse sentido temos, por um lado, a perspectiva do cuidado tal como é apresentada por autores como Joan Tronto (2009 [1993]), Evelyn Nakano Glenn (2000; 2009) ou Eva Feder Kittay (2003); por outro lado, a perspectiva feminista proposta pelos *disability studies*, formulada por autoras como Jenny Morris (1993; 1999).

O papel das associações como porta-voz das famílias

A abordagem do cuidado proposta por Glenn (2000) permite apreender empiricamente as práticas do cuidado em ação, em sua diversidade e *ambiguidade*. Ela enuncia três características principais do cuidado.

1) Todo mundo precisa de cuidado, não apenas as pessoas identificadas como dependentes: idosos, crianças e pessoas incapacitadas. A diferença com a situação dos adultos independentes reside no fato de que estes podem preservar o seu senso de independência caso tenham recursos econômicos e sociais suficientes para "solicitar" o cuidado dos outros, sem precisar da solidariedade familiar e da vizinhança ou de caridade.

2) O cuidado é visto como criador de uma relação. O trabalho de cuidado é "constituído na e pela relação com aqueles que dão e recebem cuidado"; o foco está na relação de interdependência e não apenas no poder do/a provedor/a de cuidado na relação. Aquele que recebe cuidado tem também uma capacidade de agir (agência) na relação. Essa relação é igualmente marcada por relações de poder as quais convém

---

[1] Realizei entrevistas com pais, membros ativos e outros mais afastados da associação, a fim de observar diferentes formas de atividades de cuidado e suas traduções em atividades da União Regional de Île-de-France (Urapel).

[2] Utilizo aqui essa denominação ampla; mais adiante explico os conflitos de classificação que cercam a designação de autismo.

O cuidado em suas temporalidades e seus atores na França   205

identificar, a fim de lutar contra a manutenção da atribuição do cuidado às minorias, do ponto de vista do pertencimento de sexo, classe e raça.

3) A definição do cuidado como prática reconhece que ele pode organizar-se de inúmeras maneiras. Assim, ele é ao mesmo tempo particular e universal. Isso significa que as nossas formas de conceber o cuidado mais apropriado são moldadas por nossos pertencimentos culturais e sociais e, consequentemente, são variados. Ao mesmo tempo, o cuidado é um aspecto universal da vida humana.

Essa pluralidade das práticas de cuidado descrita por Glenn gera conflitos e tensões entre os diferentes protagonistas, que Tronto (2009 [1993]) identificou como tensões entre fases ou etapas de cuidado[3]. A pesquisa com pais de crianças diagnosticadas autistas revelou a existência de conflitos entre eles e profissionais, bem como o papel desempenhado pela federação regional da Unapei na melhoria das relações entre os diferentes protagonistas envolvidos na gestão do autismo, especialmente entre os pais e os profissionais do "mundo psi" (Dodier e Rabeharisoa, 2006).

A demanda de uma delimitação do cuidado doméstico

A Unapei apoiou-se em sua legitimidade histórica como ator no campo da deficiência mental para desenvolver seu próprio posicionamento sobre o autismo, levando em conta os conflitos de definições e os desacordos existentes sobre os modos de intervenção. A história da intervenção dessa associação é marcada por seu forte envolvimento para que o Estado se encarregue das pessoas com deficiência mental (geralmente crianças). A Unapei é hoje a principal federação de associações na área de deficiência mental.

Procurando, desde a sua criação nos anos 1960, envolver o Estado no cuidado com o deficiente mental (Gucher, 2008), a federação conseguiu, já de saída, tornar pública a questão do deficiente mental. Defendendo a necessidade de sair de uma gestão "doméstica" da questão do deficiente, ela envolveu-se concretamente, com outras associações de famílias, na elaboração das leis que organizaram as políticas relacionadas ao deficiente na França (em 1975, 2002 e 2005). Assim, a Unapei defendeu o princípio de que se encarregar de crianças identificadas com uma deficiência mental é algo que remete a uma solidariedade específica, que extrapola o âmbito familiar (Unapei, 1990). E esse chamado à intervenção do Estado foi o meio menos suspeito de questionar a família como suporte "natural" da ajuda, sendo geralmente realizado por pais de família da elite social e política, além de contar com o apoio de fortes redes sociopolíticas, mobilizadas com o objetivo de permitir o reconhecimento da importância da questão. Essas associações defenderam de forma particularmente eficaz o acesso a modos de apoio para as diferentes etapas da vida, com a criação, a partir dos anos 1960, de estabelecimentos médico-sociais diferenciados em função

---

[3] O processo de cuidado pode ser dividido em quatro fases ou etapas: "o fato de se preocupar com alguém ou alguma coisa (*caring about*)"; em seguida, a etapa de "fazer com que a sua necessidade seja satisfeita (*taking care of*); depois, a de fornecer diretamente esse trabalho de cuidado (*care giving*); por fim, a de receber o cuidado (*care receiving*)" (Tronto, 1993, p. 105, tradução nossa).

206 *Gênero e trabalho no Brasil e na França*

da finalidade (trabalho, habitação) e do grau de medicalização. O reconhecimento da legitimidade de suas reivindicações pelos poderes públicos colocou essas associações, muitas vezes, em posição de liderança na criação de estabelecimentos e em sua administração, estando várias delas à frente de estabelecimentos médico-sociais (Cret, Jaubert e Robelet, 2013).

Ao oferecer lugares dedicados a pessoas que, quando crianças, eram raramente integradas ao meio escolar dito normal e, quando adultas, amplamente excluídas do trabalho remunerado (Plaisance, 2009), essas associações também trabalharam em prol da delimitação do cuidado doméstico. Para isso, tiveram o apoio de muitos profissionais cujas especialidades desenvolveram-se nesse período (inclusive a favor da ampliação do campo "médico-social") (Chamak, 2008).

Quando entrevistamos pais de crianças consideradas autistas dessa união regional, logo surgiu a questão dos conflitos ou divergências de opinião com os/as profissionais. A distinção entre os papéis e os espaços da família e os dos/as profissionais parece levantar muitas questões, presentes e passadas, dadas as divergências sobre a interpretação das causas do autismo e sobre como lidar com ele.

Quando a delimitação é vista como segmentação e até separação

A pesquisa realizada em parceria com Patricia Paperman (Damamme e Paperman, 2009) com pessoas que ajudam outras em situação de perda de autonomia (por causa de deficiência – física, intelectual, cognitiva ou psíquica, retomando a denominação reconhecida desde a lei de 2005 sobre transtornos psíquicos – ou de doenças ligadas ao envelhecimento) revelou a importância da presença das instituições para delimitar o cuidado doméstico, um cuidado marcado por uma disponibilidade temporal extensiva, descrita como uma característica das atividades domésticas em sentido amplo (Chabaud-Rychter; Fougeyrollas-Schwebel; Sonthonnax, 1985).

Essa pesquisa também revelou dois tipos principais de atividades para as famílias, relacionadas com lógicas temporais distintas: coordenar as temporalidades entre os diferentes protagonistas que contribuem para a produção do cuidado (agentes de instituição, cuidadores em domicílio, amigos, próximos aparentados ou não, babás) e garantir a continuidade do cuidado (Damamme e Paperman, 2009).

Na pesquisa com pais de crianças ditas autistas, o contexto de controvérsias em torno da classificação do autismo traz dificuldades adicionais para a organização das tarefas de cuidado. Contrariamente ao que se observa nos percursos de cuidado de pais de crianças com deficiência física, os pais de crianças diagnosticadas autistas relatam experiências de distanciamento por parte de alguns profissionais do cuidado durante as décadas de 1960 e 1970. De inspiração psicanalítica, a concepção do autismo como doença mental atribuía a origem dos distúrbios às relações familiares (especialmente da mãe) com seu filho[4], o que levou uma parte dos profissionais do cuidado a recomendar às mães uma separação de seu filho. Esses discursos lançaram

---

[4] Era a teoria difundida por Bruno Bettelheim em *A fortaleza vazia* (1967), da responsabilidade da "mãe fria" no aparecimento do autismo na criança.

suspeitas sobre o cuidado doméstico e ressuscitaram a figura da "má mãe"[5]. Essa leitura do autismo originou grandes conflitos com os profissionais encarregados do percurso de cuidado, bem como tensões intrafamiliares. Em contraste, o paradigma desenvolvido a partir do fim dos anos 1970 nos Estados Unidos, que destacava as causas relacionadas ao desenvolvimento neurológico, favoreceu, no contexto francês, o reconhecimento do lugar dos pais. Ao oferecer uma leitura alternativa das causas e do tratamento do autismo, ele serviu para legitimar a suspeita nutrida por alguns pais em relação à leitura do autismo como doença mental.

Essa nova grade de leitura das causas do autismo levou à adoção de métodos comportamentais corretivos, sendo o Applied Behavior Analysis (ABA) o mais conhecido deles[6]. Assim, apesar da incerteza que ainda existe no que concerne à etiologia do autismo (Chamak, 2008), esse paradigma do desenvolvimento neurológico vai de vento em popa, e o caráter puramente descritivo da décima (e última versão) da *Classificação internacional de doenças* publicada pela Organização Mundial de Saúde (OMS) e da classificação estadunidense (*Diagnostic and Statistical Manual of Mental Disorders*) parece jogar a seu favor[7]. No entanto, essas controvérsias reforçaram as dificuldades dos pais para encontrar um cuidado considerado adequado a longo prazo, acentuando a questão da continuidade. Isso se evidencia pela sucessão de diferentes lugares e modalidades de acolhimento, além de mudanças de estabelecimento relacionadas à idade da pessoa e aos projetos profissionais ou de formação que podem aparecer durante o percurso.

A organização das relações com o/a profissional ocupou um lugar central nas narrativas dos pais, inclusive para descrever a organização atual do cuidado do seu filho. Na verdade, a própria evolução do tratamento do autismo fez surgir, ao longo do tempo, outras possibilidades de cuidado além do acolhimento em hospital psiquiátrico, e colocou a questão da adequação do cuidado proposto. Além disso, deve-se levar em conta que a presença de crises e comportamentos violentos associados a certas formas de autismo contribui para as irregularidades de muitos percursos, tornando muitas vezes necessário recorrer a interlocutores/as que não aqueles/as presentes no cotidiano (como os serviços de emergência dos hospitais), mesmo quando a organização do cuidado para a pessoa autista é relativamente estável (por exemplo, quando a pessoa classificada como autista é recebida em uma casa de tratamento, mas a ocorrência de crises leva a equipe a chamar os pais, ou quando uma crise ocorre durante os momentos passados com a família).

Assim, o cuidado a longo prazo inclui a alternância de períodos de rotina (relativa) e momentos de ruptura. Esses momentos de reorganização parecem particularmente

---

[5] Essa atribuição da responsabilidade da doença ou da deficiência às mães aparece com frequência, justificando a pertinência de analisar as classificações médico-psicológicas em uma perspectiva que articula gênero, classe e pertencimento racializado (ver Carlson, 2001).

[6] O método ABA é dominante nos Estados Unidos. Inspirado pelos trabalhos do psicólogo Skinner, apoia-se no princípio do "condicionamento operante", que visa uma mudança de comportamento com a utilização, de modo adaptado, de recompensas e punições (Chamak, 2008).

[7] Para mais detalhes sobre as classificações, ver principalmente Chamak (2008).

propícios ao questionamento dos respectivos papéis no cuidado e, em especial, das responsabilidades que cabem aos pais, apesar da delegação de uma série de atividades.

A questão do reconhecimento do lugar e das competências dos pais na organização do cuidado dos filhos tem um lugar ainda mais forte em razão do nosso viés de seleção dos pais. Essa questão remete de forma mais abrangente às responsabilidades, sobretudo no que tange aos efeitos do cuidado sobre a vida da pessoa que é ajudada.

O reconhecimento das competências e o risco de sobrecarregar as famílias

A preocupação da presidenta da Unapei em associar os pais à organização do cuidado de seus filhos remete ao reconhecimento do papel das associações na produção da saúde (Barbot, 2001; Dodier, 2003); mas a demanda para que se inclua a participação dos pais na garantia do cuidado aos seus filhos (de maneira direta e na participação dos projetos de vida desses filhos) é particularmente pronunciada nesse caso, em virtude da história do tratamento do autismo. A presidenta também insiste no fato de que essa vontade de promover a coordenação entre pais e profissionais não deve ser interpretada nem como um questionamento das competências dos/as profissionais, nem como uma reivindicação de que os pais garantam sozinhos o cuidado dos filhos.

Assim, embora a representante da associação de famílias mostre sua preocupação em evitar um abuso de poder de alguns/mas profissionais, ela também tem reservas quanto a famílias que desejem governar o cotidiano dos/as profissionais. Além disso, ela lembra o papel destes/as tanto no apoio ao destinatário do cuidado como em um potencial apoio aos pais. Partindo dessa perspectiva, ela criou, com a ajuda de um psiquiatra infantil, um grupo de apoio aos pais na associação departamental que dirigiu por vários anos.

Esse trabalho da Unapei é visto como uma oportunidade para neutralizar concretamente os conflitos entre profissionais e famílias. Conflitos que tendem a redobrar a responsabilidade dos pais de fazer "boas escolhas", com cada parte demonizando as práticas da outra. Conflitos que tendem também a reforçar as desigualdades entre famílias, já que a detenção de capitais econômicos e sociais elevados facilita o acesso aos métodos apresentados como alternativos. Os métodos fundados nas teorias de psicologia comportamental são vistos como inovadores e, como tal, constituem um novo mercado (Chamak, 2008), o que pode gerar custos significativos. Eles também exigem uma maior presença das mães (Bumiller, 2009). Como mostra Céline Borelle (2013) em sua tese sobre os centros de diagnóstico ligados a centros de apoio ao autismo, os pais são convocados a aplicar esses métodos em casa. No entanto, somente as famílias que podem dispor de tempo suficiente para essas atividades são capazes de dedicarem-se a elas. E esses ajustes temporais incumbem ainda mais as mulheres, como apontam as diferentes pesquisas realizadas sobre os efeitos do cuidado nas trajetórias profissionais (Damamme et al., 2014). Além disso, esses efeitos do cuidado sobre as trajetórias profissionais das mulheres são ainda mais visíveis no caso do cuidado de crianças com deficiência, traduzindo-se em trajetórias profissionais globalmente mais descontínuas.

O cuidado em suas temporalidades e seus atores na França   209

É nesse contexto de enfraquecimento da situação do/a provedor/a de cuidado que melhor se apreende o interesse em colocar em perspectiva teorias que centram a atenção no/a destinatário/a de cuidado em um caso e no/a provedor/a, no outro. Assim, as tensões em torno da coordenação dos diferentes protagonistas do cuidado merecem ser analisadas em termos de relações de poder.

A articulação entre os diferentes atores do cuidado: qual horizonte comum?

Embora à primeira vista os *disability studies* não pareçam ter, pela importância dada à pessoa com deficiência, as mesmas preocupações que os autores da ética do cuidado – muito mais concentrados nas condições da prestação de ajuda –, algumas aproximações podem ser feitas entre as concepções defendidas por autores como Jenny Morris (1993), ativista e teórica dos *disability studies*, e aquelas que se apreendem nos escritos de Joan Tronto (2009 [1993]) ou Eva Feder Kittay (2010).

Tronto destaca, em seu livro *Moral Boundaries* (2009 [1993]), que a atenção às formas de recepção do cuidado é determinante para a boa realização do processo: para tratar dos abusos derivados das relações de poder em jogo, ela recorre, aliás, aos direitos que garantem a consideração das necessidades dos destinatários de cuidado. Tronto dá bastante ênfase aos riscos de paternalismo/maternalismo inerentes ao cuidado, sendo um dos maiores desafios da relação de cuidado enfrentar a assimetria das posições: dar cuidado a uma pessoa que não está (sempre) em capacidade. O risco intrínseco dessa posição de provedor/a aflora em diversas histórias de pais de crianças classificadas como autistas ou de pais de crianças com deficiência mental. Ele se manifesta já na tentação de fazer no lugar do outro as atividades que este poderia realizar, mas levaria mais tempo, e remete mais amplamente à questão de decidir pelo outro (ver Béliard et al., 2015).

Os autores dos *disability studies* foram fundamentais para revelar as relações de poder em jogo nas situações de deficiência, recordando como as pessoas deficientes eram geralmente percebidas sob o prisma de destinatários de cuidado. Morris (1999) fala precisamente de que maneira o novo olhar colocado sobre a sociedade como produtora de deficiência e fonte de minoração das vozes das pessoas afetadas pela deficiência permitiu-lhe recuperar a autoestima e um maior controle sobre aspectos determinantes de sua vida. Ela também menciona a importância de ter encontrado uma liberdade de escolha no acesso aos serviços de ajuda e cuidado.

No entanto, o/a provedor/a de cuidado não necessariamente está em posição de dominação. Às vezes, ele/a próprio/a é objeto da estigmatização da deficiência da pessoa próxima de quem se ocupa, e pode também encarregar-se do papel de porta-voz das pessoas que não são capazes de se expressar. Os trabalhos de Kittay (2010) colocam a questão do/a porta-voz para as pessoas com grande deficiência cognitiva.

Se Kittay levanta a questão de tomar a palavra no lugar do outro, isso não se opõe aqui às preocupações dos autores dos *disability studies* quanto a valorizar a voz das pessoas com deficiência, tão minorada pelos "válidos" que definem, a partir de sua posição, os problemas e as soluções. Isso porque a questão do/a porta-voz, que é um debate necessário em todas as reflexões sobre movimentos de emancipação, articula-se com a questão do tipo de deficiência representada e destaca a maior dificuldade de expressão das pessoas com grandes distúrbios cognitivos.

Para Kittay, cuidar de sua filha que sofre de uma grande deficiência cognitiva consiste também em garantir que as pessoas como ela sejam reconhecidas plenamente na sociedade, portanto, que a reflexão sobre o cuidado seja uma reflexão política sobre a necessidade das condições sociais, políticas e econômicas de um cuidado de qualidade. Ela une-se, aqui, aos/às autores/as dos *disability studies* em sua defesa da possibilidade de uma vida boa para as pessoas com deficiência. Com base em sua experiência de mãe, ela defende de maneira iconoclasta a possibilidade de uma vida feliz para sua filha Sesha, apesar de sua incapacidade de raciocinar (Kittay, 2015).

Partindo de pontos de vista diferentes e sem negar as importantes linhas de tensão existentes entre as duas perspectivas, tanto os/as autores/as feministas dos *disability studies* como os/as autores/as da ética do cuidado propõem análises que permitem iluminar as relações de poder em ação na organização do cuidado. Permanece a dificuldade de pensar essas relações de poder em conjunto, isto é, de considerar ao mesmo tempo as relações de poder entre cuidadores/as e destinatários/as de cuidado (sendo a minoração destes últimos bem referenciada pelos *disability studies*) e também as relações de poder sofridas pelos/as profissionais que se encontram na parte mais baixa da hierarquia, uma minoração bem lembrada nos trabalhos de Evelyn Nakano Glenn, nos Estados Unidos, e em diferentes pesquisas na França (Molinier, 2013; Arborio, 2001; Falquet e Moujoud, 2010).

Assim, o que parece poder ser reconhecido nas teorias do cuidado é a análise do círculo vicioso de depreciação do cuidado, que vai da pessoa enfraquecida àquela que desta se ocupa (Paperman, 2015). Às vezes, a valorização da voz das pessoas com deficiência opera-se em detrimento dos/as provedores/as de cuidado mais frágeis. Desse modo, a mercantilização dos serviços de cuidado, que frequentemente dá lugar a uma grande precarização das trabalhadoras do cuidado, pôde desenvolver-se com base no argumento da preocupação com uma maior liberdade de escolha da pessoa com deficiência.

Ao mesmo tempo, com exceção dos/as destinatários/as de cuidado dotados/as de recursos sociais, econômicos e políticos que assegurem uma maior proteção (e até mesmo a capacidade de sujeitar outrem), são grandes os riscos que pesam sobre o/a destinatário/a de cuidado. Um dos aportes da corrente feminista dos *disability studies* é recordar essa vulnerabilidade de seus corpos aos maus-tratos por parte dos diferentes provedores de cuidado.

A análise em termos de interdependência proposta por Tronto ou Kittay permite enfatizar o interesse da rede de cuidado em sentido amplo, e colocar a questão do apoio ao provedor de cuidado principal, considerando de que modo a pessoa designada como destinatária do cuidado frequentemente também contribui para o cuidado de outras pessoas da rede, bem como do/a cuidador/a. A perspectiva em longo prazo permite revelar essa variação possível das identidades no processo de cuidado (do provedor ao destinatário e vice-versa).

O cuidado em suas temporalidades e seus atores na França 211

* * *

As diferentes pesquisas que realizei sobre os arranjos de cuidado de pessoas com deficiência despertaram o interesse em adotar uma perspectiva do cuidado para promover o reconhecimento dos diferentes atores, sobretudo os mais minorados, nas atividades realizadas. Como lembra Marie Garrau (2014), a perspectiva do cuidado compartilha uma epistemologia comum com a teoria crítica e a epistemologia feminista. Uma relação diferente com a produção do conhecimento está em jogo nessas pesquisas.

Nesse sentido, relatar experiências de cuidado requer colocar de maneira mais central a questão do lugar das pessoas com deficiência identificadas como "destinatárias". Com efeito, o aporte das feministas do campo dos *disability studies* foi crucial na luta contra a minoração das vozes das mulheres com deficiência.

Quando essas duas abordagens são postas em perspectiva, levanta-se a questão das condições políticas de aliança entre diferentes protagonistas e do compartilhamento das lutas.

Tendo em vista que o discurso de não se sentir concernido pelas atividades de cuidado continua sendo maciçamente um discurso de privilegiado – a famosa "irresponsabilidade dos privilegiados", tão bem descrita por Tronto (2009 [1993]) –, é interessante analisar as situações de coalizão entre diferentes protagonistas do cuidado, e principalmente entre provedores/as diretos/as e pessoas com deficiência. Esse tipo de iniciativa é narrado por Glenn (2000), ao mostrar movimentos que conseguem reunir grupos com interesses apresentados como antagônicos em nome de uma preocupação comum com a qualidade do cuidado prestado (portanto, também do respeito aos provedores de cuidado). Esse trabalho de coalizão geralmente é difícil, pois ele é também ocasião de ver ressurgirem as relações de poder entre os diferentes protagonistas e de suscitar tensões e conflitos dentro dos movimentos.

REFERÊNCIAS BIBLIOGRÁFICAS

ARBORIO, A.-M. *Un personnel invisible, les aides soignantes à l'hôpital*. Paris, Economica, 2001.

BARBOT, J. S'engager dans le monde biomédical: diversité et front commun des associations. *Les Formes de L'action Collective: Raisons Pratiques*, v. 12, 2001. p. 229-54.

BÉLIARD, A. et al. C'est pour son bien: la décision pour autrui comme enjeu micro-politique. *Sciences Sociales et Santé*, v. 33, n. 3, 2015. p. 5-14.

BORELLE, C. *Le traitement social de l'autisme*: étude sociologique du diagnostic médical. Grenoble, Institut d'Études Politiques, 2013.

BUMILLER, K. The Geneticization of Autism: From New Reproductive Technologies to the Conception of Genetic Normalcy. *Signs: Journal of Women in Culture and Society*, v. 34, n. 4, 2009. p. 951-80.

CARLSON, L. Cognitive Ableism and Disability Studies: Feminist Reflections on the History of Mental Retardation. *Hypathia*, v. 16, n. 4, 2001. p. 124-46.

CHABAUD-RYCHTER, D.; FOUGEYROLLAS-SCHWEBEL, D.; SONTHONNAX, F. *Espace et temps du travail domestique*. Paris, Librairie des Méridiens, 1985.

CHAMAK, B. L'autisme n'est plus ce qu'il était. In: CHAMPION, F. (org.). *Psychothérapie et société*. Paris, Armand Colin, 2008. p. 167-81.

CRET, B.; JAUBERT, G.; ROBELET, M. La (dé)construction politique des associations gestionnaires d'établissements. *Terrains et Travaux*, v. 23, 2013. p. 38-58.

DAMAMME, A.; PAPERMAN, P. Care domestique: délimitations et transformations. In: MOLINIER, P.; PAPERMAN, P.; LAUGIER, S. (orgs.). *Qu'est-ce le care?* Paris, Payot, 2009. p. 133-55.

DAMAMME, A. et al. Le rôle d'aidant familial et la vie professionnelle en période d'austérité, articulation et points de rupture: comparaison France/Japon. *Congrès ISA*. Yokohama, jul. 2014.

DODIER, N. *Leçons politiques de l'épidémie de sida*. Paris, Editions de l'EHESS, 2003.

DODIER, N.; RABEHARISOA, V. Les transformations croisées du monde "psy" et des discours du social. *Politix*, v. 73 (n. esp. "Expérience et critique du monde psy"), 2006. p. 9-22.

FALQUET, J.; MOUJOUD, N. Cent ans de sollicitude en France. *Agone*, v. 43, 2010. p. 169-95.

GARRAU, M. *Care et attention*. Paris, PUF, 2014.

GLENN, E. N. Creating a Caring Society. *Contemporary Sociology*, v. 29, 2000. p. 84-94.

_____. De la servitude au travail de service: les continuités historiques de la division raciale du travail reproductif payé. In: DORLIN, E. (org.). *Sexe, race, classe*: pour une épistémologie de la domination. Paris, PUF, 2009. (Coleção Actuel Marx confrontation.)

GUCHER, C. Des fondements aux enjeux contemporains des politiques publiques du handicap et de la vieillesse: convergences et divergences. *Empan*, v. 70, 2008. p.105-14.

KITTAY, E. F. Le désir de normalité: quelle qualité de vie pour les personnes porteuses de handicap mental sévère?. *Alter: Revue Européenne de Recherche sur le Handicap*, v. 9, n. 3, 2015. p. 175-85.

_____. The Personal is Philosophical is Political: A Philosopher and Mother of a Cognitively Disabled Person Sends Notes from the Battlefield. In: KITTAY, E. F.; CARLSON, L. (orgs.). *Cognitive Disability and its Challenge to Moral Philosophy*. Malden, MA/Oxford, Wiley Blackwell, 2010. p. 393-414.

KITTAY, E. F.; FEDER, E. *The Subject of Care*: Feminist Perspectives on Dependency. Nova York, Rowman & Littlefield, 2003.

MEADEL, C. Le spectre "psy" réordonné par des parents d'enfant autiste: l'étude d'un cercle de discussion électronique. *Politix*, v. 73, 2006. p. 57-82.

MOLINIER, P. *Le travail du care*. Paris, La Dispute, 2013.

MORRIS, J. Feminism and Disability. *Feminist Review*, v. 43, 1993. p. 57-70.

_____. *Pride Against Prejudice*: A Personal Politics of Disability. Londres, Women's Press, 1999.

PAPERMAN, P. Le *care* comme connaissance et comme critique. In: BOURGAULT, S.; PERREAULT, J. (orgs.). *Le care*: éthique féministe actuelle. Montreal, Éditions du Remue-Ménage, 2015.

PLAISANCE, E. *Autrement capables*: école, emploi, société. Pour l'inclusion des personnes handicapées. Paris, Autrement, 2009.

TRONTO, J. *Un monde vulnérable*: pour une politique du *care*. Paris, La Découverte, 2009. [Ed. orig.: *Moral Boundaries*: A Political Argument for an Ethic of Care. Nova York/Londres, Routledge, 1993.]

UNAPEI. *30 ans pour la dignité des personnes handicapées mentales et de leurs familles*: histoire de l'Unapei, Tomo 1: *1960-1990*. Paris, Unapei, 1990.

18

CUIDADOS E CONFIANÇA

Angelo Soares

Introdução

O trabalho de cuidar do outro envolve diferentes dimensões e atividades, dependendo de quem é a pessoa que será objeto dele. Cuidar de uma criança, de uma pessoa idosa ou de uma pessoa com alguma limitação, por exemplo, não são, em absoluto, tarefas idênticas. Os atores que compõem essa relação são, dessa maneira, determinantes do tipo de interação que será estabelecida no trabalho de cuidar. Trata-se de relações desiguais e consubstanciais perpassadas por assimetrias socialmente estabelecidas de gênero, idade, classe social, raça e etnia, que se recobrem parcialmente, implicam um exercício de poder e exigem qualificações específicas.

O trabalho de cuidar comporta uma grande parcela de trabalho emocional, definido por Hochschild (1983; 1993) como a compreensão, a avaliação e a gestão de suas próprias emoções, assim como das emoções do outro, para que o trabalho possa ser realizado. Nem sempre o que sentimos pode ou deve ser expresso na realização do trabalho, e muitas vezes exige-se a expressão de emoções que não são ressentidas.

Pierron (2010, p. 36) oferece uma definição que coloca os cuidados no centro da profissão:

[...] a relação de cuidados se apoia sobre o fato que um humano, fragilizado sob os efeitos da doença, da idade avançada ou de um acidente da vida, remete a sua vulnerabilidade, com ou contra sua vontade nas mãos do outro. A relação de cuidados deve sua dificuldade em determinar os contornos estritos e ao caráter assimétrico dessa relação intersubjetiva.

Essa interação assimétrica no trabalho de cuidar também é atravessada pela família de quem é cuidado, que terá também um papel importante nesse trabalho. A relação de cuidados pode ser direta, onde existe uma interação face a face ou corpo a corpo – por exemplo, no caso de uma auxiliar de enfermagem, responsável pelo banho ou pela troca de uma fralda – ou indireta, onde, embora o contato não seja face a face, a vulnerabilidade de quem é cuidado ainda está nas mãos do outro – como no caso de uma auxiliar de esterilização.

Mayeroff (1972) ressalta que o sentido de "*care*" não deve ser confundido com desejar o bem, gostar, confortar ou simplesmente ter um interesse sobre o que acontece com o outro. O cuidar (*care*) é um processo, uma maneira de se relacionar com o outro, pela qual se ajuda o outro a crescer e a se realizar. Podemos dizer que há uma (in)dependência do outro, baseada na confiança mútua que, com o tempo, será construída nessa relação. Segundo esse autor, a confiança é um ingrediente importante do cuidar.

Nosso objetivo neste capítulo é analisar esse componente: a questão da confiança/desconfiança com base em projetos de pesquisa que realizamos no Québec. O primeiro, realizado em 2009, é de natureza qualitativa: entrevistamos trabalhadoras e trabalhadores no setor da saúde e de serviços sociais, reunindo 55 entrevistas. O segundo projeto, de 2013, foi conduzido junto a um grupo de trabalhadores que atendem em domicílio pessoas com perda de autonomia ligada ao envelhecimento. Durante 30 dias, 9 trabalhadoras responderam um questionário (um diário); temos, assim, 270 questionários respondidos. Em seu modelo, duas questões relacionavam-se a confiança/desconfiança, utilizando uma escala de frequência (1 – nunca; 2 – às vezes/uma vez por dia; 3 – frequentemente/várias vezes por dia; 4 – muito frequentemente/várias vezes por hora). A primeira questão fornecia uma série de emoções ligadas à clientela. A segunda aplicava a mesma lista de emoções agora dirigidas ao trabalho em geral.

Um aspecto importante do contexto quebequense é a introdução do método *lean* no setor da saúde. Nosso segundo projeto foi desenvolvido exatamente para analisar o impacto dessa tecnologia organizacional no grupo de trabalhadoras que viviam essa mudança na organização do trabalho.

A organização do trabalho *lean* na saúde

No setor da saúde e de serviços sociais no Québec observamos a introdução crescente da organização do trabalho *lean*. Literalmente, *lean* significa uma organização do trabalho "magra". O termo foi criado por Womack, Jones e Roos (2007) para denominar uma organização do trabalho que utiliza os princípios do toyotismo adaptados a uma realidade ocidental. Os defensores dessa forma de organização do trabalho pretendem que haja uma melhoria na eficiência, na produtividade e nas condições de trabalho.

A organização do trabalho *lean* equivale atualmente para o capitalismo neoliberal ao taylorismo para o capitalismo industrial no início do século XX. A palavra de ordem é "fazer mais com menos", reduzindo os efetivos de uma maneira importante, buscando uma flexibilidade total, utilizando um discurso do combate ao desperdício. No discurso, a organização do trabalho *lean* é centrada na polivalência, no trabalho em equipe, no *just-in-time* e sem defeitos, mas na prática a realidade é muito diferente (Davezies, 2012).

Observa-se uma padronização das tarefas, um controle rígido do trabalho, um aumento das subcontratações, um desmantelamento dos coletivos de trabalho, uma intensificação e uma densificação do trabalho, com uma redução da mão de obra, uma busca desenfreada de quantificação de todas as atividades e gestos no trabalho, buscando eliminar tudo o que não tenha um valor agregado. De maneira que, no setor da saúde e de serviços sociais no Québec, se chegou a padrões como, por exemplo, de que o banho de um paciente deve durar 45 minutos, uma entrevista para tratar do luto de uma pessoa, 15 minutos etc.

Essa forma de organização do trabalho[1] reduz de maneira significativa a capacidade de organização sindical e a mobilização das trabalhadoras e dos trabalhadores ao mesmo tempo que despolitiza a questão da organização do trabalho (Parker e Slaughter, 1994; Stewart et al., 2009).

Valeyre (2006), ao comparar as condições de trabalho e saúde ocupacional segundo quatro formas de organização do trabalho (taylorista, *lean*, estrutura simples, aprendiz) nos 27 países da comunidade europeia, conclui que a organização de trabalho *lean* é a pior em termos de condições de trabalho. Mesmo a organização taylorista seria uma melhor alternativa.

A organização do trabalho *lean* nos parece importante pois a questão da confiança/desconfiança que vamos apresentar é coconstruída nesse contexto.

Confiança/desconfiança

Entre quem cuida e quem é cuidado se constrói uma relação de confiança. Sem confiança essa relação não é possível. Mas analisar a questão da confiança não é uma tarefa fácil, pois na nossa vida cotidiana utilizamos a palavra "confiança" para expressar vários aspectos diferentes e muitas palavras se referem à confiança. "Embora a confiança frequentemente pareça invisível (transparente ou tida como certa) ela é o resultado de uma atividade continua e atentiva [...] a confiança frequentemente se torna visível somente quando ela é desafiada ou violada" (Solomon e Flores, 2001, p. 13). É nesse sentido que Baier (1986) diz que a confiança é como o ar que respiramos: só prestamos atenção no momento em que ele nos falta.

Simmel (1950) iniciou uma sociologia da confiança afirmando que ela se trata de uma das mais importantes forças sintéticas da sociedade, uma forma de hipótese

---

[1] Vários nomes são utilizados numa tentativa de despolitizar e minimizar a resistência contra essa forma de organização do trabalho, por exemplo: gestão pelo estresse, nova gestão pública, otimização, neo-taylorismo, entre outros.

216 *Gênero e trabalho no Brasil e na França*

diante de um comportamento futuro que é suficientemente certa para servir de base para o próprio comportamento. A confiança seria assim, para Simmel, uma forma de conhecimento intermediário entre o conhecimento completo total e a ignorância sobre uma pessoa: "A pessoa que conhece completamente não precisa de confiança, enquanto uma pessoa que não conhece nada, racionalmente não pode nem mesmo confiar" (ibidem, p. 318). Portanto, como nunca podemos ter um conhecimento total, a confiança é fundamental para que um "futuro possível" possa existir.

Segundo Luhmann (1979), a confiança reduz a complexidade social, operando como um lubrificante social; para Blau (1964), ela é essencial às relações sociais, e funciona como um cimento que as solidifica, e também faz parte do contexto em que repousam nossas atividades sociais (Solomon, 2004). A confiança é dinâmica, uma competência emocional que exige julgamento, uma atenção vigilante, uma ação conscienciosa e envolve todo um conjunto de reciprocidades intrincadas das relações humanas (Solomon e Flores, 2001). Ela estimula a solidariedade, a coesão do grupo e as relações cooperativas (Smith, 2010).

Giddens (1990, p. 34) define a confiança como "a segurança na confiabilidade [*reliability*] de uma pessoa ou de um sistema em relação a um conjunto de resultados ou eventos, em que essa segurança se exprime ao mesmo tempo na honestidade ou no amor pelo outro ou na retidão de princípios abstratos (saber técnico)". Existe uma estreita relação entre a confiança e o risco (Giddens, 1990; Luhmann, 1979); confiamos porque existe um risco inerente no sistema, que pode não funcionar adequadamente, e/ou na pessoa, que pode não ser honesta ou ainda incompetente.

O gênero da (des)confiança

A questão da (des)confiança é perpassada pelas relações sociais de classe, gênero, idade e/ou raça. Hochschild (1983, p. 173) explica que "quanto mais baixo for o *status* social, mais as maneiras de ver e sentir estão sujeitas a serem desacreditadas" e que como "uma pessoa de um *status* social mais baixo tem menos possibilidades de definir o que está acontecendo, confia-se menos nas suas opiniões e respeita-se menos o que ela sente".

A confluência dessas relações sociais e a (des)confiança ainda são muito pouco estudadas. Acreditamos que a idade, a raça, o *status* social, assim como o gênero, por exemplo, influenciem de maneira significativa a construção da confiança e da desconfiança.

Smith (2010), ao fazer uma extensa revisão da literatura sobre confiança e raça, postula que a dinâmica interpessoal da confiança é central para consolidar as desigualdades que nascem nos níveis macro e meso da sociedade, sendo a desconfiança um dos fatores que retarda os avanços econômicos da comunidade negra, assim como dificulta os cuidados com as crianças negras em comunidades pobres. A autora conclui que a raça é o mais importante determinante da confiança.

Se a questão da raça com relação à confiança tem sido extensivamente analisada, a do gênero quase nunca o é[2]. Jeanquart-Barone (1993), ao considerar os papéis da raça e do gênero, analisou as diferenças de confiança em díades supervisor-subordinado. A autora conclui que raça e gênero afetam sua construção. O grau mais elevado de confiança foi encontrado em subordinadas que se reportavam a supervisores. Pessoas brancas que se reportavam a supervisoras ou supervisores brancos manifestavam menos confiança do que pessoas negras que se reportavam a supervisoras ou supervisores negros, mas mais do que pessoas brancas se reportando a supervisores negros.

Uma possível explicação para esses resultados seria a de que os padrões que reforçam a divisão sexual ou racial do trabalho geram um maior grau de confiança, pois ela está associada às expectativas e crenças de como o outro vai se comportar. Se esperamos que um certo tipo de trabalho seja feito por um homem branco, certamente teremos mais confiança quando nos deparamos com esse quadro que reforçará nossas crenças. Podemos crer que as díades que compõem o trabalho de cuidar também podem reproduzir essas mesmas dinâmicas das díades supervisor-subordinado, mas não encontramos nenhuma pesquisa que tenha analisado essa questão, sendo assim uma pista para pesquisas futuras sobre o trabalho de cuidar.

Acreditamos que as relações sociais de gênero, classe, raça, etnia e idade vão perpassar a relação de confiança entre quem cuida e quem é cuidado. Nesse sentido, temos a seguinte fala de Karen[3], uma médica: "Você deve fazer boas ações antes que as pessoas confiem um pouco em você [...] existem episódios em que eu me lembro que eu sentia que as pessoas não confiavam em mim porque eu era uma mulher, porque eu era jovem, porque eu não tinha muita experiência e tudo isso"[4].

A (des)confiança e os cuidados

A confiança não é uma emoção. Também não pode ser caracterizada em termos de expectativas, pois envolve decisões e uma dinâmica da relação. Trata-se de um fenômeno complexo que comporta três dimensões: comportamental, cognitiva e emocional (Lahno, 2004). Estamos interessados aqui na dimensão emocional, pois podemos afirmar que nos cuidados existe uma relação emocional de confiança. Sem confiança não existe seu abuso, nem cooperação, comunidade, troca ou amizade, e uma vasta gama de emoções como desprezo, ressentimento, ódio, raiva etc. aparece em seu lugar.

No trabalho de cuidar, a vida de quem é cuidado está nas mãos do outro, pois nessa relação sempre existe o risco de a pessoa que cuida não ser competente, honesta ou ainda não estar atenta. A confiança está estreitamente ligada às competências de quem cuida.

---

[2] Baier (1994) e Govier (1992) são exceções.

[3] Todos os nomes utilizados são fictícios para preservar a confidencialidade e o anonimato das pessoas entrevistadas.

[4] Essa fala provém de uma pesquisa que realizamos sobre o trabalho emocional no Brasil. Estamos utilizando-a pois ela retrata bem as relações de gênero, classe e idade e a questão da confiança. Trata-se também de uma profissão associada aos cuidados.

218   *Gênero e trabalho no Brasil e na França*

A confiança envolve uma "concepção do mundo e de outras pessoas. É uma maneira de ver, de estimar e de valorizar, assim a confiança estabelece um quadro de expectativas e de acordos (explícitos ou não) dentro do qual as ações se conformam ou não" (Solomon, 2004). Podemos dizer que no cuidar se constrói, se estabelece e se mantém a confiança:

> Em geral deve-se buscar a confiança dele. Então eu digo para mim que tenho que ser justa nesse sentido, porque frequentemente existem famílias que dizem que não estão contentes, patati, patatá, e às vezes são agressivas verbalmente. Nesses casos eu digo que compreendo, e é verdade, pois às vezes eles realmente têm razão. (Marjolaine, 50 anos, enfermeira auxiliar)

> A primeira coisa a construir com quem é cuidado é uma relação. Deve-se estabelecer uma relação de confiança. (Roland, 48 anos, educador especializado)

No trabalho de cuidar a confiança é construída em grande parte através da comunicação, não somente na maneira de falar, de conversar, mas também na escuta de quem é cuidado e de seus familiares:

> Eu tenho muita escuta. Digamos que isso se transmite e se sabe. Nas primeiras vezes você deve fazer uma abordagem, você tem que criar uma situação de confiança. Assim, para começar, quando você estabelece uma confiança, bom, no dia seguinte, quando você volta, já tem essa relação que está criada. (Cécile, 52 anos, auxiliar de enfermagem)

> De uma maneira geral, os pais estão contentes em me ver chegar, eu consegui estabelecer uma relação de confiança rapidamente. Raramente eu tenho que enfrentar a agressividade dos pais. Isso é muito, muito raro. (Jacques, 50 anos, educador/psicólogo)

Observamos que quando a relação de confiança é construída, a carga de trabalho é aliviada, pois uma parcela do trabalho emocional não é mais necessária e há menos agressividade na relação de cuidar.

A confiança se constrói de uma maneira dinâmica e dialética não somente entre quem cuida e quem é cuidado, mas também com os diferentes atores sociais envolvidos no trabalho de cuidar, assim como com o contexto no qual essas relações se desenvolvem. Quem é cuidado pode confiar ou desconfiar de quem cuida influenciado pela confiança ou pela desconfiança que existe entre ele/ela e o sistema de saúde, o hospital, a agência ou o *home care* etc.

> Eu diria que nos últimos cinco anos as pessoas estão muito desconfiadas por conta de toda a publicidade e de tudo que foi dito nos jornais, na televisão, sobre alguns centros de cuidados de longa duração. Está pior depois desse tempo aí. Eles não são educados com a gente. A gente sente a desconfiança. Eles podem vir a qualquer hora do dia ou da noite no nosso serviço. Às vezes pensamos que a família foi embora e ela volta por outro corredor, ela vem ver sua mãe. Às vezes a família é mais doente que o paciente. Há famílias que estão perturbadas. Faz quarenta graus e querem colocar o pijama de mamãe, tem que colocar as meias, o edredom. Eles precisam de ajuda. A gente sente que eles precisam de ajuda, que não estão prontos para deixar partir seu pai, sua mãe. Eles são superprotetores, eles não confiam na gente. (Marjolaine, 50 anos, enfermeira auxiliar)

Nessa fala vemos o papel da família de quem é cuidado na construção de uma relação de confiança/desconfiança. Os familiares podem confiar ou desconfiar, e isso tem implicações para a carga de trabalho que será mais elevada quanto mais desconfiança houver no trabalho de cuidar.

Devemos também compreender que uma confiança total e absoluta não existe, e que confiança e desconfiança sempre coexistem nas relações (Luhmann, 1979; Simmel, 1950). Segundo Luhmann (1979), a desconfiança não é somente o contrário da confiança; ela é seu equivalente funcional. Em outras palavras, se uma pessoa não confia, a simplificação da complexidade social será feita através da desconfiança. Nesse caso, os participantes da relação são vistos como adversários contra os quais se deve lutar. Segundo esse autor, a desconfiança nos obriga a obter mais informações para simplificar a complexidade social da nossa vida cotidiana. Dessa maneira, a relação se torna mais complexa e demanda mais tempo e mais competências, sobretudo relacionais e emocionais.

Tinha uma família que a gente acabava de medir a glicemia e eles tinham o aparelho na bolsa e eles refaziam a medida da glicemia. Que eles refaçam a glicemia, isso não me incomoda, mas, se as agulhas deles estão contaminadas, isso, por exemplo, me incomoda. Levou muito tempo... Eles ligavam às nove horas: "Vocês já mediram a glicemia da minha mãe?" "Sim." "Qual é o resultado? Vocês já deram a merenda dela?" "Sim, já dei a merenda." Você sabe, isso exige muito, muito tempo e paciência, porque é como se você me dissesse que eu não faço o meu trabalho como deve ser feito. Você tem muitos pacientes... Eu devo estar disponível, devo atender ao telefone e ter paciência com essa senhora. Até o momento, eu digo para mim mesma que um dia ela vai dizer que bom é a Marjolaine que está lá, é a sua equipe que está lá, então não tem problema. Eu não digo isso pra dizer que eu sou melhor que os outros, mas que a relação de confiança está aí. (Marjolaine, 50 anos, enfermeira auxiliar)

A questão da desconfiança não está associada somente aos familiares ou à relação de quem cuida e quem é cuidado. Muitas vezes essa desconfiança pode estar ligada ao contexto ou a outros profissionais, chefes de serviço, médicos ou a outros colegas:

[...] particularmente a esse chefe de serviço. A partir do momento em que eu não tenho mais confiança e que eu tenho o sentimento de que se eu falar de meus problemas ele vai usar isso contra mim. Nesse momento, eu entro num modo tarefa. Assim a falta de confiança que eu tinha com relação a ele fazia com que eu não pudesse ou simplesmente não quisesse falar com ele sobre esses assuntos. A partir do momento em que ele começava a me perguntar sobre o que eu achava de tal questão, ou que ele vinha buscar informações sobre os meus colegas, eu me distanciava ao máximo. (Pierre, 40 anos, técnico em atividades de lazer)

Na nossa pesquisa sobre a introdução do método *lean* na equipe de cuidadoras em domicílio, a questão da (des)confiança é interessante de se observar. O Gráfico 1 nos mostra os resultados para cada uma das nove trabalhadoras estudadas (Ts).

220 Gênero e trabalho no Brasil e na França

GRÁFICO 1. (DES)CONFIANÇA NO GRUPO DE CUIDADORAS EM DOMICÍLIO PARA PESSOAS COM PERDA DE AUTONOMIA LIGADA AO ENVELHECIMENTO (MONTREAL)

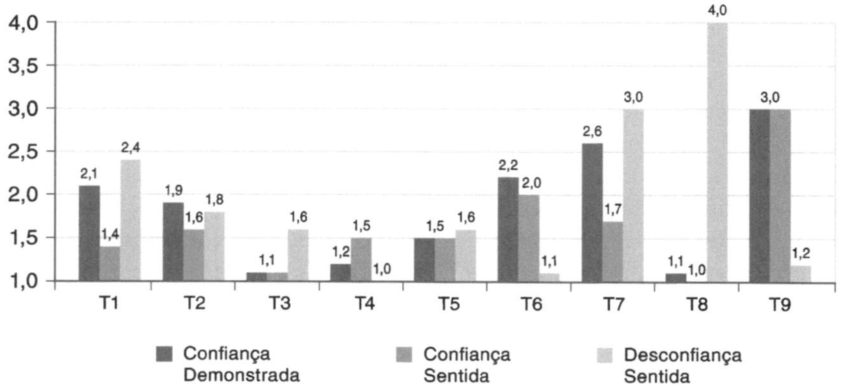

Fonte: Caderno de campo da pesquisa (Montreal, 2013).

A desconfiança sentida a cada dia pelas trabalhadoras é maior em quase todos os casos (seis entre as nove participantes) que a confiança sentida, sendo que a média é de 1,97 para a desconfiança e de 1,65 para a confiança. Em contrapartida, temos que a maioria das trabalhadoras tinha que exprimir confiança aos pacientes numa base cotidiana a fim de realizar seu trabalho, sendo que a média é de 1,87.

A expressão da confiança a quem é cuidado não está correlacionada nem com a carga de trabalho, nem com o estresse. Porém, quando a confiança é sentida, temos uma correlação negativa com a carga de trabalho e com o estresse. Dessa forma, existe uma influência entre a carga de trabalho e a confiança sentida. Assim, podemos afirmar que quanto maior a carga de trabalho, menos sentimos a confiança, ou quanto menos sentimos a confiança, maior é a carga de trabalho. Isso também vale a respeito do estresse: quanto menor a confiança sentida, maior é o estresse, ou quanto maior o estresse, menos sentimos a confiança.

Observamos também que existe uma dissonância entre a confiança exprimida e a confiança sentida. Essa dissonância é positivamente correlacionada com a carga de trabalho e o estresse. Assim, quanto maior for essa dissonância, maiores serão o estresse e a carga de trabalho, ou, ainda, quanto maiores forem o estresse e a carga de trabalho, maior será a dissonância entre a confiança sentida e a exprimida.

Essa dissonância indica que há a exigência de um trabalho emocional relativo à questão da confiança. Deve-se demostrar uma confiança que nem sempre é sentida, e muitas vezes mesmo num contexto de desconfiança, onde a organização do trabalho, através de uma sobrecarga de trabalho, colabora com a desconfiança e diminui a confiança sentida. Dessa forma, ganhar a confiança de quem é cuidado ou ao menos neutralizar ou minimizar a desconfiança exige um trabalho emocional para que a relação entre quem cuida e quem é cuidado seja agradável e fiável (Hochschild, 1983).

A relação de confiança entre quem cuida e quem é cuidado é construída a partir do trabalho emocional que ambos realizam e da comunicação entre eles. Acreditamos que as relações de classe, gênero, raça e idade influenciam na construção da confiança, interferindo assim também na carga de trabalho emocional a ser realizada. Quando a confiança é estabelecida, observamos que o trabalho emocional é reduzido, assim como a complexidade do trabalho, pois é necessário gerir menos as próprias emoções e as do outro. Em virtude da homogeneidade das pessoas entrevistadas, as diferenças de classe, gênero, raça e idade não estão muito presentes, mas isso não significa que elas não existam. Outras pesquisas são necessárias para evidenciar a consubstancialidade dessas relações sociais na coconstrução da relação de confiança entre quem cuida e quem é cuidado.

Conclusão

Acreditamos que a questão da dinâmica entre a confiança e a desconfiança é fundamental no trabalho de cuidar. Compreender essa dinâmica nos ajuda a entender melhor a complexidade do trabalho de cuidar.

Na literatura, o foco está na maior parte do tempo na confiança entre quem cuida e quem é cuidado ou na confiança no sistema de saúde. Efetivamente, como vimos, esses dois elementos são importantes, mas compõem apenas uma parcela da equação entre confiança/desconfiança. Acreditamos que seria importante incluir aí a família de quem é cuidado, uma vez que ela contribui para a construção da confiança/desconfiança no trabalho de cuidar.

Outro aspecto significativo é o papel do contexto nesse processo. A carga de trabalho nos parece uma variável relevante, pois não somente aumenta a desconfiança, como também diminui a confiança sentida e aumenta a dissonância entre a confiança sentida e a que deve ser exprimida a quem é cuidado.

Toda essa dinâmica se torna ainda mais importante quando se considera a introdução do método *lean* na organização do trabalho no sistema de saúde no Québec. Em um esforço ineficaz de quantificação, muitos aspectos do trabalho de cuidar são ignorados por não serem mensuráveis – por exemplo, o trabalho emocional, o amor que existe nesse trabalho, mas também a comunicação e a construção da confiança entre quem cuida e quem é cuidado. Acreditamos que essa parcela incomensurável do trabalho de cuidar é fundamental para sua qualidade, tanto para quem cuida como para quem é cuidado.

A introdução da forma de organização do trabalho *lean* dificulta a construção da relação de confiança entre quem cuida e quem é cuidado, aumenta a desconfiança e torna, assim, ainda mais difícil, mais tenso e mais exigente o cuidar, pois será a desconfiança, e não a confiança, que será utilizada para reduzir a complexidade social existente nesse trabalho.

222 Gênero e trabalho no Brasil e na França

Referências bibliográficas

BAIER, A. Trust and Antitrust. *Ethics*, v. 96, n. 2, 1986. p. 231-60.

_____. *Moral Prejudices*: Essays on Ethics. Cambridge, Harvard University Press, 1994.

BLAU, P. *Exchange and Power in Social Life*. Nova York, Wiley, 1964.

DAVEZIES, P. Porter le débat sur la qualité. *Santé & Travail*, v. 78, 2012. p. 30-1.

GIDDENS, A. *The Consequences of Modernity*. Stanford, CA, Stanford University Press, 1990.

GOFFMAN, E. *Encounters*: Two Studies in the Sociology of Interaction. Indianapolis, Bobbs-Merrill, 1961.

_____. *Behavior in Public Places*. Nova York, Free Press, 1963.

_____. *Interaction Ritual*: Essays on Face-To-Face Behaviour. Nova York, Pantheon Books, 1967.

GOVIER, T. Trust, Distrust, and Feminist Theory. *Hypatia*, v. 7, n. 1, 1992. p. 16-33.

HOCHSCHILD, A. *The Managed Heart*. Berkeley, CA, University of California Press, 1983.

_____. Preface. In: FINEMAN, S. (org.). *Emotion in Organizations*. Londres, Sage, 1993.

_____. Travail émotionnel, règles de sentiments et structure sociale. *Travailler*, v. 9, 2002. p. 19-49.

JEANQUART-BARONE, S. Trust Differences Between Supervisors and Subordinates: Examining the Role of Race and Gender. *Sex Roles*, v. 29, n. 1-2, 1993. p. 1-11.

KERGOAT, D. À propos des rapports sociaux de sexe. *M*, v. 53, 1992. p. 16-19.

LAHNO, B. On the Emotional Character of Trust. *Ethical Theory and Moral Practice*, v. 4, n. 2, 2001. p. 171-89.

_____. Three Aspects of Interpersonal Trust. *Analyse & Kritik*, v. 26, 2004. p. 3-47.

LUHMANN, N. *Trust and Power*. Nova York, John Wiley & Sons, 1979.

LUPTON, D. *The Emotional Self*. Londres, Sage, 1998.

MAYEROFF, M. *On Caring*. Nova York, Harper Perennial, 1971.

PARKER, M.; SLAUGHTER, J. *Working Smart*: A Union Guide to Participation Programs and Reengineering. Detroit, A Labor Notes Book, 1994.

PIERRON, J.-P. *Vulnérabilité*: pour une philosophie du soin. Paris, PUF, 2010.

SIMMEL, G. *The Sociology of Georg Simmel*. Nova York, Free Press, 1950.

SOLOMON, R. C. Ethical Leadership, Emotions and Trust: Beyond "Charisma". In: CIULLA, J. B. (org.). *Ethics, the Heart of Leadership*. 2. ed. Londres, Praeger, 2004.

SOLOMON, R. C.; FLORES, F. *Building Trust in Business, Politics, Relationships and Life*. Nova York, Oxford University Press, 2001.

SMITH, S. S. Race and Trust. *Annual Review of Sociology*, v. 36, 2010. p. 453-75.

STEWART, P. et al. *We Sell our Time no More*: Workers' Struggles Against Lean Production in the British Car Industry. Londres, Pluto Press, 2009.

VALEYRE, A. *Conditions de travail et santé au travail des salariés de l'Union européenne*: des situations contrastées selon les formes d'organisation. Paris, Centre d'Études de l'Emploi, 2006.

WOMACK, J.; JONES, D.; ROOS, D. *The Machine that Changed the World*: The Story of Lean Production. Nova York, Free Press, 2007.

19

CUIDADO, EMOÇÕES E CONDIÇÕES DE TRABALHO NOS SERVIÇOS ESTÉTICOS NO BRASIL

Luz Gabriela Arango

Os serviços estéticos, como os de cabeleireiro e manicure, podem ser inscritos no campo do cuidado (Guimarães, Hirata e Sugita, 2012), uma vez que esses trabalhos ocupam-se diretamente dos indivíduos, de seu corpo e seu bem-estar. Localizados entre a higiene e o embelezamento, eles lidam com a aparência e a beleza, remetendo a questões importantes em torno da autoestima e da posição dos indivíduos e dos grupos na sociedade. Eles são atravessados por relações de gênero, classe, raça, idade e entre diversos estatutos sociais, além de serem o lugar da reprodução ou da negociação das normas de beleza e de prestígio.

Neste capítulo, interesso-me pelos salões de beleza voltados à clientela negra[1], fundamentalmente feminina, no Brasil. Comparo dois tipos de salão: salões étnicos e salões especializados em cabelos crespos, os quais se distinguem pelos serviços oferecidos,

---

[1] Utilizo esse termo sem qualquer conotação biológica ou essencialista, como classificação social surgida das relações de dominação e também objeto de lutas políticas e simbólicas em torno do poder de denominação e de autorrepresentação. Os significados dos termos "negro" ou "afro-brasileiro" variam dependendo do contexto. Minha abordagem é feita a partir dos estudos do trabalho e do cuidado e pretende contribuir para refletir em torno do papel dos salões de beleza na produção das relações de raça, gênero e classe no Brasil.

pela concepção da beleza negra e pela forma de enfrentar o racismo. Proponho uma interpretação do trabalho de cuidado que se realiza nesses salões em termos de reparação.

Cuidado e cuidado da aparência

Diante da crise do modelo de desenvolvimento capitalista e da emergência de uma consciência planetária dos riscos que ameaçam a sobrevivência da humanidade, o cuidado aparece como uma categoria que pode ajudar a pensar as transformações sociais. Tronto e Fisher (2009, p. 37) propõem uma definição ampla do cuidado que lhe confere um caráter universal como atividade humana:

> Uma atividade característica da espécie humana, que inclui tudo o que fazemos para manter, continuar ou reparar nosso "mundo", de tal forma de possamos nele viver da melhor maneira possível. Esse mundo inclui nossos corpos, nossas individualidades e nosso ambiente, que procuramos tecer em conjunto, em uma complexa teia que sustenta a vida.

Tal abordagem destaca a vulnerabilidade própria dos seres humanos, as relações de dependência que nos sustentam e as desigualdades que as atravessam. O cuidado compreende disposições pessoais que remetem à responsabilidade que temos com os outros e à nossa capacidade de identificar suas necessidades. Ética e trabalho de cuidado são indissociáveis. Como destaca Molinier (2005), cuidar de alguém não é apenas preocupar-se de maneira intelectual ou emocional, mas sobretudo produzir um trabalho que contribui diretamente para manter ou preservar sua vida.

Em contraste com outras atividades de cuidado, os cuidados com a aparência parecem não estar associados aos direitos sociais, como o direito de ser tratado quando se está doente. No entanto, a aparência é uma dimensão fundamental da pessoa, que remete ao direito à individualidade e ao reconhecimento da diversidade. As normas de aparência são atravessadas pelo gênero e condicionam hierarquias simbólicas entre mulheres. Se, por um lado, a dominação masculina é expressa na submissão das mulheres às regras da beleza, por outro, o acesso a feminilidade é um privilégio reservado a uma minoria delas.

A comercialização do cuidado da aparência é uma das características mais marcantes dessa atividade. A partir da segunda metade do século XX, o crescimento tanto do emprego nos serviços modernos como da *indústria da beleza* criou uma dinâmica de valorização da imagem pessoal, transformando o cuidado da aparência corporal em fator de diferenciação no mercado de trabalho. A relação entre aparência e autoestima ganhou um sentido dramático em nossas sociedades, nas quais o acesso à dignidade como indivíduo moderno passa pelo controle de si mesmo e pela capacidade de manter seu corpo, visto como reflexo ou prova das qualidades morais das pessoas (Arango, Bello e Ramirez, 2013).

As relações entre o cuidado e o mercado produzem debates interessantes, que podem ser considerados no caso dos serviços estéticos. Aceita-se que o cuidado possa ser realizado em um contexto mercantil, mas isso pode prejudicar a qualidade dos cuidados, afetar o controle dos prestadores de cuidados sobre seu trabalho ou agravar as desigualdades nas trocas.

O conceito de trabalho emocional, proposto por Hochschild (1979; 1983), é um instrumento útil para analisar os efeitos da comercialização do cuidado. A autora distingue duas acepções principais: o trabalho que fazemos sobre nossas próprias emoções ou sobre as dos outros (*emotional work*); a gestão que as empresas fazem desse trabalho com o objetivo de obter benefícios monetários (*emotional labor*). Para ser bem feito, o trabalho de cuidado exige um trabalho emocional por parte dos cuidadores, que devem controlar suas próprias emoções a fim de induzir sentimentos de bem-estar na pessoa que recebe seus cuidados. O conceito de trabalho emocional foi retomado na análise dos salões de beleza por Gimlin (2002), Black (2004) e Kang (2010). Enquanto Gimlin e Black percebem o trabalho emocional como fundamentalmente controlado pelas trabalhadoras, Kang revela também o controle exercido pelos proprietários e pelos clientes.

Durante nossa investigação na Colômbia[2], observamos que o serviço ao cliente exige das trabalhadoras habilidades psicossociais que lhes permitam identificar os estados de alma e os gostos de cada cliente. O trabalho emocional diz respeito a duas questões interdependentes: a definição dos aspectos técnicos do trabalho, por meio da interpretação adequada da aparência desejada pelos clientes; a produção de um sentimento de bem-estar (Arango, 2013a; 2013b). Apesar da grande heterogeneidade das condições de emprego, as trabalhadoras identificam o prazer de fazer seus clientes felizes como uma de suas principais satisfações.

Cabelo e relações de raça: a política do cabelo

Como relação de dominação que transforma características fenotípicas em marca do grupo sujeito à discriminação, o racismo contra os negros fez do cabelo crespo um sinal de inferioridade. Diversas pesquisas refazem a história das lutas pela revalorização do cabelo e da estética negra nos Estados Unidos; elas mostram as múltiplas estratégias discursivas, o papel do profissional cabeleireiro e as tensões no confronto com os líderes políticos.

No início do século XX, muitas mulheres negras, empreendedoras da beleza, participaram dos esforços da classe média negra estadunidense para promover a dignidade da "raça". Acusadas de querer imitar as mulheres brancas, alisando o cabelo, elas responderam que sua intenção era tornar acessível para as mulheres negras os cuidados dos quais eram privadas (Gill, 2001).

Os debates em torno da beleza negra atravessam as estratégias políticas ao longo de todo o século XX. Em 1968, enquanto o movimento de libertação das mulheres denunciava os concursos de beleza, a Associação Nacional para o Progresso de Pessoas de Cor (National Association for the Advancement of Colored People – NAACP) organizava o primeiro Miss Black America, como um protesto positivo

---

[2] Dois projetos de pesquisa foram conduzidos: L. G. Arango e J. A. Pineda, "Los servicios estéticos y corporales en las nuevas configuraciones del trabajo", Universidad Nacional de Colombia (2010-2011), e "Microempresa, trabajo y género en el sector de servicios", Colciencias, Universidad Nacional de Colombia e Universidad de los Andes (2011-2012).

226 *Gênero e trabalho no Brasil e na França*

contra a exclusão das mulheres negras do título de Miss America. No fim dos anos 1960, a frase "*black is beautiful*" expressava o amor próprio de uma nova geração. As políticas de identidade voltavam-se para a África e o engajamento político expressava-se pelo estilo do penteado (Craig, 2002).

Em uma ordem racial diferente, marcada pela ideologia da miscigenação, Gomes (2006) resume a construção das identidades negras no Brasil como um processo complexo que as redefiniu em diversos momentos, ao longo do qual o corpo e o cabelo tornaram-se um veículo de opressão, mas também de resistência.

O Movimento Negro brasileiro defendeu o uso de cabelo crespo *ao natural* como um símbolo de afirmação da identidade negra. Mas a investigação de Figueiredo (2002), na década de 1990, em Salvador, revelou que essa perspectiva é pouco compartilhada pelas mulheres negras, socializadas na prática do alisamento de cabelo e preparadas para investir uma percentagem considerável de seu salário para ter *cabelos bonitos*.

A descoberta de um mercado consumidor negro ganhou força no Brasil na década de 1990. Em 1997, entre os serviços anunciados no *Guia do Círculo Negro*[3], os cuidados com o corpo e os cosméticos representavam quase 25% dos anúncios – e os salões de beleza, quase 14%. Por volta de 2000, a Associação Brasileira de Higiene Pessoal, Cosméticos e Perfumaria indicou um crescimento de 60% do mercado de produtos de beleza entre a população negra, contra um crescimento de 11% do conjunto desse mercado. As fábricas de cosméticos já estabelecidas abriram linhas para as consumidoras negras, e surgiram novas empresas, como a Umidfica, criada em 1994 na Bahia (Figueiredo, 2002).

Salões de cabeleireiro, beleza negra e cuidado

Com o crescimento do mercado da aparência, a oferta de serviços estéticos ampliou-se e especializou-se. Na ausência de pesquisas que nos ofereçam um panorama, apoiome nos trabalhos de Gomes (2006) – que estudou em profundidade quatro salões de beleza étnicos em Belo Horizonte – e Cruz (2013) – sobre o Instituto Beleza Natural – e em cinco entrevistas que realizei em Campinas e Belo Horizonte com profissionais negros/as[4].

Compararei dois tipos de estabelecimentos: salões étnicos, que reivindicam uma identidade negra e têm uma clientela majoritariamente feminina de classe média (Beautiful Black e Afro Brasil Cabeleireiros, em Campinas, e os quatro salões estudados por Gomes em Belo Horizonte), e um salão especializado em cabelos crespos sem alusões étnicas ou raciais, cuja clientela é composta por mulheres negras de camadas médias e populares (Instituto Beleza Natural).

---

[3] O *Guia do Círculo Negro* foi criado em São Paulo em 1997 com o objetivo de oferecer serviços de profissionais negros para a população negra (Figueiredo, 2002, p. 2).

[4] L. G. Arango, "Gênero, trabalho e identidade nos serviços estéticos e corporais", Fapesp e Unicamp (2012-2013).

Os salões étnicos

Figueiredo (2002) destaca que o termo "étnico" está relacionado com as estratégias de mercado desenvolvidas na década de 1990 no Brasil. Os salões de beleza que se denominam étnicos procuram evidenciar a especificidade racial da maioria dos clientes ou dos proprietários, a especialização dos serviços oferecidos ou a existência de um projeto político ou cultural de valorização da beleza negra (Gomes, 2006).

Os salões étnicos multiplicaram-se no Brasil na década de 1990, período em que emergiram figuras importantes, como Betina Borges em Belo Horizonte (Gomes, 2006). Para isso contribuíram a institucionalização de políticas públicas voltadas ao reconhecimento da cultura afro-brasileira e a Constituição multicultural de 1988. A primeira feira internacional de cosméticos e produtos afro-étnicos, a Étnic, foi realizada em 1997, e a Feira Internacional da Cultura e Beleza Negra (Cosmoétnica), em 2000, em São Paulo (Figueiredo, 2002).

Os proprietários dos salões étnicos estudados defendem tanto o direito de as mulheres negras tratarem a beleza como a necessidade de cuidados particulares para seus cabelos. Esses salões oferecem aos clientes possibilidades estilísticas ampliadas e meios para acessar as tendências da moda no penteado afro[5], à frente da qual está a indústria da beleza afro-americana.

Os salões oferecem uma vasta gama de tratamentos capilares: relaxamento, alisamento, permanentes, tinturas, extensões, implantes. Contrariamente à visão racista que percebe os cabelos afro como todos iguais, as cabeleireiras entrevistadas insistem na grande heterogeneidade de texturas e na necessidade de reconhecê-las corretamente. Os tratamentos químicos exigem habilidades especializadas para não danificar o cabelo, enquanto as extensões e os implantes demandam longos processos e um trabalho meticuloso.

Isso torna os serviços caros, o que constitui um grande ponto de tensão com os clientes. Betina Borges acha que a classe média negra ainda tem dificuldade em apreciar a importância e a qualidade dos serviços (Gomes, 2006). Da mesma forma, Fátima, proprietária do salão Beautiful Black, criado por ela em Campinas em 1985, explica que suas clientes chegam ao salão depois de já terem sofrido muito com seu cabelo, mas acham o serviço caro e têm dificuldade em reconhecer o valor de seu trabalho.

Para Fátima, o grande obstáculo para o desenvolvimento dos salões afro no Brasil reside na dificuldade de as pessoas negras aceitarem que elas *têm uma etnia*, que são negras e precisam de cuidados e produtos especializados. Ela acha que essa recusa da negritude explica os maus-tratos infligidos pelas pessoas negras a seus cabelos:

> O que falta às vezes nas pessoas é aceitar. É aceitar que realmente se tem a etnia, né? E que tem que ser cuidado o cabelo no salão afro. Entendeu? Tem ondulação? É afro. Então vai ter que ir num salão afro. Não adianta você sair daqui para um salão de cabelo liso que eles não vão saber cuidar.

---

[5] Utilizo a expressão "cabelo afro" ou "cabelo crespo" para me referir ao tipo de cabelo associado às populações negras e em torno do qual as relações racistas construíram estereótipos negativos.

228 Gênero e trabalho no Brasil e na França

Cuidado e serviço ao cliente

O cuidado adquire conotações particulares nos salões étnicos, pois tem de lutar com o sofrimento infligido pelo racismo. Proponho falar de um trabalho de cuidado *reparador* que vai além das intenções habituais do serviço ao cliente praticado nos salões de beleza. Esse trabalho tem dimensões simbólicas, emocionais e corporais.

As dimensões simbólicas são expressas em uma escala social que vai além do espaço do salão, ajudando a transformar a visão negativa da estética negra. Muitas vezes, os salões étnicos combinam seu trabalho profissional remunerado com eventos sociais e serviços gratuitos oferecidos à comunidade. A própria existência de serviços de cabeleireiro de alta qualidade para as pessoas negras teria um efeito social reparador sobre a estima coletiva. É o que pensa Dinho, sócio proprietário e cabeleireiro do salão Afro Brasil: "Até o próprio negro fica contente de saber que tem um salão, assim de ponta, para atender eles, não só aqueles salõezinhos de periferia".

As dimensões emocionais e corporais do cuidado são expressas no trabalho realizado pelas cabeleireiras junto às clientes a fim de tranquilizá-las e acompanhá-las na transformação de sua aparência. Antes de definir o tratamento, as cabeleireiras dedicam um tempo a ajudar cada cliente a falar sobre seu cabelo e seus sentimentos em relação a ele. Elas tentam construir uma relação de confiança e oferecer um novo olhar sobre a beleza negra (Gomes, 2006).

Grande conhecimento técnico, experiência e trabalho emocional combinam-se para responder às necessidades de cada cliente e atingir um trabalho de cuidado *reparador*. O efeito *reparador* do cuidado é duplo: ele se exerce sobre o corpo material dos cabelos danificados e sobre a autoestima. Assim, Ursula Dudley, presidente da empresa estadunidense Dudley Beauty Corporation, expressa o propósito que a guia: "Seu objetivo principal é dar às mulheres uma dose de esperança, enriquecendo suas vidas para que, cada vez que olhem no espelho, elas possam realmente ver a beleza exterior e interior, e saber em sua mente que Deus não dedica seu tempo a fazer uma *ninguém*!"[6].

Um salão especializado em cabelos cacheados

No Brasil, cada vez mais estabelecimentos oferecem serviços especializados no tratamento de cabelos crespos sem fazer referência à raça. Entre eles, o salão Beleza Natural (BN) ocupa um lugar especial, devido a seu enorme sucesso, à organização da empresa e à trajetória de ascensão social de Heloísa Assis, a Zica, ex-empregada doméstica e cofundadora da empresa.

Inaugurado em 1993 como um pequeno salão da Tijuca, no Rio de Janeiro, em poucos anos seu sucesso se traduziu em uma demanda crescente. Em 2007, o BN tinha seis salões, atendendo cerca de 30 mil clientes por mês (Suarez, Casotti, Almeida, 2008); em 2014, a rede compunha-se de dezesseis salões: dez no Rio de Janeiro, dois na Bahia, três em São Paulo e um em Minas Gerais[7]. Em 2003, a empresa abriu

---

6   Disponível em: <www.dudleyq.com>. Acesso em: 10/7/2014.

7   Disponível em: <belezanatural.com.br>. Acesso em: 10/7/2014.

sua própria fábrica, a Cor Brasil, que elabora produtos capilares vendidos nos salões BN. O carro-chefe é o Super-Relaxante, produto responsável pela transformação dos cabelos crespos em cabelos ondulados.

A clientela é em sua maioria feminina, pertencente às classes populares e médias. No salão de Salvador estudado por Cruz (2013), o público majoritário pertencia às classes "d" e "e", segundo a classificação brasileira – grupo que em 2013 teve uma renda média mensal inferior a R$ 850.

Os salões BN oferecem um serviço central: a transformação dos cabelos crespos em cabelos ondulados e macios. Sua fundadora, Zica, criou o Super-Relaxante e foi a primeira a usá-lo. Sua imagem de mulher bonita e sorridente, de cabelos longos e encaracolados, tornou-se o símbolo do salão.

As instalações dos salões BN são edifícios modernos e funcionais, decorados com uma estética sóbria, em branco e vermelho, desprovidos de evocações africanas e alusões à beleza branca. A divisão taylorista-fordista do trabalho faz com que os clientes circulem entre as mãos de trabalhadoras especializadas nas diferentes fases do processo. Isso permite ocupar-se de um grande número de pessoas ao mesmo tempo: cerca de 500 clientes por dia em Salvador, atendidos por 120 empregadas, muitas das quais são ex-clientes do instituto (Cruz, 2013).

Sem falar em raça, etnia ou racismo, o discurso publicitário do BN oferece sua *expertise* e produtos especializados para *resolver* os problemas de autoestima das mulheres de cabelos crespos. O discurso combina a transformação do cabelo por meios químicos com a *beleza natural*, que dá nome ao instituto, o qual se orgulha de ter ajudado *bilhões e bilhões de pessoas a fazer uma revolução pessoal, mostrando-lhes que elas podem ser bonitas como elas são* (idem).

Embora se trate de transformar o cabelo com produtos químicos, o objetivo é manter uma textura encaracolado e reconhecer sua beleza: o salão convida suas clientes a *assumir seus cachos*. Como bem apontou Cruz, essa aparência remete à *morenidade*, a uma beleza mestiça que se tornou símbolo da democracia racial e do acesso à modernidade.

Escolher usar cabelos *cacheados* é um projeto de longo prazo; para muitas mulheres, conseguir fazer essa transformação exige cortar o cabelo, pois os produtos químicos utilizados anteriormente impedem a aplicação do Super-Relaxante. As clientes entrevistadas por Cruz consideram a adoção do visual *cacheado* uma maneira de mudar o estilo *black* para cabelos encaracolados, que garantiriam mais sucesso. Para outras, trata-se de cuidar do cabelo afro sem atentar contra sua identidade negra.

Cuidado e serviço ao cliente

No BN, várias práticas têm um efeito de *reparação simbólica* diante do racismo. As mulheres negras das classes populares atingem o *status* de clientes da indústria da beleza, do qual se viam excluídas: elas recebem uma atenção pessoal e profissional em um espaço moderno e em um ambiente que valoriza sua beleza. Além da imagem de Zica, são exibidas fotos das clientes com seu visual *cacheado*.

230 *Gênero e trabalho no Brasil e na França*

Outra proprietária do BN, Leila Velez apresenta o salão como um espaço afastado da discriminação racista que caracteriza o mundo da beleza:

Quando uma negra entra num salão tradicional, ela muitas vezes se sente discriminada. Não só pela questão social, mas também porque o cabelo dela é mais difícil de lidar e, por isso, os cabeleireiros muitas vezes olham com cara torta. E a nossa cliente, independentemente da sua classe social, busca resgatar sua autoestima. É uma mulher que se assume, tem orgulho de si, acredita na possibilidade de ascensão social, quer ser bonita do jeito dela e se valorizar. (apud Suarez, Cassoti e Almeida, 2008, p. 559)

Esse serviço ao cliente distingue-se da atenção individual e personalizada que domina os salões de beleza das classes médias e altas, mestiças e brancas. Aqui, sem dúvida, o serviço é *de massa*, mas o propósito reparador do serviço oferecido, a importância subjetiva da transformação desejada e as características sociais das clientes ajudam a produzir efeitos de solidariedade singulares. Eles são expressos no trabalho emocional coletivo, realizado pelas trabalhadoras e pelas clientes para se apoiar reciprocamente.

As dimensões corporais e emocionais do trabalho de *cuidado* começam na primeira fase, quando uma conselheira convida a cliente a contar a história do seu cabelo e sua relação com ele, oferecendo-lhe simpatia e compreensão, com base em sua própria experiência de mulher negra que sofreu os efeitos da estigmatização social. Ao longo do processo, a solidariedade e o apoio emocional de outras clientes manifestam-se, encorajando as novas e contando sua experiência positiva. Quando é necessário cortar o cabelo, essa decisão, difícil por causa das concepções de feminilidade em vigor na sociedade brasileira, é apoiada emocionalmente por funcionárias e outras clientes (Cruz, 2013, p. 30).

A divisão taylorista do trabalho não é percebida como uma marca negativa do salão pelas clientes dos setores populares, mas algumas clientes das classes médias a veem como uma despersonalização do serviço. Os proprietários do instituto defendem a divisão e a padronização do trabalho não apenas do ponto de vista da sua eficácia, mas também porque isso permite oferecer um serviço igualitário, no qual todas as clientes recebem os mesmos cuidados (ibidem, p. 54).

Reflexões finais

Embora seja impossível fazer uma análise simples e unívoca do papel dos salões de beleza afro-brasileiros na transformação da ordem social racista, sexista e desigual, a experiência dos salões étnicos e da principal cadeia de salões especializados em cabelos crespos no Brasil permite levantar diversas questões.

Em primeiro lugar, é necessário destacar que a existência desses salões abala o monopólio da indústria da beleza branca na definição dos cânones da aparência e da beleza. Em uma escala ainda limitada, uma indústria da beleza negra ganha força no Brasil, com produtos, conhecimentos, profissionais negros, uma clientela negra e concepções estéticas próprias.

A expansão extraordinária e contínua dos salões BN reflete uma estratégia econômica e cultural que conseguiu identificar sentimentos identitários e necessidades de reconhecimento largamente difundidos entre as classes populares urbanas. Diante dos salões étnicos que remetem à consciência negra, a estratégia do BN, que evita utilizar os termos "raça", "etnia" ou "negro", parece conectar-se melhor com as aspirações de integração à modernidade e ao consumo, revitalizando a crença na democracia racial.

Diferenças de classe distinguem esses dois projetos: enquanto os salões étnicos oferecem uma beleza individualizada que requer um investimento financeiro significativo, acessível apenas às classes médias, o BN amplia as possibilidades de as classes trabalhadoras urbanas acessarem cuidados profissionais, oferecendo serviços de massa e padronizados.

A reivindicação de uma beleza negra não coloca em questão a ordem dos sexos, mas estabelece uma concorrência entre estilos de aparência feminina: um individualizado, com foco em moda e diversidade de estilos, e outro concentrado em um único estilo com pequenas variações – o cabelo *cacheado*. Ambos têm em comum o desejo de superar a aparência *natural* do cabelo crespo. Subjazem a isso ideias sobre a natureza rebelde do cabelo crespo e noções de respeitabilidade social associadas a cabelos disciplinados e bem arrumados.

Em ambos os casos, o serviço ao cliente é explicitamente centrado no desenvolvimento da autoestima das mulheres negras. As experiências das cabeleireiras, das clientes e proprietárias dos salões com seu próprio cabelo são semelhantes; elas revelam uma sucessão de tentativas insatisfatórias. Tais experiências dão origem a sofrimentos subjetivos que as cabeleireiras e os cabeleireiros negros querem ajudar a curar.

Em um momento de sua busca, as atuais profissionais da beleza acreditam ter encontrado uma resposta para seu desconforto: no caso de Fátima Maria e Betina Borges, foi a descoberta da indústria de beleza afro-americana. Para Zica, foi a invenção do Super-Relaxante. Elas encontraram aí a oportunidade de seguir uma profissão promissora no contexto das transformações do Brasil. O trabalho com o cabelo afro permitiu-lhes agir simultaneamente em favor da comunidade negra e desenvolver trajetórias sociais ascendentes.

Eu gostaria de enfatizar os aspectos *reparadores* do cuidado oferecido nesses salões: reparação simbólica da imagem e do corpo das mulheres negras, reparação material do cabelo e reparação emocional da autoestima. Essa reparação realiza-se no âmbito de uma relação mercantil, como um serviço prestado a clientes em empresas pequenas, médias ou grandes. Ele é atravessado pelas leis do mercado e pela concorrência: a gestão do negócio incorpora preceitos gerenciais de serviço ao cliente, e as diferenças de preço tornam esses serviços acessíveis a segmentos diferenciados da população, e inacessíveis a outros.

Apesar disso, tais serviços distinguem-se daqueles oferecidos à população *não marcada*. Posto do lado dominado das relações de raça, esse trabalho tem efeitos coletivos, remete às identidades negras e mestiças e participa das lutas em curso em uma ordem social que permanece racista. Do lado dominante das relações de raça – os salões destinados à minoria branca ou mestiça – goza-se do privilégio de parecer *normal*, de encarnar os valores do individualismo moderno, exercendo-se o poder de relegar os salões afro ao campo da alteridade.

232 Gênero e trabalho no Brasil e na França

É claro que os salões estudados representam apenas uma parte das modalidades e dos lugares dedicados a cuidar da aparência das mulheres afro-brasileiras. Outras estéticas, em que as tranças e o estilo *black power* têm lugar, são oferecidas nos bairros populares, nas próprias casas ou entre amigos. Também se assiste ao surgimento de comunidades virtuais de jovens mulheres que afirmam uma identidade negra e reivindicam a beleza do cabelo *crespo* ao natural, tais como os blogs "Cabelo crespo é cabelo bom"[8] ou "Meninas black power"[9].

REFERÊNCIAS BIBLIOGRÁFICAS

ARANGO, L. G. Le soin de l'apparence: travail émotionnel et service au client. *Multitudes*, v. 52, n. 1, 2013a. p. 180-5.

_____. Emociones, saberes y condiciones de trabajo en los servicios: manicuristas en Colombia y Brasil. *Revista Latinoamericana de Estudios del Trabajo*, v. 18, n. 30, 2013b. p. 103-32.

ARANGO, L. G.; BELLO, J.; RAMÍREZ, S. Género, belleza y apariencia: la clientela de peluquerías en Bogotá. *Revista Nómadas*, v. 38, 2013. p. 185-200.

BLACK, P. *The Beauty Industry*: Gender, Culture, Pleasure. Nova York, Routledge, 2004.

CRAIG, M. *Ain't I a Beauty Queen?* Black Women, Beauty, and the Politics of Race. Oxford, Oxford University Press, 2002.

CRUZ, C. T. *Os cabelos mágicos*: identidades e consumo de mulheres afrodescendentes no Instituto Beleza Natural. Dissertação de Mestrado, Cachoeira, BA, UFRB, 2013.

FIGUEIREDO, A. "Cabelo, cabeleira, cabelada e descabelada": identidades, consumo e manipulação da aparência entre os negros brasileiros. *XXVI Reunião Anual da Anpocs*, Caxambu, out. 2002.

GILL, T. M. I Had my own Business... So I didn't Have to Worry. Beauty Salons, Beauty Culturists, and the Politics of African-American Female Entrepreneurship. In: SCRANTON, P. (org.). *Beauty and Bussiness*: Commerce, Gender, and Culture in Modern America. Nova York, Routledge, 2001.

GIMLIN, D. *Body Work*: Beauty and Self-Image in American Culture. Los Angeles, University of California Press, 2002.

GOMES, N. *Sem perder a raiz*: corpo e cabelo como símbolo da identidade negra. Belo Horizonte, Autêntica, 2006.

GUIMARÃES, N.; HIRATA, H.; SUGITA, K. Cuidado e cuidadoras: o trabalho do *care* no Brasil, França e Japão. In: HIRATA, H.; GUIMARÃES, N. (orgs.). *Cuidado e cuidadoras*: as várias faces do trabalho do *care*. São Paulo, Atlas, 2012.

HOCHSCHILD, A. R. *The Managed Heart*: Commercialization of Human Feeling. Los Angeles, University of California Press, 1983.

_____. Emotion Work, Feeling Rules, and Social Structure. *American Journal of Sociology*, v. 85, n. 3, 1979. p. 551-75.

KANG, M. *The Managed Hand*: Race, Gender, and the Body in Beauty Service Work. Los Angeles, University of California Press, 2010.

MOLINIER, P. Le *care* à l'épreuve du travail: vulnérabilités croisées et savoir-faire discrets. In: PAPERMAN, P.; LAUGIER, S. (orgs.). *Le souci des autres*: éthique et politique du *care*. Paris, Éditions de L'EHESS, 2005.

SUAREZ, M.; CASOTTI, L.; DE ALMEIDA, V. M. Beleza Natural: crescendo na base da pirâmide, casos de ensino. *Revista de Administração Contemporânea*, v. 12, n. 2, 2008. p. 555-74.

TRONTO, J. *Care* démocratique et démocraties du *care*. In: MOLINIER, P.; LAUGIER, S.; PAPERMAN, P. (orgs.). *Qu'est-ce que le* care? Souci des autres, sensibilité, responsabilité. Paris, Petite Bibliothèque Payot, 2009.

---

[8] Disponível em: <www.cabelocrespoecabelobom.com.br/blog/about>. Acesso em: 10/7/2014.

[9] Disponível em: <meninasblackpower.blogspot.com.br>. Acesso em: 10/7/2014.

PARTE VI

CUIDADO, POLÍTICAS SOCIAIS E CIDADANIA

20

POLÍTICA DA PRESENÇA

As questões temporais e sexuadas do cuidado

Marc Bessin

Este texto sugere que as abordagens do cuidado podem enriquecer as problemáticas das políticas sociais e da solidariedade. Estas se mantiveram bastante refratárias à questão do gênero e são frequentemente apresentadas como inconciliáveis com a problemática do cuidado. Gostaria de mostrar que é urgente articular cuidado e Estado social. O conceito de presenças sociais propõe justamente politizar o cuidado para destacar os problemas políticos estreitamente relacionados da sexuação e da temporalização. Retomando-se a clássica problematização das relações sociais de sexo sobre a disponibilidade temporal, pode-se na verdade dizer que as temporalidades estão na base do gênero. Estenderei a afirmação para a questão da idade, que convém ser pensada de forma mais sistemática nos debates sobre a interseccionalidade das relações sociais, sendo pertinente integrá-la tanto quanto a classe social, o gênero ou a raça. A trajetória de vida, nesse contexto, deve ser pensada como um processo de expectativa e circulação do cuidado. Desenvolverei, em seguida, o conceito de presenças sociais, definindo-o, mostrando seus aportes e o que ele induz como concepção da solidariedade, a fim de repensar o Estado social, uma vez que continua urgente inscrever as críticas feministas nas políticas públicas, com vistas à renovação destas.

A temporalidade na base do gênero

As questões temporais são centrais para as obras que renovaram a sociologia do trabalho por meio das problemáticas das relações sociais de sexo. O livro *Le sexe du travail* (Barrère-Maurisson et al., 1984), escrito em torno do conceito de produção/reprodução, ilustra isso. Essa conceituação da década de 1980 fortaleceu e sistematizou as afirmações feministas elaboradas na linha de Christine Delphy (1998; 2001) sobre o trabalho doméstico. No fundo, grande parte dos estudos sobre cuidado inscreve-se nesse ramo, estendendo e afinando as problemáticas, especialmente sobre as questões morais, e atualizando, com a ajuda de cada vez mais estudos empíricos, as afirmações sobre a invisibilização da atividade socialmente atribuída às mulheres. Desse modo, o cuidado reserva às temporalidades um papel primordial.

O tempo dominante: cronos

Nessas maneiras de abordar as temporalidades sexuadas da atividade, duas dimensões do tempo são mobilizadas. A primeira, dominante, é a do tempo do relógio universal e material, racional, linear e quantitativo, que permite falar uma linguagem comum, embora se trate de uma ferramenta de medição que não é neutra. Essa dimensão *cronológica* remete a um tempo masculino, pensado com base na experiência dos dominantes. Ela continua essencial para objetivar as desigualdades, no mínimo contabilizando o tempo de trabalho, doméstico ou pago. Sendo eficaz em uma sociedade marcada pelo espírito gestionário (Ogien, 1995), ela oferece um quadro prático e universalizante da atividade, cada vez mais adaptado aos desafios da globalização.

Kairós *e a experiência temporal das mulheres*

Essa dimensão dominante do tempo não é satisfatória, porém, para explicar e, principalmente, tornar inteligível a atividade, em particular a atividade do cuidado. A abordagem contábil do *cronos* não é capaz de apreender completamente a experiência ordinária das mulheres e, mais amplamente, a dos subalternos. O argumento da disponibilidade temporal (Barrère-Maurisson et al., 1984; Chabaud-Rychter; Fougeyrollas-Schwebel e Sonthonnax, 1985) permitiu mostrar seus limites, e a utilização de pesquisas sobre uso do tempo ilustram isso. Embora seja útil para objetivar a atividade e sua distribuição diferenciada, o método é inadequado para descrever a experiência da atividade, sobretudo a das mulheres, em sua dimensão moral[1]. Ele não pode conceber a complexidade do trabalho, a interpenetração de tempos públicos e privados, a mobilização das dimensões subjetivas e morais na atividade profissional, a capacidade de se envolver profissionalmente e manter uma vigilância permanente em torno de si, garantindo a própria presença em outras esferas de atividade, em especial

---

[1] Para uma crítica de maior fôlego sobre os limites das pesquisas sobre o uso do tempo diante das atividades de cuidado, ver Legarreta (2009).

a familiar e a doméstica[2]. Muito mais que a "dupla jornada de trabalho", denunciada pelos movimentos feministas por meio dessa formulação contábil, a experiência temporal das mulheres no trabalho consiste em uma "vida em duas", que se administra (Haicault, 1984) como uma "dupla presença" (Balbo, 1978). A noção de presença é aqui particularmente apropriada para se referir tanto à disponibilidade como à responsabilidade temporais – as duas principais características das temporalidades da experiência das mulheres na divisão social e sexual do trabalho.

As mulheres são responsáveis pela sincronização e pela gestão cotidiana dos ritmos temporais de todos os membros próximos da família, colocando-se assim em uma disponibilidade temporal permanente. É uma relação de tempo baseada na antecipação e na consideração do outro (e de sua temporalidade) que as constrói assim. É possível expressar isso por meio de uma segunda dimensão de tempo: a da interação, da antecipação e do julgamento, uma concepção kairológica que permite apreender a ação enquanto ela se passa, em todas as suas dimensões qualitativas. O momento oportuno (*kairós*) para agir não é programado com antecedência (autossuficiente como *cronos*), mas fruto de um julgamento em situação que leva em conta os protagonistas, as normas e os valores nela envolvidos, além das consequências que a ação implica. Tal momento está ligado à relação com o outro, à antecipação da responsabilidade, sempre condicionado pela disponibilidade. Nesse sentido, além da proximidade fonética fortuita*, o cuidado relaciona-se ao *kairós*, que se abre às dimensões morais do tempo. Mais próximo da tática que da estratégia, do tato e da astúcia que da programação e da imposição, esse tempo kairológico permite descrever melhor a ação, sobretudo dos dominados: pois essa temporalidade afasta-se de uma concepção de emprego do tempo na qual as atividades são distribuídas para enfatizar a prática, que é produtora das relações de poder.

A relação social que hierarquiza os papéis sexuados por naturalização, invisibilização e pela socialização que formata homens e mulheres está no âmbito do sistema de gênero baseado em uma construção de relação com o tempo. Uma temporalidade fundada na relação com o outro e no compromisso de longo prazo participa da naturalização das competências "femininas" mais consequencialistas, principalmente as da antecipação e da responsabilidade. Pode-se, assim, afirmar que as temporalidades estão na base do gênero.

Idade, trajetória de vida e cuidado

Essa consideração tem implicações para a idade e a trajetória de vida. Os debates feministas sobre a imbricação das relações sociais giram essencialmente em torno de três

---

[2] Nesse sentido, falar da dispersão e dos compromissos múltiplos no trabalho sem destacar as características de gênero (Datchary, 2011), ou falar, de maneira justa, sobre a problemática da visibilidade/invisibilidade das presenças no trabalho, mesmo recusando-se explicitamente a tratar do gênero (Bidet e Schoeni, 2011), tudo isso constitui uma negação característica de uma interpretação apolítica e restrita do pragmatismo.

* A proximidade fonética a que o autor se refere perde-se em português – trata-se da proximidade entre *kairós* e *care*, termo do inglês utilizado na língua francesa para denominar a atividade do cuidado. (N. T.)

238 *Gênero e trabalho no Brasil e na França*

delas: classe social, raça e gênero. As relações de idade são muitas vezes negligenciadas nas contribuições sobre a interseccionalidade[3], embora sua dimensão temporal, evidente, reforce sua pertinência. A idade é uma categoria imbricada ao gênero, devido também às expectativas de cuidado que estruturam a trajetória de vida.

A dimensão sexuada da idade

Não faltam entradas empíricas para ilustrar essa questão. As políticas públicas costumam mobilizar uma idade cronológica idêntica para todos e todas, critério universal considerado democrático e igualitário. O exemplo das aposentadorias mostra, no entanto, que seu uso só reforça as desigualdades de gênero, ao se considerarem as carreiras profissionais fragmentadas das mulheres. A diferenciação sexuada dos calendários privados remete a essa problemática temporal generificada. O avanço da idade e a experiência do envelhecimento são eminentemente de gênero (diz-se que os homens amadurecem e que as mulheres envelhecem) e, tomando um aspecto ocultado pelas ciências sociais do envelhecimento, o da sexualidade, é forçoso constatar a que ponto gênero e idade estão imbricados (Bessin e Blidon, 2011). As regras de organização cruzada das idades e dos sexos lembram também que são as mulheres que ficam velhas e viúvas. O exemplo das idades-limite para constituir família e da parentalidade tardia mostra a eficácia da naturalização das diferenças sobre a qual repousa a ordem do gênero, e sua sociologia permite restituir as lógicas biográficas e sociais (Bessin e Levilain, 2012). As pesquisas sobre o início da sexualidade confirmam que a idade não significa nada sem a especificação do gênero e que a inculcação das relações de tempo é constitutiva dessas diferenças. As meninas são mais responsabilizadas e inscrevem suas relações no longo prazo, ou pelo menos têm uma relação mais temporalizada com o amor e a sexualidade, ao passo que os meninos enquadram seus primeiros amores e "primeiras vezes" mais em uma lógica de prazer e consumo imediato (Bozon, 2009). Seria possível multiplicar aqui as entradas, mas, concretamente, resulta do sistema de gênero que uma mulher e um homem não tenham as mesmas perspectivas na mesma idade. E seria paradoxal levar a sério o argumento fisiológico e universal do avanço da idade, quando já se sabe quanto a naturalização das categorias é política e que a biologia em estado puro não existe. Os sexos são construídos pelo gênero, portanto, pelas temporalidades, até em sua materialidade. A expectativa de vida mais longa das mulheres também não está ligada à socialização diferenciada no que se refere ao risco, à prevenção, à responsabilidade, às consequências dos atos? Uma relação temporal baseada na continuidade, na antecipação, na disponibilidade, na atenção ao longo prazo e na relação com o outro contribui para prolongar o tempo de vida das mulheres.

---

[3] Em algumas sínteses recentes em língua francesa sobre gênero, embora a problemática da interseccionalidade entre diferentes relações sociais de poder (classe, gênero, raça) seja tratada – de maneira central (Bereni et al., 2008; Clair, 2012) ou nem tanto (Pfefferkorn, 2012; Guionnet e Neveu, 2009) –, a articulação das relações de gênero e idade nunca é mencionada.

A idade na imbricação das relações sociais

Os trabalhos sobre gênero e envelhecimento (Arber e Ginn, 1995) sugerem desnaturalizar a idade, como se desnaturaliza o sexo, fragmentando a idade em muitos significados que devem ser concebidos à luz das diferenciações sexuadas. Convém, pelo menos, distinguir a idade cronológica – tradicionalmente considerada uma variável universal, neutra e democrática – das posições relacionais na trajetória de vida que respondem às expectativas e antecipações, fortemente sexuadas. Excluir a idade dos debates sobre interseccionalidade por causa do caráter móvel das classes que ela produz não seria negligenciar a dinâmica do mundo social, resignando-se à sua visão fixista? As mobilidades de classe ou sexo colocam sob outra luz as relações de poder produzidas por essas situações. A experiência biográfica, que permite experimentar o leque de posições relativas à relação social de idade, esclarece o modo como esta se realiza em função de outras relações sociais.

A trajetória de vida: um sistema de expectativas e antecipações de cuidado

A trajetória de vida é sexuada porque se trata também de expectativas e antecipações de cuidado. Formatada por processos biológicos fortemente adaptados – para não dizer construídos – por lógicas sociais, ela constitui-se de fases mais ou menos caracterizadas pela necessidade imperiosa de cuidados. Aqueles administrados a crianças, idosos, doentes ou deficientes envolvem atividades sob uma temporalidade socialmente associada ao feminino. Mas essa construção sexuada das idades não se limita a algumas etapas críticas, pois a interdependência entre as pessoas, destacada pelas abordagens do cuidado, propaga por toda a existência as implicações morais e práticas de atividades para os outros. Espera-se das mulheres essas presenças inter e intrageracionais em detrimento de suas carreiras profissionais.

As presenças sociais: elementos de definição

O conceito de presença nas abordagens do cuidado, destaca, de saída, essa coconstrução do gênero e das temporalidades na preocupação com o outro e nas atividades dedicadas a ele. Mas tal conceito não pressupõe a temporalização sistemática nas atividades de cuidado: algumas respostas dadas às necessidades dos outros podem limitar-se ao presente, enquanto outras vão além. Desse modo, ele abre a possibilidade de um cuidado prestado a distância, de uma presença de ausentes: as presenças não se limitam à interação, e as políticas sociais podem delas participar. O conceito também traz à luz as tensões do cuidado entre benevolência e vigilância.

As dinâmicas temporais do cuidado

O cuidado é um processo temporal. A trajetória de vida é uma sucessão de períodos de injunção e obrigação, de expectativas por cuidado e de atribuição de cuidados, de antecipações e ajustamentos das necessidades e das respostas a elas. Nessa consideração dinâmica dos diferentes protagonistas do cuidado, os dispositivos culturais e políticos para encarregar-se das tarefas têm seu lugar tanto em termos de direitos como de atos práticos administrados por profissionais do cuidado. Assim, encontra-se nesses diferentes níveis uma lógica de reciprocidade ao longo do tempo, de acordo com o princípio de que toda pessoa é vulnerável: todo mundo teve uma necessidade imperativa de cuidado na infância e a ela voltará na doença ou na velhice. A obrigação moral daí resultante desenha os compromissos pessoais para o apoio e para os cuidados do outro, atribuídos às mulheres. O paradigma do dom subjaz às implicações temporais do cuidado, sendo centrais a circulação e a reciprocidade adiada. Mas essas trocas trabalhadas pelo tempo fortalecem as relações sociais. As presenças intergeracionais advêm desse sistema de deveres e obrigações induzidos pelas lógicas filiais, com um eminente caráter de gênero, como mostram trabalhos de antropologia econômica (Weber; Gojard e Gramain, 2003; Narotzky, 2004).

Encontra-se esse inegável caráter temporal do cuidado nos movimentos migratórios induzidos por ele. A cadeia do cuidado globalizado revela as relações sociais de raça implicadas na circulação de afetos que a ela subjaz (Hochschild, 1983). Essas movimentações do cuidado suscitam inúmeros registros de comprometimento afetivo e apoio entre as famílias transnacionais fraturadas que gerenciam a ausência de ambos os lados (Baldassar e Merla, 2013). Quaisquer que sejam as modalidades desse registro (envio de dinheiro, telefonemas, conversas via Skype, eventuais retornos etc.), as mulheres pobres que migram para cuidar de crianças ou idosos mais ricos, em vez de sofrer uma dupla ausência (Sayad, 1999), mantêm assim uma outra dupla presença.

Joan Tronto (1993) descreveu magistralmente o caráter processual do cuidado com suas diferentes fases, morais e práticas, partindo do reconhecimento de uma necessidade, passando pelas soluções implementadas – sua execução prática – e chegando à sua recepção. O tempo do cuidado não é um recipiente abstrato, mas um conteúdo concreto que inclui as atenções, as antecipações, o tato, tanto quanto seus aspectos mais materiais, até mesmo no trabalho sujo. Sempre discreto e invisibilizado, ele vincula-se ao *kairós*.

Os usos da presença

No senso comum, a noção de presença expressa-se em termos práticos e morais, daí sua pertinência para tratar do cuidado. Mas não se especifica o teor ou a intensidade do envolvimento na atividade mencionada. Ela pode sugerir um relativo descomprometimento (fingir uma presença) ou, ao contrário, um forte envolvimento. Assim, "garantir uma presença" é responder às necessidades das pessoas que estão sendo ajudadas ou cuidadas, seja por meio de uma ajuda muito concreta ou de um conforto moral. Essa noção pode destacar uma autoridade (um ator que tem uma presença no palco). Também pode descrever um estado de espírito, uma atmosfera (sentir uma presença) na qual intervêm entidades protetoras ou às vezes ameaçadoras, não claramente identificadas. Esse mistério muitas vezes remete ao registro das crenças ou, mais claramente, à religião[4]. A presença de Deus, que está em toda parte, mesmo que nunca visível, ao mesmo tempo coage e protege os crentes.

---

[4]   As obras francesas em cujo título encontra-se o termo "presença" pertencem majoritariamente ao campo espiritual ou religioso.

Os usos profissionais e intelectuais também iluminam o potencial heurístico dessa noção, marcada pela fenomenologia. A presença é uma noção-chave de alguns esportes (capoeira, aiquidô) e profissões (osteopata, psicomotricista) relacionados com a harmonia do corpo. A enfermagem, em sua tentativa de construir um conhecimento acadêmico próprio, tem essa noção como um de seus conceitos centrais[5]. As ciências da informação e da comunicação desenvolveram uma "teoria da presença social" (Short; Williams e Christie, 1976) com indicadores de emoção e comunicação que circulam nas interações a distância (ser mais ou menos presente nos contatos telefônicos)[6]. O desenvolvimento das tecnologias da comunicação oferece muitas oportunidades para modificar a relação na distância e na ausência. A domótica, a telemedicina e o ensino a distância desenvolvem presenças a distância, modalidades diversificadas de transmissão moderna de cuidado que suscitam importantes controvérsias éticas. O telefonema frequente para saber de um idoso solitário pode ser substituído por um bracelete eletrônico que tranquilize a família e permita, ao mesmo tempo, evitar essa atenção cotidiana?

A ambivalência dessa noção, semelhante à do cuidado, pode ser ilustrada nos dois setores profissionais que mais a mobilizam. O primeiro deles, o trabalho social, desenvolve "profissões de presença social", para que alguns bairros, por exemplo, possam contar com atores disponíveis e prontos a intervir. O segundo, o setor de segurança, mais amplamente os de vigilância e policiamento, multiplica a presença humana (vigias) ou técnica (câmeras). A eficácia da retórica da presença joga com a ambivalência do termo, entre proteção e repressão. Na verdade, os dois setores são atravessados por essa tensão própria das atividades de monitoramento, entre "velar" e "vigiar", entre benevolência e abuso, entre proteção e punição[7]. Em termos de política pública, as teorias de controle social insistiram nessa tensão constante das intervenções do Estado. O conceito de economias morais (Fassin et al., 2013) destaca essas ambivalências, mas encontra seus limites, afastando-se das teorias do cuidado e negando a dimensão fortemente generificada da tensão entre proteger e punir, constitutiva da ordem do gênero (se voltarmos às lógicas temporais que contribuem para erigi-las).

Elementos de definição das presenças sociais

O conceito de presenças sociais alimenta os estudos do cuidado pela análise temporal. Assim, complementa o das economias morais, insistindo nas questões de sexuação da tensão das políticas públicas. Desse modo, ele ajudou a preencher uma lacuna

---

[5]   Os conceitos de *presence, caring presence, nursing presence* etc. são centrais em diversos ensaios teóricos nas revistas de ciências da enfermagem anglófonas (Hessel, 2009).

[6]   Essa mesma preocupação pode ser observada em *La présence des absents*, de Luc Boltanski (2007), que estuda as emoções transmitidas a prisioneiros em um *corpus* de mensagens difundidas por rádio em uma transmissão especializada.

[7]   Essas tensões de presenças sociais lembram as advertências sobre o cuidado, que não tem apenas um lado bom protetor, pois pode muitas vezes deslizar para tiranias de dependência e até maus-tratos (Molinier, 2004).

das pesquisas sobre o trabalho social, questionando a negação do gênero no setor (Bessin, 2008). Uma sociologia das presenças sociais pode, portanto, ser definida pela *descrição e análise das tarefas e práticas de apoio e cuidado, sendo essas atividades profissionais ou leigas vistas como processos (atenção e escuta, elaboração e coordenação, emoções e ações concretas, percepção e recepção...) e consideradas em suas dimensões ao mesmo tempo morais e práticas, em sua tensão entre proteção e opressão, a partir de seus desafios de temporalização e sexuação.*

Como a semiótica, que questiona o sentido emergente das situações ou experiências com o conceito de presença, essa sociologia, por meio de uma abordagem temporal, coloca para os protagonistas das presenças a questão dos sentidos das experiências que eles proporcionam ou dos quais se beneficiam.

Os enigmas fenomenológicos das presenças

As abordagens do cuidado, para além das críticas machistas que recebem ("assunto de mulher"), são objeto de uma forte crítica de esquerda. Em essência, o cuidado não seria político: o cuidado seria privado, enquanto a política trataria da coisa pública; o cuidado seria pessoal, ao passo que o político apreenderia o coletivo; o cuidado seria localizado, ao passo que o político adviria de considerações universais; o cuidado seria limitado ao presente, ao passo que o político estaria inscrito na densidade do tempo histórico e no longo prazo. Falar de presenças sociais – e, assim, contar com uma dimensão ao mesmo tempo fenomenológica e feminista – permite responder a esses argumentos.

Em primeiro lugar, a presença não se limita à interação e não remete apenas ao privado. A circulação das emoções não está condicionada à proximidade. Existem outras formas de atenção, inclusive aquelas que se traduzem em ações a distância, como o trabalho de coordenação de cuidados a uma pessoa dependente. Além disso, as presenças sociais são múltiplas e variadas, fornecidas por leigos ou profissionais, além de entidades não humanas. Pode-se considerar também, por extensão, que presenças da sociedade (Piette, 2009) sob a forma de direitos, garantias ou políticas públicas têm repercussões subjetivas que dão esteio às pessoas. É a ideia – desenvolvida por Robert Castel (2003) – dos suportes sociais, que fornecem a garantia de *status* e a manutenção das identidades. É nesse sentido que o Estado social porta-se como presença, por uma lógica de assistência que reduz as incertezas e a insegurança social dos indivíduos, permitindo que eles se projetem ou se temporalizem.

Em segundo lugar, a presença não se limita ao presente. Ela não ilustra necessariamente o presenteismo e a sagração da imediaticidade, características da crise contemporânea do político (Hartog, 2003). Observar a presença consiste precisamente em analisar sua capacidade de articular "horizontes de expectativa" e "campos de experiência" (Kosseleck, 1990). Essa é uma das principais preocupações dos fenomenólogos: os atos da presença limitam-se ao presente? Ou vão imediatamente para o passado? Ou têm a capacidade de que essa presença no presente esteja no futuro? Jacques Derrida, sobretudo, concede à presença um lugar importante em toda a sua obra, articulando-a à ausência e recusando-se a limitá-la ao presente. Elaborando um pensamento do traço e da escrita, ele questiona a ideia dessa presença plena, fundada na determinação do ser como presença. De acordo com ele, é preciso, ao contrário, buscar a articulação binária presença/ausência e desconstruir a autoridade do presente, concebendo-o como "uma função em uma estrutura de referência generalizada". A presença é sempre trabalhada aquém e além do presente; ela permanece na ausência ou na falta. Inversamente, a própria ausência é atravessada pela presença[8].

Essa última contribuição do conceito mostra sua importância do ponto de vista das políticas sociais e dos debates para renovar as solidariedades. A caracterização temporal do cuidado precisada pelas presenças sociais permite, portanto, refutar o argumento que o oporia ao Estado social, cujo objetivo consiste em preservar os indivíduos de um "viver dia a dia" (Castel, 2003).

Política da presença: repensar o Estado social

Robert Castel, embora pouco receptivo ao gênero e um tanto avesso ao cuidado (Bessin, 2012), foi um companheiro do Mercado de Trabalho e Gênero (Marché du Travail et Genre – Mage). Em nossos debates[9], nos quais convergiam sob muitos pontos de vista sua noção de suporte social e a de presenças sociais, sugeri-lhe que suas críticas do cuidado (a da privatização em torno da relação diádica e a do presenteismo) eram infundadas quando se integra melhor as questões temporais e sexuadas do cuidado. Compartilho de seus receios quanto a uma responsabilização individual cada vez mais sinônima de redução das proteções e exposições à precariedade, diante das evoluções atuais das políticas sociais, sob o disfarce da ativação. Mas falar apenas em direitos e proteção não basta. Seria necessário observar presenças sociais inscritas em um dispositivo que tenta articular essas garantias com uma lógica de necessidade. As presenças individuais não são superiores nessa conceituação. Elas ajustam-se a faltas, cada vez maiores diante da crise das proteções. Mas a ideia durkheimiana de presença situada da sociedade[10] evita uma concepção infernal de uma presença que tornaria cada um moralmente responsável pelo infortúnio das pessoas, aceitando no âmbito dos indivíduos, apesar das atrocidades que nos cercam, uma espécie de direito à ausência permitido pelos sistemas sociais de proteção e assistência. De resto, quando esses sistemas falham, multiplicam-se os dilemas morais sobre nossas presenças a garantir. Nega-se frequentemente ao cuidado a capacidade de produzir política, tão enraizada

---

[8]   Esse movimento produtor de diferenças corresponde à famosa palavra *différance*: enquanto *différer* significa tanto "não ser idêntico" como "deixar para mais tarde", o substantivo *différence* esquece a temporalização, o prazo, o deixar para depois. Para Derrida, *différance*, ao contrário, "viria compensar essa perda de sentido", "vindo imediatamente do particípio presente (*différant*) e tratando da ação em curso de *différer*, antes mesmo que ela tenha produzido um efeito constituído em diferente ou em diferença" (Derrida, 1972, p. 8-9).

[9]   Preparamos, com Denis Merklen e Robert Castel – nos últimos anos de sua vida – um livro sobre as políticas do indivíduo.

[10] "Assim, a sociedade existe em situação, com modos de presença específicos que não são nem aqueles dos humanos, nem o das divindades. Curiosamente, a ideia durkheimiana da presença situada da sociedade foi pouco explorada empiricamente" (Piette, 2009, p. 108).

244 *Gênero e trabalho no Brasil e na França*

é a ideia de que a política só é concebível na abordagem universal do direito. Nesses momentos de perpétua restrição de direitos, é certamente fundamental defendê-los e reforçar as bases e os suportes sociais para apoiar-se no direito e proteger as trajetórias sociais e profissionais. Entretanto, é igualmente necessário observar a incapacidade desse bem apreender as singularidades e, sobretudo, admitir que ele também produz desigualdades, especialmente de gênero.

Os tempos sexuados do cuidado são bastante reveladores do desafio lançado às sociedades democráticas aceitando o princípio de uma política realizada pelo privado. As análises temporais do cuidado serão inevitáveis nas discussões sobre a renovação do Estado social, tornando-o capaz de estar atento às desigualdades que ele reforça ao apoiar-se em categorias abstratas e universais[11]. Porque, se o cuidado e o Estado social não são incompatíveis, as presenças que este deveria garantir devem adaptar-se melhor a situações frequentemente inéditas. Os protocolos subjacentes dos regimes de assistência elaborados em um período de estabilidade e crescimento não representam mais necessariamente as modalidades para acompanhar as necessidades contemporâneas. Neste capítulo tentei dizer que é hora de conceber políticas sociais que funcionem em modalidades mais kairológicas.

REFERÊNCIAS BIBLIOGRÁFICAS

ARBER, S.; GINN, J. *Connecting Gender and Ageing*: A Sociological Approach. Buckingham/Bristol, Open University Press, 1995.

BALBO, L. La doppia presenza. *Inchiesta*, v. 32, 1978. p. 3-6.

BALDASSAR, L.; MERLA, L. *Transnational Families, Migration and the Circulation of Care*: Understanding Mobility and Absence in Family Life. Londres, Routledge, 2013.

BARRERE-MAURISSON, M.-A. et al. *Le sexe du travail*: structures familiales et système productif. Grenoble, Presses Universitaires de Grenoble, 1984.

BERENI, L. et al. *Introduction aux gender studies*: manuel des études sur le genre. Paris, De Boeck, 2008.

BESSIN, M. Les hommes dans le travail social: le déni du genre. In: GUICHARD-CLAUDIC, Y.; KER-GOAT, D.; VILBROD, A. (orgs.). *L'inversion du genre*: quand les métiers masculins se conjuguent au féminin... et réciproquement. Rennes, Presses Universitaires de Rennes, 2008.

_____. La présence sociale et les temps sexués du *care* pour repenser la solidarité. In: CASTEL, R.; MARTIN, C. (orgs.). *Changement et pensée du changement*: échanges avec Robert Castel. Paris, La Découverte, 2012.

BESSIN, M.; BLIDON, M. Déprises sexuelles: penser le vieillissement et la sexualité. *Genre, Sexualité & Société*, n. 6, 2011.

BESSIN, M.; LEVILAIN, H. *Parents après 40 ans*: l'engagement parental à l'épreuve de l'âge. Paris, Autrement, 2012.

BIDET, A.; SCHOENI, D. Décrire les présences au travail, analyser la structuration de la vie sociale. *ethnographiques.org*, n. 23, 2011.

BOLTANSKI, L. La présence des absents. In: _____. *La souffrance à distance*. Paris, Gallimard, 2007.

BOZON, M. Les âges de la sexualité. *Mouvements*, n. 59, 2009. p. 123-32.

CASTEL, R. *L'insécurité sociale*: qu'est-ce qu'être protégé? Paris, Seuil, 2003.

---

[11] Podemos recorrer novamente ao exemplo das categorias de idade. Elas são mobilizadas nas políticas sociais com a preocupação de proteção dos indivíduos, mas esse uso supostamente democrático reforça as desigualdades, especialmente entre homens e mulheres.

CHABAUD-RYCHTER, D.; FOUGEYROLLAS-SCHWEBEL, D.; SONTHONNAX, F. *Espace et temps du travail domestique*. Paris, Librairie des Méridiens, 1985.

CLAIR, I. *Sociologie du genre*. Paris, Armand Colin, 2012. (Coleção 128).

DATCHARY, C. *La dispersion au travail*. Toulouse, Octares, 2011.

DELPHY, C. *L'ennemi principal*, v. 1: *Économie politique du patriarcat*. Paris, Syllepse, 1998. (Coleção Nouvelles Questions Féministes.)

_____. *L'Ennemi principal*, v. 2: *Penser le genre*. Paris, Syllepse, 2011. (Coleção Nouvelles Questions Féministes.)

DERRIDA, J. *Marges*: de la philosophie. Paris, Minuit, 1972.

FASSIN, D. et al. *Juger, réprimer, accompagner*: essai sur la morale de l'État. Paris, Seuil, 2013.

GUIONNET, C.; NEVEU, E. *Féminins/masculins*: sociologie du genre. Paris, Armand Colin, 2004.

HAICAULT, M. La gestion ordinaire de la vie en deux. *Sociologie du Travail*, v. 3, 1984. p. 268-77.

HARTOG, F. *Régimes d'historicité*: présentisme et expériences du temps. Paris, Seuil, 2003.

HESSE, J.-A. Presence in Nursing Practice: A Concept Analysis. *Holistic Nursing Practice*, v. 23, n. 5, 2009. p. 276.

HOCHSCHILD, A.-R. *The Managed Heart*: Commercialization of Human Feeling. Los Angeles, University of California Press, 1983.

IZA, M. L. Le temps donné dans le travail domestique et de *care*. *Multitudes*, v. 37-38, n. 2, 2009. p. 106-12.

KOSSELECK, R. Champ d'expérience et horizon d'attente: deux catégories historiques. In: _____. *Le futur passé*: contribution à la sémantique des temps historiques. Paris, Éditions du l'EHESS, 1990.

MOLINIER, P. La haine et l'amour, la boîte noire du féminisme? Une critique de l'éthique du dévouement. *Nouvelles Questions Féministes*, v. 23, n. 3, 2004. p. 12-25.

NAROTZKY, S. The Political Economy of Affects: Community, Friendship, and Family in the Organization of a Spanish Economic Region. In: PROCOLI, A. (org.). *Workers and Narratives of Survival in Europe*. Nova York, State University of New York Press, 2004.

OGIEN, A. *L'esprit gestionnaire, une analyse de l'air du temps*. Paris, Éditions du l'EHESS, 1995.

PFEFFERKORN, R. *Genre et rapports sociaux de sexe*. Lausanne, Editions Page Deux, 2012.

PIETTE, A. *L'acte d'exister*: une phénoménographie de la présence. Marchienne-au-pont, Socrate Ed. Promarex, 2009.

SAYAD, A. *La double absence*: des illusions de l'émigré aux souffrances de l'immigré. Paris, Seuil, 1999.

SHORT, J.; WILLIAMS, E.; CHRISTIE, B. *The Social Psychology of Telecommunications*. Londres, John Wiley, 1976.

TRONTO, J. *Moral Boundaries*: A Political Argument for an Ethic of Care. Londres/Nova York, Routledge, 1993.

WEBER, F.; GOJARD, S.; GRAMAIN, A. (orgs.). *Charges de famille*: dépendance et parenté dans la France contemporaine. Paris, La Découverte, 2003.

21

POLÍTICAS PÚBLICAS DIANTE DO ENVELHECIMENTO NO BRASIL

Guita Grin Debert

Na apresentação de um número especial do *International Journal of Ageing and Later Life*, Andreas Hoff, Susan Feldman e Lucie Vidovicova (2011) afirmam que a discussão contemporânea sobre o cuidado pode ser caracterizada pela combinação de dois discursos: um que discorre sobre as dificuldades envolvidas no aumento da população idosa e outro que trata dos problemas relacionados ao declínio da estrutura tradicional da família.

Duas soluções contrastantes são dadas para o dilema envolvido na diminuição da oferta de cuidados que a combinação desses discursos atesta. A primeira considera que a provisão do cuidado é uma tarefa da sociedade e a responsabilidade principal é do Estado, que através de impostos cobriria os gastos envolvidos nas políticas adotadas. A segunda advoga o papel tradicional da família no cuidado de seus membros dependentes; solução que, como mostram os autores, é cada vez mais difícil de ser sustentada, particularmente quando se verifica o quanto a renda familiar se tornou mais dependente do trabalho conjugado do casal.

O objetivo deste capítulo é mostrar a combinação entre essas duas soluções – que têm marcado as políticas públicas diante do envelhecimento no Brasil – e apontar os dilemas nelas envolvidos. O argumento central é o de que o país assistiu a um movimento

248 *Gênero e trabalho no Brasil e na França*

ativo de transformação da velhice em uma questão social, mas imagens conflitantes e contraditórias convivem na definição do sujeito da velhice: o idoso como um ser autônomo, disposto a aproveitar as possibilidades de consumo de bens e serviços específicos que a ele devem ser ofertadas por organizações governamentais e não governamentais, contrasta com a percepção de que ele é uma vítima da fragilidade física e social e de que a velhice é uma questão privada, um problema da família ou da previdência individual. Seus dramas são tidos como consequência de uma espécie de consumidor ou cidadão que falhou e a responsabilidade pelos seus cuidados é dos membros da família. Desse segundo ponto de vista, uma nova relação é estabelecida entre organismos estatais e as famílias, que passam a ser um aliado fundamental das políticas voltadas para o tratamento dessa cidadania malograda: a família é vista como uma instância em que os deveres e direitos de cada um de seus membros, ao longo do ciclo da vida, precisam ser claramente definidos, e as políticas públicas devem criar mecanismos capazes de reforçar e estimular cada um deles no desempenho de seus respectivos papéis.

Para tornar mais claro o argumento, inicio o texto apontando para o intricado paradoxo das políticas públicas brasileiras e para o modo como o compromisso com a velhice é formatado. Na sequência, ofereço um quadro das imagens da velhice, tomando como base programas para a terceira idade e as delegacias de polícia especializadas na proteção ao idoso. Por fim, apresento alguns dos dilemas e impasses que o anúncio do crescimento demográfico do segmento idoso da população, combinado com as novas imagens da velhice, cria para a reflexão sobre políticas públicas.

O intricado paradoxo das políticas públicas no Brasil

A transformação da velhice em um problema social põe em jogo múltiplas dimensões que vão desde iniciativas que propõem formas de bem-estar que deveriam acompanhar o avanço das idades até empreendimentos voltados para o cálculo dos custos financeiros que o envelhecimento crescente da população trará para a contabilidade nacional[1].

A representação do avanço da idade como um processo contínuo de perdas – em que os indivíduos ficariam relegados a uma situação de abandono, de desprezo e de ausência de papéis sociais – segue o processo de constituição da velhice como uma preocupação social e política. Essa representação fundou a gerontologia e é um elemento fundamental para a legitimação dos direitos sociais que levaram à universalização da aposentadoria, ao conjunto de leis protetivas dos idosos e às conferências e aos planos de ação internacionais para o envelhecimento.

O Brasil teve um papel ativo na criação de propostas, leis, decretos e medidas voltados para esse segmento da população. Nossa Carta Constitucional e o nosso Estatuto do Idoso são, certamente, dos mais avançados no mundo. Essas leis abrangem temas, propõem medidas e estabelecem direitos segundo uma concepção inegavelmente

---

[1] Segundo dados do Instituto Brasileiro de Geografia e Estatística (IBGE), em 2000 a população com sessenta anos ou mais compunha 8,1% da população brasileira, ou seja, 13 milhões de pessoas. Segundo projeções do IBGE, em 2050 essa faixa etária deverá ultrapassar a marca de 64 milhões de pessoas, correspondendo a aproximadamente 30% da população.

integradora de setores sociais tidos como vulneráveis, além de envolver na sua elaboração instituições governamentais, organismos da sociedade civil e movimentos sociais atuantes na área. No entanto, vivemos em meio a uma desigualdade social persistente no acesso aos direitos da cidadania, e este é nosso intricado paradoxo (Gregori, 2006), posto que os direitos garantidos pela lei não são de fato assegurados na prática da cidadania.

Foi principalmente a partir da década de 1980 que a questão dos direitos dos idosos ganhou força no Brasil. Essa década esteve sensivelmente marcada pela transformação do idoso em novo ator político no país. Isto ocorreu, em certa medida, pela ênfase dada ao tema na Constituição de 1988, fato novo por meio do qual a questão da velhice ganha importância na formulação de políticas públicas. Esse momento é abalizado pela preocupação da sociedade brasileira com o reconhecimento dos direitos sociais de um modo geral, especialmente em relação à violência e às minorias discriminadas. A ideia que embasa essa preocupação é a de que a universalidade dos direitos só poderia ser conquistada se a luta pela democratização da sociedade contemplasse também as formas de opressão específicas que incidiam sobre as minorias desprivilegiadas.

O Brasil foi signatário de uma série de planos internacionais e nacionais relacionados com o envelhecimento, entre os quais se destacam a Assembleia Mundial de Viena, em 1982, e a de Madri, em 2002, promovidas pela Organização das Nações Unidas (ONU, 1982; 2002). Além disso, em 2007, o país sediou a 2ª Conferência sobre Envelhecimento na América Latina e Caribe (ONU, 2007). As convenções e os tratados internacionais têm impacto nos contextos nacionais, particularmente nos países signatários, posto que o interesse na arena internacional é um estímulo decisivo para o sucesso das lutas por reconhecimento e legitimação e também da pressão para que medidas específicas sejam tomadas pelo aparelho estatal.

A Política Nacional do Idoso de 1994 e o Estatuto do Idoso de 2003 são exemplos importantes dos avanços que o Brasil fez na área (Brasil, 1994; 2003). O idoso, além dos direitos de todo cidadão, passou a gozar, em princípio, de direitos específicos, como: atendimento preferencial em órgãos públicos e privados; prioridade na tramitação de processos judiciais e administrativos; meia-entrada em atividades culturais e de lazer; Benefício de Prestação Continuada, no valor de um salário mínimo, oferecido aos maiores de 65 anos que não puderem prover a própria subsistência; reserva de 3% das unidades nos programas habitacionais públicos; gratuidade no transporte municipal; assentos preferenciais no transporte coletivo; vagas exclusivas em estacionamentos; medidas de proteção ao idoso que se encontrar em situação de risco; atendimento geriátrico e gerontológico. Além disso, essas políticas advogam a participação da sociedade civil e do segmento idoso na definição das políticas públicas. Com essa finalidade, criou-se o Conselho Nacional do Idoso, bem como conselhos de idosos em todos os estados e em boa parte dos municípios brasileiros, com representantes de organismos estatais e da sociedade civil cujo objetivo é propor e avaliar as políticas voltadas para o segmento mais velho da população[2].

---

[2]   Sobre o tema, ver Debert e Destro de Oliveira (2013).

250 *Gênero e trabalho no Brasil e na França*

Contudo, é parte do nosso intricado paradoxo a dificuldade de implementar as diretrizes legalmente estabelecidas. Por exemplo, a quantidade diminuta de geriatras, que praticamente não ultrapassa o número de mil, torna inviável o direito estabelecido ao atendimento geriátrico em todos os ambulatórios. No entanto, é nas questões relacionadas com a terceira idade e com as políticas de combate à violência contra o idoso que esses dilemas ficam mais evidentes, em especial de que maneira a diversidade de faces da velhice é levada em consideração para a criação e implementação de políticas públicas.

Os programas para a terceira idade e a reprivatização da velhice

A velhice é, certamente, o estágio mais longo da vida. Os primeiros estudos sobre esse segmento populacional caracterizavam a velhice como uma situação marcada pela decadência física e pelas perdas de papéis sociais, pois as sociedades modernas não previam um papel específico ou uma atividade para os velhos, abandonando-os a uma existência sem significado. Dessa perspectiva, os velhos eram tidos como uma minoria desprivilegiada nas sociedades industrializadas, posto que baixa renda e baixo *status* seriam o destino inevitável daqueles que atingem os sessenta anos. Nesse sentido, seriam uma minoria estigmatizada como qualquer outra.

Os estudos realizados a partir dos anos 1970 procuraram caracterizar a diversidade no interior do segmento idoso, chamando a atenção para a heterogeneidade das experiências de envelhecimentos no que diz respeito sobretudo às diferenças socioeconômicas, étnicas, de gênero e de religião, mostrando como essas clivagens sociais dão conteúdos específicos à velhice. Esses trabalhos criticaram a ideia de perdas e se empenharam também em realçar os ganhos que o avanço da idade proporciona.

O conjunto de significados associados ao modo como os estágios mais avançados passam a ser redefinidos é sintetizado pela expressão "terceira idade". O termo surgiu na mesma década, quando foi criada na França a primeira Universidade para a Terceira Idade, sinalizando mudanças no significado da velhice, que passa a ser celebrada como um momento privilegiado para o lazer e para as atividades livres dos constrangimentos da vida profissional e familiar. A invenção da terceira idade indicaria, assim, uma experiência inusitada de envelhecimento, em que o prolongamento da vida nas sociedades contemporâneas ofereceria aos mais velhos a oportunidade de dispor de saúde, independência financeira e outros meios apropriados para tornar reais as expectativas de realização e satisfação pessoal, tidas como próprias dessa etapa. A velhice ganhou o caráter de etapa privilegiada da vida pela garantia de um rendimento mensal, a aposentaria – tanto em países de capitalismo avançado como em países como Brasil –, e pelos novos espaços criados para esse momento do curso da vida. Com muita rapidez, o uso da expressão "terceira idade" se popularizou no Brasil, e é uma forma de tratamento das pessoas mais velhas que ainda não adquiriu uma conotação depreciativa.

Com muita rapidez, a terceira idade se popularizou no Brasil e é uma forma de tratamento das pessoas de mais idade que ainda não adquiriu uma conotação depreciativa. Os programas para a terceira idade – como são os centros de convivência de idosos, as universidades para a terceira idade, os grupos da melhor idade – proliferaram na década de 1990, marcando presença mesmo em municípios em que a população idosa é relativamente pequena[3]. Através da promoção de atividades como bailes, excursões turísticas, cursos, conferências, teatro, coral, artesanato, esses programas procuram convencer o público mobilizado de que as etapas mais avançadas da vida são momentos privilegiados para novas conquistas e para o estabelecimento de relações mais profícuas entre os mais jovens e os mais velhos. Voltados para públicos distintos do ponto de vista socioeconômico e dispondo de recursos materiais mais ou menos sofisticados, todos esses programas têm um tom geral de revisão dos estereótipos negativos com que a velhice é tratada. Inspirados nas recomendações do Plano de Ação Internacional para o Envelhecimento, reiteram a ideia de que o velho é um ser que deve reencontrar seu lugar na sociedade e recuperar a sua autoestima.

Essas novas imagens que acompanham a construção da terceira idade são também elementos constitutivos no tratamento dado às etapas mais avançadas da vida na mídia impressa e eletrônica, além de ocupar um espaço central na venda de produtos e serviços voltados para esse segmento[4].

Em suma, uma nova linguagem pública empenhada em alocar o tempo dos mais velhos está presente na desconstrução das idades cronológicas como marcadores pertinentes de comportamentos e estilos de vida. Uma parafernália de receitas envolvendo técnicas de manutenção corporal, comidas saudáveis, medicamentos e outras formas de lazer são propostas, desestabilizando expectativas e imagens tradicionais associadas a homens e mulheres nos estágios mais avançados da vida.

Pode-se dizer que no Brasil existe um *know-how* na criação de espaços recreativos para a terceira idade – os quais têm mobilizado com muito sucesso, sobretudo, o público feminino de jovens idosas – que certamente torna a experiência desse segmento mais gratificante. É evidente a habilidade das mídias em compor um novo retrato celebratório do envelhecimento, até mesmo quando se trata de vender produtos que combatem as rugas ou outros sinais relacionados com a passagem do tempo.

Contudo, esse compromisso com o envelhecimento positivo encobre os problemas próprios da idade mais avançada. A perda de habilidades cognitivas e controles físicos e emocionais – habilidades que, nas sociedades democráticas, são fundamentais para que um indivíduo seja reconhecido como um ser autônomo capaz de um exercício pleno dos direitos da cidadania – é percebida como resultado de transgressões cometidas pelos indivíduos contra seus corpos e sua saúde[5]. Esse processo, que chamei de reprivatização de uma questão social, em um país como o Brasil – que combina hierarquias sociais acirradas com práticas próprias da sociedade de consumo –, transforma a velhice em um problema de consumidores que falharam porque foram incapazes de adotar estilos de vida e disposições psicológicas que pudessem evitar o envelhecimento.

---

[3] É uma convenção internacional que a velhice nos países em desenvolvimento teria início a partir dos sessenta anos de idade.

[4] Sobre os velhos na propaganda, ver Debert (2003).

[5] Desenvolvo esse tema de maneira mais demorada em *A reinvenção da velhice* (Debert, 1999).

A visão do idoso como um consumidor que falhou ganha concretude em um contexto no qual vigoram as concepções autopreservacionistas do corpo, que por sua vez encorajam os indivíduos a adotarem estratégias instrumentais para combater a deterioração e a decadência. Essas concepções são aplaudidas pela burocracia estatal, que procura reduzir os custos com a saúde educando o público para evitar a negligência corporal.

A publicidade, os manuais de autoajuda e as receitas dos especialistas em saúde e em beleza estão empenhados em mostrar que as imperfeições do corpo não são naturais nem imutáveis, e que, com esforço e trabalho disciplinado, pode-se conquistar a aparência desejada. Os indivíduos são não apenas monitorados para exercer uma vigilância constante de si, mas são responsabilizados pela própria saúde, pela ideia de que muitas doenças são resultado de abusos, como o excesso de bebida e do fumo e a falta de exercícios.

Nesses termos, a velhice tende a ser transformada em um problema de indivíduos negligentes que não souberam adotar estilos de vida, formas de consumo de bens e serviços adequados para melhorar sua saúde e seu bem-estar.

Em outras palavras, a gerontologia brasileira e, em particular, as políticas públicas voltadas para esse segmento da população contemplam os jovens idosos com programas para a terceira idade e tendem a tornar invisíveis os dramas que caracterizam os estágios mais avançados do envelhecimento.

O entusiasmo com as imagens gratificantes da terceira idade levantou uma verdadeira cortina de fumaça para as situações de dependência e perda de autonomia funcional que caracterizam as etapas mais avançadas do envelhecimento. São essas as situações em que as políticas públicas adequadas são mais custosas em termos tanto financeiros como da necessidade de pessoal especializado. A velhice avançada passa então a ser um problema das famílias, o que leva a outra questão importante: responsabilizá-las é interpelar mais uma vez as mulheres para a tarefa de cuidado[6].

A terceira idade e os programas em torno dela, sem dúvida, contribuíram para que os idosos com autonomia pudessem ter uma experiência de envelhecimento mais gratificante. No entanto, as políticas voltadas para os idosos com alto grau de perdas funcionais – como, por exemplo, os abrigos e conjuntos residenciais – são em número diminuto e, na maioria das vezes, funcionam de maneira precária e em confronto com princípios básicos do que se considera a dignidade humana.

Delegacias especiais de polícia de proteção aos idosos

Das Delegacias de Polícia de Proteção ao Idoso, hoje presentes em grande parte das capitais dos estados brasileiros, a primeira surgiu em 1992, na cidade de São Paulo. As pesquisas mostram que a maioria das queixas apresentadas nas delegacias do idoso paulistanas foi feita por pessoas de sessenta anos ou mais e tinham por objeto a relação entre parentes. Um número muito pequeno dessas queixas é transformado em boletim de ocorrência e um número menor ainda dá origem a inquéritos policiais.

---

[6] Sobre o tema, ver os artigos publicados em Hirata e Guimarães (2012).

Essas disparidades são explicadas pelos agentes das delegacias pelo fato de os denunciantes não desejarem a punição dos seus agressores, que na maior parte dos casos são parentes. Os agentes alegam ainda, com desgosto, que se veem transformados em uma espécie de assistentes sociais ou psicólogos encarregados de apaziguar famílias, além de que eles dificilmente conseguem provas necessárias para estabelecer um inquérito policial, mesmo quando ouvem relatos plausíveis de crimes extremamente graves[7].

O fato de as denúncias de violência terem muitas vezes os parentes como agressores, com casos em que filhos e netos habitam a mesma residência que os idosos, surpreende os agentes da polícia. Não era essa espécie de violência que esperavam combater e condenar, mas a prática cotidiana da profissão envolve o enfrentamento desse tipo de queixa, posto que a violência cometida pelas instituições encarregadas do atendimento ou da proteção e do cuidado dos velhos raramente é denunciada. A situação de dependência e fragilidade dos velhos abrigados em instituições de longa permanência e as dificuldades dos filhos em assumir o cuidado dos pais idosos encobrem os maus-tratos, que só se revelam em situações extremas e quando a mídia se dispõe a dar publicidade a elas.

Por essa razão, a violência contra o idoso pode ser reduzida a uma nova face da violência doméstica, que tem sido entendida como uma violência sem fins lucrativos. Porém, o fato de as agressões aos idosos envolverem a apropriação ou a ameaça de apropriação de seus bens ou dos seus rendimentos da aposentadoria não impede que sua origem seja explicada pela desestruturação das famílias incapazes de garantir a integridade de seus filhos crianças e de seus pais velhos. No caso da violência contra o idoso, contudo, preencher a falta de informação dos filhos sobre os direitos de seus pais idosos ocupa boa parte das atividades desenvolvidas nas Delegacias Especializadas de Proteção ao Idoso. Como explica uma de suas agentes, a maior parte do trabalho que realiza envolve "um conciliatório, sem registro nenhum", e a sua imagem para os idosos que procuram a delegacia é a de "aquela moça boazinha que dá conselho". Em sua opinião, é preciso chamar as partes em conflito e oferecer esclarecimentos, especialmente aos filhos,

> porque a maioria deles acha que tem poder sobre o idoso. Acha que, porque ele tem idade, *não tem mais que responder sobre si* [...], independente do idoso estar lúcido ou não. Os filhos acham que o idoso não tem mais direito a casa que é dele, que têm que tomar conta de tudo, da aposentadoria, da casa, e que o idoso tem que abaixar a cabeça.

Os estudos sobre os distritos policiais têm apontado para a insatisfação de seus agentes com a utilização indevida do aparato policial para solucionar desentendimentos amorosos ou brigas entre vizinhos. No entanto, como destaca a bibliografia especializada, os conflitos pessoais entre parentes ou vizinhos representam boa parte

---

[7] Sobre violência contra o idoso, ver Machado e Queiroz (2002), Pasinato, Camarano e Machado (2004), Oliveira (2008), Faleiros (2007), Paz, Melo e Soriano (2012) e Minayo (2005). Sobre a institucionalização da velhice e as condições de asilamento, ver Peixoto (2011).

dos casos levados ao conjunto dos distritos policiais, tanto nas pequenas cidades como nos grandes centros urbanos.

O perfil das vítimas das ocorrências apresentadas às delegacias do idoso, como mostram as pesquisas, está muito distante daquele do idoso frágil, passivo e totalmente dependente do cuidado familiar ou de organizações filantrópicas para sobreviver. O velho sem vigor físico não tem como ir às delegacias registrar ocorrências, e, por isso, o número de situações que poderiam ser tipificadas como maus-tratos não é representativo. Na medida em que todos sabem que a polícia não dispõe de abrigos ou de uma estrutura que ofereça espaços para encaminhar e acolher idosos agredidos por familiares, ou mesmo vítimas de maus-tratos em instituições asilares, a delegacia será fatalmente procurada apenas por aqueles idosos que esperam que os policiais possam intimidar seus parentes ou vizinhos. A ausência de uma estrutura capaz de garantir os direitos dos idosos e proteger com presteza as vítimas dos vários tipos de violência dá uma dinâmica específica ao funcionamento das delegacias de polícia, às queixas que nela são apresentadas e ao perfil das vítimas e de seus agressores.

Certamente, é preciso também reconhecer que a família não pode ser considerada um espaço de carinho e proteção. Contudo, a tendência é a de transformar a violência contra o idoso em mais uma expressão da violência doméstica e as delegacias de polícia, por sua vez, em uma instância de reconciliação da família ou de imposição de normas sobre como filhos e netos adultos devem tratar seus pais e avós idosos.

As delegacias de polícia de proteção de minorias como os idosos expressam um processo de politização da justiça, no sentido de que são o fruto de reivindicações de movimentos sociais e indicariam um avanço da agenda igualitária, porque apontam uma intervenção da esfera política capaz de traduzir em direitos os interesses de grupos sujeitos ao estatuto da dependência pessoal. Porém, dada a precariedade do modo como funcionam e dos recursos disponíveis, essas delegacias tendem a mobilizar um tipo específico de demanda que acaba por transformá-las em instâncias encarregadas de operar a judicialização das relações na família, reduzindo o seu escopo de atuação à imposição de normas que devem reger as relações entre os idosos e seus cônjuges, filhos e netos.

Os crimes englobados na expressão "violência doméstica" transformam concepções próprias da criminologia; as causas envolvidas na criminalidade são vistas como de caráter moral ou como resultado da incapacidade dos membros da família de assumir os diferentes papéis que devem ser desempenhados em cada uma das etapas do ciclo da vida familiar. A família ganha novos significados, passando a ser percebida como uma instância em que os deveres de cada um de seus membros são claramente definidos, e as políticas públicas devem criar mecanismos capazes de reforçar e estimular cada um deles no desempenho de seus respectivos papéis.

Assim, também é fruto do intricado paradoxo de nossas políticas públicas o risco de responsabilizar a família pela destituição humana e transformá-la em objeto privilegiado da ação policial e da ausência de reconhecimento dos direitos das minorias.

Considerações finais

O prolongamento da vida humana é um ganho coletivo, mas tem se transformado em uma ameaça à reprodução da vida social e um risco para o futuro da sociedade. As projeções sobre os custos da aposentadoria e da cobertura médica e assistencial do idoso são apresentados como um problema nacional, indicador da inviabilidade de um sistema que em futuro próximo não poderá arcar com os gastos de atendimento. Nas situações em que o desemprego e o subemprego atingem contingentes cada vez maiores da população mais jovem, os custos implicados na velhice, especialmente aqueles envolvidos nas fases mais avançadas da vida, crescem na mesma proporção dos avanços tecnológicos postos em ação para prolongar a vida humana. A imaginação dos *experts* em contabilidade pública não vai além da sugestão de que quatro tipos de medidas devem ser tomados simultaneamente para garantir a viabilidade do sistema: diminuição dos gastos públicos, aumento dos impostos, diminuição dos vencimentos dos aposentados e aumento da idade da aposentadoria.

Conforme a antropóloga Mary Douglas (1983), cada sociedade tem seu portfólio de riscos e estabelece uma combinação específica de confiança e medo, e na seleção dos perigos que devem ser temidos sempre está envolvida uma estratégia de proteção e exclusão de valores e estilos de vida particulares. Cabe, portanto, perguntar se a velhice permanecerá um segredo desagradável que, como Norbert Elias (1987) mostrou, não queremos conhecer e para cuja existência encontramos formas cada vez mais sofisticadas de negar.

Serão os velhos vistos como seres sedentários e inativos que consomem de maneira avassaladora tanto as heranças que poderiam ser alocadas para grupos mais jovens na família quanto os recursos públicos que deveriam ser distribuídos para outros setores da sociedade? Transformar os problemas da velhice em responsabilidade individual e apontar a inviabilidade do sistema de financiamento dos custos da idade avançada é recusar a solidariedade entre gerações.

Certamente, o nosso leque de escolhas de como viver o envelhecimento foi ampliado com o conjunto de novas práticas que acompanham a invenção da terceira idade. É preciso reconhecer, no entanto, que se a responsabilidade individual pela escolha é igualmente distribuída, os meios para agir de acordo com essa responsabilidade não o são. A liberdade de escolha, de acordo com o sociólogo Zygmunt Bauman (1998), com toda a razão, é um atributo graduado: acrescentar liberdade de ação à desigualdade fundamental da condição social, impondo o dever da liberdade sem os recursos que permitem uma escolha verdadeiramente livre é, em uma sociedade altamente hierarquizada como a brasileira, uma receita para uma vida sem dignidade, repleta de humilhação e autodepreciação.

REFERÊNCIAS BIBLIOGRÁFICAS

BAUMAN, Z. *O mal-estar da pós-modernidade*. Rio de Janeiro, Jorge Zahar, 1998.

BRASIL. Lei n. 8.842. 1994. Disponível em: <www.planalto.gov.br/ccivil_03/leis/l8842.htm>. Acesso em: 6/6/2014.

256 Gênero e trabalho no Brasil e na França

BRASIL. Lei n. 10.741. 2003. Disponível em: <www.planalto.gov.br/ccivil_03/leis/2003/L10.741.htm>. Acesso em: 6/6/2014.

DEBERT, G. G. O velho na propaganda. *Cadernos Pagu*, v. 21, 2003. p. 133-55.

_____. *A reinvenção da velhice*: socialização e processos de reprivatização do envelhecimento. São Paulo, Edusp, 1999.

DEBERT, G. G.; DESTRO DE OLIVEIRA, G. Os conselhos e as narrativas sobre a velhice. In: MULLER, Neusa; PARADA, Adriana (orgs.). *Dez anos do Conselho Nacional dos Direitos do Idoso*: repertórios e implicações de um processo democrático. Brasília, Secretaria de Direitos Humanos, 2013.

DOUGLAS, M.; WILDAVSKY, A. *Risk and Culture*: An Essay on the Selection of Technological and Environmental Dangers. Berkeley, CA, University of California Press, 1983.

ELIAS, N. *La soledad de los moribundos*. Cidade do México, Fondo de Cultura Económica, 1987.

FALEIROS, V. P. *Violência contra a pessoa idosa*. Brasília, Universa, 2007.

GREGORI, M. F. Delegacias de defesa da mulher de São Paulo e as instituições: paradoxos e paralelismos. In: DEBERT, G. G.; GREGORI, M. F.; PISCITELLI, A. (orgs.). *Gênero e distribuição da justiça*: as delegacias de defesa da mulher e a construção das diferenças. Campinas, Núcleo de Estudos de Gênero Pagu/Unicamp, 2006. (Coleção Encontros.)

HIRATA, H.; GUIMARÃES, N. A. (orgs.). *Cuidado e cuidadoras*: as várias faces do trabalho do *care*. São Paulo, Atlas, 2012.

HOFF, A.; FELDMAN, S.; VIDOVICOVA, L. Migrant Home Care Workers Caring for Older People: Fictive Kin, Substitute, and Complementary Family Caregivers in an Ethnically Diverse Environment. *International Journal of Ageing and Later Life*, v. 5, n. 2, 2011. p. 7-16.

MACHADO L.; QUEIROZ, Z. Negligência e maus-tratos. In: FREITAS, E. V.; PY, L.; GORZONI, M. L. (orgs.). *Tratado de geriatria e gerontologia*. Rio de Janeiro, Guanabara/Koogan, 2002.

MINAYO, M. C. S. *Violência contra idoso*: o avesso do respeito à experiência e à soberania. Brasília, Secretaria Especial dos Direitos Humanos, 2005.

OLIVEIRA, A. M. *A feminização da velhice e a invisibilidade da violência contra o idoso*. Dissertação de Mestrado, Campinas, Unicamp, 2008.

ONU. Plano de ação internacional de Viena sobre o envelhecimento. 1982. Disponível em: <www.ufrgs. br/e-psico/publicas/humanizacao/prologo.html>. Acesso em: 6/6/2014.

_____. Plano de ação internacional contra o envelhecimento. 2002. Disponível em: <www.observatorio nacionaldoidoso.fiocruz.br/biblioteca/_manual/5.pdf>. Acesso em: 6/6/2014.

_____. Declaração de Brasília. 2007. Disponível em: <www.observatorionacionaldoidoso.fiocruz.br/ biblioteca/_informes/11.pdf>. Acesso em: 6/6/2014.

PASINATO, M. T.; CAMARANO, A. A.; MACHADO, L. Idosos vítimas de maus-tratos domésticos: estudo exploratório das informações dos serviços de denúncia. Trabalho apresentado no *XIV Encontro Nacional de Estudos Populacionais*, Caxambu, MG, 20-24 set. 2004.

PAZ, S. F.; MELO, C. A.; SORIANO, F. M. A violência e a violação de direitos da pessoa idosa em diferentes níveis: individual, institucional e estatal. *O Social em Questão*, v. 15, n. 28, 2012. p. 57-84.

22

O CUIDADO NA NOVA AGENDA DE COMBATE À VIOLÊNCIA NO BRASIL

Bila Sorj

Desde os anos 2000, o cuidado de jovens "em situação de risco" por mulheres residentes em comunidades/favelas vem sendo incorporado ao funcionamento de programas sociais de combate à violência e vulnerabilidade social. Diante da permanência de índices extremamente elevados de violência homicida, a qual tem como ator e vítima jovens entre 15 e 24 anos (Waiselfisz, 2011), as autoridades públicas passaram a elaborar, como alternativa ao controle da criminalidade pela via das políticas tradicionais, predominantemente repressivas, novas propostas com maior atenção à prevenção e à participação comunitária. A materialização dessa nova perspectiva verifica-se, entre outras iniciativas, no programa Mulheres da Paz, cujos pressupostos normativos alentam visões tradicionais e idealizadas do feminino e da divisão sexual do trabalho. Apesar das profundas mudanças na experiência das mulheres no país nas últimas décadas – decorrentes de sua entrada massiva no mercado de trabalho, do aumento significativo da escolaridade feminina e da igualdade jurídica entre homens e mulheres –, projetos de "maternagem social", como veículos de uma "cultura da paz", continuam a ter expressivo apelo nos bairros populares.

Tendo como base pesquisa etnográfica e entrevistas, este trabalho tem como foco de análise o programa Mulheres da Paz (MP), que foi implementado em 21 comunidades/

258 *Gênero e trabalho no Brasil e na França*

favelas no Rio de Janeiro em 2008 e abrange 2.200 mulheres (Sorj e Gomes, 2011). Em 2012, o MP encerrou suas atividades no âmbito estadual, após o Tribunal de Contas da União identificar irregularidades na execução do projeto; sua atuação municipal se estendeu por mais um ano.

O MP visou à capacitação de mulheres da comunidade/favela para atuarem na prevenção e enfrentamento da violência local, especialmente a que atinge jovens e mulheres (Ministério da Justiça, 2013). O fulcro da atividade delas no programa era identificar jovens entre 15 e 25 anos em "situação de risco" e encaminhá-los ao Projeto de Proteção dos Jovens em Território Vulnerável (Protejo), que prevê a capacitação profissional desses jovens. As mulheres deviam cumprir doze horas de trabalho por semana e recebiam uma bolsa-auxílio de R$ 190 por mês. Já os jovens selecionados para os cursos recebiam uma bolsa mensal de R$ 100[1].

Procuraremos analisar esse novo desenho de política social de combate à violência, pobreza e vulnerabilidade social em dois planos. No primeiro, procuramos identificar os diferentes pressupostos contidos no novo modelo de cidadania e participação social, que combinam lógicas maternalistas com princípios de autonomia e independência das mulheres. No segundo, exploramos as tensões entre esses valores e o modo como se expressam na prática cotidiana do MP.

O cuidado nos discursos e práticas institucionais

A focalização de políticas sociais nas mulheres não é uma novidade no Brasil. Baseando-se em premissas sobre a posição assimétrica de gênero, que concebem os homens como provedores da família e as mulheres como dependentes, estas últimas foram frequentemente alvo de programas sociais de alívio à pobreza e vulnerabilidade social. Mas, a partir dos anos 2000, a posição das mulheres nos programas sociais se amplia e se modifica. O novo modelo adotado, sobretudo na América Latina, passa a enfatizar mecanismos participatórios de cidadania e de provisão do bem-estar, noções de empoderamento dos pobres e de corresponsabilidade das comunidades no desenvolvimento social local (Jenson, 2009; Larner, 2000; Molyneux, 2006; Schild, 2007). Esse discurso é, em geral, contrastado com a noção anterior de cidadania, na qual os pobres supostamente se encontravam em situação de passividade e dependência do Estado. As políticas sociais que decorrem desses princípios se destacam pela forte presença de mulheres como beneficiárias ou como operadoras locais dos programas e também de normas culturais de feminilidade e maternidade (Robles, 2012; George e Santos, 2013).

A emergência do novo modelo de políticas sociais foi gradativa e contou com a contribuição decisiva de instituições muito influentes do sistema econômico internacional – notadamente, o Banco Mundial. No decorrer da crise da década de 1980, surgiram diagnósticos de que o Estado e mesmo o mercado não poderiam ou não deveriam garantir sozinhos o bem-estar das pessoas. A nova agenda de desenvolvimento,

---

[1]   O salário mínimo mensal em 2010 era de R$ 510.

preconizada pelas agências internacionais, recomendou o remodelamento da sua relação com os países clientes e destes com a "sociedade civil" sob as rubricas de "participação" e "empoderamento". O controle direto pelo Estado da implementação de políticas públicas cedeu lugar cada vez maior a diferentes formas de parcerias e de divisão de responsabilidades com organizações não governamentais (ONGs), igrejas, comunidades e com os próprios beneficiários individualmente. Práticas sociais que até pouco tempo atrás eram vistas como "obstáculos ao desenvolvimento", como normas informais de reciprocidade, formação de rede social, relações familiares e de parentesco, passam a ser valorizadas como recursos valiosos para a agenda de desenvolvimento.

O Banco Mundial – que, ao integrar novos temas políticos emergentes na agenda pública como pobreza, participação, meio ambiente e transparência nos seus projetos sociais (Vetterlein, 2007), se distanciou do marco conceitual estritamente técnico e econômico que o guiara até então – passou a entender a "cultura local" como uma aliada na promoção do desenvolvimento. Atribuindo o fracasso de muitos projetos ao desconhecimento das necessidades específicas da população local, abraçou-se entusiasticamente a ideia de envolver a comunidade nas políticas sociais. O recrutamento especialmente de mulheres para cumprirem esse novo desenho de política social é justificado pela percepção de que elas detêm maior conhecimento e vivência do cotidiano das comunidades em que habitam, que passam a constituir um "capital" a ser colocado a serviço dos programas de combate à pobreza e à vulnerabilidade social. Em contraposição, argumenta-se que a capacidade operacional da burocracia estatal na condução de ações públicas seria extremamente limitada e pouco eficaz para produzir resultados significativos para o desenvolvimento. Assim, recomendou-se conceder à população local um espaço de "participação" mais robusto nos projetos sociais (Bedford, 2009).

Simultaneamente, passou-se a valorizar o chamado "empoderamento" dos pobres, sobretudo das mulheres, como um dos objetivos do desenvolvimento. Apesar da pouca clareza na definição desse termo, ele contém elementos que remetem à promoção da "agência" das mulheres, isto é, as mulheres como atores no processo de mudança e não meros recipientes de programas sociais. Tal empoderamento compreende a expansão da capacidade das mulheres de fazerem escolhas estratégicas em suas vidas para resolver os seus problemas (World Bank, 2002). Assim, o discurso das agências internacionais de desenvolvimento passa a navegar entre diferentes perspectivas sobre o lugar das mulheres nos projetos sociais. Quando se refere à participação comunitária e à cultura local, reitera o modelo cultural que define primariamente as mulheres como responsáveis pelo cuidado dos outros. Quando se refere ao empoderamento, encoraja o senso de individualidade, autonomia e independência.

A redefinição da cidadania com referência a conceitos como "participação da base" e "empoderamento" também faz parte do novo repertório sobre democracia promovido pelas ONGs, consideradas instituições intermediárias entre os governos e os indivíduos e mais sintonizadas com as realidades locais. Tradicionalmente avessas ao Estado e investidas de um ativismo reivindicativo, com a democratização do país experimentaram uma gradativa aproximação das instituições estatais (Landim,

1993). Para as ONGs, participar de políticas públicas foi tanto uma necessidade de sobrevivência institucional, na medida em que se tornam escassos os recursos obtidos através da cooperação internacional, como uma oportunidade de colocar em prática os ideais professados de democracia participativa, que valorizam a descentralização e o fortalecimento de laços e solidariedade comunitária. Assim, elas implementam inúmeros programas educativos, de geração de renda, de cultura e de lazer em comunidades pobres, em parcerias com o Estado e/ou com o setor privado, e contam com expressiva participação de mulheres.

As mulheres passaram a ocupar um lugar de destaque nessa nova concepção de política social. Consideradas as principais detentoras dos conhecimentos e vivências do cotidiano das comunidades, foram designadas para a missão de contribuir com programas de combate à violência, pobreza e vulnerabilidade social em nível local.

Participação comunitária conjugada no feminino

O MP tem como referência essa nova concepção de políticas sociais de desenvolvimento que passou a prevalecer globalmente. Mas sua história é também influenciada pelo contexto brasileiro. As normas de gênero que o sustentam, sobretudo a missão de cuidar dos jovens em situação de risco da comunidade/favela, são fortemente influenciadas pela categoria "mãe", que ganhou muita legitimidade em decorrência das mobilizações e organizações de mulheres que perderam seus filhos nos conflitos urbanos. A mais conhecida dessas organizações, as Mães de Acari, surgiu quando um grupo de onze mulheres deu início a uma longa luta pela localização dos corpos de seus filhos e filhas, assassinados de uma só vez pela polícia, em julho de 1990. Esse movimento, como outros agrupamentos de familiares que buscam a condenação judicial de policiais que mataram seus filhos, aciona a condição de mãe como elemento de autoridade moral, visando criar espaços de legitimidade e reconhecimento de sua luta política (Vianna e Farias, 2011). A experiência de mobilização da categoria "mãe" na ação política fortaleceu a percepção social que associa mulheres, maternidade e não violência.

O MP foi diretamente inspirado na ideia de institucionalizar os movimentos de mães, engajando-os em políticas de combate à criminalidade e de promoção de uma "cultura de paz". Ainda na fase de elaboração pelo Ministério da Justiça, sugeriu-se que o programa assumisse o nome de Mães da Paz. Todavia, a Secretaria de Políticas para as Mulheres, que tem como missão institucional a formulação de políticas que promovam autonomia e empoderamento das mulheres, considerou que tal denominação reforçaria institucionalmente a maternidade como condição necessária às mulheres. Os argumentos foram aceitos e o programa foi denominado Mulheres da Paz. Para muitas feministas, por sua vez, o nome mais adequado para o programa teria sido Lideranças da Paz, um substantivo neutro que não define de antemão a preferência pela participação de mulheres.

Diante das controvérsias que o projeto provocou, a lei que institui o Mulheres da Paz ao mesmo tempo conserva o objetivo original de resgate de jovens e incorpora noções mais sintonizadas com os "direitos das mulheres". A tensão entre as categorias "mãe" e "mulher", todavia, mantém-se inscrita no próprio estatuto do programa e perdurará na sua prática. Assim, o estatuto enuncia que o trabalho desenvolvido pelas Mulheres da Paz tem um duplo foco: a mobilização social para afirmação da cidadania, tendo em vista tanto a emancipação das mulheres como a prevenção e o enfrentamento da violência contra as mulheres; e a articulação com jovens e adolescentes, por meio de sua participação e inclusão em programas sociais de capacitação para o trabalho e de promoção da cidadania.

As ambivalências na definição dos objetivos do MP permitem satisfazer duas interpretações opostas sobre o lugar que nele as mulheres ocupam, como cuidadoras dos outros ou como cuidadoras de si. No primeiro caso, a legitimidade da mobilização de mulheres para atuarem no programa repousa na autoridade moral das mães para conter a violência na comunidade. Depois de considerar o MP um novo modelo de segurança pública, baseado em ações preventivas, o então subsecretário de Defesa e Promoção dos Direitos Humanos do Estado do Rio de Janeiro exaltou justamente essa concepção, ao declarar que "as mulheres e mães têm um papel fundamental nisso; outros não poderiam fazer isto tão bem". E continua seu discurso afirmando que "só elas entravam na boca de fumo e puxavam a orelha do filho/marido, dizendo 'você não vai ficar aqui'. Os traficantes entendiam isso" (Biscaia, 2011). Em sentido diverso, a coordenadora estadual do MP no Rio de Janeiro, entrosada com os princípios do empoderamento, afirma que aceitou o convite para ocupar essa posição "imbuída do espírito de fazer com que as Mulheres da Paz fluminenses encontrassem nele um instrumento de transformação de suas vidas enquanto mulheres" (Rodrigues, 2011).

Os limites do maternalismo

As atividades no MP se iniciaram com a participação em cursos de capacitação oferecido por uma ONG feminista, o que efetiva o novo ideário de responsabilidades compartilhadas entre diferentes atores na condução de programas sociais. O objetivo dos cursos era o "empoderamento" das mulheres através da aquisição de conhecimentos sobre direitos sociais e reprodutivos, diversidade humana, identidade étnico-racial, gênero e identidade feminina, mediação de conflitos, direitos de crianças e jovens, entre outros temas. Os conteúdos ligados à questão de gênero buscavam conscientizar as participantes de que a cultura patriarcal estabelece comportamentos e posições de poder diferenciados para homens e mulheres que deveriam ser questionados pelas beneficiárias, encorajando-as a ocupar espaços de liderança comunitária.

Além dos conteúdos de conhecimento, o curso, por meio de várias metodologias, buscava fortalecer a solidariedade de grupo, a autoconfiança e a autoestima. Nas atividades, as mulheres eram incentivadas a construir narrativas do *self* e estimuladas a se perceberem como indivíduos "empoderados", capazes de agência social e autotransformação, e a "consciência de gênero" era trabalhada nas suas dimensões individual e psicológica. Concluído esse curso de capacitação, as mulheres passavam a identificar jovens em "situação de risco" e encaminhá-los aos cursos profissionalizantes.

A percepção das mulheres sobre os benefícios de sua participação no programa não era unívoca. Por um lado, ganhos de natureza individual eram muito apreciados e compreendiam vários aspectos, como: acesso e controle dos códigos culturais dominantes (falar em público, ter segurança para a argumentação, melhorar a comunicação com outros e ampliar conhecimento sobre direitos – em especial, a Lei Maria da Penha, que criminaliza a violência doméstica contra as mulheres); participação e formação de redes sociais (fazer novas amizades, conhecer os serviços que existem dentro e fora da favela, participar de eventos comemorativos do programa); e ganho de autoridade diante das instituições (ganhar o respeito da polícia, dos traficantes e dos gestores públicos). Noções como "crescimento", "consciência", "conhecimento", "reconhecimento", "empoderamento" são constantemente mencionadas como conquistas que provocam mudanças de postura na da vida pessoal e social. Por outro lado, o trabalho comunitário, mesmo que remunerado, não enfraquecia o sentimento de vulnerabilidade econômica constantemente evocado pelas entrevistadas. Conforme a fala de uma delas: "A participação no programa MP ajudou. Hoje a autoestima está em 70%. Para ficar 100%, só falta um emprego com carteira assinada". De fato, muitas entrevistadas mostraram-se frustradas com nenhum investimento do programa em sua capacitação para o mercado de trabalho. Demandavam dos gestores governamentais a criação de políticas de inserção no emprego e de educação formal e capacitação profissional que abrissem novos horizontes ocupacionais à semelhança do Protejo, para o qual encaminhavam os jovens. As entrevistadas assim se expressaram: "A gente tem que estudar para não ser apenas uma porta aberta para os outros"; "A gente não pode ser cabide de bolsa do governo"; "Para pagar as contas e ter direitos de cidadão, tem que ter emprego"; "Bolsa não é emprego".

Os cursos de capacitação, que são modos de instituir uma subjetividade associada à noção de "cidadania ativa" (Skidmore e Craig, 2005), reforçaram as expectativas das mulheres de participar no espaço público em posições que não derivam diretamente do seu papel doméstico. Envolvendo-se ativamente no MP, suas participantes procuraram expandir os limites do enquadramento das suas atividades e passaram a investir na promoção de novas oportunidades de inserção no espaço público e no mercado de trabalho. Empossadas da autoridade institucional adquirida com a participação no programa, acionaram redes sociais que facilitam o desenvolvimento de atividades produtivas de geração de renda, a identificação de cursos de capacitação profissional, oportunidades de emprego e participação na política institucional, como, por exemplo, nos conselhos municipais de direitos das mulheres. Negociaram, também, apoios dentro e fora da comunidade/favela para o desenvolvimento de seus próprios projetos, multiplicando-se as formas de associativismo entre elas, como associações comunitárias autônomas de mulheres, rádios comunitárias compostas apenas por mulheres e cooperativas de artesanato para geração de renda.

Intimidade e privacidade

O MP se baseava na noção de que o pertencimento das operadoras do programa às comunidades em que residem, a presença de laços de parentesco e as relações de vizinhança constituem recursos positivos para o enfrentamento da violência juvenil e da violência doméstica nas favelas/comunidades. No entanto, muitas mulheres entrevistadas consideraram que o trabalho desenvolvido não promoveu as mudanças nas trajetórias dos jovens previstas no projeto. Muitos deles abandonaram os cursos de capacitação[2], fosse porque encontravam algum trabalho, fosse porque não conseguiam acompanhar os cursos. Elas mencionaram ainda que poucos jovens conseguiam trabalho na área de formação dos cursos. Também relatavam relações muito tensas em virtude de conflitos geracionais e da falta de preparo para interagirem com os jovens – o diálogo era difícil, "os jovens eram muito rebeldes, agressivos". As atividades mais comuns que realizavam voltavam-se ao cuidado e à manutenção da disciplina nos cursos de capacitação. Uma das mulheres descreveu seu trabalho assim: "eu ficava com os adolescentes tomando conta deles para não ter malcriação, ter bom comportamento e também dar o lanche deles. Quando faltava ou parava de ir ao projeto, nós íamos à casa dele, brigávamos, íamos resgatar aquele adolescente, saber por que não estava vindo". Outra participante relatou que sua atividade era de apoio às tarefas dos professores: "não permitir que saíssem da sala de aula, ficassem fazendo bagunça ali no corredor e estar sempre atenta quando eles precisavam de alguma coisa, né? Quando os professores precisavam de alguma coisa, eles falavam e nós estávamos lá, prontas pra atender. Era assim". As atividades no programa consistiam, portanto, em preparar o lanche, cuidar da limpeza e arrumação do espaço, controlar a disciplina e a presença nas aulas. Segundo as mulheres, a comunicação com os jovens praticamente inexistia, de modo que a pertença delas à comunidade parece não ter conseguido diminuir as dificuldades de acesso a eles.

A análise da relação das participantes do programa com mulheres vítimas de violência doméstica também permite relativizar o valor atribuído pelo MP à condição de proximidade socioespacial no tratamento da violência e às supostas relações de intimidade e confiança que teceriam a vida comunitária. As MP avaliam que o impacto de sua presença era mais difuso e focado apenas na divulgação da lei que criminaliza a violência doméstica e dos serviços de atendimento às vítimas de agressões. A abordagem pessoal de mulheres residentes no bairro para conversar sobre violência doméstica era difícil de ser efetivada. Segundo o relato de uma entrevistada sobre as visitas aos domicílios, "as mulheres que geralmente recebiam as Mulheres da Paz em suas residências não falavam sobre seus problemas íntimos. Apenas queriam tratar de benefícios sociais, vagas em creches e coisas do tipo. As mulheres não gostavam da intromissão nos assuntos íntimos, e eu me sentia desconfortável nesse papel". Ela responsabilizava as coordenadoras do programa pela falta de compreensão dessa situação: "elas não entendem, queriam que a gente agisse como se fôssemos amigas delas". A mesma entrevistada relatou ainda que, muitas vezes, sabia de casos de violência ou de uso de

---

[2]   Os cursos profissionalizantes foram oferecidos pelo Serviço Nacional de Aprendizagem Comercial (Senac) e formavam: monitor turístico, animador de eventos, recreador, DJ, assistente de produção, manicure, maquiagem, corte de cabelo, garçom/garçonete, camareiro de hotel e auxiliar administrativo – este último foi o mais procurado pelos jovens, pois enseja maiores expectativas de entrada no mercado com carteira assinada. Os jovens também receberam formação em conteúdos de cidadania e direitos humanos, além de atividades esportivas. A carga horária total era de oitocentas horas, distribuídas semanalmente de segunda a sábado, com cerca de quatro horas por dia.

264 Gênero e trabalho no Brasil e na França

drogas, pois "as casas são muito próximas. A gente vive em uma comunidade, então tem muita fofoca. A gente sabe quando existe caso de violência em alguma casa, mas as mulheres nada revelavam, e nenhuma providência podia ser tomada". As mulheres da comunidade/favela pareciam reivindicar privacidade, o que pode ser interpretado como uma forma de limitar a interferência dos outros sobre a sua vida pessoal. Essa atitude, por sua vez, era encarada pelas gestoras do programa negativamente, como uma barreira que encobria a dominação de gênero e a ocorrência de danos físicos.

A título de conclusão, podemos sugerir que o novo desenho das políticas sociais, verificado na experiência das participantes do programa Mulheres da Paz, que mobilizava mulheres na qualidade de cuidadoras do bem-estar das suas comunidades, é cheio de tensões. Primeiro, por adotar o postulado de que os bairros pobres constituem "comunidade" – isto é, agrupamentos sociologicamente homogêneos e baseados em laços de solidariedade, afetividade e intimidade –, supõe-se que as MP lidam com os problemas sociais e pessoais de uma maneira mais eficaz que os profissionais formados para essa finalidade. Todavia, as comunidades/favelas são, ao contrário, espaços sociais heterogêneos em que convive uma multiplicidade de valores e normas sociais, o que dissipa a noção de que encerram uma única "cultura local". Segundo, porque produz um sentimento de fragilidade ao implantar como forma de contrato para a participação no programa a concessão de bolsa, frequentemente contrastada com a condição de "trabalho", que pressupõe um conjunto de direitos sociais. Terceiro, porque a prioridade que o MP confere à capacitação dos jovens é percebida como injusta pelas participantes, uma vez que elas demandam as mesmas oportunidades de inserção no mercado de trabalho oferecida aos jovens.

Por fim, os efeitos dos discursos do empoderamento, da autoestima e da valorização do *self* das mulheres, que estruturavam a política social analisada e buscam conformar cidadãs ativas e responsáveis pelo bem-estar da comunidade, tensionam o enquadramento das mulheres no papel maternal, além de fomentar aspirações de autonomia econômica, educação, profissionalização e privacidade compartilhadas por mulheres das classes populares no Brasil contemporâneo.

REFERÊNCIAS BIBLIOGRÁFICAS

BEDFORD, K. Gender and Institutional Strengthening: The World Bank's Policy Record in Latin America. *Contemporary Politics*, v. 15, n. 2, 2009. p. 197-214.

BISCAIA, A. C. Discurso no *Seminário de Avaliação do Programa Mulheres da Paz*, promovido pela coordenação estadual do programa. Rio de Janeiro, Secretaria Estadual de Assistência Social e Direitos Humanos, 25 nov. 2011.

GEORGES, I.; SANTOS, Y. G. *Estratégia, Saúde da Família na Cidade de São Paulo e as trabalhadoras de base*: o caso das agentes comunitárias de saúde da Cidade Tiradentes. Relatório apresentado à Secretaria Municipal de Saúde da Prefeitura de São Paulo, fev. 2013.

JENSON, J. Lost in Translation: The Social Investment Perspective and Gender Equality. *Social Politics: International Studies in Gender, State and Society*, v. 16, n. 4, 2009. p. 446-83.

LANDIM, L. *A invenção das ONGs*: do serviço invisível à profissão impossível. Tese de Doutorado, Rio de Janeiro, Museu Nacional/UFRJ, 1993.

LARNER, W. Post-Welfare State Governance: Towards a Code of Social and Family Responsibility. *Social Politics: International Studies in Gender, State and Society*, v. 7, n. 2, 2000. p. 244-65.

MINISTÉRIO DA JUSTIÇA. *Diretrizes Nacionais Projetos Mulheres da Paz e Proteção de Jovens em Território Vulnerável* (Anexo XI). Brasília, Ministério da Justiça, 2013. Disponível em: <www.justica. gov.br/Acesso/convenios/anexos/anexo-xi-referenciais-nacionais-mpaz-e-protejo-2013.doc>. Acesso em: 5/5/2015.

MOLYNEUX, M. Mothers at the Service of the New Poverty Agenda: Progresa/Oportunidades, Mexico's Conditional Transfer Programme. *Social Politics and Administration*, v. 40, n. 4, 2006. p. 429-40.

ROBLES, A. F. Las agentes comunitarias de salud en el Brasil contemporáneo: la "policía amiga" de las madres pobres. *Sexualidad, Salud & Sociedad*, v. 12, 2012. p. 92-126.

RODRIGUES, C. Mulheres da guerra. In: _____. *Paz, substantivo feminino*: a experiência do Programa Mulheres da Paz no Rio de Janeiro. Rio de Janeiro, Secretaria Estadual de Assistência Social e Direitos Humanos, 2011. p. 61-3.

SCHILD, V. Empowering "Consumer-Citizens" or Governing Poor Female Subjects? The Institutionalization of "Self-Development" in the Chilean Social Policy Field. *Journal of Consumer Culture*, v. 7, 2007. p. 179-203.

SKIDMORE, P.; CRAIG, J. Start with People: How Community Organizations Put Citizens in the Driving Seat. *Demos* (online). Disponível em: <www.demos.co.uk/files/startwithpeople.pdf>. Acesso em: 5/5/2015.

SORJ, B.; GOMES, C. O gênero da "nova cidadania": o programa Mulheres da Paz. *Sociologia e Antropologia*, v. 1, n. 2, 2011. p. 147-63.

VETTERLEIN, A. Changes in International Organizations: Innovation or Adaptation? A Comparison of the World Bank and the International Monetary Fund. In: STONE, D.; WRIGHT, C. (orgs.). *The World Bank and Governance*. Nova York, Routledge, 2007.

VIANNA, A.; FARIAS, J. A guerra das mães: dor e política em situações de violência institucional. *Cadernos Pagu*, v. 37, jul.-dez. 2011. p. 79-116.

WAISELFISZ, J. J. *Mapa da violência 2011*: os jovens do Brasil (online). São Paulo/Brasília, Instituto Sangari/Ministério da Justiça, 2011. Disponível em: <www.mapadaviolencia.org.br/pdf2011/Sumario Executivo2011.pdf>. Acesso em: 5/5/2015.

WORLD BANK. *Empowerment and Poverty Reduction*: A Sourcebook. 2002. Disponível em: <siteresources. worldbank.org/INTEMPOWERMENT/Resources/486312-1095094954594/draft.pdf>. Acesso em: 5/5/2015.

23

ECONOMIA DO CUIDADO E SOCIEDADES DO BEM VIVER

Revisitar nossos modelos

Florence Jany-Catrice

Introdução[1]

Nas sociedades ocidentais, os "serviços à pessoa" são cada vez mais considerados sob o ponto de vista de sua capacidade de produzir empregos: trata-se de desenvolver atividades econômicas mercantis e rentáveis pela criação de empregos em uma ampla bateria de serviços, permitindo principalmente liberar os domicílios de seu tempo restrito (tempo doméstico, cuidado das crianças, limpeza e arrumação, compras, assistência de informática etc.). Essas políticas ditas "sociais" ou de "conciliação dos tempos" são muitas vezes implementadas por meio de dispositivos que limitam seu custo real para o beneficiário ou usuário, sobretudo pelo viés das políticas sociofiscais[2].

Esse reducionismo na representação e no desenvolvimento do cuidado tem dois problemas. Em primeiro lugar, transforma a questão das "necessidades coletivas"

---

[1]   Este texto baseia-se em quinze anos de reflexões, que geraram três livros e diversos artigos. Entre eles, Gadrey e Jany-Catrice (2006), Devetter, Jany-Catrice e Ribault (2012) e Jany-Catrice (2012).

[2]   Ver os trabalhos do Laboratório Interdisciplinar de Avaliação de Políticas Públicas (Laboratoire Interdisciplinaire d'Évaluation des Politiques Publiques – Liepp) a esse respeito, principalmente Morel (2012), Carbonnier, Palier e Zemmour (2014). Ver também Devetter e Jany-Catrice (2010).

(cuidar) em uma questão econômica de "consumo". Além disso, veicula uma visão hegemônica do "valor", privilegiando o valor econômico das atividades produtivas. Mas a ética do cuidado convida-nos a redefinir o que importa, o que tem valor, e a identificar os bens comuns que são importantes e dos quais queremos cuidar. É isso que estudamos na primeira parte deste texto. Essa constatação é também um convite mais geral para renovar nossos quadros de representação e interpretação do mundo. É o que apresentamos em um segundo momento, a partir de uma crítica ao produto interno bruto (PIB), convenção coletiva muito forte nas nossas representações da riqueza, que se tornou o objetivo de nossas sociedades (Méda, 2008). Por fim, na terceira parte, é o momento de reconsiderar a riqueza tendo como eixo a utilidade social do trabalho e a ética do cuidado. Evidentemente, tudo isso é um convite também para renovar profundamente nossas finalidades e, portanto, nossos modelos de desenvolvimento.

Uma sociedade de serviços à pessoa é sustentável?

Uma capacidade de criação de empregos

Na França, o desenvolvimento do setor dos serviços à pessoa tem sido visto, desde o início da década de 1990, e sobretudo de 2005 em diante, a partir de uma capacidade quase intrínseca de criação de empregos: trata-se de "externalizar" um certo número de trabalhos domésticos realizados na esfera do domicílio. Essa tendência de recomposição do tempo doméstico em tempo assalariado (Jany-Catrice, 2014) relaciona-se com dois fatores tradicionalmente explicativos. Primeiro, o setor de serviços à pessoa é frequentemente considerado uma resposta às mudanças sociodemográficas, em particular o envelhecimento da população e o aumento da atividade feminina. Porém, o envelhecimento da população não tem um efeito claro nem sobre a magnitude da futura população "dependente", nem sobre a demanda por novos serviços. As projeções mais recentes do número de idosos dependentes ao longo das três próximas décadas variam de 1,7 a 2,2 milhões, dependendo da estimativa (Marbot e Roy, 2013). O outro fator comumente evocado para apoiar a tese da dinâmica dos empregos do cuidado é o aumento do emprego feminino. Mas as transformações dos padrões na relação das mulheres com o trabalho e o emprego não são, contudo, recentes: desde os anos 1960, as mulheres passaram a entrar em massa no mercado de trabalho, tendendo a permanecer ativas após a maternidade (Maruani, 2011). A alta taxa de atividade das mulheres teria a virtude de permitir a emancipação feminina por meio do assalariamento, sendo a centralidade do trabalho impregnada no imaginário social dominante (Sobel, 2012; Méda, 1995). Em seguida, a progressão do emprego das mulheres faria surgir novas necessidades de conciliação do tempo, levando os domicílios a prepararem-se para a compra de serviços a fim de liberá-los, assim, de um tempo doméstico que se tornou restrito (cuidar das crianças, da limpeza, das compras etc.).

O exposto acima não é totalmente falso. O problema é que, apresentadas dessa maneira, tais dinâmicas aparecem como *justificativa* para o desenvolvimento dos serviços à pessoa. Mas elas se baseiam em um equívoco, já que o referido setor de serviços à pessoa, segundo a ideia de "desenvolvimento" dos serviços, consiste no agrupamento de atividades com trajetórias institucionais e históricas muito diferentes, e finalidades também muito diversas. Uma dessas atividades – os serviços de limpeza e arrumação – remete diretamente ao doméstico, e a manutenção de sua dinâmica econômica assenta-se inevitavelmente sobre o aumento das desigualdades econômicas: para recorrer ao pessoal de serviço, é necessário que as desigualdades entre as pessoas servidas e aquelas que as servem sejam suficientemente grandes para fazer com que umas recorram às outras (Gorz, 1989). A outra – os serviços de ajuda em domicílio, o "núcleo do cuidado" para pessoas frágeis ou vulneráveis – resulta, na França, de uma longa tradição de ação social, fundada na resposta, por meio de um sistema regulado e que mobiliza operadores sem fins lucrativos, às necessidades sociais muitas vezes não fornecidas pelo ator público (Estado ou coletividades locais). Os serviços à pessoa não podem ser univocamente considerados como uma jazida de empregos (Devetter; Jany-Catrice e Ribault, 2015).

Uma atividade econômica como qualquer outra?

Uma vez identificadas, pelo menos no nível analítico, as duas dinâmicas (domesticidade × ação social), produz-se um curto-circuito implícito entre o econômico e o mercado ao identificar-se no cuidado uma "atividade econômica" e mercantil. O Plano de Desenvolvimento dos Serviços à Pessoa, elaborado pela França em 2005, defende a ideia de que para haver reconhecimento – e também "valorização" e "profissionalização", sendo esses termos frequentemente mobilizados na linguagem pública e tecnocrática como sinônimos – das atividades de serviços à pessoa, é necessário que elas transitem pelo econômico (ou seja, que se recorra ao emprego "produtivo") e pelo mercado. Diversos fundamentos doutrinários dominantes da economia orientam essa ideia, e parecem enraizados no imaginário político que presidiu a elaboração dessa política: em primeiro lugar, as necessidades seriam forçosamente transformadas e transformáveis em demanda efetiva; em segundo lugar, a coordenação mais eficaz seria a da concorrência no mercado[3]. Princípios de ética liberal também formam a base do conjunto dessa política: a liberdade democrática do consumidor bem informado é sua base insuperável, mesmo que tais "consumidores" sejam pessoas idosas dependentes e em alguns casos de capacidade cognitiva alterada.

Uma visão hegemônica do valor... e do que é importante

Identificam-se outros pressupostos do que funda e cria o valor. A análise da sociedade de serviços à pessoa é muito heurística para atualizar esses elementos mais indizíveis. Na verdade, o desenvolvimento dos serviços à pessoa pode ser considerado sob o ponto de vista da capacidade de as economias, em períodos de grande crise econômica, ampliarem a esfera da produção, o perímetro do PIB, e a da mercantilização.

Precisamente, as jazidas de atividade econômica (portanto, de empregos) nos serviços à pessoa foram consideradas por meio de duas alavancas: a externalização dos

---

[3]   Para uma crítica desse pressuposto, ver Berthonnet (2014).

serviços domésticos; a valorização de uma visão "hiperprodutiva" dos cuidados, ou seja, situações em que cuidar dos outros só pode dar-se de maneira eficaz recorrendo-se ao mercado dessingularizado e concorrencial[4].

Mas não se pode fundar uma atividade em valor sem questionar seu sentido, a finalidade da ação: quando se atribui um valor econômico, o que fica em destaque, nas representações dominantes e nos dispositivos que as materializam, é a capacidade mercantil da atividade ou a capacidade de o organismo gerar lucro. Isso significa confiscar as finalidades da atividade, remetendo-a ao critério único do mercado e do lucro. No setor do cuidado, quais são os objetivos, as finalidades e as missões? É o número de ações realizadas? A manutenção da autonomia das pessoas? O crescimento da atividade? O aumento da fatia de mercado? O cuidado dos idosos e das pessoas frágeis em sua globalidade? A autonomia da pessoa idosa em um ambiente global (família, amigos, instituições públicas etc.)? A criação da riqueza econômica baseia-se na confusão permanente entre o que é fonte de riqueza para as organizações e as finalidades das sociedades. Nas organizações públicas e da economia social, tais questões estão obviamente no centro do projeto (Jany-Catrice, 2012): deve-se atribuir valor (e qual valor atribuir?) à relação de serviço, ao relacional amplo, à empatia, à escuta, ao acompanhamento? Como fazer dessas virtudes de trabalho do cuidado, que são tão necessárias para "manter" a sociedade, elementos que se tornariam incontornáveis no sistema econômico, o qual só pode ser um sistema a serviço da sociedade?

Nos serviços à pessoa, essas questões convidam-nos a refletir sobre as modalidades de realização e distribuição das atividades de cuidado e produção de laços, bem como sobre a avaliação do desempenho das políticas do cuidado: podemos, na medida do desempenho, ignorar as desigualdades de acesso? Se as desigualdades de acesso aos serviços fossem, por exemplo, tomadas como "indicadores" de incoesão social, as políticas do cuidado (como o atendimento específico à dependência, e em seguida a ajuda personalizada para a autonomia) poderiam ser consideradas de baixo desempenho, por conduzir gradualmente a um aumento dos resíduos de que a família deve se encarregar (ver Vatan, 2014). Para levar em conta de maneira integrada essas questões essenciais, é necessário passar – e aqui corroboramos o ponto de vista de Dominique Méda – a uma sociedade cujo objetivo é o cuidado (ou seja, a produção e a manutenção) do nosso patrimônio comum. Este é composto por nosso patrimônio ecológico no sentido mais amplo, ou seja, em suas interações com o patrimônio humano e social.

A perspectiva dos indicadores de bem-estar para renovar os modelos

Como pensar as condições macroeconômicas desse cuidado do patrimônio? É possível considerar sustentável um projeto de sociedade que continue a buscar crescimento (econômico) ilimitado, ao mesmo tempo que toma consciência de sua finitude e desqualifica – por seus indicadores de valor e desempenho – as atividades centrais do cuidado? A crítica ao entusiasmo sem limites pelo crescimento, hoje imposta como

---

[4] Temos diversas críticas sobre a medida do desempenho e seus usos. Ver, especialmente, Jany-Catrice (2012).

evidência e prova ao conjunto dos cidadãos, é uma questão séria que atravessa a do cuidado. É o que exploramos nesta seção.

Os fundamentos contábeis do valor da riqueza

Principal medida na avaliação coletiva da riqueza, o PIB baseia-se em um sistema de contas, fruto de uma longa história que progressivamente definiu, por sucessivas mudanças, o que é "produtivo" e o que é "riqueza". Falemos primeiro da riqueza. Como destacou claramente Méda (2008) – cujo trabalho foi um grande avanço no campo da economia política da riqueza –, para a maioria dos economistas só entram no conceito de riqueza elementos *quantificáveis*, assim emergindo um justo espanto: "como as nossas sociedades puderam aceitar que sua riqueza fosse reduzida unicamente à troca de bens e serviços, desprezando todas as outras atividades, as outras formas de conexão, as outras formas de progresso ou de valorização do mundo?" (Méda, 2008, p. 13).

Falemos agora da definição do que é produtivo. No século XX, o advento dos sistemas contemporâneos de contabilidade nacional e, com eles, a construção de dispositivos sociotécnicos para a comparação internacional da riqueza das nações justificaram, muitas vezes de maneira hesitante, a inclusão das atividades de serviços nas contas da riqueza. Como descreve minuciosamente François Fourquet em sua obra sobre a genealogia das contas nacionais (1981), essas contas nacionais e o PIB são ao mesmo tempo uma história de poder, uma história industrial e uma história masculina. Mas essa base constitui uma referência institucionalizada, que se tornou um horizonte quase insuperável.

As primeiras críticas sobre o PIB são antigas, e alertam para o fato de que muitas dimensões não monetárias e não mercantis não são consideradas pelas contas macroeconômicas (voluntariado, atividades domésticas). Algumas atividades chegam a ser produtoras de externalidades negativas (em particular ecológicas) prejudiciais ao bem-estar individual e coletivo. Apesar de uma consciência cada vez mais forte das aporias da medida do PIB, a busca incessante de crescimento pelo crescimento foi, até recentemente, muito predominante. A cegueira, que opera pela crença nas virtudes infinitas do crescimento econômico, é coletiva: ela torna impossível apreender as iniciativas que se desenvolvem no mundo inteiro, quando elas não entram nos registros de desempenho econômico tal como indicado pelas elites e pelo poder. Desse modo, o cuidado, como trabalho e como ética (Paperman e Laugier, 2005; Molinier, 2014), que segue um caminho específico, muitas vezes afastado do projeto do produtivismo, é estrutural e contabilmente desqualificado. Características como o acesso aos serviços para todos, sua qualidade e sua utilidade social não são, no estado atual do que importa, levadas em conta.

Quem qualifica?

Essa desqualificação estrutural de atividades que, no entanto, são essenciais para "fazer a sociedade" levanta questões. Ela é resultado de uma importância cada vez maior dada àquilo que é contado, já que para os economistas, lembremos, apenas podem entrar na riqueza e em sua expansão elementos *quantificáveis*. Nessa perspectiva, a

272 *Gênero e trabalho no Brasil e na França*

quantofrenia (doença contemporânea que deseja tudo discutir, tudo entender e tudo orientar com base em números) tende a desqualificar mais aquilo que é mais dificilmente cabível no quadro do quantificado (ver Jany-Catrice, 2012). "Quem" qualifica torna-se, nessas condições, uma questão central: sendo a qualificação um processo político na medida em que fornece valores, essa questão remete à democracia, entendida

> não mais somente [como] um regime que respeita a liberdade, a igualdade e a justiça, mas também e mais concretamente a dignidade das pessoas, a transparência da ação pública, o fim da impunidade dos líderes e dos privilégios exorbitantes, a garantia de um nível de vida decente para todos, o acesso à educação, a independência da informação e da pesquisa, o pluralismo de posições. (Ogien e Laugier, 2014)

De maneira geral[5], o processo mais enraizado consiste em recorrer à perícia externa, conduzida por especialistas, sobretudo em economia, que, equipados com seu referencial teórico e seu sistema de valores, intervêm para dar legitimidade "científica" às operações políticas. Em matéria de indicadores de riqueza, o relatório da Comissão Stiglitz-Sen (2009) é um exemplo interessante particularmente do ponto de vista de seu processo de elaboração (fruto de um trabalho de gabinete).

Outros se baseiam no ponto de vista dos cidadãos, a partir da ideia de que os conceitos que se aspira medir são por essência muito subjetivos para serem objetivados. Apoiadas em uma concepção relativa às preferências individuais, essas abordagens baseiam suas medidas em dados subjetivos gerados por questionários aplicados aos indivíduos, utilizando métodos diversos, que vão de simples questões sobre o nível de "felicidade" até a elaboração de índices de satisfação com a vida, cuja evolução é relacionada com a de outras variáveis, de modo a revelar ou não correlações. Nessas posições, o bem-estar é acima de tudo um conceito subjetivo e individual; a noção de comum (Dardot e Laval, 2014) é esvaziada em favor de um bem-estar individual, cujos agentes devem ser maximizados. Há grandes riscos de que o uso exclusivo desse tipo de exploração subjetivista ignore responsabilidades que, no entanto, são constitutivas de um viver bem em conjunto e de um bem-estar coletivo.

A terceira via vem de pesquisadores oriundos das diversas ciências sociais: sociologia, ciência política, filosofia, economia institucional etc. Nesse ramo de reflexões, desenvolveu-se o conceito de bem-estar coletivo, que não se reduz a uma soma dos bem-estares individuais, e o reconhecimento de que existe um patrimônio comum (patrimônio natural e patrimônio social) recebido por cada geração, o qual deve ser inventariado e acompanhado em suas transformações (Méda, 2008). Mas o interesse desse tipo de pesquisa está em não desvincular as questões de ordem interna e conceitual daquelas mais externas: privilegiam-se espaços abertos de debate e discussão, nos quais especialistas ficam lado a lado com a sociedade civil, os processos deliberativos são cuidados, as discordâncias fazem avançar a inteligência coletiva e produzem formas de compromisso sobre "o sentido das ações a serem tomadas" (Brunetière, 2014).

---

5   Com larga inspiração em Jany-Catrice e Marlier (2013).

Reconsiderar a riqueza, a democracia e a utilidade social de um território: questões políticas da medição

Definir a utilidade social do cuidado é questionar os benefícios coletivos de suas ações – quais são os benefícios coletivos da ajuda em domicílio e do setor do cuidado? As razões de um convite para definir essa utilidade social são múltiplas e iluminam formas de entusiasmo e ao mesmo tempo de resistência em relação a essas questões.

Riqueza e utilidade social

Há um problema de avaliação externa. Em tempos de escassez pública e redução ou gerenciamento das despesas públicas, a alocação de recursos é feita segundo uma racionalidade "contábil" e "utilitarista": é cada vez mais necessário mostrar de que modo se é útil para si, para os usuários, para os outros, para a sociedade. E, cada vez mais, mostrar que se é "mais" útil que outros... Poderíamos chamar isso de uma questão de regulação externa.

Há, ao mesmo tempo, um problema de regulação interna: os atores sociais e econômicos do cuidado refletem sobre sua utilidade social, pois essa é uma forma que pode parecer adequada para posicionar-se em uma "abordagem progresso", por exemplo, para consolidar um projeto a fim de desenvolver capacidades reflexivas sobre as missões. Muitos atores da economia social e do cuidado desenvolvem ferramentas de avaliação de utilidade social nessa perspectiva, ponderando os benefícios e impactos coletivos de suas ações.

Os problemas políticos da medição

É possível, sob certas condições, munir a reflexão e o argumento de indicadores alternativos. Porém, a dificuldade e, simultaneamente, a ambição das dinâmicas em torno da medição da utilidade social advêm de os indicadores de medida, independentemente de seu formato[6], serem construtos sociais, convenções sociopolíticas. Eles são fruto de escolha, de representações do que é bom, do que é certo, do que é um "benefício", do que é importante: como, então, explicar essa utilidade social, avaliá-la, isto é, produzir um referencial, referências cognitivas e operatórias, e, no fundo, atribuir um valor e um julgamento a essas ações? Visto que essa operação de avaliação não pode ser neutra, é necessário encontrar as modalidades de produção desse julgamento, certificando-se de que tais modalidades sejam legítimas do ponto de vista daqueles que são objeto da avaliação (os fornecedores desse cuidado, os beneficiários do cuidado, o entorno etc.), de seus beneficiários e de seus parceiros – especialmente os financiadores. As dinâmicas de coconstrução de indicadores de utilidade social pelas partes interessadas, experimentadas em algumas regiões[7], permitem aos poderes públicos passar do papel de

---

[6] Ou seja, indicadores compostos, monetários, subjetivos etc.

[7] Ver, por exemplo, o projeto Conhecimento e Reconhecimento de Economia Social e Solidária (Connaissance et Reconnaissance de l'Économie Sociale et Solidaire – Corus-ESS, coordenado por Véronique Branger, Laurent Gardin, Florence Jany-Catrice e Samuel Pinault), projeto de pesquisa-ação

274 *Gênero e trabalho no Brasil e na França*

controlador ao de coconstrutor. Igualmente, permitem às associações de provedores de cuidado assumir também o papel de coconstrutor, em vez de tentarem encaixar-se na régua dos critérios que lhes são impostos, os quais, embora um dia lhes tenham permitido existir, sempre acabam sendo mais ou menos mortais para todas.

Avaliações gerenciais da democracia

Hoje, as formas de avaliação são cada vez mais padronizadas, mobilizando dispositivos de inspiração gerencial, e muitas vezes as associações não saem ilesas. No nível macroeconômico, a obsessão pelo crescimento e pela abundância no consumo tende a desqualificar as associações que se encarregam do cuidado, vistas sobretudo pelo ângulo de quanto "custam". Em termos de avaliação das atividades, existem muitos métodos, e desenvolve-se uma multiplicidade de indicadores. Entre esses métodos, os mais em voga são os do tipo custo/benefício, centrados em uma simples ideia: a relação entre o que uma ação custa em termos de recursos e aquilo que ela oferece à sociedade. Mas os métodos de custo/benefício que medem o impacto social exigem uma calibragem em termos de "preço" de impactos que, justamente, muitas vezes não têm preço. Então se recorre à fabricação de preços fictícios, o que não é novo, a partir de construções baseadas em elaborações técnicas, às vezes duvidosas, mas no mínimo heroicas. Mas parecem surgir alternativas. Trata-se de fazer da avaliação uma produção conjunta (o que define a utilidade social em um território é fruto de escolhas coletivas): é preciso, portanto, inovar, coconstruir, experimentar – em um sentido artesanal.

Sendo a utilidade social um dos componentes dessa produção conjunta, pode-se imaginar que a construção de uma convenção compartilhada provém de debates contraditórios com o conjunto das partes interessadas, sem excluir os assalariados do trabalho do cuidado, e que é desses debates que podem emanar pistas para identificar os benefícios coletivos das ações do cuidado e o caráter socialmente útil das atividades.

Conclusão

As sucessivas crises convidam-nos a fazer uma outra economia. Caberá certamente aos atores que promovem o cuidado, àqueles que são sua espinha dorsal, ser a ponta de lança dessa dinâmica. Não faremos uma outra economia sem refletir sobre o laço entre economia e democracia. Desse ponto de vista, o setor do cuidado e o cuidado como ética devem continuar tendo uma palavra central, original e inovadora. A questão da medida da utilidade social do cuidado é ocasião para isso. Não faremos uma outra economia sem refletir sobre nossas sociedades de abundância: o cuidado põe em relevo a abundância de laços, de qualidade e de solidariedade. Sob essas condições, medir, de certa maneira, ganha sentido e permite dar munição, ou pelo menos consolidar, os argumentos para a renovação dos modelos econômicos e sociais.

---

premiado pelo programa Pesquisadores Cidadãos (Chercheurs-Citoyens) do governo regional de Nord-Pas de Calais, na França.

REFERÊNCIAS BIBLIOGRÁFICAS

BERTHONNET, I. *De l'efficacité à la concurrence*: histoire d'une synthèse entre économie néoclassique et néolibéralisme. Tese de Doutorado, Villeneuve-d'Ascq, Université Lille 1, 2014.

BRUNETIERÈ, J.-R. Indicateurs, évaluation et typologie des objectifs: contrôle de gestion et performance sociale. *Revue Française d'Administration Publique*, v. 148, 2014. p. 967-76.

CARBONNIER, C.; PALIER, B.; ZEMMOUR, M. Tax Cuts or Social Investment? Evaluating the Opportunity Cost of the French Employment Strategy. *Liepp Working Paper*, n. 31, 2014.

DARDOT, P.; LAVAL, C. *Commun*. Paris, La Découverte, 2014.

DEJOURS, C. *L'évaluation du travail à l'épreuve du réel*: critique des fondements de l'évaluation. Paris, Quæ, 2003. (Coleção Sciences en Questions.)

DEVETTER, F.-X.; JANY-CATRICE, F. L'invention d'un secteur et ses conséquences socio-économiques: objectifs et bilan des politiques de soutien aux services à la personne. *Politiques et Management Public*, v. 27, n. 2, 2010. p. 75-102.

DEVETTER, F-X.; JANY-CATRICE, F.; RIBAULT, T. *Les services à la personne*. Paris, La Découverte, 2015 [2009]. (Coleção Repères.)

FOURQUET, F. *Les Comptes de la puissance*. Histoire politique de la comptabilité nationale et du plan. Paris, Éditions Recherches, 1981. (Coleção Encres.)

GADREY, J.; JANY-CATRICE, F. *Os novos indicadores de riqueza*. São Paulo, Senac, 2006.

GORZ, A. *Métamorphoses du travail*: quête du sens – critique de la raison économique. Paris, Galilée, 1989.

JANY-CATRICE, F. Externalisation du travail domestique et extension du domaine de la marchandise. In: MONCHATRE, S. (org.). *L'épreuve des temps*. Paris, Presses Universitaires de la Sorbonne, 2011.

_____. *La performance totale, nouvel esprit du capitalisme?* Lille, Presses Universitaires du Septentrion, 2012. (Coleção Capitalismes, Éthique, Institutions.)

JANY-CATRICE, F.; MARLIER, G. Estimer la santé sociale des régions françaises: enjeux économiques, épistémologiques et politiques. *Revue d'Economie Régionale et Urbaine*, v. 4, 2013. p. 647-78.

MARBOT, C.; ROY, D. L'allocation personnalisée d'autonomie à l'horizon 2040. *Insee Analyses*, n. 11, 2013.

MARUANI, M. *Emploi et travail des femmes*. Paris, La Découverte, 2011. (Coleção Repères.)

MÉDA, D. *Au-delà du PIB*: pour une autre mesure de la richesse. Paris, Champs Actuel, 2008 [1999].

_____. *Le travail*: une valeur en voie de disparition. Paris, Aubier, 1995.

MOLINIER, P. Travail et éthique du care. Comunicação no colóquio *Sociologie Economique et Economie Critique: à la Recherche du Politique*. Cerisy-la-Salle, jun. 2014.

MOREL, N. The Political Economy of Domestic Work in France and Sweden in a European Perspective. *Working Paper Liepp*, n. 2, out. 2012.

OGIEN, A.; LAUGIER, S. *Le principe démocratie*. Paris, La Découverte, 2014.

PAPERMAN, P.; LAUGIER, S. *Le souci des autres*: éthique et politique du care. Paris, Éditions de l'EHESS, 2005.

SOBEL, R. *Capitalisme, travail et émancipation chez Marx*. Villeneuve-d'Ascq, Presses Universitaires du Septentrion, 2012. (Coleção L'Économie Retrouvée.)

STIGLITZ, J.; SEM, A.; FITOUSSI, J.-P. *Report of the Commission on the Measurement of Economic Performance and Social Progress*. Paris, CMEPSP, 2009.

VATAN, S. *La tarification des services d'aide à domicile*: une analyse institutionnaliste du rôle paramétrique du prix. Tese de Doutorado, Lille, Université Lille 1, 2014.

LISTA DE SIGLAS

ABA – Applied Behavior Analysis [Análise Aplicada do Comportamento]
Abep – Associação Brasileira de Estudos Populacionais
Anpe – Agence pour l'Emploi [Agência Pública de Emprego]
Assedic – Association pour l'Emploi dans l'Industrie et le Commerce [Associação para o Emprego na Indústria e no Comércio]
BCB – Banco Central do Brasil
BN – Beleza Natural (salão de beleza)
Cafad – Certificat d'Aptitude aux Fonctions d'Aide à Domicile [Certificado de Aptidão para as Funções de Cuidado Domiciliar]
Caged – Cadastro Geral de Empregados e Desempregados
Capes – Coordenação de Aperfeiçoamento de Pessoal de Nível Superior
CBO – Classificação Brasileira de Ocupações
CBO-Dom – Classificação Brasileira de Ocupações Domiciliar
Cebrap – Centro Brasileiro de Análise e Planejamento
Cecria – Centro de Referência, Estudos e Ações sobre Crianças e Adolescentes
CEM – Centro de Estudos da Metrópole
Cepal – Comissão Econômica para América Latina e o Caribe
CGEE – Centro de Gestão e Estudos Estratégicos
CLT – Consolidação das Leis do Trabalho
CNPq – Conselho Nacional de Desenvolvimento Científico e Tecnológico
CNRS – Centre National de la Recherche Scientifique [Centro Nacional de Pesquisa Científica]
Confea – Confederação Nacional de Engenharia e Agronomia
Consenge – Congresso de Sindicatos de Engenheiros
Corus-ESS – Connaissance et Reconnaissance de l'Économie Sociale et Solidaire [projeto Conhecimento e Reconhecimento de Economia Social e Solidária]
Cosmoétnica – Feira Internacional da Cultura e Beleza Negra
Creas – Conselhos Regionais de Engenharia e Agronomia
Cresppa – Centre de Recherches Sociologiques et Politiques de Paris [Centro de Pesquisas Sociológicas e Políticas de Paris]

278 *Gênero e trabalho no Brasil e na França*

CUT – Central Única dos Trabalhadores

Dares – Direction de l'Animation de la Recherche, des Études et des Statistiques [Direção de Incentivo à Pesquisa, Estudos e Estatísticas]

Deavs – Diplôme d'Etat d'Auxiliaire de Vie Sociale [Diploma de Estado de Auxiliar de Vida Social]

DOM – Département d'Outre-Mer [Departamento de Ultramar]

Dieese – Departamento Intersindical de Estatística e Estudos Socioeconômicos

Drees – Direction de la Recherche, des Études, de l'Évaluation et des Statistiques [Direção de Pesquisa, Estudos, Avaliação e Estatísticas]

Ehpad – Etablissement de hébergement des personnes âgées dépendantes [Instituição de longa permanência para pessoas idosas dependentes]

FAO – Food and Agriculture Organization [Organização das Nações Unidas para Alimentação e Agricultura]

Fapesp – Fundação de Amparo à Pesquisa do Estado de São Paulo

Fisenge – Federação de Sindicatos de Engenheiros

Fundacentro – Fundação Jorge Duprat Figueiredo de Segurança e Medicina do Trabalho

Grow – Growing Opportunities for Women [Treinamento Ampliando Oportunidades para Mulheres]

GTM – Genre, Travail, Mobilités [equipe Gênero, Trabalho, Mobilidades]

IBGE – Instituto Brasileiro de Geografia e Estatística

ICBF – Instituto Colombiano de Bem-Estar Familiar

IE-UFRJ – Instituto de Economia da Universidade Federal do Rio de Janeiro

IESF – Société des Ingénieurs et Scientifiques de France [Sociedade dos Engenheiros e Cientistas da França]

Ilostat – International Labour Organization's Central Statistics Database [Banco de Dados Estatísticos da Organização Internacional do Trabalho]

Ilpi – Instituição de Longa Permanência de Idosos

Image – International Migration and Gender [Migração Internacional e Gênero]

Ined – Institut National D'Etudes Démographiques [Instituto Nacional de Estudos Demográficos]

INPC – Índice Nacional de Preços ao Consumidor

Insee – Institut National de la Statistique et des Études Économiques [Instituto Nacional de Estatística e Estudos Econômicos]

IPCA – Índice Nacional de Preços ao Consumidor Amplo

Liepp – Laboratoire Interdisciplinaire d'Évaluation des Politiques Publiques [Laboratório Interdisciplinar de Avaliação de Políticas Públicas]

Mage – Marché du Travail et Genre [Mercado de Trabalho e Gênero]

MEC – Ministério da Educação

MP – Programa Mulheres da Paz

MTE – Ministério do Trabalho e Emprego

NAACP – National Association for the Advancement of Colored People [Associação Nacional para o Progresso de Pessoas de Cor]

Oasp – Organismes Agréés de Services à la Personne [Organizações Licenciadas de Serviços à Pessoa]

OCDE – Organização para a Cooperação e Desenvolvimento Econômico

OIT – Organização Internacional do Trabalho

OMS – Organização Mundial da Saúde

ONU – Organização das Nações Unidas

ONU Mulheres – Organização das Nações Unidas para a Igualdade de Gênero e o Empoderamento das Mulheres

Osesp – Orquestra Sinfônica do Estado de São Paulo

PAC – Programa de Aceleração do Crescimento

PC – Partido Comunista

PEA – População Economicamente Ativa

PED – Pesquisa de Emprego e Desemprego

PIB – Produto Interno Bruto

PNAD – Pesquisa Nacional por Amostra de Domicílios

PNUD – Programa das Nações Unidas para o Desenvolvimento

Poli-USP – Escola Politécnica da Universidade de São Paulo

Poligen-USP – Grupo de Estudos de Gênero da Poli-USP

PoliGNU – Grupo de estudos de software livre da Poli-USP

PPALV – Personnes en Perte d'Autonomie Liée au Vieillissement [Pessoas com Perda de Autonomia por Causa do Envelhecimento]

Rais – Relação Anual de Informações Sociais

Seade – Fundação Sistema Estadual de Análise de Dados

Senges – Sindicatos de Engenheiros

UF – Unidade da Federação

Unapei – Union Nationale des Associations de Parents, de Personnes Handicapées Mentales et de leurs Amis [União Nacional de Pais e Amigos de Pessoas com Deficiência Mental]

Unesco – United Nations Educational, Scientific and Cultural Organization [Organização das Nações Unidas para a Educação, a Ciência e a Cultura]

UNI – Union Network International [Rede Internacional de Sindicatos]

Urapei – Union Régionale d'Île-de-France des Associations de Parents, de Personnes Handicapées Mentales et de leurs Amis [União Regional da Île-de-France de Pais e Amigos de Pessoas com Deficiência Mental]

USP – Universidade de São Paulo

Wisat – Women in Global Science & Technology [Mulheres em Ciência e Tecnologia Globais]

SOBRE AS/OS AUTORAS/ES

Adriana Piscitelli é antropóloga e pesquisadora do Núcleo de Estudos de Gênero, da Universidade Estadual de Campinas (Pagu/Unicamp). Estuda gênero, sexualidade e transnacionalidade. Publicou recentemente: *Trânsitos: brasileiras nos mercados transacionais do sexo* (Eduerj/Clam, 2013).

Alice Rangel de Paiva Abreu é socióloga na Universidade Federal do Rio de Janeiro (UFRJ). Tem como eixo de pesquisa gênero e ciência.

Ana Carolina Cordilha é economista e pesquisadora na Universidade Federal do Rio de Janeiro (UFRJ). Estuda política fiscal, políticas sociais e economia do bem-estar.

Angelo Soares é sociólogo e pesquisador no departamento Organisation et Ressources Humaines, da Université du Québec à Montréal (UQAM). Tem como linha de pesquisa: violências, problemas de saúde mental, organização do trabalho, gênero e formas de gestão.

Antonio Sérgio Alfredo Guimarães é sociólogo na Universidade de São Paulo (USP) e pesquisa sobre formações raciais e de classe. É autor de *Classes, raças e democracia* (2. ed., Editora 34, 2012).

Aurélie Damamme é socióloga e realiza pesquisas sobre o trabalho do cuidado e a deficiência no Centre de Recherches Sociologiques et Politiques de Paris (Cresppa-GTM), da Université Paris 8. Acaba de coordenar, com Emmanuelle Fillion e Myriam Winance, dois números sobre "Care et handicap", da revista *Alter – European Journal of Disability Research/ Revue Européenne de Recherche sur le Handicap* (jul./set. 2015; e jan./mar. 2016).

Bila Sorj é socióloga e pesquisadora na Universidade Federal do Rio de Janeiro (UFRJ) e no Réseau de Recherche International et Pluridisciplinaire "Marché du Travail et Genre" (Mage). Seu tema de pesquisa principal é desigualdades de gênero, família e políticas sociais. Coorganizou o livro *Mercado de trabalho e gênero: comparações internacionais* (Editora FGV, 2008).

Danièle Kergoat é socióloga e pesquisadora na área de gênero, trabalho e movimentos sociais do Centre de Recherches Sociologiques et Politiques de Paris, do Centre National de la Recherche Scientifique (Cresppa-GTM/CNRS). É autora do livro *Se battre disent-elles* (La Dispute, 2012).

282 Gênero e trabalho no Brasil e na França

Débora de Fina Gonzalez é socióloga e pesquisadora do Instituto de Filosofia e Ciências Humanas da Universidade Estadual de Campinas (IFCH/Unicamp). Seu tema de pesquisa principal é gênero e políticas públicas.

Florence Jany-Catrice é economista e pesquisa economia das qualidades (qualidade do crescimento, avaliação dos desempenhos sociais); sociologia da quantificação dos agregados macroeconômicos; e socioeconomia dos serviços no Centre Lillois d'Études et de Recherches Sociologiques et Économiques (Clerse), da Université Lille1. Publicou, juntamente com Jean Gadrey, *Novos indicadores de riqueza* (Editora Senac, 2006).

Gabriela Freitas da Cruz é mestre em Economia do Desenvolvimento pela Universidade Federal do Rio de Janeiro (UFRJ). Pesquisa políticas sociais no Brasil.

Glaucia dos Santos Marcondes é demógrafa e pesquisadora do Núcleo de Estudos da População da Universidade Estadual de Campinas (Nepo/Unicamp), sobre os temas: famílias, arranjos domiciliares, gênero, trabalho feminino e fecundidade.

Guita Grin Debert é antropóloga e pesquisadora do Departamento de Antropologia (IFCH) e do Núcleo de Estudos de Gênero (Pagu) da Universidade Estadual de Campinas (Unicamp). É autora do livro *A reinvenção da velhice* (Edusp, 2012) e de vários artigos sobre envelhecimento, gênero, violência contra a mulher e contra o idoso.

Helena Hirata é socióloga e pesquisa trabalho, gênero e cuidado no Centre de Recherches Sociologiques et Politiques de Paris, do Centre National de la Recherche Scientifique (Cresppa-GTM/CNRS), e no Réseau de Recherche International et Pluridisciplinaire "Marché du Travail et Genre" (Mage). Coordenou, com Françoise Laborie, Hélène Le Doaré e Danièle Senotier, o *Dicionário crítico do feminismo* (Editora Unesp, 2009), originalmente publicado em francês (PUF, 2000) e traduzido para o japonês (2002), espanhol (2002), turco (2009), búlgaro (2010) e persa (seleção de verbetes, 2014).

Joice Melo Vieira é demógrafa e pesquisa fecundidade, nupcialidade, juventude e educação no Núcleo de Estudos da População, da Universidade Estadual de Campinas (Nepo/Unicamp).

Jules Falquet é socióloga e pesquisadora do Centre d'Enseignement, de Documentation et de Recherches pour les Études Féministes (Cedref) do Laboratoire du Changement Social et Politique (LCSP), na Université Paris Diderot. Realiza pesquisas sobre a mundialização neoliberal, o gênero e os movimentos sociais de resistência. Publicou *De gré ou de force. Les femmes dans la mondialisation* (La Dispute, 2008).

Laís Abramo é socióloga e pesquisadora da División de Desarrollo Social, Comisión Económica para América Latina (Cepal). Sua linha principal de pesquisa é mercado de trabalho, desigualdade social e relações de gênero. Publicou, entre outros, *Uma década de promoção do trabalho decente no Brasil* (OIT, 2015).

Lena Lavinas é economista e pesquisadora do Instituto de Economia da Universidade Federal do Rio de Janeiro (IE/UFRJ). Sua linha de pesquisa principal consiste na avaliação de políticas sociais e no estudo dos sistemas de proteção social. É organizadora, junto com Barbara Fritz, de *A Moment of Equality for Latin America? Challenges for Redistribution* (Ashgate, 2015).

Liliana Segnini é socióloga e pesquisa relações de trabalho, gênero e classe social no trabalho artístico na Faculdade de Educação da Universidade Estadual de Campinas (FE/Unicamp).

Luz Gabriela Arango é socióloga e pesquisadora no Grupo Interdisciplinario de Estudios de Género da Escuela de Estudios de Género, da Universidad Nacional de Colombia. Tem como eixo de pesquisa principal as desigualdades sociais e as articulações entre o gênero e as outras relações de dominação, sobretudo no trabalho e na educação. Publicou, com Pascale Molinier, *El trabajo y la ética del cuidado* (La Carreta Social, 2011).

Marc Bessin é sociólogo e pesquisa o tema das presenças sociais, gênero e temporalidades do cuidado. Está vinculado ao Institut de Recherche Interdisciplinaire sur les Enjeux Sociaux, do Centre National de la Recherche Scientifique da École des Hautes Études en Sciences Sociales (Iris-CNRS-Ehess), e ao Réseau de Recherche International et Pluridisciplinaire "Marché du Travail et Genre" (Mage). Publicou, junto com Hervé Levilain, *Parents après 40 ans. L'engagement familial à l'épreuve de l'âge* (Autrement, 2012).

Margaret Maruani é socióloga e pesquisadora do Centre de Recherche sur les Liens Sociaux do Centre National de la Recherche Scientifique (Cerlis-CNRS), da Université Paris Descartes, e do Réseau de Recherche International et Pluridisciplinaire "Marché du Travail et Genre" (Mage). Tem pesquisado e publicado sobre trabalho, emprego, desemprego e gênero. Sua publicação mais recente, como organizadora, foi *Travail et genre dans le monde, l'état des savoirs* (La Découverte, 2013).

Maria Betânia Ávila é socióloga e pesquisadora no SOS Corpo Instituto Feminista para a Democracia. Pesquisa trabalho produtivo e reprodutivo. Publicou *O tempo de trabalho das empregadas domésticas* (Editora Universitária UFPE, 2010).

Maria Coleta F. A. de Oliveira é demógrafa e pesquisa relações de gênero e geração, arranjos domiciliares e de gêneros e seus impactos na dinâmica familiar, e trabalho para as mulheres, no Núcleo de Estudos da População da Universidade Estadual de Campinas (Nepo/Unicamp).

María Elena Valenzuela é socióloga e pesquisadora no Bureau International du Travail (BIT), em Genebra. Estuda mercado de trabalho e relações de gênero, com ênfase em migrações e trabalho doméstico. Publicou, em coautoria com Gerhard Reinecke, *El impacto del mercado de trabajo en el bienestar de las personas* (OIT, 2011).

Maria Rosa Lombardi é socióloga e pesquisadora no Departamento de Pesquisas Educacionais, da Fundação Carlos Chagas (DPE/FCC). Atualmente, dedica-se à pesquisa "Engenharia, trabalho e relações de gênero na construção de edificações".

Miriam Nobre é engenheira agrônoma e mestre pelo "Programa de estudos na integração da América Latina", na Universidade de São Paulo. Integra a equipe da Sempreviva Organização Feminista (SOF) desde 1993, onde atua com temas relacionados a economia feminista, agroecologia e economia solidária. É ativista da Marcha Mundial das Mulheres (MMM), cujo Secretariado Internacional coordenou, de 2006 a 2013.

Monique Meron é estatística no Laboratoire de Sociologie Quantitative do Centre de Recherche en Économie et Statistique do Institut National de la Statistique et des Études Économiques (Crest-LSQ/Insee). Interessa-se pelos instrumentos analíticos do mercado de trabalho. Suas pesquisas têm como objeto a história do trabalho das mulheres, a evolução da repartição das profissões, as relações entre vidas profissionais e vidas familiares. Publicou, com Margaret Maruani, *Un siècle de travail des femmes en France* (La Découverte, 2012).

Murillo Marschner Alves de Brito é sociólogo e pesquisador no Departamento de Educação da Pontifícia Universidade Católica do Rio de Janeiro (PUC-Rio) e do Centro de Estudos da Metrópole do Centro Brasileiro de Análise e Planejamento (CEM/Cebrap). Tem explorado as interfaces entre a estratificação social, a sociologia da educação e do trabalho.

Nadya Araujo Guimarães é socióloga e pesquisadora na Universidade de São Paulo (USP) e no Centro de Estudos da Metrópole, do Centro Brasileiro de Análise e Planejamento (CEM/Cebrap). Tem pesquisado sobre desigualdades nos mercados e locais de trabalho, com ênfase nos estudos sobre mudança econômica, desemprego e trajetórias no mercado de trabalho, sobre a procura de trabalho e os mecanismos de intermediação de oportunidades ocupacionais. Organizou, com Helena Hirata, *Cuidado e cuidadoras: as várias faces do trabalho do* care (Atlas, 2012).

Nathalie Lapeyre é socióloga e pesquisa sobre o gênero das políticas públicas e a feminização dos grupos profissionais no Centre d'Étude et de Recherche Travail Organisation Pouvoir, do Centre National de la Recherche Scientifique (Certop-CNRS) da Université Toulouse Jean Jaurès, e no Réseau de Recherche International et Pluridisciplinaire "Marché du Travail et Genre" (Mage).

Rachel Silvera é economista e pesquisadora no Centre de Recherche sur les Liens Sociaux (Cerlis-CNRS), da Université de Paris Ouest Nanterre La Défense, e no Réseau de Recherche International et Pluridisciplinaire "Marché du Travail et Genre" (Mage). Seu tema de pesquisa é igualdade profissional em matéria de salários, de tempo de trabalho, de articulação dos tempos, de emprego e de relações profissionais. Publicou, recentemente, *Un quart en moins. Des femmes se battent pour en finir avec les inégalités de salaires* (La Découverte, 2014).

Renata Gonçalves é socióloga e professora da Universidade Federal de São Paulo, Campus Baixada Santista, onde é co-coordenadora do Núcleo de Estudos Heleieth Saffioti e do Núcleo de Estudos Reflexos de Palmares. Autora de vários artigos, nos últimos anos se dedica a pesquisar movimentos sociais, relações de gênero e questão racial. É membro do Comitê Editorial da revista *Lutas Sociais*.

Tatau Godinho é doutora em Ciências Sociais e foi, até maio de 2016, secretária de Políticas do Trabalho e Autonomia Econômica das Mulheres da Secretaria de Políticas para as Mulheres do extinto Ministério das Mulheres, da Igualdade Racial, da Juventude e dos Direitos Humanos do governo da presidenta Dilma Rousseff. Organizou, com Maria Lúcia da Silveira, *Políticas públicas e igualdade de gênero* (Coordenadoria Especial da Mulher, 2004).

Trabalhadoras na fábrica Bela Vista, em São Paulo, na década de 1950.

Publicado em junho de 2016, 65 anos após a aprovação, pela Organização Internacional do Trabalho (OIT), da Convenção sobre a Igualdade de Remuneração de homens e mulheres trabalhadores/as por trabalho de igual valor, este livro foi composto em Adobe Garamond Pro, corpo 10,5/12,6, e reimpresso em papel Avena 80 g/m² pela gráfica Forma Certa, para a Boitempo, em fevereiro de 2025, com tiragem de 300 exemplares.